アジアをつなぐ
美と精神

—日中交流二千年—

清华大学 奈良县 主办

A SENSE FOR BEAUTY
ACROSS TWO COUNTRIES

Cultural Exchanges between Japan and China
during the Han and Tang Dynasties

跨越两国的审美

日本与中国汉唐时期文化交流

清华大学艺术博物馆
奈良县立橿原考古学研究所 编

上海书画出版社

前　言

　　亚欧大陆的东方，中国与日本隔海相望，地理相近的客观因素使得两国产生了天然的联系和悠远的人文交流历史。《汉书》记载：“乐浪海中有倭人，分为百余国，以岁时来献见云。”《后汉书》则记载了已知两国最早纪年的官方往来：东汉光武帝中元二年（57），倭奴国奉贡朝贺，光武赐以印绶。魏晋南北朝至隋唐时期，中国在从“倭国”到古代律令国家“日本”的发展进程中，发挥了巨大的影响力。特别是，日本为了学习中国文化，在 7 世纪初至 9 世纪末期，曾四次遣使入隋，十几次遣使入唐，掀起了一波又一波中日文化交流的高潮。

　　无论在“倭国”时期，还是“日本”成立和发展的时期，以奈良县为中心的近畿地区始终作为国家中枢，诉说着日本的国家历史起源，既是佛教文化开花结果的地方，也是中日交流的中心，两国众多人员曾在此往来，而这种交流构成了直至今日两国关系的基础。可以认为，奈良是中日文化交融的结晶与象征，是人们憧憬向往的文化圣地。

　　2019 年 8 月 21 日，奈良县荒井正吾知事率团访问清华大学，与我校签署了全面合作协议，希望双方在人才培养、艺术文化交流等方面，在传承历史遗产的前提下，建立稳定的长效合作机制，开展高层次、高水准的全球视野下的交流合作。两年前，为了迎接 2022 年中日邦交正常化五十周年，清华大学和奈良县共同策划了本次“跨越两国的审美：日本与中国汉唐时期文化交流”的展览。两年来，在人类面对新冠肺炎的威胁下，奈良方面在荒井知事的领导下，所有同仁克服巨大困难，终于完成了此次展览的所有准备工作，这是中日关系史上的重要活动，更是我们共同努力推动中日文化交流合作，把理想变为现实的第一步。

　　奈良县内目前有三处世界文化遗产，每一个地方都有代表日本的史迹和古寺神社。考古工作发现了埋藏在地下的珍贵文物，不仅揭示了它们的历史，也使建筑、佛像及其他美术工艺品得以精心保护和传承。奈良的文化财产都是在古代亚洲东西方交流的背景下孕育的，奈良县立橿原考古学研究所是具有超过八十年历史的考古研究机构。本次展览以该研究所收藏的考古材料为重点，追溯日本的国家发展进程，从接受中国皇帝册封“倭王”来统治“倭国”的时代开始，直至脱离册封体制，从中国学习各种制度和文化后，建立以天皇为中心的古代律令国家“日本”。展览还将展示佛教文化在日本开花结果的盛况，展出在倭国时期和日本时期制造的各种文物，以及与奈良有关的绘画作品和利用现代技术复原的壁画复制品，以探索源远流长的中日两国文化交流历史。此外，与日本密切相关的部分中国国内的珍贵文物也将被展出。

　　大学承担着教书育人、传播交流文化的社会重任。清华大学希望加强与奈良的合作，共同努力开启新时代的中日关系，努力构建东亚文化交流的重要平台。

はじめに

　ユーラシア大陸の東に、中国と日本が海を挟んで向かい合っている。地理的な近さは、長きにわたって両国に自然の繋がりと人的交流の歴史を生み出した。『漢書』にはすでに「夫れ楽浪海中に倭人有り。分れて百余国と為る。歳時を以って来り献見すと云ふ。（乐浪海中有倭人，分为百余国，以岁时来献见云。）」という記載があった。また『後漢書』には後漢光武帝の中元二年（57 年）に、倭奴国の使者が後漢に朝貢し、光武帝から印綬を賜ったという、紀年のある最も早い公的交流の記録もある。魏晋南北朝時代から隋・唐の時代にかけて、中国は「倭国」が律令国家「日本」に発展していく中で大きな影響力を発揮した。特に、中国の文化を学ぶため、日本は 7 世紀初期から 9 世紀末期の間に、遣隋使四回と遣唐使十数回を派遣し、中日文化交流のブームを何度も巻き起こした。

　「倭国」の時期においても「日本」が成立・発展していく時期においても、奈良県を中心とした近畿地方は常に日本という国家の歴史的起源を語る上での中心であり、同時に仏教文化が花開く場所であり、中日交流の中心でもある。両国の数多くの人々はこの地で往来し、今日に至るまでの両国関係の基礎を築いた。奈良は中日文化融合の結晶と象徴として、人々の憧れる文化の聖地であると言っても過言ではないだろう。

　2019 年 8 月 21 日、奈良県の荒井正吾知事をはじめとする代表団が清華大学を訪問し、本学と全面的な友好提携協議を結んだ。人材育成・芸術文化交流などの面において、歴史文化財を伝承することを前提としながら、安定した長期的効果のある協力体制を構築し、ハイレベルでグローバルな視点のもとで交流・提携を展開することを目指している。二年前、2022 年に迎える日中国交正常化 50 周年を記念するため、清華大学は奈良県とともに今回の「アジアをつなぐ美と精神：日本と中国漢唐時期の文化交流」展覧会を企画した。この二年間、新型コロナウイルスの脅威にさらされながらも、奈良県側は荒井知事のリードのもと、スタッフ全員が大きな困難を乗り越え、ついにこの展覧会の準備を万全に整えた。これは中日関係史上の重要なイベントであり、我々が力を合わせて中日文化交流・提携を推進し、理想を現実に変える第一歩でもある。

　現在奈良県内には三つの世界文化遺産があり、いずれも日本を代表できる歴史的遺跡と古社寺が含まれている。発掘調査によって貴重な埋蔵文化財が発見されることによって、歴史が語られるだけではなく、建築物や仏像、その他の美術工芸品が万全に保全され、継承されてきた。奈良の文化財はすべて古代アジアにおける交流を背景に生み出されたものである。奈良県橿原考古学研究所は 80 年を超える歴史を持つ伝統的な考古機関で、本展はこの研究所の所蔵する考古資料に重心を置き、中国皇

帝に「倭国王」と冊封され、「倭国」を統治する時代から、冊封制度から離脱して中国の制度や文化を受容し、天皇を中心とする律令国家「日本」を建立するまでの日本の発展の歴史を辿る。そのほか、仏教文化が日本で盛んになる様子も展示し、「倭国」や日本で作られた多様な文物、奈良に関する絵画作品と現代の技術で復元された壁画の複製品も展示している。これらをもって、古くから続く中日両国の文化交流の長い歴史を探求していきたい。また、日本と緊密な関係を持つ一部の中国文物もご覧になっていただきたい。

　　大学は知識の伝授や人材の育成、文化の交流という社会的重要な責任を担っている。清華大学側は奈良県側との連携を強化し、力を合わせて新時代の中日関係を切り開き、東アジアの文化交流の重要なプラットフォームの構築に力を入れることを願う次第である。

致辞一

今年秋天，在中日邦交正常化五十周年之际，奈良县将携手与我县在 2019 年建立友好合作关系的中国清华大学，联合举办以中日悠久文化交流史为主题的展览。

奈良，是欧亚大陆东端——日本这一国家的历史起源地，在 7、8 世纪时便作为首都及古代日本的中心而闻名。奈良县内有三处世界文化遗产："法隆寺地区佛教古迹""古奈良的历史遗迹"和"纪伊山地的圣地与参拜道"。目前还在致力于推动"飞鸟、藤原宫城及相关资产群"申遗。每一处都拥有可代表日本的历史遗迹和古寺神社，并且通过考古勘探，挖掘出了埋藏在地下的珍贵文物、古迹等文化遗产，不仅揭示、彰显了其背后的历史，也使建筑、佛像等美术工艺品得以精心保护和传承。奈良的文化遗产均在古代亚洲东西交流的背景下孕育并诞生，当时的日本尤其与邻国中国渊源深厚，而历史上的这种交流，为连接今日两国关系奠定了基础。

本次展览重点展出奈良县立橿原考古学研究所收藏的考古文物，该研究所是一家有着八十多年历史和传统的考古研究机构。亦将展出与奈良有关的绘画作品以及利用现代技术复原的壁画复制品。此外，我们还将有幸欣赏到与日本有着深厚渊源的中国国内的珍贵文物。我们期待前来观展的诸位能够重新发现连接中日两国的美与精神，也希望本次展览能够成为两国进一步友好交流的契机。

最后，在新冠疫情肆虐的艰难困境下，请允许我向所有参与组织本次展览的工作人员致以深深的谢忱，感谢你们为重启停滞的国际交流所做出的一切努力。

2022 年 9 月

奈良县知事　荒井　正吾

ごあいさつ

　日中国交正常化 50 周年の節目にあたる本年秋、奈良県は、2019 年に友好提携を結んだ中華人民共和国・清華大学と共同で、日中交流の長い歴史をテーマとした展覧会を開催いたします。

　奈良は、ユーラシア大陸の東端に位置する日本という国の歴史のはじまりを告げる地であり、7, 8 世紀に都がおかれた古代日本の中心地として知られています。県内には、「法隆寺地域の仏教建造物」、「古都奈良の文化財」、「紀伊山地の霊場と参詣道」という 3 件の世界文化遺産があり、現在、「飛鳥・藤原の宮都とその関連資産群」の登録を目指しています。それぞれ日本を代表する史跡や古社寺が所在し、発掘調査によって貴重な埋蔵文化財が検出され、その歴史が明らかになったほか、建造物や仏像等の美術工芸品が大切に守り伝えられてきました。奈良の文化財は、いずれも古代アジアの東西交流を背景として生まれたものであり、とりわけ隣国である中国との関係が深く、その交流は今日にいたる両国の結びつきの基礎となっています。

　本展覧会では、考古学の研究機関として 80 年以上の伝統をもつ、奈良県立橿原考古学研究所が保管する考古資料を中心として展示します。そのほか奈良ゆかりの絵画作品や現代技術を用いて蘇った壁画複製品等も紹介いたします。また、中国国内からは日本に関わりの深い貴重な文物を出陳していただきます。観覧に訪れた皆様方が、日中両国をつなぐ美や精神性を再発見し、一層の友好発展への契機となることを祈念いたします。

　結びに、新型コロナウイルス感染症に伴う困難な情勢の中、停滞していた国際交流の再開を目指し、本展覧会開催に向けご尽力いただきました関係各位に厚く御礼申し上げます。

2022 年 9 月

奈良県知事　荒井　正吾

致辞二

在 2022 年中日邦交正常化五十周年之际，以"中日交流二千年"为主题的展览将于中国一流的博物馆清华大学艺术博物馆举办，对此我由衷地感到欣喜。

中日两国被喻为"一衣带水"的邻国。这四个字出自记录中国南朝历史的《南史》中隋文帝攻打南朝陈的记载，但中日交流历史的起点可以追溯到更为久远的年代。

从"倭王"接受东亚帝国中国皇帝的册封后统治"倭国"的时代，到脱离册封体制，学习中国的各种制度和文化，建立以天皇为中心的古代律令制国家"日本国"，本展览沿着这个轨迹，追溯了日本的发展历程。此外，展览还将展示佛教文化在日本开花结果的盛况，展出在倭国时期和日本国建立后制造的各种文物，以探索源远流长的中日两国文化交流历史。

无论是"倭国"时期，还是"日本国"成立发展时期，奈良县始终是国家的中枢，同时也是佛教文化繁盛之地。奈良县还是中日交流的中心，两国众多人员在此往来，具有深远的历史意义。

奈良盆地东南部的大和古坟群，奈良盆地南部的飞鸟宫迹、藤原宫迹以及高松冢古坟，奈良盆地北部的平城宫遗迹、东大寺、兴福寺、药师寺、唐招提寺和西大寺等寺院，以及奈良盆地西北部的法隆寺等寺院，都有力地证明了这一事实。此外，奈良县南部的吉野地区不仅是赏樱名地，而且在古代也是皇家离宫的所在地，大峰山寺也成为了修验道（日本独特的山岳信仰）的圣地。本次展览将展出从以上历史遗迹出土的考古文物与佛教美术作品。

值得一提的是，奈良县的"法隆寺地区佛教古迹""古奈良的历史遗迹"和"纪伊山地的圣地与参拜道"已被列入联合国教科文组织的世界文化遗产名录，同时"飞鸟、藤原宫城及相关资产群"目前也已被列入暂定名录。

回首历史，中日两国政府于 1972 年 9 月 29 日在北京发表了《中日联合声明》，恰巧的是，同年 3 月 21 日，经过橿原考古学研究所的考古调查，于高松冢古坟发掘出了极彩色壁画。

在中国，隋唐时期的皇室和高官的墓室壁面上通常描绘着男女人物像、四神和星宿（天文图）壁画，但在日本，这样的壁画只存在于高松冢古坟和明日香村的龟虎古坟中。它们正是 7 世纪末至 8 世纪初中日两国交流历史的见证者。龟虎古坟里没有男女人物像，而高松冢古坟除了有被誉为"飞鸟美人"的女子群像外，还有男子群像，细腻而精湛地描绘了飞鸟宫廷侍女侍卫们的发型和服饰。与中国的大型壁画相比，这些壁画的尺寸很小，但细腻程度和色彩的丰富程度或许并不逊色。

陶板复制品由于可以用手触摸，近年来作为一种让日本文物"活起来"的手法而引起了世人关注。因此，我们为本次展览制作了可再现高松冢古坟壁画刚出土时色彩和状态的陶板复制品。您不仅可以看到壁画原本的

色彩，而且还可以确认绘制之前厚涂于壁面的石灰膏样态以及壁画上原有的痕迹，各位观众可细细观摩。

同时，我们也特别为本次展览制作了再现法隆寺金堂壁画的陶板复制品，这些壁画在 1946 年 1 月 26 日不幸被烧毁，而这次展出的陶板就再现了金堂壁画被烧毁之前的状态。这是一个见证日本飞鸟时代佛教艺术精华的机会，其质量可与敦煌莫高窟的彩色壁画相媲美，敬请一并雅赏。

此外，在清华大学艺术博物馆的努力下，收藏于中国国内的中日文化交流史上的精品文物和艺术品也将悉数亮相。我们希望通过在本次展览上与中国开展的各种交流，能够为观众提供一个了解日本发展脉络的机会。

橿原考古学研究所自 1938 年 9 月 13 日成立以来，一直致力于考古学调查与研究。目前，除了在奈良县内开展调查研究外，研究所也与中国、韩国、叙利亚和巴林等深入开展国际交流。其中，与中国的北京大学、西北大学、中国社会科学院考古研究所、陕西省考古研究所、宁夏文物考古研究所等开展了许多交流项目。

2011 年，橿原考古学研究所在西安的陕西历史博物馆举办了"日本考古展"。而本次，我们十分荣幸能有机会与世界一流的清华大学艺术博物馆合作办展。

如今，随着新冠疫情在世界范围的蔓延，国际交流已变得十分艰难。尽管在这种情况下，我们也期待通过回顾过去两千年中日交流的悠久历史，继续推动交流，进一步加强两国之间的纽带关系。

最后，请允许我向为本次展览提供大力协助的文化厅、宫内厅、奈良市教育委员会、明日香村教育委员会、法隆寺、唐招提寺、大峰山寺等收藏单位和研究机构表示由衷的感谢。

2022 年 9 月

奈良县立橿原考古学研究所

所长　青柳　正规

ごあいさつ

　日中国交正常化50年をむかえる2022年を期して、日中交流2000年をテーマにした展覧会が、中国有数の博物館である清華大学芸術博物館で開催できることを、誠に喜ばしく思います。

　日中両国は、一衣帯水の隣国であると喩えられます。これは中国南朝の歴史を記した『南史』のなかで、隋文帝が陳に攻め入ったときの記載によるものですが、日中交流には、年代的にそれを遙かに遡る悠久の歴史があります。

　本展覧会では、東アジアの一大帝国であった中国のもと、中国皇帝から冊封をうけた「倭王」により「倭国」が統治されていた時代から、冊封体制から脱却して、中国に種々の制度や文化を学んで、天皇を中心とした古代律令国家「日本国」へと発展するまでの過程を辿ります。さらには、日本において大きく仏教文化が開花する状況や、倭国や日本で造り出された種々の造形物を展観して、悠久の日中交流史に迫ろうと考えています。

　「倭国」の時代にあっても「日本国」の成立と発展の時代においても、国家の中枢がおかれ、そしてまた、仏教文化が開花したのが奈良県の地です。この奈良県の地が、日中交流の中心であり、日中両国の人々が数多く行き交ったことが、歴史のなかで大きな意味をもったのです。

　奈良盆地東南部にある大和古墳群、奈良盆地南部の飛鳥宮跡・藤原宮跡や高松塚古墳、奈良盆地北部の平城宮跡や東大寺・興福寺・薬師寺・唐招提寺・西大寺などの寺院、奈良盆地西北部の法隆寺などの寺院が雄弁にその事実を物語っています。さらには、奈良県南部の吉野の地は桜の名所として著名ですが、古代には宮がおかれ、また大峰山寺は修験道の霊場になりました。今回は、これらの史跡から出土した考古資料や仏教美術の作品を展示します。

　これらのなかで、「法隆寺地域の仏教建造物群」、「古都奈良の文化財」、「紀伊山地の霊場と参詣道」がユネスコの世界文化遺産に登録されているほか、現在、「飛鳥・藤原の宮都とその関連資産群」が暫定一覧表に記載されています。

　ところで、日中両国政府が北京で共同声明を発出したのは、1972年9月29日でしたが、橿原考古学研究所の調査によって、高松塚古墳で極彩色壁画が発見されたのも同年3月21日のことです。

　中国では、隋・唐の時代の王族や高官の墓室の壁面には、男女人物像、四神、星宿（天文図）といった壁画が描かれていましたが、日本では、このような壁画は、高松塚古墳と同じく明日香村にあるキトラ古墳にあるだけでありほかに例をみません。まさに、7世紀末～8世紀初頭頃の日中交流の証しであります。キトラ古墳では、男女人物像が描かれていませんでしたが、高松塚古墳では「飛鳥美人」

とも称賛された女子群像のほか、男子群像もあり、飛鳥の宮廷に出仕していた人々の頭髪・服飾などが、繊細かつ見事に描かれています。中国には巨大な壁画があり、それに比べるとこの壁画は小さなものですが、その繊細さや色彩の豊かさは、それ以上といえるものかもしれません。

今回の展覧会にあたって、発見当時の色彩や状態を再現した陶板による複製品を作製いたしました。陶板の複製品は、触れることができるものであり、近年の日本の文化財活用の手法としても注目されています。壁画そのものの色彩はもちろん、壁画を描く前に壁面に厚く塗られた漆喰の状態や、壁画についた傷の状態なども確認できますので、じっくりご覧ください。

また、惜しくも1946年1月26日に焼損した法隆寺金堂壁画の焼損前の姿を再現した複製陶板も本展覧会にあわせて作製いたしました。敦煌莫高窟の彩色壁画と並び称せられる日本の飛鳥時代の仏教芸術の粋を、目の当たりにすることができますので、併せてご堪能ください。

さらには、清華大学芸術博物館のご努力により、中国国内にある日中交流史を飾る様々な時代の文化財や作品が出陳されます。この展覧会が、中国との様々な交流を通じて、発展してきた日本の姿についてご理解いただく機会となることを願っています。

橿原考古学研究所は、1938年9月13日に創立されて以来、考古学の調査、研究をすすめてまいりました。奈良県内の調査はもとより、中国・韓国・シリア・バハレーンなどと国際的な交流をおこなっています。中国とは、北京大学、西北大学、中国社会科学院考古研究所、陝西省考古研究院、寧夏文物考古研究所などと交流事業をおこなってきました。

そして、2011年には西安の陝西歴史博物館で、「日本考古展」を開催しました。このたび、世界最先端をゆく清華大学の芸術博物館とこのような機会をえることができ、誠に光栄に思います。

いま、世界中にコロナ禍が蔓延し、国際交流は大変難しくなっています。そうしたおりでも、2000年の日中交流の悠久の歴史に思いを馳せ、今後も交流をすすめることによって、その絆がいっそう深まることを期待しております。

最後になりましたが、今回の展示では、文化庁、宮内庁、奈良市教育委員会、明日香村教育委員会、法隆寺、唐招提寺、大峰山寺など所蔵者や調査機関のご尽力とご協力をえました。記して謝意を表します。

2022年9月

奈良県立橿原考古学研究所

所長　青柳　正規

目 录

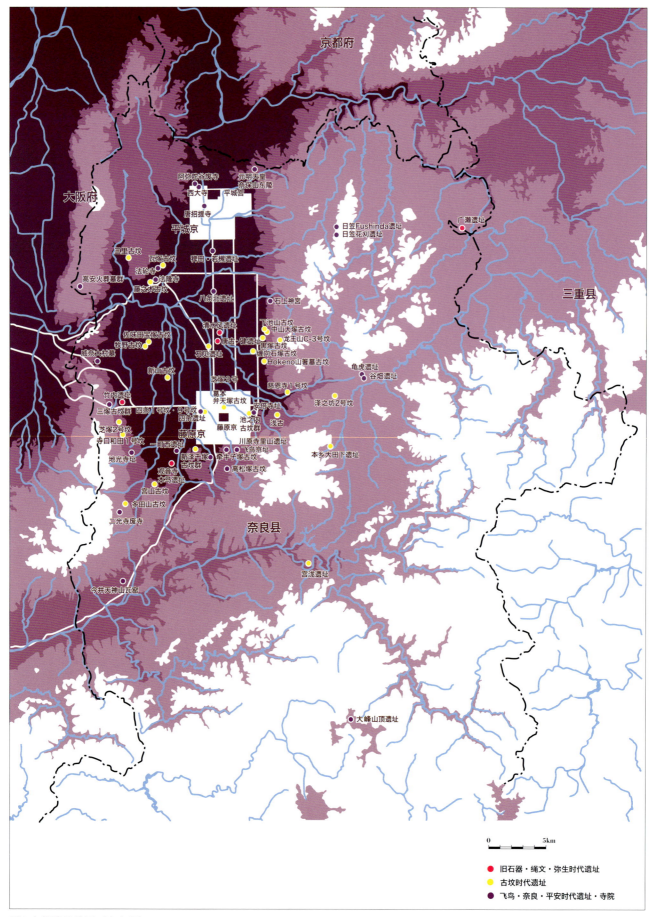

京都府

大阪府

三重县

奈良县

阿弥陀谷废寺
西大寺　平城宫
唐招提寺
平城京
三里古坟
瓦塚古坟
法轮寺
高安火葬墓群
法隆寺
藤之木古坟
八条北遗址
佐味田宝塚古坟
清水风遗址
牧野古坟
唐古·键遗址
威奈大村墓
石凡遗址
新山古坟
芝塚2号
竹内遗址
嘉本弁天塚古坟
三塚古坟群
四条1号坟·9号坟
四条遗址
芝塚2号坟
藤原京　池之内古坟群
寺回和田1号坟
一町西廃寺
地光寺址
观音寺
本马遗址
宫山古坟
多田山古坟
二光寺废寺
今井天神山瓦窑

元明天皇
奈塚山东陵

日笠Fushinda遗址
日笠花刈遗址

广濑遗址

石上神宫
下池山古坟
中山大塚古坟
龙王山C-3号坟
黑塚古坟
缠向石塚古坟
Hokeno山薯墓古坟

龟虎遗址
谷畑遗址

慈恩寺1号坟
泽之坊2号坟

安倍寺址
浅古
川原寺里山遗址
飞鸟京址
牵牛子塚古坟
高松塚古坟

本乡大田下遗址

新泽千塚古坟群

宫泷遗址

大峰山顶遗址

0　　　5km

● 旧石器·绳文·弥生时代遗址
● 古坟时代遗址
● 飞鸟·奈良·平安时代遗址·寺院

图1 古代遗址地图（奈良县）

图1 展示関係地図（奈良県）

倭人の姿

一、倭人百态

"倭人"一词，是"日本国"建立以前中国对日本人的称呼。自此，日本人自称"倭"或"倭国"，其统治者自称"倭王"或"倭国王"，并向中国朝廷进贡。在被中国皇帝承认后，倭国的统治者作为其后盾实行着对倭国的统治。

　　倭人的活动开始于旧石器时代。绳文时代，倭人在使用陶器的同时，也开始了对弓箭和磨光石器的使用。在将狩猎和搜采作为其主要生计的同时，倭人以聚落定居的方式生活。同时，大规模的建筑物兴建于聚落的中心和周围，使用土偶、石柱等进行祭祀等多样繁复的精神文化得到了发展。

　　弥生时代，倭人采用并掌握了陆地的灌溉水稻种植技术。这一时期，随着开垦的推进，生产力也得到飞速提高。纹绘土器描绘了弥生时代人们的日常生活和祭祀场景等。随着财富的积累，首领诞生，由此部落国家得以形成。部落国家的国王们开始与中国进行外交活动。《魏志·倭人传》一书详细描述了由弥生时代后期至古坟时代初期（2—3世纪）倭人的习俗。

　　3世纪末，奈良盆地东南部出现了一座长度超过200米的大型前凹式圆形坟丘。不仅铜镜等各种珍贵的文物都被殉葬于古坟，埴轮、木制品也被树立于其中。据720年完成的《日本书纪》可知，"埴轮"一词特指树立在古坟中的陶土制品。然而，《日本书纪》中记载了这样一则传说：在皇后去世之际，根据参与8世纪天皇葬礼仪式的土师氏祖先——野见宿祢的进言，埴轮是作为残忍殉葬习俗的替代品，由从出云国召来工匠才制作而成的。然而，这仅仅是一个为表彰土师氏祖先而创作的故事，并不代表殉葬的习俗直到此时仍然存在。最初建造古坟时，人物埴轮尚未完成，以人为形的埴轮也并未树立其中。随后，直至5世纪末至6世纪，首领及其高层人物所举行的仪式开始在古坟坟丘上再现。

倭人とは、「日本国」が成立する以前の、中国からみた日本人に対する呼称である。そして自らも倭・倭国と称し、その支配者が倭王・倭国王と名乗り、中国王朝に朝貢した。中国皇帝はそれを認め、その後ろ盾のもと倭国の支配者は、国内統治をおこなったのである。

　倭人の営みは、旧石器時代にはじまる。縄文時代は、土器の使用とともに、弓矢や磨製石器の使用がはじまった時代であり、狩猟・採集を主要な生業としながらも、集落を営んで定住生活をおこなっていた。集落の中心や縁辺には大規模な構築物が造営されたり、土偶・石棒などを使用した祭祀がおこなわれたりするなど、類をみない複雑な精神文化が発達した。

　大陸から灌漑[かんがい]式水田耕作の技術をうけいれ、それが定着したのが、弥生時代である。弥生時代には、開発の進捗とともに、生産力が飛躍的に向上した。絵画土器には、弥生時代の人々の生活や、祭りの様子などが描かれている。富の蓄積とともに、首長が誕生し、部族国家が形成された。部族国家の王は、中国との交渉をはじめた。『魏志』倭人伝は、弥生時代後期〜古墳時代はじめ頃（2〜3世紀）の、倭人の習俗を詳細に記している。

　3世紀後半代に、墳丘長200mを超える大型前方後円墳が奈良盆地東南部で誕生した。古墳には、銅鏡などさまざまな宝器が副葬されるとともに、埴輪[はにわ]や木製品が樹立された。古墳に樹立される土製品を埴輪と呼ぶのは、養老四年（720）に完成した『日本書紀』の記述によるものである。ただし、『日本書紀』に書かれているのは、皇后の死に際し、8世紀の天皇の葬祭に関わった土師氏[はじ]の祖先である野見宿禰[のみのすくね]の進言により、凄惨な殉死の風習の代用品として、出雲から工人を呼び寄せて、はじめて埴輪を製作したという説話である。しかし、これはあくまで土師氏という氏族の祖先顕彰譚として創作されたものであり、ここまでに殉死の風習が存在していたというわけではない。古墳が造営されはじめた頃には、人物埴輪はまだ成立しておらず、人を象った埴輪を古墳に樹立することはなかった。その後、5世紀後半から6世紀代にかけて、首長やその周辺の人物がおこなった儀式の様子などが古墳の墳丘上に再現されるようになったのである。

1　陶偶

土偶

出土地点：御所市 观音寺本马遗址
时期：绳文时代晚期（约 3000 年前）
尺寸：高 14.0cm× 宽 11.0cm× 厚 2.0cm
材质：陶土
收藏地点：奈良县立橿原考古学研究所

遺跡名：観音寺本馬遺跡（御所市）
時代：縄文時代晩期（約 3000 年前）
法量：高 14.0cm× 幅 11.0cm× 厚 2.0cm
材質：土製
所蔵：奈良県立橿原考古学研究所

2　陶偶

———

土偶

出土地点：葛城市 竹内遗址
时期：绳文时代晚期（约 3000 年前）
尺寸：高 10.0cm×宽 7.0cm×厚 2.3cm
材质：陶土
收藏地点：奈良县立橿原考古学研究所

遺跡名：竹内遺跡（葛城市）
時代：縄文時代晩期（約 3000 年前）
法量：高 10.0cm×幅 7.0cm×厚 2.3cm
材質：土製
所蔵：奈良県立橿原考古学研究所

3　鸟装人物纹陶器

———

絵画土器（鳥装の人物）

出土地点：天理市 清水风遗址
时期：弥生时代中期·公元前 1 世纪
尺寸：高 15.0cm×宽 25.0cm
材质：陶土
收藏地点：奈良县立橿原考古学研究所

遺跡名：清水風遺跡（天理市）
時代：弥生時代中期·紀元前 1 世紀
法量：縦 15.0cm×横 25.0cm
材質：土製
所蔵：奈良県立橿原考古学研究所

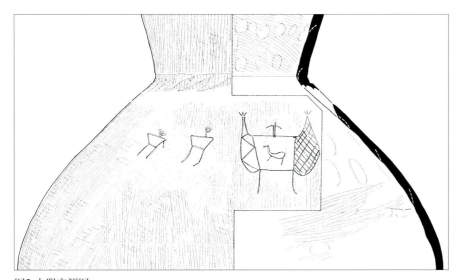

図2 土器実測図
図2 土器実測図

図3 鸟装祭祀者和跪拜男女（透视图）
図3 鳥装の司祭者と跪く男女（ジオラマ）

4 建筑物与鹿纹陶器

絵画土器（建物と鹿）

出土地点：天理市 清水风遗址
时期：弥生时代中期·公元前 1 世纪
尺寸：残件高 14.0cm× 器身最大直径 18.0cm
材质：陶土
收藏地点：奈良县立橿原考古学研究所

遺跡名：清水風遺跡（天理市）
時代：弥生時代中期·紀元前 1 世紀
法量：残存高 14.0cm× 胴部最大径 18.0cm
材質：土製
所蔵：奈良県立橿原考古学研究所

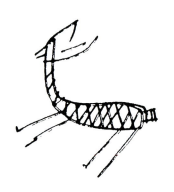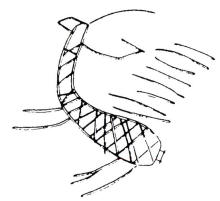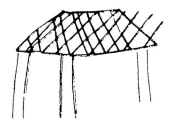

图4 土器绘画（鹿、建筑物）展开线图

図4 土器絵画（鹿·建物）展開線図

5　船纹陶器

絵画土器（舟）

出土地点：天理市 清水风遗址
时期：弥生时代中期·公元前 1 世纪
尺寸：高 12.0cm× 宽 25.5cm
材质：陶土
收藏地点：奈良县立橿原考古学研究所

遺跡名：清水風遺跡（天理市）
時代：弥生時代中期·紀元前 1 世紀
法量：縦 12.0cm× 横 25.5cm
材質：土製
所蔵：奈良県立橿原考古学研究所

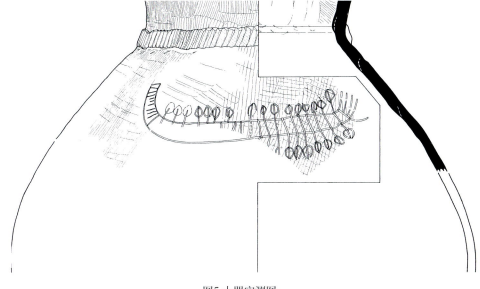

图5 土器实测图
図5 土器実測図

6 楼阁纹陶器

絵画土器（楼閣状）

出土地点：矶城郡田原本町 唐古・键遗址
时期：原件为弥生时代中期・公元前1世纪
尺寸：高44.0cm×最大直径约30.0cm
材质：树脂
收藏地点：奈良县立橿原考古学研究所
　　　　　（原件藏于田原本町教育委员会）
备注：复原品，原件为重要文化财产

遺跡名：唐古・鍵遺跡（磯城郡田原本町）
時代：原品は弥生時代中期・紀元前1世紀
法量：高44.0cm×最大径約30.0cm
材質：樹脂製
所蔵：奈良県立橿原考古学研究所
　　　（原品は田原本町教育委員会）
その他：復元品，原品は重要文化財

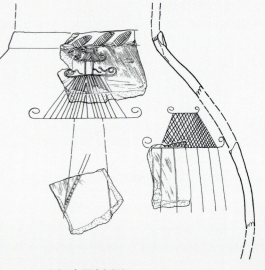

图6 土器实测图
図6 土器実測図

7 房屋纹镜

家屋文鏡

出土地点：北葛城郡河合町 佐味田宝冢遗址
时期：原件为古坟时代前期
尺寸：直径 22.9cm
材质：青铜
收藏地点：宫内厅

遺跡名：佐味田宝塚古墳（北葛城郡河合町）
時代：原品は古墳時代前期
法量：面径 22.9cm
材質：銅製
所蔵：宮内庁

入母屋の二階建（高殿）

入母屋の平屋

切妻の高床

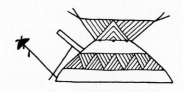

竪穴住居（伏屋）

图7 房屋纹镜上的建筑纹饰
図7 家屋文鏡に描かれた建物

8 男性坐俑

人物埴輪（椅子に坐る男性）

出土地点：矶城郡三宅町 石见遗址
时期：古坟时代末期・6 世纪
尺寸：高 76.0cm× 长 67.0cm× 宽 45.0cm
材质：陶土
收藏地点：奈良县立橿原考古学研究所

遺跡名：石見遺跡（磯城郡三宅町）
時代：古墳時代後期・6 世紀
法量：高 76.0cm× 長 67.0cm× 幅 45.0cm
材質：土製
所蔵：奈良県立橿原考古学研究所

9 鸟形木制品

鳥形木製品

出土地点：橿原市 四条 9 号坟
时期：古坟时代末期·6 世纪
尺寸：长 98.5cm× 宽 86.0cm
材质：木
收藏地点：奈良县立橿原考古学研究所

遺跡名：四条 9 号墳（橿原市）
時代：古墳時代後期·6 世紀
法量：縦 98.5cm× 横 86.0cm
材質：木製
所蔵：奈良県立橿原考古学研究所

倭国と中国

二、倭国与中国

① 国际外交的发端

《汉书·地理志》中有这样一段记述："乐浪海中有倭人，分为百余国，以岁时来献见云。"这是中国正史中有关倭国与中国外交的最早记载。大约在公元前 1 世纪，日本列岛正处于弥生时期，倭人越过大洋以求与中国进行外交。

建武中元二年（57）"倭奴国奉贡朝贺……光武赐以印绶"，安帝永初元年（107）"倭国王帅升等献生口百六十人，原请见"。正如上述《后汉书·东夷列传·倭》中所记载的，公元 1 世纪，倭国国王向中国皇帝进行朝贡。江户时代从博多湾滋贺岛出土的一枚国宝级金印有力地说明了这一事实。

此外，在 3 世纪中叶，倭国女王卑弥呼向魏朝进贡。卑弥呼是倭国诸国共同设立的女王，被魏国皇帝封为"亲魏倭王"。中国和日本之间的外交一直持续到卑弥呼的宗女台与向即将建立的西晋王朝进贡。在此期间，魏国派遣张政前往日本，深入参与倭国内政。除此类外交关系之外，《魏志·倭人传》还详细记载了倭国的地理、地势和风俗等。

尽管在 4 世纪没有与中国正式外交的相关记载，但在 5 世纪，赞、珍、济、兴、武五王向中国皇帝进贡（《宋书》），他们正是倭五王。倭五王正式凭借从中国皇帝那里得到的头衔，进行对倭国的统治。

① 国際外交のはじまり

「夫れ楽浪海中に倭人有り、分れて百余国を為す。歳時を以て来り献見すと云う」（『漢書』地理志）。中国の正史のなかで、最も古い倭と中国の交渉がここに記されている。紀元前 1 世紀頃、当時の日本列島は弥生時代である。倭人は、大海をわたり、その交渉にのぞんだのである。

そして、建武中元二年（57）の「倭の奴国 [なこく] 奉貢朝賀す。……光武賜うに印綬を以てす。」、安帝の永初元年（107）の「倭国王帥升 [すいしょう] 等、生口 [せいこう] 百六十人を献じ、請見を願う」といった『後漢書』倭伝の記事どおり、紀元 1 世紀に、倭の国々の王は、中国の皇帝に朝貢した。江戸時代に博多湾の志賀島から出土した国宝金印がその事実を雄弁に物語っている。

さらに、3 世紀半ばに、倭女王の卑弥呼 [ひみこ] が魏に朝貢する。卑弥呼は倭の諸国に共立された女王であり、魏の皇帝から「親魏倭王」に叙された。卑弥呼の宗女台与 [とよ]（壱与）[いよ] が、建国まもない西晋に朝貢するまでのあいだ、倭国と中国の交渉は続く。そのあいだに、魏からは、張政が派遣され、倭国の内政に深く関与した。『魏志』倭人伝には、このような外交関係のほか、倭国の地理、地勢、習俗などが詳しく記される。

4 世紀には、中国との正式の交渉記録はないが、5 世紀には、讃・珍・済・興・武という五人の王が、中国皇帝に朝貢した（『宋書』など）。倭の五王である。倭の五王は、中国皇帝から得た爵号をもとに、倭国の統治をおこなうことになるのである。

10 陶船

船形埴輪

出土地点：葛城市 寺口和田 1 号坟
时期：古坟时代中期·5 世纪
尺寸：长 115.0cm× 宽 23.0cm× 高 54.0cm
材质：陶土
收藏地点：奈良县立橿原考古学研究所

遺跡名：寺口和田 1 号墳（葛城市）
時代：古墳時代中期·5 世紀
法量：長 115.0cm× 幅 23.0cm× 高 54.0cm
材質：土製
所蔵：奈良県立橿原考古学研究所

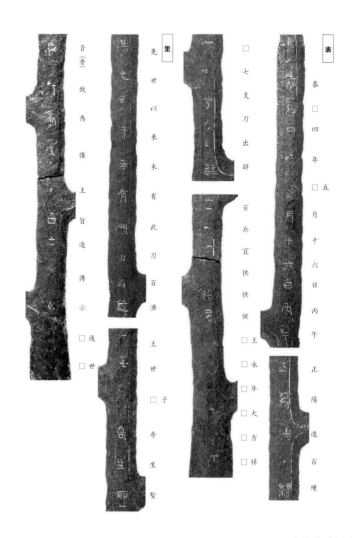

图8 七支刀 铭文
図8 七支刀 銘文

11　七支刀

七支刀

原藏地点：天理市 石上神宮	原品の伝世地：石上神宮（天理市）
时期：2006 年制作	時代：2006 年製作
原为古坟时代·4 世纪	原品は古墳時代·4 世紀
尺寸：长 74.8cm	法量：長 74.8cm
材质：铁	材質：鉄製
收藏地点：奈良县立橿原考古学研究所	所蔵：奈良県立橿原考古学研究所
（原件藏于石上神宫）	（原品は石上神宮）
备注：复原品，原件为国宝	その他：復元品（原品は国宝）

12　帯状金具

帯金具

<table>
<tr><td>出土地点：生駒郡斑鳩町 新山古坟</td><td>遺跡名：新山古墳（生駒郡斑鳩町）</td></tr>
<tr><td>时期：古坟时代·4 世纪，西晋制造</td><td>時代：古墳時代·4 世紀、西晋製</td></tr>
<tr><td>尺寸：带状金具长 6.7cm，宽 3.1cm—3.2cm</td><td>法量：帯先金具長 6.7cm、銙幅 3.1cm 〜 3.2cm</td></tr>
<tr><td>材质：金属</td><td>材質：金属製</td></tr>
<tr><td>收藏地点：奈良县立橿原考古学研究所（原件藏于宫内厅）</td><td>所蔵：奈良県立橿原考古学研究所 (原品は宮内庁所蔵)</td></tr>
<tr><td>备注：复原品</td><td>その他：復元品</td></tr>
</table>

此为原件图
写真は原品

② 倭国的建立——前方后圆式古坟的建立和发展

平面为钥匙孔状坟形的古坟被称为"前方后圆古坟"，是由江户时代的国学学者蒲生君平命名的。中央埋葬设施位于圆形山丘（后圆部分），其突出的前面部分的高度低于后圆形部分。其有时会设置次要的埋葬设施。这些古坟建于3世纪晚期至6世纪末期。

前方后圆古坟的建造时期被称为古坟时代，土坟的形状和规模也被认为与倭国的统治制度有关。其分布几乎只限于日本列岛，但在5世纪末至6世纪初的朝鲜半岛西南部也有被认定。

它主要被包括倭国国王在内的统治阶级和围绕他的权力集团所采用。

② 倭国の形成—前方後円墳の成立と発展—

平面形が鍵穴形の墳形をもつ古墳を前方後円墳 [ぜんぼうこうえんふん] と呼ぶ。前方後円墳の名称は、江戸時代の国学者、蒲生君平 [がもうくんぺい] による命名である。中心的な埋葬施設は円丘部（＝後円部）に設けられ、そこから突出する前方部は、後円部より高が低い。副次的な埋葬施設が設けられることもある。3世紀後半〜6世紀末までのあいだに築造された。

前方後円墳の築造された時代をすなわち古墳時代と呼び、古墳の墳形や規模と倭国の統治システムが相関しているという考えもある。その分布は、ほぼ日本列島に限られるが、5世紀末〜6世紀前半代の朝鮮半島西南部にも認められる。

倭国王をはじめとした支配者層とそれを取り巻く権力者層に主に採用された。

13 弧纹圆板

弧文円板

出土地点：櫻井市 纏向石冢古坟   遺跡名：纒向石塚古墳（桜井市）

时期：弥生时代·3 世纪   時代：弥生時代·3 世紀

尺寸：直径 56.0cm×厚 1.4cm   法量：直径 56.0cm×厚 1.4cm

材质：木   材質：木製

收藏地点：奈良县立橿原考古学研究所   所蔵：奈良県立橿原考古学研究所

备注：复原品   その他：復元品

14 特殊器台

特殊器台

出土地点: 橿原市 葛本弁天塚古坟
时期: 古坟时代前期・3 世纪
尺寸: 高 113.0cm× 直径 48.0cm
材质: 陶土
收藏地点: 奈良县立橿原考古学研究所

遺跡名: 葛本弁天塚古墳（橿原市）
時代: 古墳時代前期・3 世紀
法量: 高 113.0cm× 直径 48.0cm
材質: 土製
所蔵: 奈良県立橿原考古学研究所

15 特殊壺

特殊壺

出土地点：橿原市 葛本弁天冢古坟
时期：古坟时代前期·3 世纪
尺寸：高 58.0cm× 直径 44.0cm
材质：陶土
收藏地点：奈良县立橿原考古学研究所

遺跡名：葛本弁天塚古墳（橿原市）
時代：古墳時代前期·3 世紀
法量：高 58.0cm× 直径 44.0cm
材質：土製
所蔵：奈良県立橿原考古学研究所

16 前方后圆古坟模型

前方後円墳模型

名称：天理市 中山大冢古坟
时期：现代
尺寸：宽 120.0cm×高 180.0cm×厚 30.0cm
材质：木、树脂
收藏地点：奈良县立橿原考古学研究所

遺跡名：中山大塚古墳（天理市）
時代：現代
法量：幅 120.0cm×高 180.0cm×厚 30.0cm
材質：木製・樹脂製
所蔵：奈良県立橿原考古学研究所

图 9 中山大冢古坟测量图
図 9 中山大塚古墳測量図

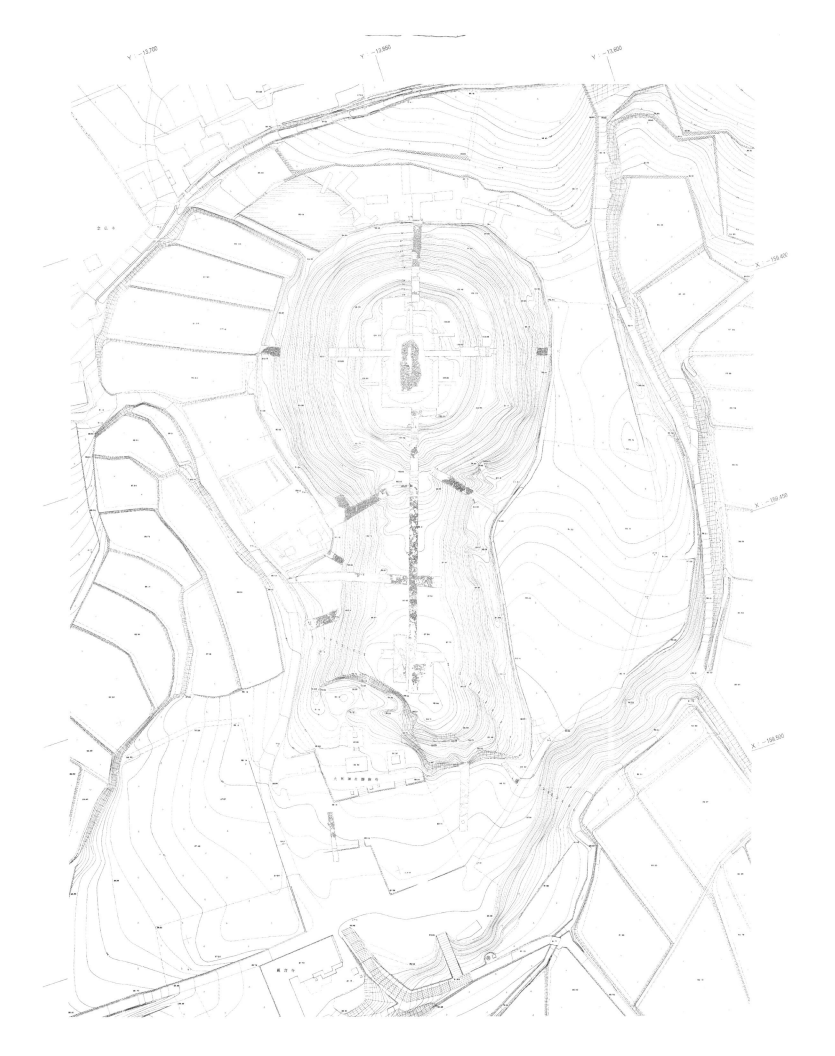

1

2

3

4

5

17　石鏃

石製鏃

出土地点：橿原市 新泽千冢 500 号坟　　遺跡名：新沢千塚 500 号墳（橿原市）

时期：古坟时代前期·4 世纪　　　　　　　時代：古墳時代前期·4 世紀

尺寸：1 长 6.2cm× 直径 3.5cm　　　　　法量：1 長 6.2cm× 直径 3.5cm
　　　2 长 8.2cm× 直径 4.5cm　　　　　　　　2 長 8.2cm× 直径 4.5cm
　　　3 长 6.0cm× 直径 3.5cm　　　　　　　　3 長 6.0cm× 直径 3.5cm
　　　4 长 8.5cm× 直径 4.0cm　　　　　　　　4 長 8.5cm× 直径 4.0cm
　　　5 长 6.5cm× 直径 3.5cm　　　　　　　　5 長 6.5cm× 直径 3.5cm

材质：石　　　　　　　　　　　　　　　材質：石製

收藏地点：奈良县立橿原考古学研究所　　所蔵：奈良県立橿原考古学研究所

18（1~4） 纺锤车·车轮石

紡錘車·車輪石

出土地点: 橿原市 新泽千冢 500 号坟
时期: 古坟时代前期·4 世纪
尺寸: 1 直径 5.0cm× 厚 1.2cm
        2 直径 9.4cm× 厚 1.0cm
        3 外径 12.7cm× 内径 10.1cm× 厚 1.3cm
        4 外径 12.9cm× 内径 11.6cm× 厚 1.6cm
材质: 石
收藏地点: 奈良县立橿原考古学研究所

遺跡名: 新沢千塚 500 号墳（橿原市）
時代: 古墳時代前期·4 世紀
法量: 1 直径 5.0cm× 厚 1.2cm
        2 直径 9.4cm× 厚 1.0cm
        3 長径 12.7cm× 短径 10.1cm× 厚 1.3cm
        4 長径 12.9cm× 短径 11.6cm× 厚 1.6cm
材質: 石製
所蔵: 奈良県立橿原考古学研究所

19（1~3） 石钏

石釧

出土地点: 櫻井市 池之内 1 号坟
时期: 古坟时代前期·4 世纪
尺寸: 1 直径 7.64cm× 高 1.94cm
        2 直径 7.82cm× 高 1.92cm
        3 直径 7.76cm× 高 1.69cm
材质: 石
收藏地点: 奈良县立橿原考古学研究所

遺跡名: 池ノ内 1 号墳（桜井市）
時代: 古墳時代前期·4 世紀
法量: 1 底部径 7.64cm× 高 1.94cm
        2 底部径 7.76cm× 高 1.69cm
        3 底部径 7.82cm× 高 1.92cm
材質: 石製
所蔵: 奈良県立橿原考古学研究所

20　石坩

石製坩

出土地点: 橿原市 新泽千冢 500 号坟
时期: 古坟时代前期·4 世纪
尺寸: 高 4.7cm× 直径 7.0cm
材质: 石
收藏地点: 奈良县立橿原考古学研究所

遺跡名: 新沢千塚 500 号墳（橿原市）
時代: 古墳時代前期·4 世紀
法量: 高 4.7cm× 径 7.0cm
材質: 石製
所蔵: 奈良県立橿原考古学研究所

21　石盒

石製合子（付蓋）

出土地点: 葛城市 寺口和田 1 号坟
时期: 古坟时代中期·5 世纪
尺寸: 通高 10.0cm× 器身直径 9.0cm× 器盖直径 6.0cm
材质: 石
收藏地点: 奈良县立橿原考古学研究所

遺跡名: 寺口和田 1 号墳（葛城市）
時代: 古墳時代中期·5 世紀
法量: 総高 10.0cm× 長径 9.0cm× 短径 6.0cm
材質: 石製
所蔵: 奈良県立橿原考古学研究所

1~3

7~9

4~6

22（1~3）　玛瑙勾玉

勾玉（瑪瑙製）

出土地点：橿原市 新泽千冢 500 号坟
时期：古坟时代前期·4 世纪
尺寸：长 4.8cm×厚 1.2cm，重 24.7 g
材质：玛瑙
收藏地点：奈良县立橿原考古学研究所

遺跡名：新沢千塚 500 号墳（橿原市）
時代：古墳時代前期·4 世紀
法量：長 4.8cm×厚 1.2cm、重 24.7 g
材質：瑪瑙製
所蔵：奈良県立橿原考古学研究所

22（4~6）　水晶勾玉

勾玉（水晶製）

出土地点：橿原市 新泽千冢 500 号坟
时期：古坟时代前期·4 世纪
尺寸：长 3.1cm×厚 0.9cm，重 8.05 g
材质：水晶
收藏地点：奈良县立橿原考古学研究所

遺跡名：新沢千塚 500 号墳（橿原市）
時代：古墳時代前期·4 世紀
法量：長 3.1cm×厚 0.9cm、重 8.05 g
材質：水晶製
所蔵：奈良県立橿原考古学研究所

22（7~9）　翡翠勾玉

勾玉（翡翠製）

出土地点：橿原市 新泽千冢 500 号坟
时期：古坟时代前期·4 世纪
尺寸：长 3.4cm×厚 1.1cm，重 13.2 g
材质：翡翠
收藏地点：奈良县立橿原考古学研究所

遺跡名：新沢千塚 500 号墳（橿原市）
時代：古墳時代前期·4 世紀
法量：長 3.4cm×厚 1.1cm、重 13.2 g
材質：翡翠製
所蔵：奈良県立橿原考古学研究所

23　二联翡翠勾玉

二連勾玉（翡翠製）

出土地点：宇陀市 泽之坊 2 号坟
时期：古坟时代前期·4 世纪
尺寸：长 3.5cm× 宽 1.5cm× 厚 1.5cm
材质：翡翠
收藏地点：奈良县立橿原考古学研究所

遺跡名：澤の坊 2 号墳（宇陀市）
時代：古墳時代前期·4 世紀
法量：長 3.5cm× 幅 1.5cm× 厚 1.5cm
材質：翡翠製
所蔵：奈良県立橿原考古学研究所

24（1~4） 翡翠勾玉

勾玉（翡翠製）

出土地点：宇陀市 泽之坊 2 号坟
时期：古坟时代前期·4 世纪
尺寸：1 长 3.0cm× 厚 1.0cm× 宽 1.0cm
　　　2 长 2.8cm× 厚 1.0cm× 宽 1.0cm
　　　3 长 2.8cm× 厚 1.0cm× 宽 1.0cm
　　　4 长 2.8cm× 厚 1.0cm× 宽 1.0cm
材质：翡翠
收藏地点：奈良县立橿原考古学研究所

遺跡名：澤の坊 2 号墳（宇陀市）
時代：古墳時代前期·4 世紀
法量：1 長 3.0cm× 厚 1.0cm× 幅 1.0cm
　　　2 長 2.8cm× 厚 1.0cm× 幅 1.0cm
　　　3 長 2.8cm× 厚 1.0cm× 幅 1.0cm
　　　4 長 2.8cm× 厚 1.0cm× 幅 1.0cm
材質：翡翠製
所蔵：奈良県立橿原考古学研究所

25 玻璃珠串

装身具（ガラス玉、一連）

出土地点：橿原市 新泽千冢 115 号坟
时期：古坟时代中期·5 世纪
尺寸：长 60cm，玻璃珠 99 颗：直径 0.6cm—0.9cm
材质：玻璃
收藏地点：奈良县立橿原考古学研究所

遺跡名：新沢千塚 115 号墳（橿原市）
時代：古墳時代中期·5 世紀
法量：長 60cm、ガラス玉 99 点·径 0.6cm～0.9cm
材質：ガラス製
所蔵：奈良県立橿原考古学研究所

26 水晶管玉・玛瑙勾玉

装身具（水晶製管玉・瑪瑙製勾玉、一連）

出土地点: 橿原市 新泽千冢 323 号坟   遺跡名: 新沢千塚 323 号墳（橿原市）

时期: 古坟时代末期・6 世纪   時代: 古墳時代後期・6 世紀

尺寸: 长 50cm   法量: 紐長 50cm

   水晶管玉（13 件）: 长 2.5cm× 直径 0.8cm   水晶製管玉（13 点）長 2.5cm× 径 0.8cm

   玛瑙勾玉（14 件）: 长 2.7cm× 宽 1.0cm   瑪瑙製勾玉（14 点）長 2.7cm× 幅 1.0cm

材质: 水晶、玛瑙   材質: 水晶製・瑪瑙製

收藏地点: 奈良县立橿原考古学研究所   所蔵: 奈良県立橿原考古学研究所

③ 效仿技法——中国制与倭国制的铜镜

据《魏书·倭人传》记载，倭国女王卑弥呼在景初二年派遣使者时，中国曾向来朝的难升米和牛利特别赠予"绀地句文锦三匹、细班华罽五张、白绢五十匹、金八两、五尺刀二口、铜镜百枚，真珠、铅丹各五十斤"。更有"赐使知国家哀汝，故郑重赐汝好物也"的记载。其中，倭人格外喜爱铜镜。

自弥生时代至古坟时代，大量的中国制铜镜被船载至倭国。弥生时代在九州北部地区，古坟时代则从以奈良县为中心的近畿地区的遗迹和古坟中，出土了较多文物。在倭国，模仿进口镜生产的铜镜被称为"仿制镜"。

与原装进口的铜镜相比，仿制镜时而会有简化的图案或铭文，或者被绘画化或符号化，也有一些尺寸较大或装有倭国特有的铃铛的镜子被生产出来。

③ 技術を学ぶ―中国製の銅鏡と倭製の銅鏡―

『魏志』倭人伝には、倭女王卑弥呼の景初二年の遣使に際し、来朝した難升米と牛利に対して、特に、紺地句文錦三匹、細班華罽 [さいはんかけい] 五張、白絹五十匹、金八両、五尺刀二口、銅鏡百枚、真珠鉛丹各々五十斤を与えたとある。「鄭重に汝の好物を賜ふなり」という記載もある。倭人は、銅鏡をこよなく愛した。

弥生時代から古墳時代にかけて、多量の中国製の銅鏡が倭国に舶載された。弥生時代は、北部九州地方、古墳時代は奈良県を中心とした近畿地方の遺跡や古墳からの出土例が多い。舶載鏡を模倣して倭で生産された銅鏡が、倣（仿）製鏡 [ほう（ぼう）せいきょう] である。

倣製鏡は、原鏡となった舶載鏡と比べると文様や銘文を簡略化したり、絵画化、記号化したりしてしまうことがあったが、特別に大きい鏡や倭独特の鈴をとりつけた鏡なども生産された。

此为原件图
写真は原品

27　半圆方枚神兽纹镜

画文带神獣鏡

出土地点: 櫻井市 Hokeno 山古坟
时期: 原件为古坟时代初期·3 世纪, 东汉末期—三国
尺寸: 直径 19.1cm× 纽高 1.5cm
材质: 树脂
收藏地点: 奈良县立橿原考古学研究所
备注: 复制品, 原件为奈良县指定文化财产

遺跡名: ホケノ山古墳（桜井市）
時代: 原品は古墳時代前期·3 世紀、後漢末～三国
法量: 面径 19.1cm× 鈕高 1.5cm
材質: 樹脂製
所蔵: 奈良県立橿原考古学研究所
その他: 複製品（原品は奈良県指定文化財）

28　三角缘龙虎镜

三角縁龍虎鏡

出土地点：櫻井市 池之内 5 号坟	遺跡名：池ノ内 5 号墳（桜井市）
时期：古坟时代初期·4 世纪	時代：古墳時代前期·4 世紀
尺寸：直径 22.0cm× 纽高 1.60cm	法量：面径 22.0cm× 鈕高 1.60cm
材质：青铜	材質：青銅製
收藏地点：奈良县立橿原考古学研究所	所蔵：奈良県立橿原考古学研究所

此为原件图
写真は原品

29　三角缘神兽镜

三角縁神獣鏡

出土地点：天理市 黑冢古坟	遺跡名：黒塚古墳（天理市）
时期：原件为古坟时代初期・3 世纪	時代：原品は古墳時代前期・3 世紀
尺寸：直径 22.0cm× 纽高 1.4cm	法量：面径 22.0cm× 鈕高 1.4cm
材质：树脂	材質：樹脂製
收藏地点：奈良县立橿原考古学研究所	所蔵：奈良県立橿原考古学研究所
（原件藏于文化厅）	（原品は文化庁）
备注：复制品，原件为重要文化财产	その他：複製品（原品は重要文化財）

30　三角缘神兽镜

倣製三角縁神獣鏡

出土地点：橿原市 新泽千冢 500 号坟　　遺跡名：新沢千冢 500 号墳（橿原市）

时期：古坟时代初期 · 4 世纪　　時代：古墳時代前期 · 4 世紀

尺寸：直径 24.4cm× 纽高 1.8cm　　法量：面径 24.4cm× 鈕高 1.8cm

材质：青铜　　材質：青銅製

收藏地点：奈良县立橿原考古学研究所　　所蔵：奈良県立橿原考古学研究所

31 连弧纹镜

内行花文鏡

出土地点：橿原市 新泽千冢 500 号坟	遺跡名：新沢千冢 500 号墳（橿原市）
时期：古坟时代初期·4 世纪	時代：古墳時代前期·4 世紀
尺寸：直径 17.9cm× 纽高 1.6cm	法量：面径 17.9cm× 鈕高 1.6cm
材质：青铜	材質：青銅製
收藏地点：奈良县立橿原考古学研究所	所藏：奈良県立橿原考古学研究所

32 连弧纹镜

内行花文鏡

出土地点：天理市 下池山古坟	遺跡名：下池山古墳（天理市）
时期：古坟时代初期·3世纪	時代：古墳時代前期·3世紀
尺寸：直径 37.6cm×纽高 2.7cm	法量：面径 37.6cm×鈕高 2.7cm
材质：青铜	材質：青銅製
收藏地点：奈良县立橿原考古学研究所	所蔵：奈良県立橿原考古学研究所
定级：奈良县指定文化财	指定：奈良県指定文化財

33 五铃镜

五鈴鏡

出土地点: 橿原市 新泽千冢 115 号坟   遺跡名: 新沢千塚 115 号墳（橿原市）

时期: 古坟时代中期・5 世纪   時代: 古墳時代中期・5 世紀

尺寸: 直径 8.7cm，铃直径 0.7cm   法量: 面径 8.7cm，鈴径 0.7cm

材质: 青铜   材質: 青銅製

收藏地点: 奈良县立橿原考古学研究所   所蔵: 奈良県立橿原考古学研究所

④ 倭五王及其时代

公元 5 世纪是中国的南北朝时代、朝鲜半岛的三国时代。在动荡的东亚，倭国向中国的南朝派出了特使的同时，还与朝鲜半岛诸国进行着积极的外交活动。于是，众多渡来人员和渡来团体从海外来到了日本。倭国国王及其周围的人物在大阪平原南部的古市古坟群、百舌鸟古坟群以及奈良盆地的佐纪古坟群中建造了大型的前方后圆古坟。公元 5 世纪是一个积极建造大型前方后圆古坟的时期。

根据倭国向中国南朝最初的进贡记载（《晋书·本纪》），义熙九年（413）高句丽与倭国曾向东晋王朝进贡，其中是否派出了使节各有各种说法。然而，永初二年（421）之后的公元 5 世纪，倭五王赞、珍、济、兴、武曾多次向宋朝进贡（《宋书·倭国传》）。他们要求对朝鲜半岛进行军事统治，虽然他们在军事方面的要求时而被拒绝，但所有国王都曾被安东将军和倭国国王撤职。

升明二年（478），倭王武向南朝宋顺帝上书，提及高句丽的攻势使得航路被阻及贡品被耽搁，目前他已计划发动远征以恢复运输路线但未果，未来将粉碎高句丽这一强敌，并宣誓效忠宋朝皇帝。

倭王武指刻在埼玉县稲荷山古坟出土的铁剑铭文上的"获加多支卤大王"，即《日本书记》中的大泊瀬幼武天皇（雄略天皇）。他击败了一个又一个对手，最终在奈良盆地东南部的泊瀬朝仓宫登基。

④ 倭の五王の時代

5世紀代の中国は南北朝時代、朝鮮半島は三国時代である。激動の東アジアのなかで、倭国は、中国南朝に遣使する一方、朝鮮半島諸国とも盛んな交渉をおこなった。そして、倭国には、多くの渡来人や渡来系集団がやってきた。倭国王やその周辺の人物は、大阪平野南部の古市[ふるいち]古墳群・百舌鳥[もず]古墳群や奈良盆地の佐紀[さき]古墳群・馬見[うまみ]古墳群に大型前方後円墳を築造した。5世紀は、巨大前方後円墳が盛んに築造された時代である。

倭国の中国南朝への最初の朝貢記事である、義熙九年（413）の高句麗・倭国が東晋に入貢した（『晋書』本紀）という記載については、遣使の有無を含め諸説がある。しかし、永初二年（421）以降の5世紀代には、讃・珍・済・興・武という五人の王が、宋への朝貢を繰り返した（『宋書』本紀および倭国伝）。朝鮮半島での軍事と倭国の統治をもとめ、軍事については却下されることもあったが、いずれの王も安東将軍・倭国王の除正はうけたと考えられる。

昇明二年（478）、倭王武は、宋の順帝に上表した。高句麗の攻勢で船路が妨げられ朝貢が滞ったこと、交通路を回復するための出兵を計画するもいまだ果たせないこと、強敵の高句麗を打ち砕いて、宋皇帝への忠誠を誓うなどといった内容を流麗な漢文で訴えたのである。

武は、埼玉稲荷山[さきたまいなりやま]古墳出土の鉄剣銘文に刻まれた獲加多支鹵（ワカタケル）大王すなわち『日本書紀』にいう大泊瀬幼武[おおはつせわかたける]天皇（雄略）である。次々とライバルを討ち果たし、奈良盆地東南部の泊瀬朝倉宮[はつせあさくらのみや]に即位した。

34　垂饰金耳环（一对）

金製垂飾付耳飾（一対）

出土地点：橿原市 新泽千冢 109 号坟　　遺跡名：新沢千塚 109 号墳（橿原市）
时期：古坟时代中期·5 世纪　　　　　　時代：古墳時代中期·5 世紀
尺寸：长 11.4cm，环直径 1.9cm　　　　法量：長 11.4cm、環部径 1.9cm
材质：金　　　　　　　　　　　　　　材質：金製
收藏地点：奈良县立橿原考古学研究所　　所蔵：奈良県立橿原考古学研究所

35 神人神兽纹镜

半肉彫獣帯鏡

出土地点：橿原市 新泽千冢 173 号坟　　　遺跡名：新沢千塚 173 号墳（橿原市）
时期：古坟时代中期·5 世纪　　　　　　　時代：古墳時代中期·5 世紀
尺寸：直径 20.3cm× 纽高 1.7cm　　　　法量：面径 20.3cm× 鈕高 1.7cm
材质：青铜　　　　　　　　　　　　　材質：青銅製
收藏地点：奈良县立橿原考古学研究所　　所蔵：奈良県立橿原考古学研究所

36　半圆方枚神兽镜

画文带神獣鏡

出土地点：橿原市 新泽千冢 109 号坟　　　　　遺跡名：新沢千塚 109 号墳（橿原市）
时期：古坟时代中期・5 世纪　　　　　　　　時代：古墳時代中期・5 世紀
尺寸：直径 20.9cm× 纽高 1.3cm　　　　　　法量：面径 20.9cm× 鈕高 1.3cm
材质：青铜　　　　　　　　　　　　　　　材質：青銅製
收藏地点：奈良县立橿原考古学研究所　　　　所蔵：奈良県立橿原考古学研究所

37 大型陶屋

大型家形埴輪

出土地点：御所市 宮山古坟
时期：古坟时代中期・5 世纪
尺寸：高 80.0cm× 长 120.0cm× 宽 90.0cm
材质：陶土
收藏地点：奈良县立橿原考古学研究所

遺跡名：宮山古墳（御所市）
時代：古墳時代中期・5 世紀
法量：高 80.0cm× 長 120.0cm× 幅 90.0cm
材質：土製
所蔵：奈良県立橿原考古学研究所

38　冑・盾形陶器

冑・盾形埴輪

出土地点：御所市 宮山古坟
时期：古坟时代中期・5 世纪
尺寸：高 100.0cm× 长 65.0cm× 宽 40.0cm
材质：陶土
收藏地点：奈良县立橿原考古学研究所

遺跡名：宮山古墳（御所市）
時代：古墳時代中期・5 世紀
法量：高 100.0cm× 長 65.0cm× 幅 40.0cm
材質：土製
所蔵：奈良県立橿原考古学研究所

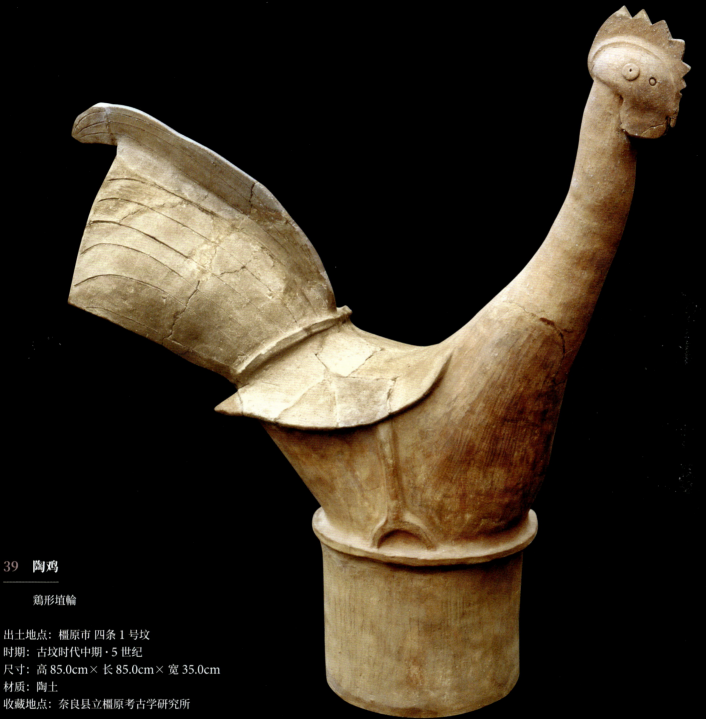

39　陶鸡

鶏形埴輪

出土地点：橿原市 四条 1 号坟
时期：古坟时代中期・5 世纪
尺寸：高 85.0cm× 长 85.0cm× 宽 35.0cm
材质：陶土
收藏地点：奈良县立橿原考古学研究所

遺跡名：四条 1 号墳（橿原市）
時代：古墳時代中期・5 世紀
法量：高 85.0cm× 長 85.0cm× 幅 35.0cm
材質：土製
所蔵：奈良県立橿原考古学研究所

40 陶马

馬形埴輪（飾り馬）

出土地点：橿原市 四条 1 号坟
时期：古坟时代中期·5 世纪
尺寸：高 106.0cm× 长 120.0cm× 宽 35.0cm
材质：陶土
收藏地点：奈良县立橿原考古学研究所

遺跡名：四条 1 号墳（橿原市）
時代：古墳時代中期·5 世紀
法量：高 106.0cm× 長 120.0cm× 幅 35.0cm
材質：土製
所蔵：奈良県立橿原考古学研究所

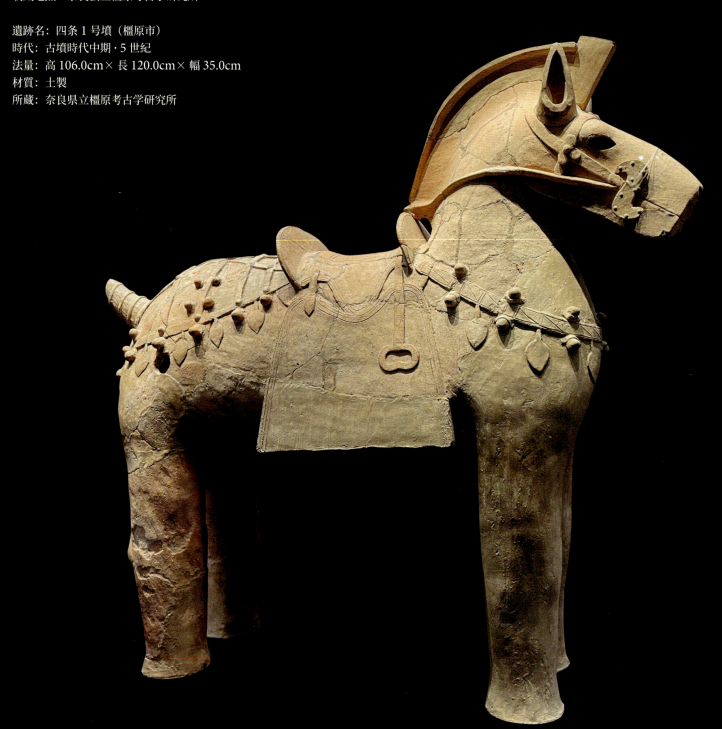

41 陶鹿

鹿形埴輪

出土地点：橿原市 四条 1 号坟
时期：古坟时代中期・5 世纪
尺寸：高 62.0cm×长 55.0cm×宽 30.0cm
材质：陶土
收藏地点：奈良县立橿原考古学研究所

遺跡名：四条 1 号墳（橿原市）
時代：古墳時代中期・5 世紀
法量：高 62.0cm×長 55.0cm×幅 30.0cm
材質：土製
所蔵：奈良県立橿原考古学研究所

42（1~5）　陶鱼

魚形土製品

出土地点：生駒郡斑鳩町 瓦冢古坟
时期：古坟时代中期・5 世纪
尺寸：1 长 11.1cm×宽 4.8cm×厚 1.0cm
　　　2 长 9.5cm×宽 4.2cm×厚 1.5cm
　　　3 长 10.5cm×宽 4.0cm×厚 1.8cm
　　　4 长 7.8cm×宽 3.3cm×厚 1.5cm
　　　5 长 9.7cm×宽 3.9cm×厚 1.6cm
材质：陶土
收藏地点：奈良县立橿原考古学研究所

遺跡名：瓦塚古墳（生駒郡斑鳩町）
時代：古墳時代中期・5 世紀
法量：1 長 11.1 cm×幅 4.8 cm×厚 1.0 cm
　　　2 長 9.5cm×幅 4.2 cm×厚 1.5 cm
　　　3 長 10.5cm×幅 4.0 cm×厚 1.8 cm
　　　4 長 7.8cm×幅 3.3cm×厚 1.5cm
　　　5 長 9.7cm×幅 3.9cm×厚 1.6cm
材質：土製
所蔵：奈良県立橿原考古学研究所

⑤ 欧亚大陆东西交流

6世纪时，倭国与朝鲜半岛的百济开展了密切的外交联系。另一方面，百济也加深了与中国南朝的关系，主要通过中国南朝—百济—倭国这条路线将中国文化传入倭国，以武宁王墓为代表的古坟直接引进了中国南朝（梁）的墓葬体系。据《日本书纪》记载，中国儒家学者"五经博士"的派遣以及佛教的"公传"（官方传播）都是经由百济进行的。

然而，部分国际交流活动是无法仅靠这样一条中国南朝—百济—倭国的路线来解释。藤之木古坟出土的文物就是一个典型的例子。以树木和鸟类为主题的冠饰与朝鲜半岛新罗和阿富汗的出土物有着相似之处，而鞋类和鎏金鞍具上的龟甲系文与棕叶饰纹则可追溯到朝鲜半岛以外，展现了与中国乃至西亚的联系。用黄金与精致纹样装饰的华丽马具可以溯源到新罗、高句丽和三燕。鎏金鞍具的玻璃上的黄金镶嵌技术表明，它们无疑是用当时东亚最高水平的技术制作的。而这些器物陪葬于倭国的古坟中，说明了其与高句丽、新罗和伽耶诸国的外交，以及受到中国北方的骑马文化和遥远的西亚艺术影响的历史背景。

实际上，支持倭国这一宏大的东西交流计划的正是出身朝鲜半岛的渡来系集团。特别是自5世纪以来，他们在引进匈奴、鲜卑和三燕等起源的骑马文化上发挥了核心作用，并在金属加工等其他手工业生产技术、土地开发技术、生活方式和墓葬制度等诸多方面带来了革命性的变化。虽然他们不占人口的大多数，但其中包括熟悉中国大陆文化的中国移民和百济移民，他们在外交、史书撰写和政治制度的引进方面起到了至关重要的作用。这些人构成了后来官僚结构的基础，最终成为仿照唐朝的律令制下的组织。

⑤ ユーラシア東西交流

　6世紀において、倭は朝鮮半島の百済との密接な対外交渉を展開する。一方の百済は、中国南朝（梁）の墓制がそのまま導入されたかのような武寧王陵[ぶねいおうりょう]に代表されるように、当時の南朝との関係を深めており、主にこの中国南朝―百済―倭のルートによって、中国文化が倭にもたらされた。『日本書紀』にみる、中国系儒学者である「五経博士」の派遣や、仏教の「公伝」は、どちらも百済を介したものである。

　しかし、こうした中国南朝―百済―倭のルートだけでは捉えきれない部分もある。藤ノ木古墳の出土品はそれを示す代表例といえよう。樹木と鳥をモチーフとした冠の立飾には、朝鮮半島の新羅をはじめアフガニスタン出土品との類似が指摘されるほか、履や鞍金具にみる亀甲繋文[きっこうつなぎもん]やパルメット文からは、その源流をたどることで朝鮮半島を超えて、中国、さらに西アジアとの関係がみえてくる。金と精緻な文様で飾られたきらびやかな馬具は新羅、高句麗、そして三燕に遡源する。鞍金具にみるガラスへの金象嵌技術などをみると、当時の東アジア最高水準の技術をもってこれらが製作されたことは疑いなく、このような器物が倭の古墳で副葬されるに至った背景には、高句麗や、新羅、伽耶諸国との交渉や、中国北方の騎馬文化、そして遠く西アジア芸術の影響が考えられるのである。

　そして、この壮大な東西交流への倭国の参画を支えたのが、主に朝鮮半島に出自をもつ渡来系集団であった。とくに5世紀以来彼らは、匈奴・鮮卑や、三燕などを源流とする騎馬文化の導入において中心的な役割を果たしたうえ、金工をはじめとする多くの手工業生産技術や、土地開発技術、生活様式、墓制などさまざまな方面において、革新的な変化をもたらした。大勢を占めるとはいえないまでも、彼らの中には中国系渡来人や、中国大陸の文化に通じた百済系渡来人が含まれており、外交、史書の編纂、政治制度の導入などに果たした役割は大きかったと考えられる。こうした存在がのちの官僚組織の下地となり、最終的には唐にならった律令制下の組織へと結実するのである。

此为原件图
写真は原品

43　鎏金鞍具（前轮装饰）

鞍金具（前輪）

出土地点：生驹郡斑鸠町 藤之木古坟
时期：原件为古坟时代末期·6 世纪
尺寸：高 41.7cm× 宽 51.7cm
材质：树脂
收藏地点：奈良县立橿原考古学研究所（原件藏于文化厅）
备注：复制品，原件为国宝

遺跡名：藤ノ木古墳（生駒郡斑鳩町）
時代：原品は古墳時代後期·6 世紀
法量：高 41.7cm× 幅 51.7cm
材質：樹脂製
所蔵：奈良県立橿原考古学研究所（原品は文化庁）
その他：複製品（原品は国宝）

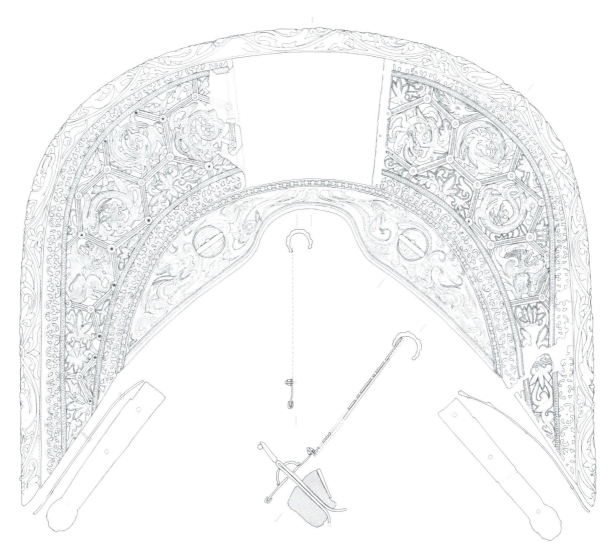

图10 鎏金鞍具（前轮装饰）实测线图
图10 鞍金具（前輪）実測図

图11 横穴式石室与家形石棺
图11 横穴式石室と家形石棺

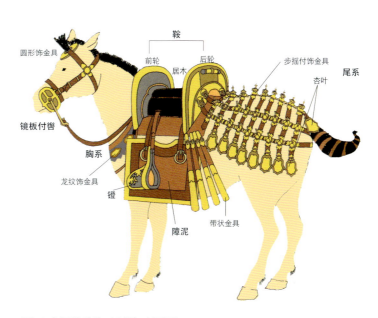

图12 金铜装马装（A组）复原图
图12 金銅装馬装（Aセット）復元案

此为原件图
写真は原品

44　鎏金鞍具（后轮装饰）

鞍金具（後輪）

出土地点：生驹郡斑鸠町 藤之木古坟
时期：原件为古坟时代末期·6 世纪
尺寸：高 43.2cm× 宽 58.0cm
材质：树脂
收藏地点：奈良县立橿原考古学研究所（原件藏于文化厅）
备注：复制品，原件为国宝

遺跡名：藤ノ木古墳（生駒郡斑鳩町）
時代：原品は古墳時代後期·6 世紀
法量：高 43.2cm× 幅 58.0cm
材質：樹脂製
所蔵：奈良県立橿原考古学研究所（原品は文化庁）
その他：複製品（原品は国宝）

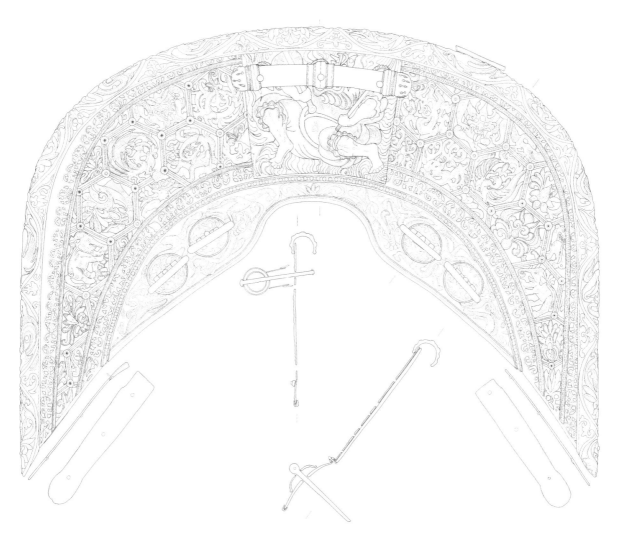

图13 鎏金鞍具（后轮装饰）实测线图
图13 鞍金具（後輪）実測図

图14 鎏金鞍具鬼神造型（三维图）
图14 鞍金具鬼神（三次元計測図）

45　龙纹金属零件

龍文飾り金具

出土地点：生驹郡斑鸠町 藤之木古坟
时期：原件为古坟时代末期・6 世纪
尺寸：长 15.6cm× 最大宽度 8.6cm
材质：鎏金铜具
收藏地点：奈良县立橿原考古学研究所（原件藏于文化厅）
备注：复原品，原件为国宝

遺跡名：藤ノ木古墳（生駒郡斑鳩町）
時代：原品は古墳時代後期・6 世紀
法量：全長 15.6cm× 最大幅 8.6cm
材質：金銅製
所蔵：奈良県立橿原考古学研究所（原品は文化庁）
その他：復元品（原品は国宝）

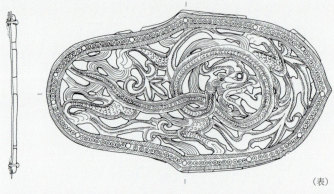

（表）

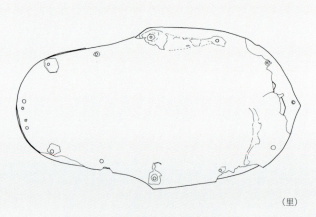

（里）

图15 龙纹饰鎏金具实测线图
図15 龍文飾り金具実測図

図16 石棺内遺物出土状况
図16 石棺内遺物出土状況

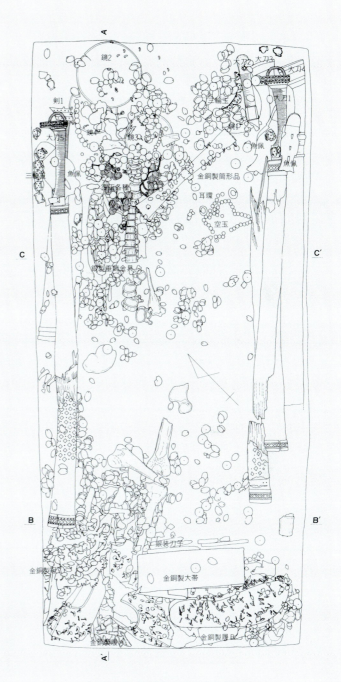

図17 石棺内遺物出土状态全貌平面図
図17 石棺内遺物出土状態実測図

46 鎏金铜冠饰

金銅製冠

出土地点：生驹郡斑鸠町 藤之木古坟
时期：原件为古坟时代末期・6 世纪
尺寸：高 35cm
材质：鎏金铜具
收藏地点：奈良县立橿原考古学研究所（原件藏于文化厅）
备注：复原品，原件为国宝

遺跡名：藤ノ木古墳（生駒郡斑鳩町）
時代：原品は古墳時代後期・6 世紀
法量：高 35cm
材質：金銅製
所蔵：奈良県立橿原考古学研究所（原品は文化庁）
その他：復元品（原品は国宝）

图18 鎏金铜冠饰实测线图
図18 金銅製冠実測図

47 鎏金铜制筒形器

金銅製筒形品

出土地点：生驹郡斑鸠町 藤之木古坟
时期：古坟时代末期·6 世纪
尺寸：长 39.0cm× 小口径 6.0cm
材质：鎏金铜具
收藏地点：奈良县立橿原考古学研究所（原件藏于文化厅）
备注：复原品，原件为国宝

遺跡名：藤ノ木古墳（生駒郡斑鳩町）
時代：古墳時代後期·6 世紀
法量：長 39.0cm× 小口径 6.0cm
材質：金銅製
所蔵：奈良県立橿原考古学研究所（原品は文化庁）
その他：復元品（原品は国宝）

48 鎏金铜大带

金銅製大帯

出土地点：生驹郡斑鸠町 藤之木古坟
时期：原件为古坟时代末期·6 世纪
尺寸：长 106.8cm× 宽 12.6cm
材质：鎏金铜具
收藏地点：奈良县立橿原考古学研究所（原件藏于文化厅）
备注：复原品，原件为国宝

遺跡名：藤ノ木古墳（生駒郡斑鳩町）
時代：原品は古墳時代後期·6 世紀
法量：全長 106.8cm× 幅 12.6cm
材質：金銅製
所蔵：奈良県立橿原考古学研究所（原品は文化庁）
その他：復元品（原品は国宝）

50 发饰

装身具

出土地点：生驹郡斑鸠町 藤之木古坟
时期：原件为古坟时代末期·6 世纪
尺寸：模特高 80.0cm，发饰长 29.0cm
　　　　　垂饰、首饰长 20cm
材质：金属、合成树脂、布等
收藏地点：奈良县立橿原考古学研究所
　　　　　（原件藏于文化厅）
备注：复原品，原件为国宝

遺跡名：藤ノ木古墳（生駒郡斑鳩町）
時代：原品は古墳時代後期·6 世紀
法量：人形の高 80.0cm·髪飾り 29.0cm
　　　　　垂飾、首飾長 20cm
材質：金属·合成樹脂·布·その他
所蔵：奈良県立橿原考古学研究所（原品は文化庁）
その他：復元品（原品は国宝）

49　鎏金铜履

金銅製飾履

出土地点：生驹郡斑鸠町 藤之木古坟
时期：原件为古坟时代末期·6 世纪
尺寸：长 41.7cm× 宽 15.2cm
材质：鎏金铜具
收藏地点：奈良县立橿原考古学研究所
　　　　　（原件藏于文化厅）
备注：复原品，原件为国宝

遺跡名：藤ノ木古墳（生駒郡斑鳩町）
時代：原品は古墳時代後期·6 世紀
法量：全長 41.7cm× 幅 15.2cm
材質：金銅製
所蔵：奈良県立橿原考古学研究所（原品は文化庁）
その他：復元品（原品は国宝）

1　　　　　　2

3　　　　　　4

51（1~4）　银珠·金耳环

銀製空玉·金製耳環

出土地点：櫻井市 慈恩寺 1 号坟
时期：古坟时代末期·6 世纪
尺寸：1~2 串珠：直径 0.8cm（2 件）
　　　　3~4 指环：直径 1.9cm× 厚 1.0cm（1 对）
材质：银、金
收藏地点：奈良县立橿原考古学研究所

遺跡名：慈恩寺 1 号墳（桜井市）
時代：古墳時代後期（紀元 6 世紀）
法量：1~2 空玉 直径 0.8cm（2 点）
　　　　3~4 指輪 直径 1.9cm× 厚 1.0cm（1 対）
材質：銀製·金製
所蔵：奈良県立橿原考古学研究所

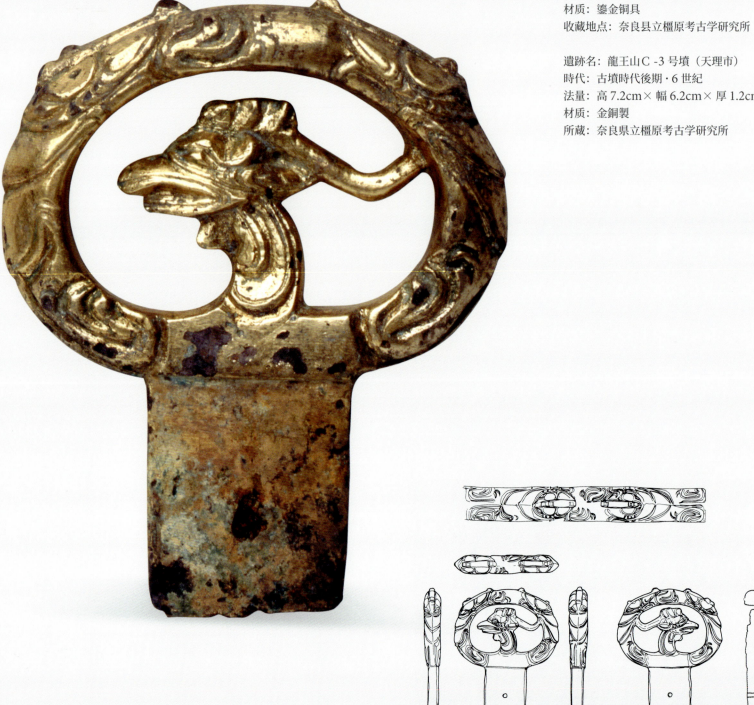

52 单凤头环首刀柄

単鳳頭環頭大刀柄頭

出土地点：天理市 龙王山 C-3 号坟
时期：古坟时代末期·6 世纪
尺寸：高 7.2cm× 宽 6.2cm× 厚 1.2cm
材质：鎏金铜具
收藏地点：奈良县立橿原考古学研究所

遺跡名：龍王山 C -3 号墳（天理市）
時代：古墳時代後期·6 世紀
法量：高 7.2cm× 幅 6.2cm× 厚 1.2cm
材質：金銅製
所蔵：奈良県立橿原考古学研究所

图19 单凤头环首刀柄头实测线图
図19 単鳳頭環頭大刀柄頭実測図

53　f 字形镜板附镳（一对）

f 字形鏡板付鑣（一対）

出土地点：葛城市 芝冢 2 号坟
时期：古坟时代末期・6 世纪
尺寸：1 长 22.4cm× 宽 11.9cm× 厚 4.0cm
　　　2 长 22.7cm× 宽 11.5cm× 进深长 10.0cm
材质：鎏金铜具
收藏地点：奈良县立橿原考古学研究所

遺跡名：芝塚 2 号墳（葛城市）
時代：古墳時代後期・6 世紀
法量：1 長 22.4 cm× 幅 11.9cm× 厚 4.0cm
　　　2 長 22.7cm× 宽 11.5cm× 奥行き（金具長）10.0cm
材質：金銅製
所蔵：奈良県立橿原考古学研究所

54 杏叶

剣菱形杏葉

出土地点：葛城市 芝冢 2 号坟
时期：古坟时代末期・6 世纪
尺寸：长 23.3cm×宽 12.0cm× 进深长 5.2cm
材质：鎏金铜具
收藏地点：奈良县立橿原考古学研究所

遺跡名：芝塚 2 号墳（葛城市）
時代：古墳時代後期・6 世紀
法量：長 23.3cm×幅 12.0cm× 奥行き（金具長）5.2 cm
材质：金銅製
所蔵：奈良県立橿原考古学研究所

55（1~3） 钟形杏叶

鐘形杏葉

出土地点：生驹郡平群町 三里古坟
时期：古坟时代末期·6 世纪
尺寸：1 长 14.5cm× 宽 9.5cm× 厚 3.0cm
　　　2 长 14.5cm× 宽 9.5cm× 厚 2.0cm
　　　3 长 11.5cm× 宽 10.0cm× 厚 1.0cm
材质：鎏金铜具
收藏地点：奈良县立橿原考古学研究所

遺跡名：三里古墳（生駒郡平群町）
時代：古墳時代後期·6 世紀
法量：1 長 14.5cm× 幅 9.5cm× 厚 3.0cm
　　　2 長 14.5cm× 幅 9.5cm× 厚 2.0cm
　　　3 長 11.5cm× 幅 10.0cm× 厚 1.0cm
材质：金銅製
所蔵：奈良県立橿原考古学研究所

1

2

3

1

2

3

56（1~3）　心形杏叶

心葉形杏葉

出土地点：北葛城郡广陵町 牧野古坟　　　　　　遺跡名：牧野古墳（北葛城郡広陵町）
时期：古坟时代末期·6 世纪　　　　　　　　　　時代：古墳時代後期·6 世紀
尺寸：1 长 12.5cm× 宽 11.5cm× 厚 2.0cm　　　法量：1 長 12.5cm× 幅 11.5cm× 厚 2.0cm
　　　2 长 12.0cm× 宽 11.5cm× 厚 3.5cm　　　　　2 長 12.0cm× 幅 11.5cm× 厚 3.5cm
　　　3 长 13.0cm× 宽 11.5cm× 厚 3.5cm　　　　　3 長 13.0cm× 幅 11.5cm× 厚 3.5cm
材质：鎏金铜具　　　　　　　　　　　　　　　材質：金銅製
收藏地点：奈良县立橿原考古学研究所　　　　　所蔵：奈良県立橿原考古学研究所

三、"日本国"的建立

① 遣隋使、遣唐使的派遣及"日本"国号

倭国在隋开皇二十年（600）派出了遣隋使。隋大业三年（607），日本人在给隋朝的国书中自称为"日出处天子"，据说激怒了隋炀帝。次年（608），隋炀帝将文林郎裴世清派遣至日本传达训诫（《隋书·倭国传》）。618年唐朝建立后，派使臣到唐朝。留学生与僧侣从隋朝和唐朝学到的诸多中国文化，促成了以天皇为中心的律令国家"日本"的建立和发展。

百济灭亡后，计划恢复百济王朝的倭国军队于663年在白村江面对唐朝和新罗的联合部队遭遇了重大失败。此后，据《日本书纪》记载，天智天皇八年（669），河内直鲸作为遣唐使被派往唐朝。据《新唐书》和《册府元龟》记载，"咸亨元年（670），遣使贺平高丽"，表明日本接受了高句丽灭亡后以唐朝为中心的东亚新形势。

在接下来的31年里，遣唐使的派遣被暂停。在暂停期间，天武天皇元年（672），发生了日本古代历史上最大的内战——壬申之乱，其胜利者大海人皇子于天武天皇二年（673）在飞鸟净御原宫登基。从这时起，以天武天皇为中心的律令国家开始加速建设。

天武天皇十年（681），天武天皇下令制定律令，并将"帝纪"和"上古"记载并修订为《日本书纪》。《净御原令》是在持统天皇三年（689）执行的，而《日本书纪》是在养老七年（720）完成的。

此外，在作为天武朝官营工房的飞鸟池遗址还发现了一个记有"天皇"名字的木简，人们认为天武以"天皇"为名。由于《净御原令》及更早的《近江令》都没有流传下来，"天皇"和"日本"的国号不能得以明确，然而其极有可能是在《净御原令》中被作为一种法制度规定下来的。"日本"这个名称是指示东方，并在考虑到与唐朝的关系下起拟的。尽管这一国号基于中华思想，它自认为"小中华"的意识影响了周边诸国，进行律令的制定和史书的编纂。《净御原令》之后，《大宝律令》的编纂于大宝元年（701）完成。由此，以"天皇"为中心的"日本"国家体系最终确立。

《大宝律令》编纂完成的那一年，遣唐使的任命也得到恢复。大宝二年（702），"日本国"的大使粟田真人抵达唐朝，武则天宴请并授予他官职（《旧唐书·日本传》）。自此，"日本"这一国号开始对外使用。

① 遣隋使・遣唐使の派遣と「日本」の国号

　倭国は、隋開皇二十年（600）に遣隋使を派遣したとされる。隋大業三年（607）には隋への国書に「日出づる処の天子」と称し、隋の煬帝の怒りを買ったという。その翌年（608）、煬帝は訓戒のため文林郎の裴世清を倭国に派遣する（『隋書』倭国伝）。618年の唐建国後は遣唐使を派遣した。留学生や僧が隋や唐から多くのことを学び、そのことが、天皇を中心とした律令国家「日本」の成立と発展に繋がった。

　百済滅亡後に、百済王朝の復興を目論んだ倭国軍は、663年に白村江[はくすきのえ]（白江・白馬江）にて唐・新羅連合軍に大敗を喫する。その後、天智天皇八年（669）に遣唐使として河内直鯨[かわちのあたいくじら]を遣わしたことが『日本書紀』に記されている。『新唐書』や『冊府元亀』には、唐咸亨元年（670）に倭国王の遣使があり、「高麗を平ぐるを賀した」と書かれており、倭国は、高句麗滅亡後の唐を中心とする新たな東アジア情勢を受け入れたのである。

　その後の31年の間、遣唐使は中断する。その中断期間中の、天武天皇元年（672）に、日本古代史上最大の内戦である壬申の乱がおこり、それに勝利した大海人皇子[おおあまのおうじ]が、天武天皇二年（673）に、飛鳥浄御原宮[あすかきよみはらのみや]で即位する。ここから、天武天皇を中心とした律令国家の建設が加速度的に進行した。

　天武天皇十年（681）に天武天皇は、律令をさだめることと、「帝紀[ていき]」および「上古[じょうこ]の諸事」を記して、校訂することを命じている（『日本書紀』）。浄御原令[きよみはらりょう]は、持統天皇三年（689）に施行されたとされ、『日本書紀』は、養老七年（720）に完成する。

　また、天武朝の官営工房とされる飛鳥池[あすかいけ]遺跡で「天皇」と記載された木簡が出土しており、天武は「天皇」と号していたと考えられる。「天皇」号や「日本」の国号は、浄御原令やそれ以前の近江令[おうみりょう]が現存していないためさだかではないが、浄御原令の段階で、法制度として規定されたものである可能性が高い。「日本」は東方を示す言葉であり、唐との関係を意識してつけられた名称である。中華思想を踏まえた国号であったが、自らも「小中華」となって周辺諸国を意識し、律令の制定や史書の編纂などをおこなったのである。

　浄御原令を経て、大宝元年（701）に、大宝律令の編纂が終了する。こうして「天皇」を中心とした「日本」の国家体制がようやく確立したのである。

　大宝律令の編纂が終了したまさにその年に、遣唐使が任命され再開されることになった。大宝二年（702）「日本国」の大使である粟田真人[あわたのまひと]が入唐した。則天武后は宴を催し、官を授けたという（『旧唐書』日本伝）。これ以降、対外的にも「日本」を名乗るようになったのである。

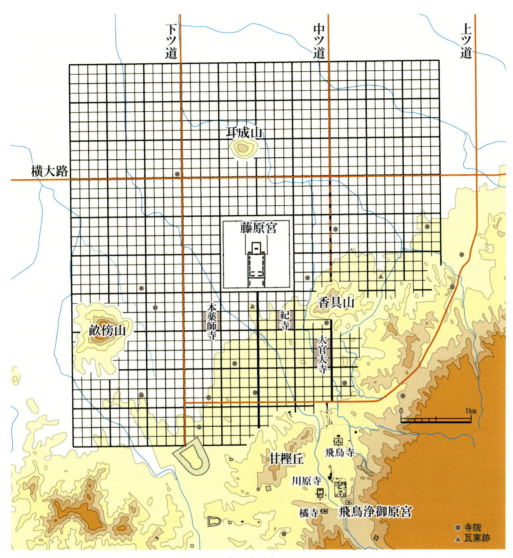

図 20 藤原京的条坊复原图
図 20 藤原京の条坊復元図

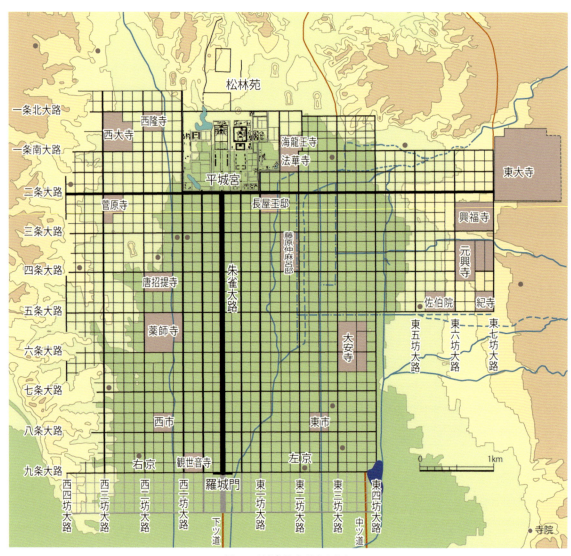

图21 平城京的条坊复原图
図21 平城京の条坊復元図

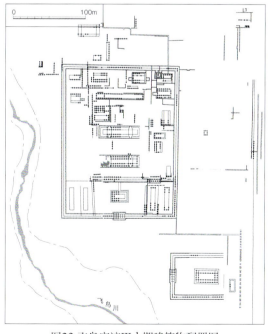

57 飞鸟净御原宫主殿建筑模型

宮殿建物模型（飛鳥宮跡エビノコ郭正殿）

遗址地点：高市郡明日香村 飞鸟宫遗址
尺寸：基座长 100.0cm × 宽 71.0cm
材质：木
收藏地点：奈良县立橿原考古学研究所

遺跡名：飛鳥宮跡（高市郡明日香村）
法量：台長 100.0cm × 幅 70.0cm
材質：木製
所蔵：奈良県立橿原考古学研究所

图22 飞鸟宫迹Ⅲ-b期建筑物配置图
図22 飛鳥宮跡Ⅲ-b期建物配置図

58　无纹银钱

無文銀錢

出土地点：高市郡明日香村 飞鸟宫遗址
时期：飞鸟时代·7 世纪
尺寸：直径约 2.4cm
材质：银
收藏地点：奈良县立橿原考古学研究所

遺跡名：飛鳥宮跡（高市郡明日香村）
時代：飛鳥時代·7 世紀
法量：径約 2.4cm
材質：銀製
所蔵：奈良県立橿原考古学研究所

59　"和同开珎"银钱

和同開珎（銀銭）

出土地点：橿原市 藤原宫遗址
时期：奈良时代·8 世纪
尺寸：直径 2.4cm，重 5.58 g
材质：银
收藏地点：奈良县立橿原考古学研究所

遺跡名：藤原京跡（橿原市）
時代：奈良時代·8 世紀
法量：径 2.4 cm，重 5.58 g
材質：銀製
所蔵：奈良県立橿原考古学研究所

60（1~12）　皇朝十二钱

皇朝十二錢

时期：奈良—平安时代（8—10 世纪）
出土地点、尺寸重量：1 和同开珎·大和郡山市八条北遗址：直径 2.48cm，重 2.9 g
　　　　　　　　　2 万年通宝·高市郡明日香村飞鸟京迹：直径 2.53cm，重 3.6 g
　　　　　　　　　3 神功开宝·奈良市平城京迹：直径 2.45cm，重 2.2 g
　　　　　　　　　4 隆平永宝·橿原市一町西遗址：直径 2.58cm，重 3 g
　　　　　　　　　5 富寿神宝·橿原市一町西遗址：直径 2.31cm，重 2.6 g
　　　　　　　　　6 承和昌宝·橿原市一町西遗址：直径 2.07cm，重 1.8 g
　　　　　　　　　7 长年大宝·橿原市四条遗址：直径 1.99cm，重 2.2 g
　　　　　　　　　8 饶益神宝·大和郡山市若槻遗址：直径 1.94cm，重 2.4 g
　　　　　　　　　9 贞观永宝·奈良市平城遗址：直径 2.00cm，重 2.4 g
　　　　　　　　　10 宽平大宝·奈良市日笠花刈遗址：直径 1.92cm，重 1.4 g
　　　　　　　　　11 延喜通宝·橿原市一町西遗址：直径 1.89cm，重 1.6 g
　　　　　　　　　12 乾元大宝·橿原市·御所市观音寺本马遗址：直径 1.94cm，重 2.7 g

材质：铜
收藏地点：奈良县立橿原考古学研究所

時代：奈良～平安時代（紀元 8 ～ 10 世紀）
遺跡名·法量：1 和同開珎·八条北遺跡（大和郡山市）直径 2.48cm、重 2.9 g
　　　　　　　2 萬年通寶·飛鳥京跡（高市郡明日香村）直径 2.53cm、重 3.6 g
　　　　　　　3 神功開寶·平城京跡（奈良市）直径 2.45cm、重 2.2 g
　　　　　　　4 隆平永寶·一町西遺跡（橿原市）直径 2.58cm、重 3 g
　　　　　　　5 富壽神寶·一町西遺跡（橿原市）直径 2.31cm、重 2.6 g
　　　　　　　6 承和昌寶·一町西遺跡（橿原市）直径 2.07cm、重 1.8 g
　　　　　　　7 長年大寶·四条遺跡（橿原市）直径 1.99cm、重 2.2 g
　　　　　　　8 饒益神寶·若槻遺跡（大和郡山市）直径 1.94cm、重 2.4 g
　　　　　　　9 貞観永寶·平城京跡（奈良市）直径 2.00cm、重 2.4 g
　　　　　　　10 寬平大寶·日笠花刈遺跡（奈良市）直径 1.92cm、重 1.4 g
　　　　　　　11 延喜通寶·一町西遺跡（橿原市）直径 1.89cm、重 1.6 g
　　　　　　　12 乾元大寶·観音寺本馬遺跡（橿原市·御所市）直径 1.94cm、重 2.7 g

材質：銅製
所蔵：奈良県立橿原考古学研究所

② 墓葬与器物中的中国文化

尽管飞鸟时期后期推行"薄葬化"，天皇陵采用了八角坟。齐明天皇和其女儿间人公主的合葬墓被认为是八角坟的牵牛子冢古坟。

高松冢古坟和龟虎古坟都是 7 世纪末至 8 世纪初建造的两段式的圆形古坟。高松冢古坟的横口式石榑是由床石、壁石和天井石的组合构筑成箱形，内表面涂有漆喰并绘有壁画。壁画绘制的内容包括东壁的青龙、西壁的白虎和北壁的玄武（朱雀因盗墓而被毁坏）共四神，人物（东西两壁各四个男女群像）、日像（东壁）和月像（西壁）、天井部的星宿。日本仅有的描绘四神和星宿的壁画古坟是高松冢古坟和龟虎古坟。

自高松冢古坟壁画发现以来，唐朝与高句丽的关系时常被阐述。星宿图、四神图和人物群像是隋唐墓室壁画的常见题材，7 世纪后期以来的中国墓室壁画中也频繁出现人物群像。在懿德太子（706）墓中，人物前后重叠布局，用透视法实现了立体表现，这与高松冢西壁的一组女性群像是共通的。

唐代墓葬中，唐三彩被广泛用作明器。以绿色、褐色、白色和蓝色等鲜艳色彩装饰的唐三彩被带至日本，于是日本国内也开始独立生产模仿唐三彩的奈良三彩。奈良三彩被认为是在平城京及其周边地区烧制的。东大寺的正仓院文书"造佛所作物帐"让人们得以了解到奈良三彩的制作技术。

② 墳墓と器物にみられる中国文化

　飛鳥時代後半には「薄葬化」が進むが、天皇陵は八角墳を採用する。斉明天皇と娘の間人[はしひと]皇女の合葬墓が八角墳である牽牛子塚[けんごしづか]古墳と考えられる。

　高松塚古墳とキトラ古墳はともに7世紀末から8世紀初頭の2段築成の円墳である。高松塚古墳の横口式石槨[よこぐちしきせっかく]の構造は、床石・壁石・天井石を箱形に組んで構築したもので、内面は漆喰[しっくい]が塗られ、壁画が描かれる。壁画は東壁面に青龍、西壁面に白虎、北壁面に玄武の四神（朱雀は盗掘坑により破壊）、人物（男子群像・女子群像各4人ずつが東西両壁面）、日像（東壁面）・月像（西壁面）、天井部に星宿が描かれている。四神や星宿を描いた壁画古墳は、日本では高松塚古墳とキトラ古墳のみである。

　高松塚古墳壁画はその発見以来、常に唐や高句麗との関係が論じられてきた。隋・唐の古墳壁画でも星宿図、四神図、人物群像は一般的な画題であり、人物群像は7世紀後半以降の中国古墳壁画に頻出する。懿徳太子墓（706年）では、人物を前後に重ねて配する遠近法で立体的な表現がなされており、高松塚の西壁女子群像と共通する。

　唐墓では唐三彩が明器として多く使用されていた。緑色・褐色・白色・藍色など色鮮やかに飾られた唐三彩は日本にももたらされ、日本国内では唐三彩を模倣した奈良三彩を独自に生産した。奈良三彩は、平城京およびその周辺で焼かれていたと考えられる。東大寺の正倉院文書[しょうそういんもんじょ]の中には「造仏所作物帳[ぞうぶつしょさくもつちょう]」があり、奈良三彩の製作技術をうかがうことができる。

61（1~3）　七宝装饰金属部件

七宝飾金具

出土地点：高市郡明日香村 牽牛子冢古坟　　　遺跡名：牽牛子塚古墳（高市郡明日香村）
时期：飞鸟时代·7 世纪　　　　　　　　　　時代：飛鳥時代·7 世紀
尺寸：长 9.0cm×宽 7.0cm×厚 0.3cm　　　　　法量：高 9.0cm×幅 7.0cm×厚 0.3cm
材质：金属　　　　　　　　　　　　　　　　材質：金属製
收藏地点：奈良县立橿原考古学研究所　　　　所蔵：奈良県立橿原考古学研究所
备注：复原品，原件为重要文化财产　　　　　その他：復元品（原品は重要文化財）

1

2

62 （1~2）　鎏金银饰

銀製飾金具

出土地点：高市郡明日香村 高松冢古坟	遺跡名：高松塚古墳（高市郡明日香村）
时期：飞鸟时代·7世纪末—8世纪初	時代：飛鳥時代·7世紀末~8世紀初頭
尺寸：1 较大直径 1.0cm× 较短直径 0.8cm× 厚 0.4cm	法量：1 長径 1.0cm× 短径 0.8cm× 厚 0.4cm
2 长 1.4cm× 直径 0.9cm	2 長 1.4cm× 径 0.9cm
材质：银	材質：銀製
收藏地点：奈良县立橿原考古学研究所	所蔵：奈良県立橿原考古学研究所

63 (1~35)　玻璃珠・琥珀残块

ガラス小玉・琥珀玉・ガラス丸玉

出土地点: 高市郡明日香村 高松冢古坟
时期: 飞鸟时代・7世纪末—8世纪初
尺寸: 1~21 直径 0.4cm
　　　22~33 最大直径 1.5cm
　　　34、35 直径 1.5cm
材质: 玻璃、琥珀
收藏地点: 奈良县立橿原考古学研究所

遺跡名: 高松塚古墳（高市郡明日香村）
時代: 飛鳥時代・7世紀末~8世紀初頭
法量: 1~21 径 0.4cm
　　　22~33 長径 1.5cm
　　　34・35 径 1.5cm
材質: ガラス製・琥珀製
所蔵: 奈良県立橿原考古学研究所

1~21　　　　　　　　　22~33　　　　　　　　　34　　　　　　　　35

64　鎏金镂空铜饰

金銅製透飾金具

出土地点：高市郡明日香村 高松冢古坟　　　遺跡名：高松塚古墳（高市郡明日香村）

时期：原件为飞鸟时代·7 世纪末—8 世纪初　　時代：原品は飛鳥時代·7 世紀末~8 世紀初頭

尺寸：直径 10.8cm×厚 0.1cm　　　　　　　法量：径 10.8cm×厚 0.1cm

材质：树脂　　　　　　　　　　　　　　　材質：樹脂製

收藏地点：奈良县立橿原考古学研究所　　　　所蔵：奈良県立橿原考古学研究所
　　　　　（原件藏于奈良文化财研究所飞鸟资料馆）　　　　　（原品は奈良文化財研究所飛鳥資料館所蔵）

备注：复制品，原件为重要文化财产　　　　　その他：複製品（原品は重要文化財）

图 23 漆涂木棺·棺台的设想复原图

図 23 漆塗木棺·棺台の想定復元図

65 瑞兽葡萄纹镜

海獣葡萄鏡

出土地点：高市郡明日香村 高松冢古坟　　　　遺跡名：高松塚古墳（高市郡明日香村）
时期：原件为飞鸟时代·7世纪末—8世纪初　　　時代：原品は飛鳥時代·7世紀末 ～ 8世紀初頭
尺寸：直径 16.8cm× 边缘高 1.5cm　　　　　　法量：面径 16.8cm× 縁高 1.5cm
材质：树脂　　　　　　　　　　　　　　　　材質：樹脂製
收藏地点：奈良县立橿原考古学研究所（原件藏　所蔵：奈良県立橿原考古学研究所（原品は奈良
　　　　　于奈良文化财研究所飞鸟资料馆）　　　　　文化財研究所飛鳥資料館所蔵）
备注：复制品，原件为重要文化财产　　　　　　その他：複製品（原品は重要文化財）

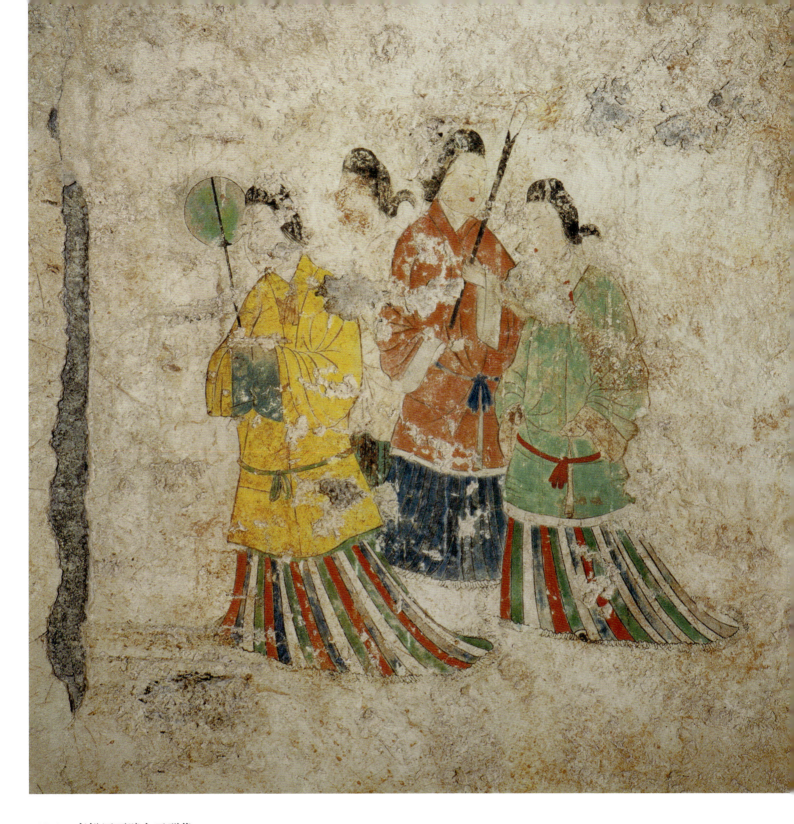

66-1 高松冢西壁女子群像

西壁女子群像

出土地点：高市郡明日香村 高松冢古坟　　　　　遺跡名：高松塚古墳（高市郡明日香村）
时期：原件为飞鸟时代·7世纪末—8世纪初　　　　時代：原品は飛鳥時代·7世紀末 ～ 8世紀初頭
尺寸：长 60cm× 宽 60cm　　　　　　　　　　　法量：縦 60cm× 横 60cm
材质：陶　　　　　　　　　　　　　　　　　　材質：陶製
收藏地点：奈良县立橿原考古学研究所　　　　　　所蔵：奈良県立橿原考古学研究所
备注：陶板复制品，原件为国宝　　　　　　　　　その他：複製陶板（原品は国宝）

66-2　高松冢西壁男子群像

西壁男子群像

出土地点：高市郡明日香村 高松冢古坟　　　　　遺跡名：高松塚古墳（高市郡明日香村）
时期：原件为飞鸟时代·7世纪末—8世纪初　　　時代：原品は飛鳥時代·7世紀末～8世紀初頭
尺寸：长 60.0cm× 宽 60.0cm　　　　　　　　法量：縦 60.0cm× 横 60.0cm
材质：陶　　　　　　　　　　　　　　　　　材質：陶製
收藏地点：文化厅（奈良县立橿原考古学研究所保管）　所藏：文化庁所蔵（奈良県立橿原考古学研究所保管）
备注：陶板复制品，原件为国宝　　　　　　　　その他：複製陶板（原品は国宝）

66-3　高松冢东壁女子群像

東壁女子群像

出土地点：高市郡明日香村 高松冢古坟
时期：原件为飞鸟时代・7 世纪末—8 世纪初
尺寸：长 60.0cm× 宽 60.0cm
材质：陶
收藏地点：文化厅（奈良县立橿原考古学研究所保管）
备注：陶板复制品，原件为国宝

遺跡名：高松塚古墳（高市郡明日香村）
時代：原品は飛鳥時代・7 世紀末〜8 世紀初頭
法量：縦 60.0cm× 横 60.0cm
材質：陶製
所蔵：文化庁所蔵（奈良県立橿原考古学研究所保管）
その他：複製陶板（原品は国宝）

66-4　高松冢东壁男子群像

東壁男子群像

出土地点：高市郡明日香村 高松冢古坟

时期：原件为飞鸟时代·7 世纪末—8 世纪初

尺寸：长 60.0cm× 宽 60.0cm

材质：陶

收藏地点：文化厅（奈良县立橿原考古学研究所保管）

备注：陶板复制品，原件为国宝

遺跡名：高松塚古墳（高市郡明日香村）

時代：原品は飛鳥時代·7 世紀末 ～ 8 世紀初頭

法量：縱 60.0cm× 橫 60.0cm

材質：陶製

所蔵：文化庁所蔵（奈良県立橿原考古学研究所保管）

その他：複製陶板（原品は国宝）

66-5　高松冢西壁白虎·月

西壁白虎·月像

出土地点：高市郡明日香村 高松冢古坟
时期：原件为飞鸟时代·7 世纪末—8 世纪初
尺寸：长 90.0cm× 宽 60.0cm
材质：陶
收藏地点：文化厅（奈良县立橿原考古学研究所保管）
备注：陶板复制品，原件为国宝

遺跡名：高松塚古墳（高市郡明日香村）
時代：原品は飛鳥時代·7 世紀末 ～ 8 世紀初頭
法量：縦 90.0cm× 横 60.0cm
材質：陶製
所蔵：文化庁所蔵（奈良県立橿原考古学研究所保管）
その他：複製陶板（原品は国宝）

66-6　高松冢东壁青龙·日

東壁青龍·日像

出土地点：高市郡明日香村 高松冢古坟
时期：原件为飞鸟时代·7世纪末—8世纪初
尺寸：长90.0cm×宽60.0cm
材质：陶
收藏地点：文化厅（奈良县立橿原考古学研究所保管）
备注：陶板复制品，原件为国宝

遺跡名：高松塚古墳（高市郡明日香村）
時代：原品は飛鳥時代·7世紀末 ～ 8世紀初頭
法量：縦90.0cm×横60.0cm
材質：陶製
所蔵：文化庁所蔵（奈良県立橿原考古学研究所保管）
その他：複製陶板（原品は国宝）

66-7　高松冢北壁玄武

北壁玄武

出土地点：高市郡明日香村 高松冢古坟　　　　遺跡名：高松塚古墳（高市郡明日香村）

时期：原件为飞鸟时代·7世纪末—8世纪初　　　時代：原品は飛鳥時代·7世紀末 〜 8世紀初頭

尺寸：长60.0cm×宽60.0cm　　　　　　　　　法量：縦60.0cm×横60.0cm

材质：陶　　　　　　　　　　　　　　　　　　材質：陶製

收藏地点：文化厅（奈良县立橿原考古学研究所保管）　所蔵：文化庁所蔵（奈良県立橿原考古学研究所保管）

备注：陶板复制品，原件为国宝　　　　　　　　その他：複製陶板（原品は国宝）

66-8　高松冢天井星宿

天井星宿

出土地点：高市郡明日香村 高松冢古坟　　　　遺跡名：高松塚古墳（高市郡明日香村）
时期：原件为飞鸟时代・7 世纪末—8 世纪初　　時代：原品は飛鳥時代・7 世紀末 ～ 8 世紀初頭
尺寸：长 90.0cm× 宽 90.0cm　　　　　　　　法量：縦 90.0cm× 横 90.0cm
材质：陶　　　　　　　　　　　　　　　　　材質：陶製
收藏地点：文化厅（奈良县立橿原考古学研究所保管）　所蔵：文化庁所蔵（奈良県立橿原考古学研究所保管）
备注：陶板复制品，原件为国宝　　　　　　　その他：複製陶板（原品は国宝）

北壁

天井

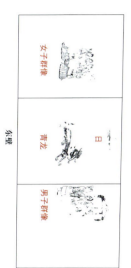

女子群像

日 青龙

男子群像

东壁

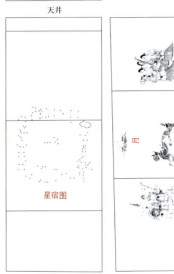

星宿图

女子群像

月 白虎

男子群像

西壁

图 24 壁画配置图
图 24 壁画配置图

盗掘による欠損部分

南壁

图 25 天井星宿图
图 25 天井星宿图

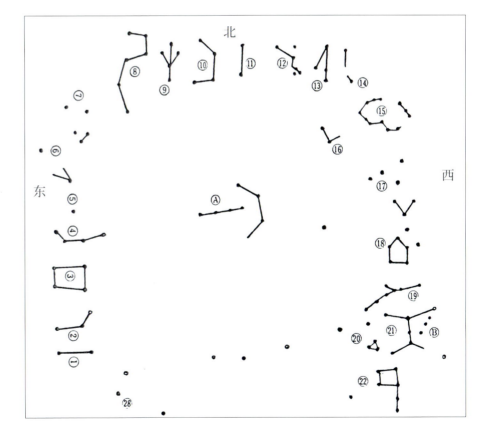

图 26 皮包复原图
図 26 革袋復元図

67 髹漆皮袋

漆塗り革袋

出土地点：葛城市 三冢古坟群　　遺跡名：三ツ塚古墳群（葛城市）
时期：飞鸟时代・7 世纪末　　　　時代：飛鳥時代・7 世紀末
尺寸：高 17.5cm× 宽 16.8cm× 厚 10.0cm　　法量：高 17.5cm× 幅 16.8cm× 厚 10.0cm
材质：革　　　　　　　　　　　材質：革製
收藏地点：奈良县立橿原考古学研究所　　所蔵：奈良県立橿原考古学研究所

68　唐三彩兽足

———

唐三彩獣脚

出土地点：樱井市 安倍寺遗址
时期：奈良时代·8 世纪
尺寸：直径 3.0cm× 高 3.0cm
材质：陶
收藏地点：奈良县立橿原考古学研究所

遺跡名：安倍寺跡（桜井市）
時代：奈良時代·8 世紀
法量：直径 3.0cm× 高 3.0cm
材質：陶製
所蔵：奈良県立橿原考古学研究所

69　奈良三彩小壶

———

奈良三彩小壺

出土地点：奈良市 平城京左京六条二坊十四坪
时期：奈良时代·8 世纪
尺寸：器身最大直径 6.0cm× 高 4.1cm
材质：陶
收藏地点：奈良县立橿原考古学研究所

遺跡名：平城京左京六条二坊十四坪（奈良市）
時代：奈良時代·8 世紀
法量：直径 6.0cm× 高 4.1cm
材質：陶製
所蔵：奈良県立橿原考古学研究所

70 奈良三彩底托

奈良三彩托

出土地点：奈良市 平城京左京四条三坊六坪
时期：奈良时代·8 世纪
尺寸：直径 7.0cm× 高 4.0cm
材质：陶
收藏地点：奈良县立橿原考古学研究所

遺跡名：平城京左京四条三坊六坪（奈良市）
時代：奈良時代·8 世紀
法量：直径 7.0cm× 高 4.0cm
材質：陶製
所蔵：奈良県立橿原考古学研究所

71 三彩瓦残片

三彩瓦

出土地点：奈良市 唐招提寺
时期：奈良时代·8 世纪
尺寸：（最大）长 24.0cm× 宽 20.0cm× 高 10.0cm
材质：陶
收藏地点：唐招提寺

遺跡名：唐招提寺（奈良市）
時代：奈良時代·8 世紀
法量：（最大）长 24.0cm× 幅 20.0cm× 高 10.0cm
材質：陶製
所蔵：唐招提寺

72　"皇甫东朝"铭文须惠器杯残片

「皇甫東朝」銘須惠器坏

出土地点: 奈良市 西大寺旧址
时期: 奈良时代·8 世纪
尺寸: 口径 15.6cm× 高 3.1cm
材质: 陶土
收藏地点: 奈良市教育委员会

遺跡名: 西大寺旧境内（奈良市）
時代: 奈良時代·8 世紀
法量: 口径 15.6cm× 高 3.1cm
材質: 土製
所蔵: 奈良市教育委員会

73　威奈大村藏骨器

威奈大村骨蔵器

出土地点: 香芒市 威奈大村墓
时期: 原件为奈良时代·8 世纪
尺寸: 直径 24.2cm× 高 24.3cm
材质: 树脂
收藏地点: 奈良县立橿原考古学研究所（原件藏于四天王寺）
备注: 复制品, 原件为国宝

遺跡名: 威奈大村墓（香芒市）
時代: 原品は奈良時代·8 世紀
法量: 直径 24.2cm× 高 24.3cm
材質: 樹脂製
所蔵: 奈良県立橿原考古学研究所（原品は四天王寺）
その他: 複製品（原品は国宝）

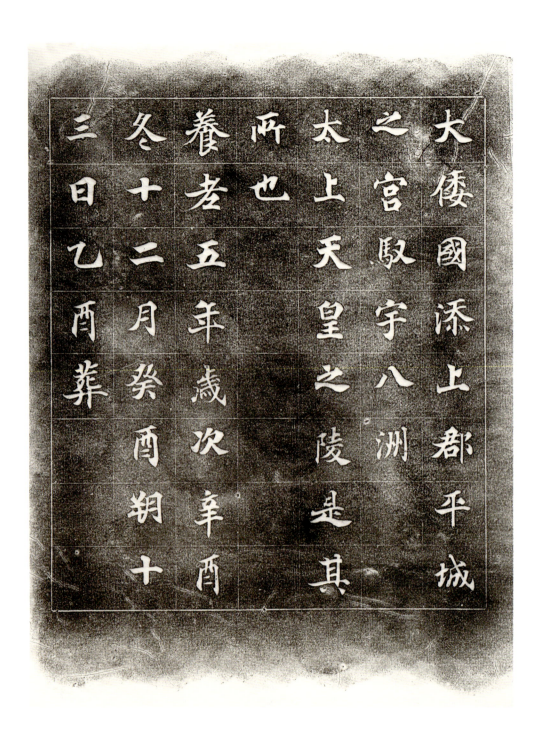

74 石函（明治32年仿制碑）拓片

函石（明治 32 年模造碑）拓本

出土地点：奈良市 元明天皇奈保山东陵　　遺跡名：元明天皇奈保山東陵（奈良市）
时期：明治 32 年（1899）　　　　　　　　時代：明治 32 年（1899）
尺寸：高 65.0cm×宽 34.0cm　　　　　　　法量：長 65.0cm×幅 34.0cm
材质：纸　　　　　　　　　　　　　　　　材質：紙製
收藏地点：宫内厅（奈良县立橿原考古学研究所保管）　　所藏：宮内庁（奈良県立橿原考古学研究所保管）

③ 都城与祭祀

天武天皇继续推进以天皇为中心的体制，并开始着手新都城的建设。天武天皇在都城兴建之时驾崩，随后持统天皇接手并于持统天皇 8 年（694）从飞鸟净御原宫迁都至藤原宫。藤原宫位于皇宫四周规划的约 5 千米长的方形区域的中央。它是第一个采用中国式条坊和瓦葺的都城。据说藤原京实现了《周礼》中描述的理想都城。

大宝二年（702），近 30 年以来的遣唐使带回的诸多最新情报，推动了有关以唐长安城为模范将首都迁往平城的讨论。在藤原京迁都 16 年后的和铜三年（710），首都被迁至新建的平城京。平城京位于藤原京以北约 20 千米处，平城宫则位于其北部地区中央。平城宫不仅在东区沿袭了藤原宫的结构，也在中央区设有用于举行典礼和仪式的大极殿与朝堂，平城京的中心还有一条 70 米宽的朱雀大路，由此设置好了仪式空间。

藤原京和平城京这一类的大城市人口密集，与各地域往来也十分频繁。尽管首都拥有各类资源，但另一方面也经历了流行病。例如，为平息瘟疫，人们祭拜天地之神，向神龛供奉，在寺庙里诵读经文；为防止疫情进入首都，举行了道飨祭；为应对干旱、洪水等自然灾害还举行了相关祭祀活动等等。

到 7 世纪末，瓦的使用范围从寺院扩展到了以藤原宫等宫殿建筑为首的都城建筑和官衙之中，进入奈良时代后，它们也被用于平城京内的住宅。

③ 都と祭祀

　天武天皇は天皇を頂点とする体制作りを進め、新たな都城の建設に取りかかった。造営が本格的に始まった矢先に天武天皇は崩御したが、持統天皇が引き継ぎ、持統天皇八年（694）飛鳥浄御原宮から藤原宮へ遷った。藤原京は約5km四方に計画された方形街区（条坊）で、その中央に藤原宮が位置する。中国式の条坊や瓦葺きを初めて採用した都である。藤原京は『周礼 [しゅらい] 』に示された理想の都城を実現したものであったとされる。

　大宝二年（702）に約30年ぶりに派遣された遣唐使により、多くの最新の情報が持ち帰られ、唐長安城を模範とする平城遷都が討議されることになった。藤原京に遷都してから16年後の和銅三年（710）、新たに建設された平城京に遷都される。平城京は藤原京の北方約20kmに位置し、京の北辺中央部に平城宮が位置する。平城宮では、藤原宮の構造をほぼ踏襲した東区だけでなく、中央区にも儀式や儀礼のための大極殿と朝堂を置き、京の中心には路面幅が70mもある朱雀大路を通すなど、儀式空間が整えられた。

　藤原京や平城京といった大都市には人口が密集し、各地域との往来も盛んになった。都には様々な情報や文物がもたらされたが、一方で疫病も流行した。疫病を鎮めるため天地の神を祀り、神社へ供物を奉り、寺院で読経を行った。そして、疫病が都に入らないように道饗祭を行った。干魃や水害といった自然災害に対処するためにも祭祀が行われた。

　7世紀末には、瓦の使用範囲は寺院に加え、藤原宮などの宮殿建築をはじめとする都城・官衙にも広がり、奈良時代に入ると、平城京内の邸宅にも使われるようになった。

76-2   76-1

75

75 **陶马**	76-1 **陶马**	76-2 **陶马**
土馬	土馬	土馬
出土地点：橿原市 藤原宫遗址	出土地点：大和郡山市 稗田遗址	出土地点：奈良市 平城京左京九条一坊五·十二坪
时期：飞鸟时代·7 世纪	时期：奈良时代·8 世纪	时期：奈良时代·8 世纪
尺寸：高 12.3cm× 长 21.5cm× 足间距 6.5cm	尺寸：高 14.2cm× 长 24.0cm× 足间距 7.5cm	尺寸：高 10.5cm× 长 12.5cm× 足间距 6.5cm
材质：陶土	材质：陶土	材质：陶土
收藏地点：奈良县立橿原考古学研究所	收藏地点：奈良县立橿原考古学研究所	收藏地点：奈良县立橿原考古学研究所
遺跡名：藤原宮跡（橿原市）	遺跡名：稗田遺跡（大和郡山市）	遺跡名：平城京左京九条一坊五·十二坪（奈良市）
時代：飛鳥時代·7 世紀	時代：奈良時代·8 世紀	時代：奈良時代·8 世紀
法量：高 12.3cm× 長 21.5cm× 脚幅 6.5cm	法量：高 14.2cm× 長 24.0cm× 足間距 7.5cm	法量：高 10.5cm× 長 12.5cm× 脚幅 6.5cm
材質：土製	材質：土製	材質：土製
所蔵：奈良県立橿原考古学研究所	所蔵：奈良県立橿原考古学研究所	所蔵：奈良県立橿原考古学研究所

77（1~2） 木板绘马

絵馬

出土地点：奈良市 日笠遗址
时期：奈良时代·8 世纪
尺寸：长 19.6cm× 宽 27.8cm× 厚 0.8cm
材质：木
收藏地点：奈良县立橿原考古学研究所
备注：1 为复制品，2 为复原品

遺跡名：日笠フシンダ遺跡（奈良市）
時代：奈良時代·8 世紀
法量：縦 19.6cm× 横 27.8cm× 厚 0.8cm
材質：木製
所蔵：奈良県立橿原考古学研究所
その他：1 複製品·2 復元品

2

78 墨绘人面纹陶器

墨書人面土器

出土地点：奈良市 平城京遗址·东堀河
时期：奈良时代·8 世纪
尺寸：高 9.0cm× 口径 15.0cm
材质：陶土
收藏地点：奈良县立橿原考古学研究所

遺跡名：平城京跡·東堀河（奈良市）
時代：奈良時代·8 世紀
法量：高 9.0cm× 口径 15.0cm
材質：土製
所蔵：奈良県立橿原考古学研究所

79 兽面纹瓦当

鬼面文軒丸瓦

出土地点：葛城市 地光寺遗址　　　遺跡名：地光寺跡（葛城市）
时期：奈良时代·8 世纪　　　　　　時代：奈良時代·8 世紀
尺寸：直径 17.6cm×厚 3.5cm　　　法量：直径 17.6 cm×厚 3.5cm
材质：陶土　　　　　　　　　　　材質：土製
收藏地点：奈良县立橿原考古学研究所　　所蔵：奈良県立橿原考古学研究所

80　兽面瓦

鬼瓦

出土地点：奈良市 平城宫遗址
时期：奈良时代·8世纪
尺寸：高 40.0cm× 宽 40.0cm
材质：陶土
收藏地点：奈良县立橿原考古学研究所

遺跡名：平城宮跡（奈良市）
時代：奈良時代·8世紀
法量：高 40.0cm× 幅 40.0cm
材質：土製
所蔵：奈良県立橿原考古学研究所

祈りのかたち

四、祈拝形象

起源于印度的佛教，大约在 6 世纪中叶通过中亚、中国和朝鲜半岛传入了位于欧亚大陆东端的岛国。据《日本书记》记载，元兴寺人约缘起于公元 538 年。是年，百济的圣明王惠予了一尊佛像、庄严具及佛经。这就是所谓的佛教的官方传播。据《日本书纪》记载，钦明天皇在看到异国神灵的佛像后，评价他们的姿形庄严。从那时起，日本从与当时朝鲜半岛和中国大陆王朝的交流中得到的知识中寻求规范，开始实行赋予神圣形式的行为。

有关佛教形象传播的一个有趣的遗例是砖佛。日本将粘土塑模并烧制而成的浮雕像主要在 7 世纪后期至 8 世纪初进行集中生产。中国初唐时期，645 年玄奘西行求法归来后，印度风格的砖佛制作在首都长安盛行。将他们带回的遣唐使促成了砖佛制作在日本的迅速传播。通过模具大量复制的砖佛，作为连接古代亚洲美学与精神的媒介发挥了至关重要的作用。

位于斑鸠町的法隆寺为飞鸟时代推进接受佛教的圣德太子创建的寺院。重建于 7 世纪后期的金堂被认为是世界上最古老的木制建筑。金堂内部著名的极彩色壁画反映了唐朝初期的国际样式。本次展览将使用最新陶板复制技术，重现其 1949 年被烧毁前的原貌，并介绍这一时期的相关绘画资料。

9 世纪中叶以后，日本中止遣唐使的派遣，自此中国文化的影响逐渐减弱，日本自己的文化凸显出来，这一现象被称为和样的形成。然而，在佛教中有一种根深蒂固的精神，即把目光投向其起源地印度，以及作为日本佛教直接来源的中国大陆。例如，986 年，宋僧奝然请来旃檀释迦如来瑞像是一个象征性的事件。由吴越王钱弘俶于 955 年委托建造的八万四千塔中，有一些延伸到了包括金峰山和那智山在内的日本灵地。此外，描绘中日各宗的祖师和神化人物的绘画作品，可以一窥通过信仰孕育的中日交流足迹。

インドで興った仏教が、中央アジア、中国、朝鮮半島を経て、ユーラシア大陸東端の島国に伝わったのは、およそ6世紀半ば頃。元興寺［がんごうじ］の縁起類では西暦538年、『日本書紀』では西暦552年のこととする。この年、百済の聖明王（聖王）から、仏像や荘厳具が経典とともに献上されたと記される。いわゆる仏教の公伝である。『日本書紀』によれば、仏という異国の神を象った像を目にした欽明天皇は、その姿形が整っていて厳かであると評したという。以来、日本では、朝鮮半島、中国大陸の時の王朝との交渉から得た知識の中に規範を求めながら、聖なるものをかたちに表す行為が営まれてきた。

仏像をめぐるかたちの伝播を考える上で興味深い遺例として、塼仏がある。粘土を型押して焼成するレリーフ像の制作は、日本では7世紀後半から8世紀初めにかけての一時期に集中して行われた。初唐期の中国では、645年に西域への求法の旅から帰着した玄奘［げんじょう］によって、インド式の作法に則った塼仏制作が都・長安で盛行する。これを持ち帰った遣唐使により、日本での塼仏制作が急速に広まったと考えられる。型から大量にコピーすることができる塼仏は、古代アジアの美と精神をつなぐメディアとして、重要な役割を果たしたと言ってよい。

斑鳩［いかるが］の法隆寺は、飛鳥時代に仏教受容を推進した聖徳太子が創建した寺院である。7世紀後半に再建された金堂は、世界最古の木造建築として知られる。金堂内部には、初唐期の国際様式を反映した著名な極彩色壁画があった。本展では、1949年に焼損する以前の姿を、最新の複製陶板技術を用いて再現するとともに、往時を偲ぶ絵画資料を紹介する。

9世紀半ばを過ぎて遣唐使の派遣が途絶えると、中国文化の影響が弱まり日本独自の文化が前景化する、いわゆる和様の形成という言説がある。ただし、仏教においては、その始原であるインド、そして日本にとって直接的な源流となった中国大陸に規範を求める心性は根強く、例えば、986年、入宋僧・奝然［ちょうねん］による栴檀釈迦如来瑞像［せんだんしゃかにょらいずいぞう］の請来は、その象徴的な出来事であった。955年に呉越国王・銭弘俶によって発願された八万四千基の塔の一部は、金峯山［きんぷせん］や那智山［なちさん］などの日本の霊場にまで及んでいた。そのほか、日中各宗の祖師や神格化された人物たちを描いた絵画などに、信仰を通じて育まれてきた日中交流の足跡をみることができる。

81-1　多尊像砖佛

大型多尊塼仏

出土地点：御所市 二光寺废寺　　　　　遺跡名：二光寺廃寺（御所市）

时期：飞鸟时代·7世纪·694年　　　　　時代：飛鳥時代·7世紀·694年

尺寸：高56.0cm×宽51.0cm×厚3.0cm　　法量：高56.0cm×幅51.0cm×厚3.0cm

材质：陶土　　　　　　　　　　　　　材質：土製

收藏地点：奈良县立橿原考古学研究所　　所蔵：奈良県立橿原考古学研究所

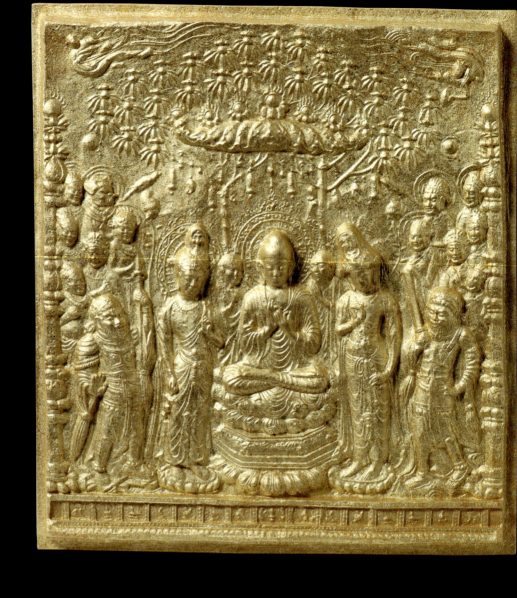

81-2　多尊像砖佛

大型多尊塼仏

出土地点：御所市 二光寺废寺
时期：原件为飞鸟时代·7 世纪
尺寸：高 56.0cm× 宽 51.0cm× 厚 3.0cm
材质：陶板
收藏地点：文化厅（奈良县立橿原考古学研究所保管）
备注：陶板复原品

遺跡名：二光寺廃寺（御所市）
時代：原品は飛鳥時代·7 世紀
法量：高 56.0cm× 幅 51.0cm× 厚 3.0cm
材質：陶板製
所蔵：文化庁（奈良県立橿原考古学研究所保管）
その他：陶板復元品

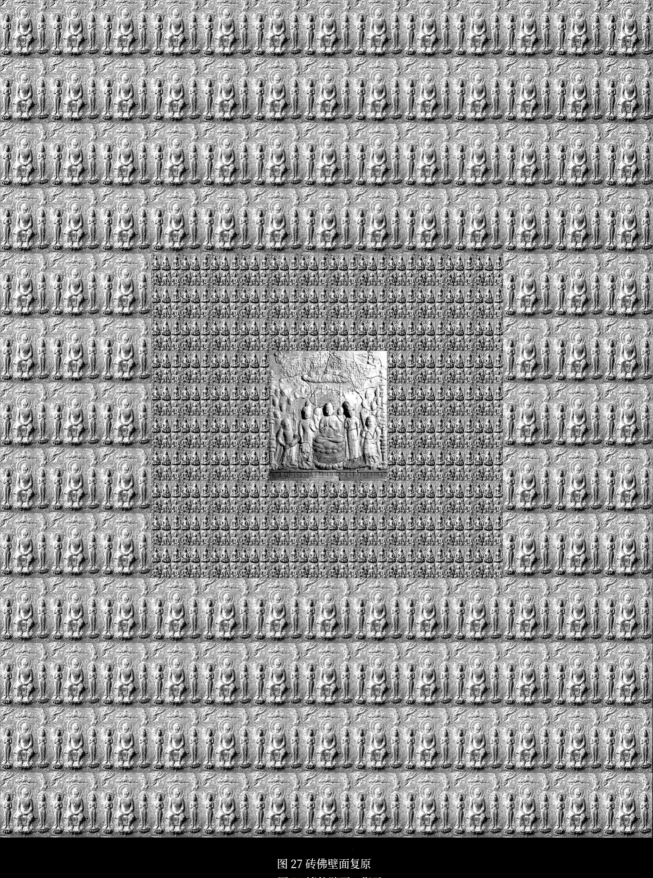

图 27 砖佛壁面复原
図 27 塼仏壁面の復元

82　方形三尊像磚佛

方形三尊塼仏

出土地点：御所市 二光寺廃寺　　　　　遺跡名：二光寺廃寺（御所市）
時期：飞鸟时代・7 世纪　　　　　　　　時代：飛鳥時代・7 世紀
尺寸：高 44.0cm×宽 27.0cm×厚 1.0cm　法量：高 44.0cm×幅 27.0cm×厚 1.0cm
材质：陶土　　　　　　　　　　　　　　材質：土製
收藏地点：奈良县立橿原考古学研究所　　所蔵：奈良県立橿原考古学研究所

图 28 方形三尊像砖佛 三维图
図 28 方形三尊塼仏 三次元計測図

83 方形六尊立像砖佛

方形六尊連立塼仏

出土地点：御所市 二光寺废寺
时期：飞鸟时代·7 世纪
尺寸：高 32.0cm× 宽 21.0cm× 厚 1.0cm
材质：陶板
收藏地点：奈良县立橿原考古学研究所

遺跡名：二光寺廃寺（御所市）
時代：飛鳥時代·7 世紀
法量：高 32.0cm× 幅 21.0cm× 厚 1.0cm
材質：陶板製
所蔵：奈良県立橿原考古学研究所

84 六尊座像砖佛

六尊連座塼仏

出土地点：御所市 二光寺废寺
时期：飞鸟时代·7 世纪
尺寸：高 25.0cm× 宽 23.0cm× 厚 1.0cm
材质：陶土
收藏地点：奈良县立橿原考古学研究所

遺跡名：二光寺廃寺（御所市）
時代：飛鳥時代·7 世紀
法量：高 25.0cm× 幅 23.0cm× 厚 1.0cm
材質：土製
所蔵：奈良県立橿原考古学研究所

85 火头形顶三尊像砖佛

火頭形三尊塼仏

出土地点：奈良市 阿弥陀谷废寺
时期：飞鸟时代·7世纪
尺寸：高 16.0cm× 宽 10.8cm× 厚 4.2cm
材质：陶土
收藏地点：奈良县立橿原考古学研究所

遺跡名：阿弥陀谷廃寺（奈良市）
時代：飛鳥時代·7世紀
法量：高 16.0cm× 幅 10.8cm× 厚 4.2cm
材質：土製
所蔵：奈良県立橿原考古学研究所

86-1　方形三尊像砖佛

方形三尊塼仏

出土地点：明日香村 川原寺里山遗址
时期：飞鸟时代·7 世纪
尺寸：高 23.0cm× 宽 18.5cm× 厚 4.2cm
材质：陶土
收藏地点：明日香村教育委员会

遺跡名：川原寺裏山遺跡（明日香村）
時代：飛鳥時代·7 世紀
法量：高 23.0cm× 幅 18.5cm× 厚 4.2cm
材質：土製
所蔵：明日香村教育委員会

86-2　方形三尊像砖佛

方形三尊塼仏

出土地点：高市郡明日香村 川原寺里山遗址
时期：原件为飞鸟时代·7 世纪
尺寸：高 23.0cm× 宽 18.5cm× 厚 4.2cm
材质：陶土
收藏地点：文化厅（奈良县立橿原考古学研究所保管）
备注：陶板复制品（施加描金）

遺跡名：川原寺裏山遺跡（明日香村）
時代：原品は飛鳥時代·7 世紀
法量：高 23.0 cm× 幅 18.5cm× 厚 4.2cm
材質：土製
所蔵：文化庁（奈良県立橿原考古学研究所保管）
その他：製複陶板（金彩仕上げ）

119

87 鸱尾

鸱尾

出土地点：五条市 今井天神山瓦窑
时期：飞鸟时代·7 世纪
尺寸：高 144.0cm× 长 100.0cm× 宽 76.0cm
材质：陶土
收藏地点：个人（奈良县立橿原考古学研究所保管）

遺跡名：今井天神山瓦窯（五條市）
時代：飛鳥時代·7 世紀
法量：高 144.0cm× 長 100.0cm× 幅 76.0cm
材質：土製
所蔵：個人（奈良県立橿原考古学研究所保管）

88 法隆寺金堂一号壁壁画（陶板复原烧毁前貌）

法隆寺金堂壁画第 1 号壁（焼損前復元）

时期：2022 年制作，原件为飞鸟时代·7 世纪末—8 世纪初

尺寸：高 318.4cm× 宽 262.2cm

材质：陶板

收藏地点：文化厅（奈良县立橿原考古学研究所保管）

备注：陶板复制品，原件为重要文化财产

時代：2022 年製作、原品は飛鳥時代·7 世紀末～8 世紀初め

法量：高 318.4cm× 横 262.2cm

材質形状：陶板製

所蔵：文化庁（奈良県立橿原考古学研究所保管）

その他：複製陶板（原品は重要文化財）

89-1

法隆寺金堂六号壁壁画（临摹）阿弥陀图

「法隆寺金堂壁画第 6 号壁模写」（阿弥陀幅）

时期：原件为飞鸟时代·7 世纪末—8 世纪初
尺寸：长 160.0cm× 宽 80.0cm
形质：纸本设色（轴）
收藏地点：奈良县立万叶文化馆
备注：真野满约 1944 年临摹

時代：原品は飛鳥時代·7 世紀末～8 世紀初め
法量：縦 160.0cm× 横 80.0cm
材質形状：紙本彩色 軸装
所蔵：奈良県立万葉文化館
その他：真野満模写・1944 年頃

89-2　法隆寺金堂六号壁壁画（临摹）观音菩萨图

「法隆寺金堂壁画第 6 号壁模写」（観音菩薩幅）

时期：原件为飞鸟时代·7 世纪末—8 世纪初
尺寸：长 305.0cm× 宽 98.0cm
形质：纸本设色（轴）
收藏地点：奈良县立万叶文化馆
备注：真野满约 1944 年临摹

時代：原品は飛鳥時代·7 世紀末～8 世紀初め
法量：縦 305.0cm× 横 98.0cm
材質形状：紙本彩色 軸装
所蔵：奈良県立万葉文化館
その他：真野満模写・1944 年頃

90　法隆寺金堂壁画（临摹）菩萨图

「法隆寺金堂壁画模写」（菩薩）

时期：原件为飞鸟时代·7 世纪末—8 世纪初	時代：原品は飛鳥時代·7 世紀末~8 世紀初め
尺寸：长 28.2cm× 宽 20.8cm	法量：縦 28.2cm× 横 20.8cm
形质：纸本设色（画框）	材質形状：紙本着色 額装
收藏地点：奈良县立万叶文化馆	所蔵：奈良県立万葉文化館
备注：中庭煖华临摹	その他：中庭煖華模写

91 中庭煖华《荧光灯》（法隆寺壁画临摹场景）

中庭暖華作「蛍光灯」

时期：1946 年
尺寸：纵 91.5cm× 横 127.0cm
形质：纸本设色（画框）
收藏地点：奈良县立万叶文化馆

時代：昭和 21 年（1946 年）
法量：縦 91.5cm× 横 127.0cm
材質形状：紙本着色 額装
所蔵：奈良県立万葉文化館

92（1~2） 平山郁夫《法隆寺》《斑鸠町·法轮寺塔》

平山郁夫「大和路を描く 法隆寺」
「大和路を描く 斑鳩の里 法輪寺の塔」

时期：1986 年、1987 年	時代：1986 年、1987 年
尺寸：1 纵 45.5cm× 横 60.5cm	法量：1 縦 45.5cm× 横 60.5cm
2 纵 60.6cm× 横 45.5cm	2 縦 60.6cm× 横 45.5cm
形质：纸本设色（画框）	材質形状：紙本着色 額装
收藏地点：奈良县立美术馆	所蔵：奈良県立美術館

法隆寺
昭和五十一年十一月二日
靖夫

93 钱弘俶塔（塔身·方立）

钱弘俶塔（方立·身）

出土地点：吉野郡天川村 大峰山顶遗址
时期：平安时代·10 世纪
尺寸：方立高 4.75cm× 宽 2.38cm× 厚 1.45cm
　　　塔身高 9.1cm× 宽 7.6cm× 厚 1.1cm
材质：铜
收藏地点：大峰山寺（奈良县立橿原考古学研究所保管）

遺跡名：大峯山頂遺跡（吉野郡天川村）
時代：平安時代·10 世紀
法量：方立高 4.75cm× 幅 2.38cm× 厚 1.45cm
　　　身高 9.1cm× 幅 7.6cm× 厚 1.1cm
材質：銅製
所蔵：大峯山寺（奈良県立橿原考古学研究所保管）

94　天台大师像

天台大師像

时期：镰仓时代·14 世纪
尺寸：纵 85.4cm× 横 37.9cm
形质：绢本设色（轴）
收藏地点：奈良县立美术馆

時代：鎌倉時代·14 世紀
法量：縦 85.4 cm× 横 37.9cm
材質形状：絹本著色 軸装
所蔵：奈良県立美術館（吉川観方コレクション）

95 天台大师像

天台大師像

时期: 室町时代·15 世纪
尺寸: 纵 87.2cm× 横 61.8cm
形质: 绢本设色（轴）
收藏地点: 奈良县立美术馆

時代: 室町時代·15 世紀
法量: 縦 87.2 cm× 横 61.8 cm
材質形状: 絹本著色 軸装
所蔵: 奈良県立美術館
　　　（吉川観方コレクション）

96 弘法大师像

弘法大師像

时期：镰仓时代·14 世纪
尺寸：纵 80.8cm× 横 37.1cm
形质：绢本设色（轴）
收藏地点：奈良县立美术馆

時代：鎌倉時代·14 世紀
法量：縦 80.8cm× 横 37.1cm
材質形状：絹本著色 軸装
所蔵：奈良県立美術館（吉川観方コレクション）

97 多武峰曼荼罗

多武峰曼荼羅

时期：室町时代・15 世纪
尺寸：纵 94.5cm× 横 38.3cm
形质：纸本设色（轴）
收藏地点：奈良县立美术馆

時代：室町時代・15 世紀
法量：縦 94.5cm× 横 38.3cm
材質形状：絹本著色 軸装
所蔵：奈良県立美術館（吉川観方コレクション）

98　渡唐天神像

渡唐天神像

时期：室町时代·15 世纪
尺寸：纵 89.0cm× 横 37.5cm
形质：纸本设色（轴）
收藏地点：奈良县立美术馆

時代：室町時代·15 世紀
法量：縱 89.0cm× 横 37.5cm
材質形状：絹本著色 軸装
所蔵：奈良県立美術館

やまとの地宝

五、大和地宝

日本考古学中，出土的陶器被用作衡量年代的标准。在书面文献匮乏的时代，陶器的形态、纹样和制作技术等每个时期的型式，编年的型式学研究得到了显著发展。绳纹陶器的型式名通常依据出土遗迹的名称被称为"某某式"。在考古调查中，陶器是判定年代的根据。

即使这些器物是由不知名的人物制作的，亦或是日常使用的、被丢弃的陶器，它们也都是历史的见证。

在这样的陶器之中，我们列出了其中大放异彩的文物。所有的陶器都是从奈良县的考古遗迹中挖掘出来的，是那个时代和遗迹的象征。

日本の考古学では、出土した土器が年代の物差しとなる。文字資料の乏しい時代はもとより、土器の形態や文様、製作技術などをもとに時期ごとに型式 [けいしき] を設定して、編年をおこなうという型式学が著しく発展した。縄文土器の型式名は、出土遺跡の名称をもって「○○式」などと呼ばれることが多い。発掘調査では、土器が年代決定の根拠である。

名もなき人物がつくった器であったとしても、また、日常に使われ、捨てられた土器であったとしても、それが歴史の証人となるのである。

そうした土器のなかでも、何かしら光彩を放つものをここにあげてみた。すべて、奈良県の遺跡から出土した土器であり、その時代と遺跡を象徴するものである。

99 绳文陶钵

縄文土器 深鉢

出土地点：山边郡山添村 广濑遗址
时期：绳文时代末期（约 4000 年前）
尺寸：高 20.0cm× 器身最大直径 25.0cm
材质：陶土
收藏地点：奈良县立橿原考古学研究所

遺跡名：広瀬遺跡（山辺郡山添村）
時代：縄文時代後期（約 4000 年前）
法量：器高 20.0cm× 胴部最大径 25.0cm
材質：土製
所蔵：奈良県立橿原考古学研究所

100 绳文注口陶器

縄文土器 注口土器

出土地点：宇陀市 本乡大田下遗址
时期：绳纹时代晚期（约 3000 年前）
尺寸：高 20.7cm× 直径 25.0cm
材质：陶土
收藏地点：奈良县立橿原考古学研究所

遺跡名：本郷大田下遺跡（宇陀市）
時代：縄文時代後期（約 3000 年前）
法量：高 20.7cm× 径 25.0cm
材質：土製
所蔵：奈良県立橿原考古学研究所

101 细颈壶

弥生土器 細頸壺

出土地点: 吉野郡吉野町 宮泷遗址	遺跡名: 宮滝遺跡（吉野郡吉野町）
时期: 弥生时代中期・公元前 1 世纪	時代: 弥生時代中期・紀元前 1 世紀
尺寸: 高 59.4cm× 直径 42.6cm	法量: 高 59.4cm× 径 42.6cm
材质: 陶土	材質: 土製
收藏地点: 奈良县立橿原考古学研究所	所蔵: 奈良県立橿原考古学研究所

102　須恵器 子持器台

須恵器 子持器台

出土地点：櫻井市 浅古　　　　　　遺跡名：浅古（桜井市）

時期：古坟时代末期・6世纪　　　　時代：古墳時代後期・6世紀

尺寸：高 20.6cm×钵口径 27.4cm　法量：高 20.6cm×鉢部口径 27.4cm

材质：陶土　　　　　　　　　　　材質：土製

收藏地点：奈良县立橿原考古学研究所　所蔵：奈良県立橿原考古学研究所

103　小型炊具（灶·锅·甑）

ミニチュア炊飯具（竈·鍋·甑）

出土地点：御所市 多田山古坟
时期：古坟时代末期·6 世纪
尺寸：灶长 20.8cm× 宽 16.0cm× 高 17.6cm
　　　锅长 13.6cm× 宽 11.2cm× 高 13.6cm
　　　甑长 15.2cm× 宽 8.0cm× 高 9.6cm
材质：陶土
收藏地点：奈良县立橿原考古学研究所

遺跡名：オイダ山古墳（御所市）
時代：古墳時代後期·6 世紀
法量：竈長 20.8cm× 幅 16.0cm× 高 17.6cm
　　　鍋長 13.6cm× 幅 11.2cm× 高 13.6cm
　　　甑長 15.2cm× 幅 8.0cm× 高 9.6cm
材質：土製
所蔵：奈良県立橿原考古学研究所

104　灰釉短颈壶

灰釉陶器 短頸壺

出土地点：生驹郡三乡町 高安火葬墓群 12 号墓
时期：平安时代·9 世纪
尺寸：高 30.0cm× 器身最大直径 33.5cm
材质：陶
收藏地点：奈良县立橿原考古学研究所

遺跡名：高安火葬墓群 12 号墓（生駒郡三郷町）
時代：平安時代·9 世紀
法量：器高 30.0cm× 胴最大径 33.5cm
材質：陶製
所蔵：奈良県立橿原考古学研究所

| 105 | 绿釉花瓣碗 | 106 | 越窑青瓷盘 |

绿釉陶器 輪花椀

越窯青磁盤

出土地点：生驹郡三乡町 高安火葬墓群 12 号墓
时期：平安时代·9 世纪
尺寸：高 7.5cm× 口径 21.0cm
材质：陶
收藏地点：奈良县立橿原考古学研究所

遺跡名：高安火葬墓群 12 号墓（生駒郡三郷町）
時代：平安時代·9 世紀
法量：器高 7.5cm× 口径 21.0cm
材質：陶製
所蔵：奈良県立橿原考古学研究所

出土地点：生驹郡三乡町高安火葬墓群 12 号墓
时期：平安时代·9 世纪
尺寸：高 2.8cm× 口径 15.1cm
材质：陶
收藏地点：奈良县立橿原考古学研究所

遺跡名：高安火葬墓群 12 号墓（生駒郡三郷町）
時代：平安時代·9 世紀
法量：器高 2.8cm× 口径 15.1cm
材質：陶製
所蔵：奈良県立橿原考古学研究所

107 灰釉四耳壺

灰釉陶器 四耳壺

出土地点：宇陀市 谷畑遺址
时期：镰仓时代・12 世纪
尺寸：器身高 30.0cm× 最大直径 20.0cm
材质：陶
收藏地点：奈良县立橿原考古学研究所

遺跡名：谷畑遺跡（宇陀市）
時代：鎌倉時代・紀元 12 世紀
法量：胴部高 30.0cm× 最大径 20.0cm
材質：陶製
所藏：奈良県立橿原考古学研究所

108 常滑烧壺

常滑焼壺

出土地点：宇陀市 亀虎遺址
时期：镰仓时代・12 世纪
尺寸：器身高 23.0cm× 最大直径 20.0cm
材质：陶
收藏地点：奈良县立橿原考古学研究所

遺跡名：キトラ遺跡（宇陀市）
時代：鎌倉時代・紀元 12 世紀
法量：胴部高 23.0cm× 最大径 20.0cm
材質：陶製
所藏：奈良県立橿原考古学研究所

六、中国视角的日本

本章尝试选取相关文物，如铜镜、金属制品、砖瓦、佛像、墓志等，从某些特定的角度展现古代中国与日本的文化交流，而非全景式呈现。

　　例如铜镜是体现古代日本政治、宗教与信仰的重要器物。本展选取了一些在日本有所发现的同类型、或与日本相关的中国铜镜，特别是其中一件，在形制上与天皇"三神器"之一的铜镜可能相关，值得关注。本展展示的十六国三燕时期（前燕 337—370，后燕 384—407，北燕 407—436）金属制品，如步摇、黄金器、马具等，以实物证据弥补正史中失载的 3 世纪晚期至 5 世纪初期间中日交流的历史。本展中的三国至南朝的画像砖，从纹饰角度，如四神、莲花、建筑、佛像、神人等，可窥见当时中日间的密切交往；西安唐长安城大安国寺遗址出土佛像，是研究盛唐时期长安寺院密宗雕刻和日本密宗雕刻的重要实物资料；"日本国朝臣备书"李训墓志、井真成墓志，是反映遣唐使历史的重要资料，高玄墓志则涉及了作为中日文化交流重要中介之朝鲜半岛的历史。

この章では、通史的に捉えるのではなく、ある特定の視点から、例えば銅鏡、金工品、塼瓦、仏像、墓誌など、関連のある遺物を選んで古代中国と日本の文化交流を展観する。その一例として、銅鏡は古代日本の政治、宗教、信仰を反映する重要な遺物である。本展では、日本で発見された同型または日本と関連がある中国の青銅鏡の一部を展示する。とりわけ展示品のうちの一点が、天皇の「三種の神器」の一つである銅鏡と形状に何らかの関連性を持つ可能性があることは注目に値する。本展では、十六国時代の三燕時期（前燕 337—370、後燕 384—407、北燕 407—436）の歩揺、金器、馬具などの金工品を通して、正史に埋もれていた 3 世紀後半から 5 世紀初頭の日中交流の歴史を掘り起こす。三国の晋代から南朝にかけての画像塼に刻まれた四神、蓮華、建築、仏像、神像などの文様や意匠からは、中国と日本の親密な交流を見ることができる。西安市の唐長安城大安国寺址から出土した仏像は、盛唐期の長安の寺院の密教彫刻と日本の密教彫刻を研究する上で重要な資料である。「日本國朝臣備書」と記された李訓墓誌、井真成墓誌は遣唐使の歴史を反映する重要な資料であり、高玄墓誌は日中間の文化交流の重要な仲介者であった朝鮮半島の歴史に関わるものである。

109 第 74 号楔形墓砖

74 号楔形墓砖（倭人砖）

出土地点：安徽省亳县（今亳州）城南郊元宝坑一号东汉墓
　　　　　（曹氏家族墓群）
时代：东汉末年
尺寸：残长 19.0cm× 上宽 16.0cm× 下宽 12.0cm× 厚 7.5cm
材质：陶土
收藏地点：亳州博物馆

遺跡名：安徽省亳州元宝坑一号墳（曹操宗族墓群）
時代：後漢末
法量：殘長 19.0cm× 上幅 16.0cm× 下幅 12.0cm× 厚 7.5cm
材質：土製
所藏：亳州博物館

111　建筑与鱼钱纹残砖

建築と魚銭文磚残片

时期：六朝
尺寸：长 22.0cm× 宽 4.8cm
材质：陶土
收藏地点：清华大学艺术博物馆寄藏

時代：六朝
法量：長 22.0cm× 幅 4.8cm
材質：土製
所蔵：清華大学芸術博物館（寄託）

110　屋宇纹残砖

屋宇文磚残片

时期：东汉
尺寸：约长 16.0cm× 宽 12.0cm；长 19.0cm× 宽 7.7cm
材质：陶土
收藏地点：清华大学艺术博物馆寄藏

時代：後漢
法量：約長 16.0cm× 幅 12.0cm、長 19.0cm× 幅 7.7cm
材質：土製
所蔵：清華大学芸術博物館（寄託）

112　北斗纹楔形墓砖

北斗文楔形墓磚

时期：三国—晋
尺寸：长 16.0cm× 上宽 11.5cm× 下宽 14.0cm× 厚 5.5cm
材质：陶土
收藏地点：清华大学艺术博物馆寄藏

時代：三国—晋
法量：長 16.0cm× 上幅 11.5cm× 下幅 14.0cm× 厚 5.5cm
材質：土製
所蔵：清華大学芸術博物館（寄託）

113　佛像纹砖

仏像文磚

时期：三国吴
尺寸：长 34.0cm× 宽 17.0cm× 厚 5.2cm
材质：陶土
收藏地点：清华大学艺术博物馆寄藏

時代：三国呉
法量：長 34.0cm× 幅 17.0cm× 厚 5.2cm
材質：土製
所蔵：清華大学芸術博物館（寄託）

114　佛像纹砖

仏像文磚

时期：三国吴—西晋初期
尺寸：长 39.5cm× 宽 18.5cm× 厚 6.5cm
材质：陶土
收藏地点：清华大学艺术博物馆寄藏

時代：三国呉—西晋初期
法量：長 39.5cm× 幅 18.5cm× 厚 6.5cm
材質：土製
所蔵：清華大学芸術博物館（寄託）

115 佛像纹残砖

仏像文磚残片

时期：西晋太康七年（286）
尺寸：长 17.0cm×厚 7.0cm
材质：陶土
收藏地点：清华大学艺术博物馆寄藏

時代：西晋太康七年（286）
法量：長 17.0cm×厚 7.0cm
材質：土製
所蔵：清華大学芸術博物館（寄託）

158

116　嵌松石连珠纹金珠

連珠文金珠（トルコ石入れ）

出土地点：朝阳县西营子乡仇家店村甜草沟晋 M1989.3.14
时期：十六国前燕
尺寸：长 3.0cm× 直径 1.1cm，重 6.5g
材质：金、绿松石
收藏地点：朝阳县文物管理所

遺跡名：朝陽県西营子郷仇家店村甜草溝晋 M1989.3.14
時代：五胡十六国時代（前燕）
法量：長 3.0cm× 径 1.1cm、重 6.5g
材質：金製、トルコ石
所蔵：朝陽県文物管理所

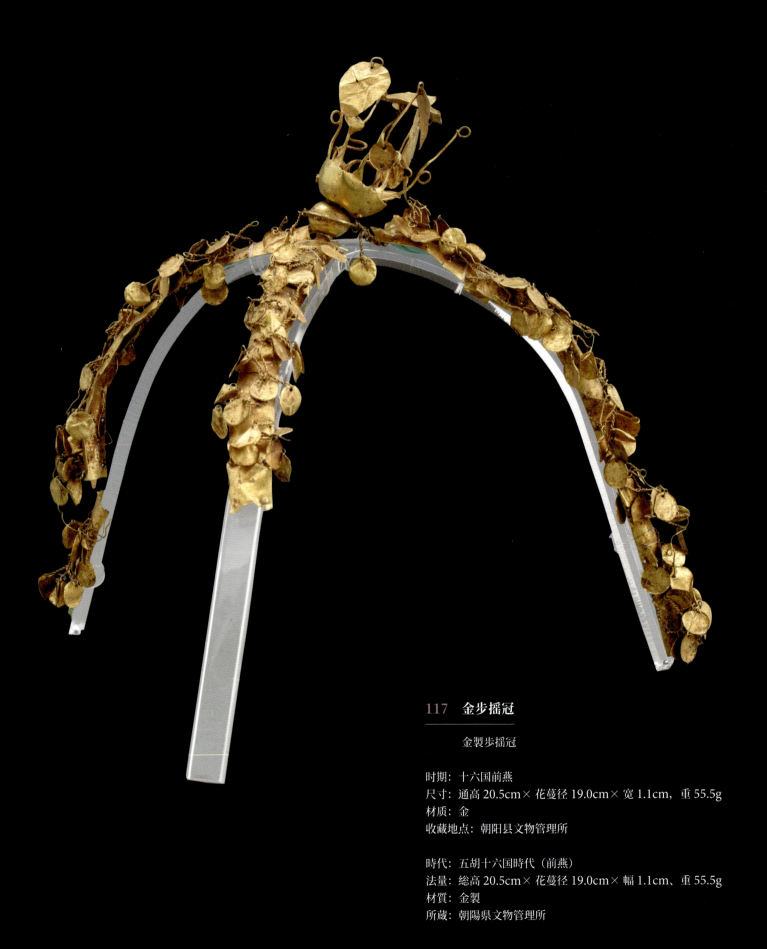

117　金步揺冠

金製歩揺冠

时期：十六国前燕
尺寸：通高 20.5cm× 花蔓径 19.0cm× 宽 1.1cm，重 55.5g
材质：金
收藏地点：朝阳县文物管理所

時代：五胡十六国時代（前燕）
法量：総高 20.5cm× 花蔓径 19.0cm× 幅 1.1cm、重 55.5g
材質：金製
所蔵：朝陽県文物管理所

118 金步摇

金製歩揺

出土地点：朝阳县西营子乡仇家店村甜草沟晋 M1989.3.14
时期：十六国前燕
尺寸：残高 20.0cm× 底宽 4.5cm× 厚 0.1cm，重 39.5g
材质：金
收藏地点：朝阳县文物管理所

遺跡名：朝陽県西営子郷仇家店村甜草溝晋 M1989.3.14
時代：五胡十六国時代（前燕）
法量：残片高 20.0cm× 底幅 4.5cm× 厚 0.1cm、重 39.5g
材質：金製
所蔵：朝陽県文物管理所

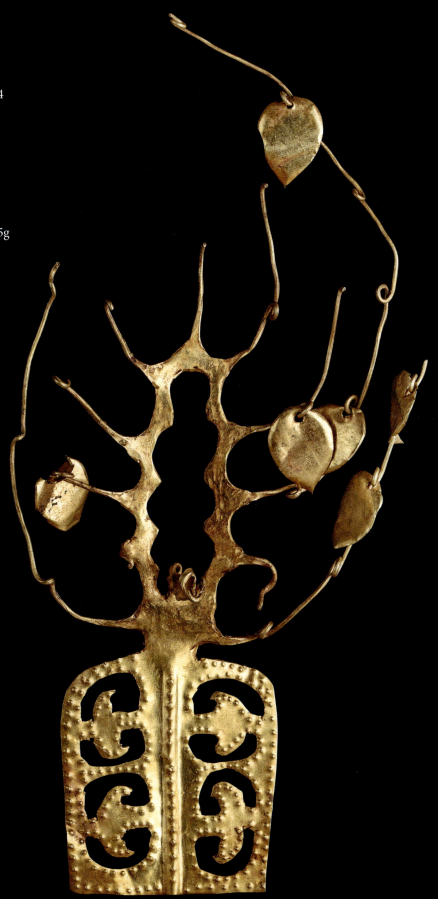

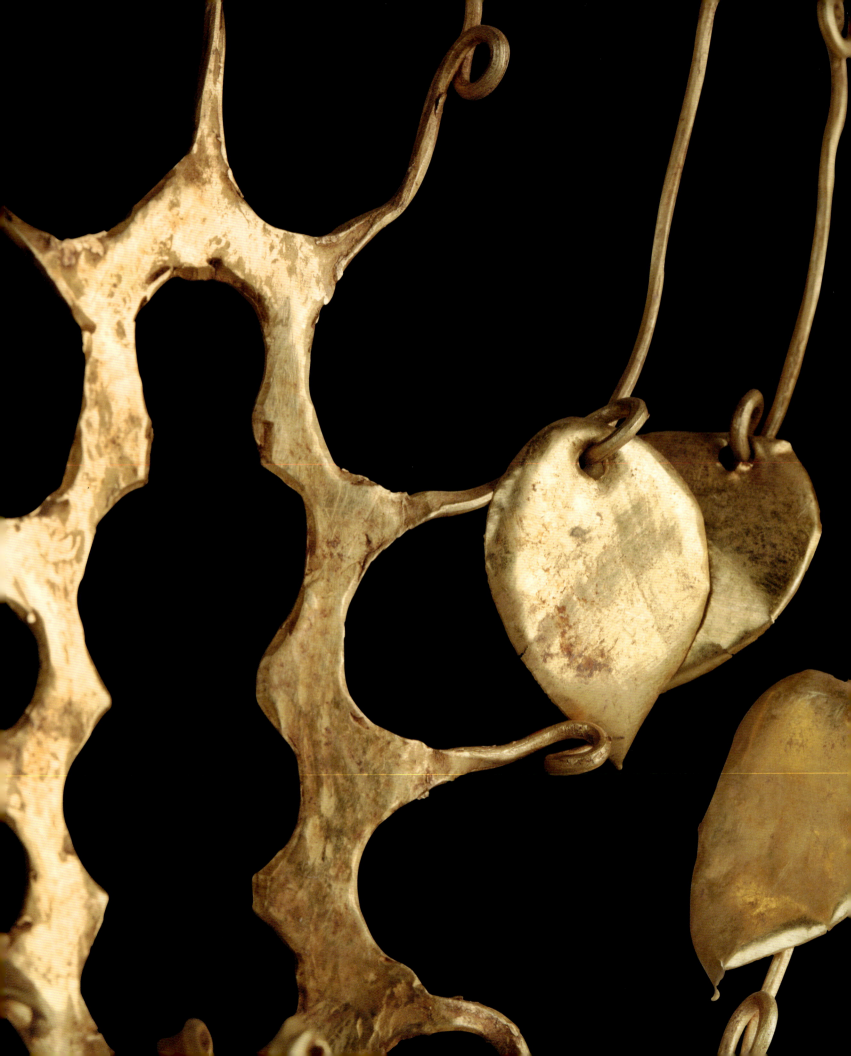

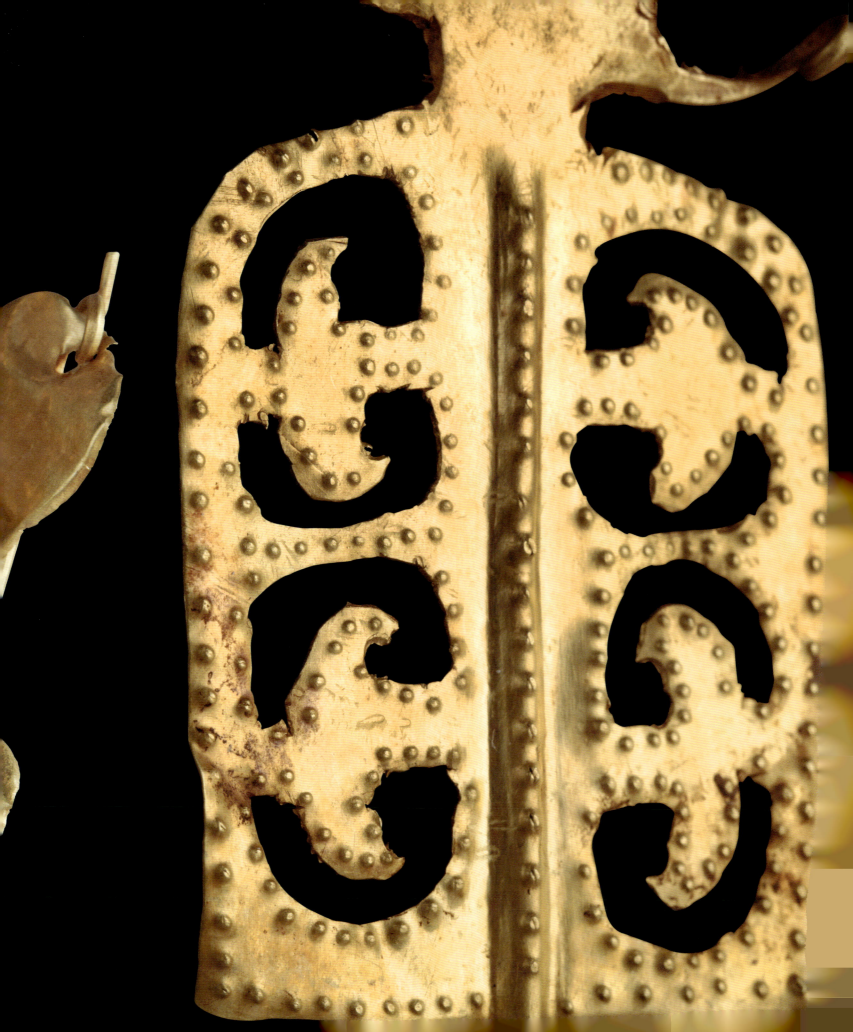

119 金珰

金製珰

出土地点：朝阳县西营子乡仇家店村甜草沟晋 M1989.3.14
时期：十六国前燕
尺寸：底宽 12.5cm×高 8.8cm×厚 0.11cm
材质：金
收藏地点：朝阳县文物管理所

遺跡名：朝陽県西営子郷仇家店村甜草溝晋 M1989.3.14
時代：五胡十六国時代（前燕）
法量：底幅 12.5cm×高 8.8cm×厚 0.11cm
材質：金製
所蔵：朝陽県文物管理所

120 镂花连珠纹方形金珰

透かし彫り連珠文方形金製珰

出土地点：朝阳县西营子乡仇家店村甜草沟晋 M1989.3.14

时期：十六国前燕

尺寸：长 9.0cm× 宽 8.8cm× 厚 0.009cm，重 12.5g

材质：金

收藏地点：朝阳县文物管理所

遺跡名：朝陽県西営子郷仇家店村甜草溝晋 M1989.3.14

時代：五胡十六国時代（前燕）

法量：縦 9.0cm× 横 8.8cm× 厚 0.009cm、重 12.5g

材質：金製

所蔵：朝陽県文物管理所

121 山形金珰

山形金製珰

出土地点：1980 年十二台公社腰而营子大队砖厂（姚金沟 M2）
时期：十六国前燕
尺寸：高 5.6cm× 上部宽 4.2cm× 下部宽 3.7cm× 高 5.3cm×
　　　厚 0.02cm，重 3.3g
材质：金
收藏地点：朝阳县文物管理所

遺跡名：1980 年十二臺公社腰而営子大隊磚厂（姚金溝 M2）
時代：五胡十六国時代（前燕）
法量：高 5.6cm× 上 幅 4.2cm× 下 幅 3.7cm× 高 5.3cm×
　　　厚 0.02cm、重 3.3g
材質：金製
所蔵：朝陽県文物管理所

122 连珠纹泡形金坠

連珠文泡形金製飾り

出土地点：朝阳县西营子乡仇家店村甜草沟晋 M1989.3.14
时期：十六国前燕
尺寸：直径 23.0cm× 泡厚 1.0cm，重 23.0g
材质：金
收藏地点：朝阳县文物管理所

遺跡名：朝陽県西営子郷仇家店村甜草溝晋 M1989.3.14
時代：五胡十六国時代（前燕）
法量：直径 23.0cm× 厚 1.0cm、重 23.0g
材質：金製
所蔵：朝陽県文物管理所

123 金铃

金製鈴

出土地点：1980 年十二台公社砖厂（王坟山 M6）　　遺跡名：1980 年十二臺公社磚厂（王墳山 M6）

时期：十六国前燕　　　　　　　　　　　　　　　　時代：五胡十六国時代（前燕）

尺寸：直径 1.2cm，重 7.9g　　　　　　　　　　　　法量：直径 1.2cm、重 7.9g

材质：金　　　　　　　　　　　　　　　　　　　　材質：金製

收藏地点：朝阳县文物管理所　　　　　　　　　　　所蔵：朝陽県文物管理所

124　透雕鎏金铜马具饰件（前桥）

透かし彫り鍍金銅製馬具飾り（前輪）

出土地点：1976 年朝阳县十二台公社供销社（袁台子 M4）　　遺跡名：1976 年朝陽県十二臺公社供销社（袁臺子 M4）

时期：十六国前燕　　　　　　　　　　　　　　　　　　　時代：五胡十六国時代（前燕）

尺寸：长 27.5cm× 高 13.5cm× 厚 0.1cm　　　　　　　　法量：長 27.5cm× 高 13.5cm× 厚 0.1cm

材质：鎏金铜具　　　　　　　　　　　　　　　　　　　　材質：金銅製

收藏地点：朝阳县文物管理所　　　　　　　　　　　　　　所蔵：朝陽県文物管理所

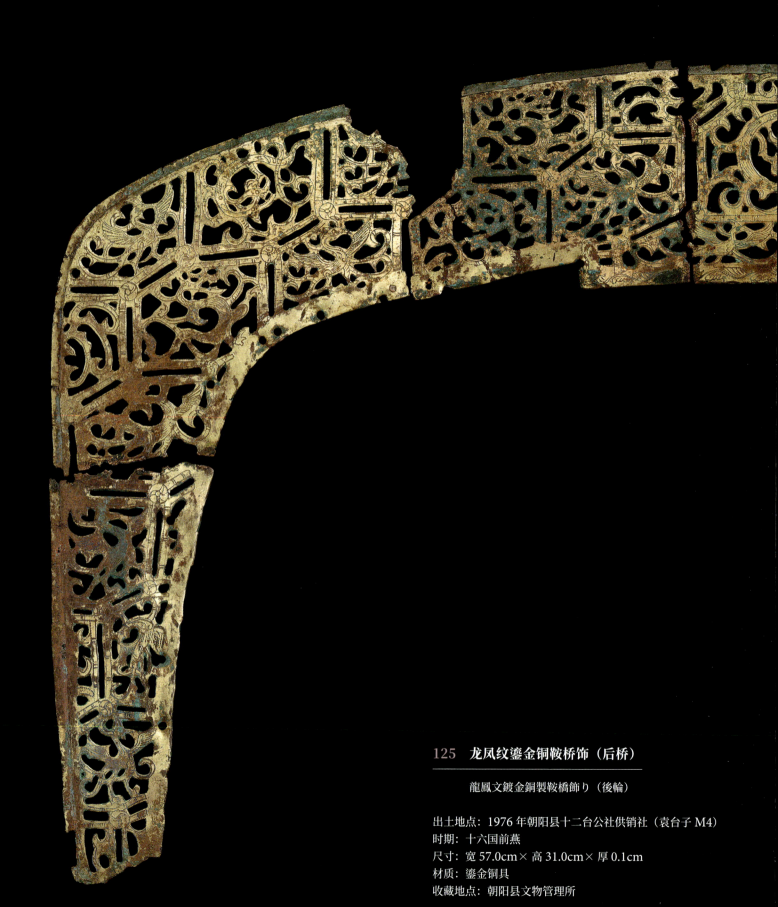

125　龙凤纹鎏金铜鞍桥饰（后桥）

龍鳳文鍍金銅製鞍橋飾り（後輪）

出土地点：1976 年朝阳县十二台公社供销社（袁台子 M4）
时期：十六国前燕
尺寸：宽 57.0cm× 高 31.0cm× 厚 0.1cm
材质：鎏金铜具
收藏地点：朝阳县文物管理所

遺跡名: 1976 年朝陽県十二臺公社供銷社（袁臺子 M4）
時代: 五胡十六国時代（前燕）
法量: 横 57.0cm× 高 31.0cm× 厚 0.1cm
材質: 金銅製
所蔵: 朝陽県文物管理所

126 鎏金铜透雕翼形饰

鍍金銅製透かし彫り翼形飾り

出土地点：1976 年朝阳县十二台公社供销社（袁台子 M4）　　遺跡名：1976 年朝陽県十二臺公社供销社（袁臺子 M4）

时期：十六国前燕　　　　　　　　　　　　　　　　　　　　時代：五胡十六国時代（前燕）

尺寸：长 13.0cm× 宽 6.2cm× 厚 0.2cm　　　　　　　　　　法量：長 13.0cm× 幅 6.2cm× 厚 0.2cm

材质：鎏金铜具　　　　　　　　　　　　　　　　　　　　　材質：金銅製

收藏地点：朝阳县文物管理所　　　　　　　　　　　　　　　所蔵：朝陽県文物管理所

127 鎏金铜刻凤纹山形箭箙饰

鍍金銅製彫刻鳳文山形矢箙飾り

出土地点：朝阳县柳城镇腰而营子红砖一厂　　遗迹名：朝阳县柳城镇腰而营子红砖一厂
时期：十六国前燕　　　　　　　　　　　　　時代：五胡十六国時代（前燕）
尺寸：高 12.5cm× 宽 22.0cm× 厚 0.1cm　　法量：高 12.5cm× 幅 22.0cm× 厚 0.1cm
材质：鎏金铜具　　　　　　　　　　　　　　材質：金銅製
收藏地点：朝阳县文物管理所　　　　　　　　所蔵：朝陽県文物管理所

128　鎏金铜当卢

鍍金銅製当盧

出土地点：1980 年朝阳县十二臺公社腰而营子大
　　　　　队砖厂（姚金沟 M2）
时期：十六国前燕
尺寸：长 38.56cm × 上宽 17.5cm × 下宽 6.0cm
材质：鎏金铜具
收藏地点：朝阳县文物管理所

遺跡名：1980 年朝陽県十二台公社腰而营子大隊
　　　　　煉瓦工場（姚金溝 M2）
時代：五胡十六国時代（前燕）
法量：長 38.56cm × 上幅 17.5cm × 下幅 6.0cm
材質：金銅製
所蔵：朝陽県文物管理所

129　鎏金铜杏叶

鍍金銅製杏葉

出土地点：1976 年朝阳县十二台公社供销社
　　　　　（袁台子 M4）
时期：十六国前燕
尺寸：宽 5.8cm
材质：鎏金铜具
收藏地点：朝阳县文物管理所

遺跡名：1976 年朝陽県十二臺公社供销社
　　　　　（袁臺子 M4）
時代：五胡十六国時代（前燕）
法量：幅 5.8cm
材質：金銅製
所蔵：朝陽県文物管理所

130 鎏金铜马镫

鎏金铜馬鐙

出土地点：1976 年朝阳县十二台公社供销社
　　　　　（袁台子 M4）
时期：十六国前燕
尺寸：通高 29.0cm×柄长 15.7cm×镫宽 16.5cm×
　　　柄宽 3.5cm×厚 0.3cm×镫高 13.5cm×厚
　　　0.31cm
材质：鎏金铜具
收藏地点：朝阳县文物管理所

遺跡名：1976 年朝陽県十二臺公社供銷社
　　　　　（袁臺子 M4）
時代：五胡十六国時代（前燕）
法量：総高 29.0cm×柄長 15.7cm×鐙幅 16.5cm×
　　　柄幅 3.5cm×厚 0.3cm×鐙高 13.5cm×厚
　　　0.31cm
材質：金銅製
所蔵：朝陽県文物管理所

182

131 莲花纹瓦当

莲花文瓦当

出土地点: 1984 年朝阳市东街小学院内
时期: 十六国前燕
尺寸: 直径 18.0cm× 厚 4.0cm
材质: 陶土
收藏地点: 朝阳县文物管理所

遺跡名: 1984 年朝陽市東街小学校の校庭
時代: 五胡十六国時代（前燕）
法量: 径 18.0cm× 厚 4.0cm
材質: 土製
所蔵: 朝陽県文物管理所

菱葉、戴勝、神獣文画像磚

时期：晋—南朝　　　　　　　　　　時代：晋—南朝
尺寸：长 34.2cm×宽 16.0cm×厚 4.6cm　　法量：長 34.2cm×幅 16.0cm×厚 4.6cm
材质：陶土　　　　　　　　　　　　材質：土製
收藏地点：清华大学艺术博物馆寄藏　　所蔵：清華大学芸術博物館（寄託）

133 长方形平面菱叶纹、莲花纹画像砖

长方形平面菱形葉文、蓮花文画像磚

出土地点：襄阳羊祜山 M24　　　　遗跡名：襄陽羊祜山古墳 M24
时期：南朝　　　　　　　　　　　時代：南朝
尺寸：长 37.0cm×宽 18.7cm×厚 6.0cm　　法量：長 37.0cm×幅 18.7cm×厚 6.0cm
材质：陶土　　　　　　　　　　　材質：土製
收藏地点：襄阳博物馆　　　　　　所藏：襄陽博物館

186

134　莲花纹画像砖

莲花文画像砖

时期：南朝

尺寸：长 38.2cm× 宽 19.0cm× 厚 5.9cm

材质：陶土

收藏地点：襄阳博物馆

時代：南朝

法量：長 38.2cm× 幅 19.0cm× 厚 5.9cm

材質：土製

所蔵：襄陽博物館

135　长方形平面莲花、端面净瓶画像砖

長方形平面蓮花、端面淨瓶画像砖

出土地点：襄阳城南柿庄墓地 M15　　　遺跡名：襄陽城南柿庄古墳 M15

时期：南朝　　　　　　　　　　　　　時代：南朝

尺寸：长 37.6cm× 宽 19.0cm× 厚 6.2cm　　法量：長 37.6cm× 幅 19.0cm× 厚 6.2cm

材质：陶土　　　　　　　　　　　　　材質：土製

收藏地点：襄阳博物馆　　　　　　　　所蔵：襄陽博物館

136　长方形侧、端面莲花忍冬纹画像砖

長方形側、端面蓮花忍冬文画像磚

出土地点：襄阳城南柿庄墓地 M15　　　　遺跡名：襄陽城南柿庄古墳 M15

时期：南朝　　　　　　　　　　　　　　時代：南朝

尺寸：长 50.0cm× 宽 17.0cm× 厚 4.0cm　　法量：長 50.0cm× 幅 17.0cm× 厚 4.0cm

材质：陶土　　　　　　　　　　　　　　材質：土製

收藏地点：襄阳博物馆　　　　　　　　　所蔵：襄陽博物館

137　长方形端面青龙画像砖

長方形端面青龍画像磚

出土地点：襄阳城南柿庄墓地 M15
时期：南朝
尺寸：长 37.0cm× 宽 19.0cm× 厚 6.0cm
材质：陶土
收藏地点：襄阳博物馆

遺跡名：襄陽城南柿庄古墳 M15
時代：南朝
法量：長 37.0cm× 幅 19.0cm× 厚 6.0cm
材質：土製
所藏：襄陽博物館

138　长方形端面白虎画像砖

長方形端面飛虎画像磚

出土地点：襄阳城南柿庄墓地 M15
时期：南朝
尺寸：长 37.0cm× 宽 19.0cm× 厚 6.0cm
材质：陶土
收藏地点：襄阳博物馆

遺跡名：襄陽城南柿庄古墳 M15
時代：南朝
法量：長 37.0cm× 幅 19.0cm× 厚 6.0cm
材質：土製
所藏：襄陽博物館

139　长方形平面朱雀（凤鸟）画像砖

長方形平面朱雀（鳳凰）画像磚

出土地点：襄阳城南柿庄墓地 M15	遺跡名：襄陽城南柿庄古墳 M15
时期：南朝	時代：南朝
尺寸：长 37.0cm×宽 19.0cm×厚 6.0cm	法量：長 37.0cm×幅 19.0cm×厚 6.0cm
材质：陶土	材質：土製
收藏地点：襄阳博物馆	所蔵：襄陽博物館

140　长方形平面玄武画像砖

長方形平面玄武画像磚

出土地点：襄阳城南柿庄墓地 M15　　　　遺跡名：襄陽城南柿庄古墳 M15
时期：南朝　　　　　　　　　　　　　　時代：南朝
尺寸：长 37.0cm× 宽 19.0cm× 厚 6.0cm　　法量：長 37.0cm× 幅 19.0cm× 厚 6.0cm
材质：陶土　　　　　　　　　　　　　　材質：土製
收藏地点：襄阳博物馆　　　　　　　　　所蔵：襄陽博物館

141 长方形平面 "千秋" 画像砖

長方形平面「千秋」画像磚

出土地点：襄阳城南柿庄墓地 M15　　　　遺跡名：襄陽城南柿庄古墳 M15
时期：南朝　　　　　　　　　　　　　　時代：南朝
尺寸：长 37.0cm× 宽 19.0cm× 厚 6.0cm　　法量：長 37.0cm× 幅 19.0cm× 厚 6.0cm
材质：陶土　　　　　　　　　　　　　　材質：土製
收藏地点：襄阳博物馆　　　　　　　　　所蔵：襄陽博物館

142　长方形平面供养人画像砖

長方形平面供養人物画像磚

出土地点：襄城麒麟清水沟南朝画像砖墓
时期：南朝
尺寸：长 37.7cm× 宽 19.0cm× 厚 6.0cm
材质：陶土
收藏地点：襄阳博物馆

遺跡名：襄城麒麟清水溝南朝画像磚古墳
時代：南朝
法量：長 37.7cm× 幅 19.0cm× 厚 6.0cm
材質：土製
所蔵：襄陽博物館

143 长方形端面女供养人画像砖

长方形端面女性供養人物画像磚

出土地点：樊城杜甫巷墓地 M82
时期：南朝
尺寸：长 38.0cm× 宽 18.0cm× 厚 6.0cm
材质：陶土
收藏地点：襄阳博物馆

遺跡名：樊城杜甫巷古墳 M82
時代：南朝
法量：縱 38.0cm× 橫 18.0cm× 厚 6.0cm
材質：土製
所藏：襄陽博物館

144 长方形端面飞仙画像砖

長方形端面仙人画像磚

出土地点：樊城杜甫巷墓地 M82
时期：南朝
尺寸：长 38.0cm× 宽 18.0cm× 厚 6.0cm
材质：陶土
收藏地点：襄阳博物馆

遺跡名：樊城杜甫巷古墳 M82
時代：南朝
法量：長 38.0cm× 幅 18.0cm× 厚 6.0cm
材質：土製
所藏：襄陽博物館

145　闻雷泣墓画像砖

聞雷泣墓画像磚

出土地点：襄阳城西南清水沟墓地 M1　　遺跡名：襄陽城西南清水溝古墳 M1
时期：南朝　　　　　　　　　　　　　時代：南朝
尺寸：长 37.0cm× 宽 18.0cm× 厚 5.0cm　　法量：長 37.0cm× 幅 18.0cm× 厚 5.0cm
材质：陶土　　　　　　　　　　　　　材質：土製
收藏地点：襄阳博物馆　　　　　　　　所蔵：襄陽博物館

146 **陶钵**

陶製鉢

出土地点：龙门禅宗七祖菏泽神会墓	遺跡名：龍門市禅宗七祖菏沢神會古墳
时期：唐	時代：唐朝
尺寸：高 11.0cm× 口径 22.3cm	法量：高 11.0cm× 口径 22.3cm
材质：陶	材質：陶製
收藏地点：洛阳博物馆	所藏：洛陽博物館

147　鎏金青铜柄香炉

鍍金青銅柄香炉

出土地点：河南省洛阳市龙门禅宗七祖
　　　　　菏泽神会墓
时期：唐
尺寸：长 40.2cm× 高 9.0cm
材质：青铜
收藏地点：洛阳博物馆

遺跡名：河南省洛陽市龍門禅宗七祖
　　　　　菏沢神會古墳
時代：唐
法量：長 40.2cm× 高 9.0cm
材質：青銅製
所蔵：洛陽博物館

148　白石马头明王坐像

白石馬頭觀音菩薩坐像

出土地点：陕西省西安市安国寺遗址
时期：唐
尺寸：高 98.0cm× 宽 42.0cm
材质：石
收藏地点：西安碑林博物馆

遗迹名：陕西省西安市安国寺遗跡
時代：唐
法量：高 98.0cm× 幅 42.0cm
材質：石製
所藏：西安碑林博物館

149　白石文殊菩萨坐像

白石文殊菩薩坐像

出土地点：陕西省西安市安国寺遗址
时期：唐
尺寸：高 74.0cm× 宽 36.0cm
材质：石
收藏地点：西安碑林博物馆

遺跡名：陕西省西安市安国寺遺跡
時代：唐
法量：高 74.0cm× 幅 36.0cm
材質：石製
所蔵：西安碑林博物館

150　高玄墓志拓片

高玄墓誌拓本

时期：唐　　　　　　　　　　　時代：唐
尺寸：纵 60.0cm× 横 60.0cm　　法量：縱 60.0cm× 横 60.0cm
原石收藏地点：洛阳千唐志斋博物馆　原石所藏：洛陽千唐志斎博物館

151 井真成墓志拓片

井真成墓誌拓本

时期：唐	時代：唐
尺寸：纵 36.5cm× 横 36.5cm	法量：縱 36.5cm× 横 36.5cm
原石收藏地点：西北大学博物馆	原石所蔵：西北大学博物館

203

152（1~4） 李训墓志（《大唐故鸿胪寺丞李君墓志铭并序》）原石、志盖及拓片

李訓墓誌（大唐故鴻臚寺丞李君墓誌并序）原石、蓋及び写し

时期：唐·开元二十二年（734）
尺寸：志长 35.0cm×宽 36.0cm×厚 8.9cm
　　　盖长 34.0cm×宽 35.5cm×厚 7.9cm
收藏地点：深圳望野博物馆

時代：唐·開元二十二年（734）
法量：志長 35.0cm×幅 36.0cm×厚 8.9cm
　　　蓋長 34.0cm×幅 35.5cm×厚 7.9cm
所蔵：深圳望野博物館

大唐故鴻臚寺丞李君墓誌銘并序

公諱訓字恒順自隴西為天下著姓曾祖亮隨太
子洗馬父產介時人不則也性自幼弱至孝
操重之而介時人不則也性自幼弱至孝
友長陳留而介麻君善老至性自傷天路眼毀骨立
未赴陳留而錄事而奔軍太子通事舍人之代言其驥芝梁方騁在驍龍泉始割
非府正錄事而奔軍太子通事舍人以補闕廳事左禮
卒不偉歟道遣還即以其月廿五日以謀殯于洛陽河南年五聖德
堂有道之別陵即以二年君乃勒石佐銘亦云來
涓寺之別陵即以其月廿五日謀殯于洛陽河南感來
十有二年之引用以二年之徙行乃言而有章銘云既德也
崔惟之原太子洗為君右其芳如其不洲奔代云
鄉之原太子為君右其芳如
洪休惟夫原烈先如何不洲奔代云
任株聞烈先如何不洲奔代云
用紀秋子聞承褚慕誌文日本國朝臣備書

153 星云纹铜镜

星雲文鏡

时期：西汉
尺寸：直径 11.0cm
材质：青铜
收藏地点：清华大学艺术博物馆寄藏

時代：前漢（西漢）
法量：径 11.0cm
材質：青銅製
所蔵：清華大学芸術博物館（寄贈）

154 "君忘忘"铭四神博局纹镜

「君忘忘」銘文四神博局文鏡

时期：西汉　　　　　　　　　時代：前漢（西漢）
尺寸：直径 28.0cm　　　　　　法量：径 28.0cm
材质：青铜　　　　　　　　　材質：青銅製
收藏地点：清华大学艺术博物馆寄藏　　所蔵：清華大学芸術博物館（寄贈）

155　"尚方"铭四神博局纹镜

「尚方」銘文四神博局文鏡

时期：新莽
尺寸：直径 20.9cm
材质：青铜
收藏地点：清华大学艺术博物馆寄藏

時代：新朝
法量：径 20.9cm
材質：青銅製
所蔵：清華大学芸術博物館（寄贈）

156 "中国安宁"铭博局纹镜

「中国安寧」銘文博局文鏡

时期：新莽—东汉	時代：新朝—後漢
尺寸：直径 22.0cm	法量：径 22.0cm
材质：青铜	材質：青銅製
收藏地点：清华大学艺术博物馆寄藏	所蔵：清華大学芸術博物館（寄贈）

157　三角缘神人神兽镜

三角縁神人神獣鏡

时期：东汉	時代：後漢
尺寸：直径 18.4cm	法量：径 18.4cm
材质：青铜	材質：青銅製
收藏地点：清华大学艺术博物馆寄藏	所蔵：清華大学芸術博物館（寄贈）

158 袁氏铭神人龙虎画像镜

袁氏銘文神人龍虎画像鏡

时期：东汉
尺寸：直径 18.3cm
材质：青铜
收藏地点：清华大学艺术博物馆寄藏

時代：後漢
法量：径 18.3cm
材質：青銅製
所蔵：清華大学芸術博物館（寄贈）

159 "三羊作竟"铭七乳龙虎画像镜

「三羊作竟」銘文七乳龍虎画像鏡

时期：东汉
尺寸：直径 24.8cm
材质：青铜
收藏地点：清华大学艺术博物馆寄藏

時代：後漢
法量：径 24.8cm
材質：青銅製
所藏：清華大学芸術博物館（寄贈）

160 神人神兽纹镜

神人神獸文鏡

时期：东汉
尺寸：直径 23.5cm
材质：青铜
收藏地点：清华大学艺术博物馆寄藏

時代：後漢
法量：径 23.5cm
材質：青銅製
所蔵：清華大学芸術博物館（寄贈）

161 "角王巨虚"铭七乳神人神兽纹镜

「角王巨虚」銘七乳神人神獸文鏡

时期：东汉
尺寸：直径 21.0cm
材质：青铜
收藏地点：清华大学艺术博物馆寄藏

時代：後漢
法量：径 21.0cm
材質：青銅製
所蔵：清華大学芸術博物館（寄託）

162 八连弧云雷纹镜

八連弧雲雷文鏡

时期：东汉
尺寸：直径 27.5cm
材质：青铜
收藏地点：清华大学艺术博物馆寄藏

時代：後漢
法量：径 27.5cm
材質：青銅製
所蔵：清華大学芸術博物館（寄託）

163 "佛"字铭佛像镜

「仏」字銘文仏像鏡

时期：三国吴　　　　　　　　　時代：三国呉
尺寸：直径 18.8cm　　　　　　法量：径 18.8cm
材质：青铜　　　　　　　　　　材質：青銅製
收藏地点：清华大学艺术博物馆寄藏　　所蔵：清華大学芸術博物館（寄託）

218

164 北斗纹铜镜

北斗文銅鏡

时期：六朝
尺寸：直径 10.0cm
材质：青铜
收藏地点：清华大学艺术博物馆寄藏

時代：六朝
法量：径 10.0cm
材質：青銅製
所蔵：清華大学芸術博物館（寄託）

165 "金神之灵，铜山之精"铭四神纹铜镜

「金神之霊，銅山之精」銘文四神文銅鏡

时期：隋   時代：隋

尺寸：直径 29.2cm   法量：径 29.2cm

材质：青铜   材質：青銅製

收藏地点：清华大学艺术博物馆寄藏   所蔵：清華大学芸術博物館（寄託）

166　瑞兽葡萄纹镜

瑞獣葡萄文鏡

时期：唐　　　　　　　　　　時代：唐
尺寸：直径 17.1cm　　　　　法量：径 17.1cm
材质：青铜　　　　　　　　　材質：青銅製
收藏地点：清华大学艺术博物馆寄藏　　　所蔵：清華大学芸術博物館（寄託）

167　十六曲边八葵形瑞花瑞兽纹镜

十六曲辺八葵形花鳥瑞獣文鏡

时期：唐
尺寸：直径 20.0cm
材质：青铜
收藏地点：清华大学艺术博物馆寄藏

時代：唐
法量：径 20.0cm
材質：青銅製
所蔵：清華大学芸術博物館（寄託）

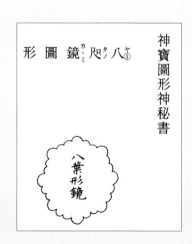

168 菱叶纹镜

菱葉文鏡

时期：唐
尺寸：直径 20.5cm
材质：青铜
收藏地点：清华大学艺术博物馆寄藏

時代：唐
法量：径 20.5cm
材質：青銅製
所蔵：清華大学芸術博物館（寄託）

169　菱花形双鸾鸳鸯纹镜

菱花形双鸞鴛鴦文鏡

时期：唐　　　　　　　　　　時代：唐

尺寸：直径 22.0cm　　　　　法量：径 22.0cm

材质：青铜　　　　　　　　　材質：青銅製

收藏地点：清华大学艺术博物馆寄藏　　　所蔵：清華大学芸術博物館（寄託）

170 菱花形透腿龙凤瑞兽花鸟纹镜

菱花形透腿龙鳳瑞獸花鳥文鏡

时期：唐   時代：唐
尺寸：直径 22.2cm   法量：径 22.2cm
材质：青铜   材質：青銅製
收藏地点：清华大学艺术博物馆寄藏   所蔵：清華大学芸術博物館（寄託）

171　龙纹镜

龍文鏡

时期：唐　　　　　　　　　　時代：唐
尺寸：直径 27.6cm　　　　　　法量：径 27.6cm
材质：青铜　　　　　　　　　　材質：青銅製
收藏地点：清华大学艺术博物馆寄藏　　所藏：清華大学芸術博物館（寄託）

172 "千秋"铭龙纹镜

「千秋」銘文龍文鏡

时期：唐
尺寸：直径 22.0cm
材质：青铜
收藏地点：清华大学艺术博物馆寄藏

時代：唐
法量：径 22.0cm
材質：青銅製
所蔵：清華大学芸術博物館（寄託）

173 双鹦鹉纹镜

双鸚鵡文鏡

时期: 唐   時代: 唐
尺寸: 直径 28.0cm   法量: 径 28.0cm
材质: 青铜   材質: 青銅製
收藏地点: 清华大学艺术博物馆寄藏 所蔵: 清華大学芸術博物館（寄託）

174　缠枝花卉纹镜

缠枝花卉文鏡

时期：唐　　　　　　　　　　　時代：唐
尺寸：直径 30.0cm　　　　　　法量：径 30.0cm
材质：青铜　　　　　　　　　　材質：青銅製
收藏地点：清华大学艺术博物馆寄藏　　所藏：清華大学芸術博物館（寄託）

175　赵绪成（1942—）《鉴真东渡图》

趙緒成（1942—）「鑑真東渡図」

年代：1980 年　　　　　　　　　　時代：1980 年
形质：纸本设色　　　　　　　　　材質：紙本着色
尺寸：纵 95.0cm× 横 152.0cm　　法量：縦 95.0cm× 横 152.0cm

倭国里的中国

坂靖（奈良县立橿原考古学研究所）

一、引言

本文旨在记述展览相关内容的同时，记述日本以前的倭国时代与中国进行的交往，以及在其中活跃的中国人的轨迹。文中选取的研究对象为倭国时的弥生时代后期—飞鸟时代初期（2世纪—7世纪初）。文章将遵照中国正史的记述及金石铭文的注释语句，按时间顺序进行介绍。

二、卑弥呼、台与和张政

> 倭人在带方东南大海之中，依山岛为国邑。旧百余国。汉时有朝见者，今使译所通三十国。[1]

这是著名的《魏书·倭人传》的开篇。首先来考察一下文中提到的30国。

文中最初提到狗邪韩国、对马国、一大（支）国、末卢国、伊都国、奴国、不弥国、投马国这8个国家，描述了它们的位置、地理环境、习俗等。接下来记叙的是"女王之所都"的邪马台国。之后以斯马国为首的21国只列举了国名，它们即通常所说的邻国。卑弥呼和据记载位于其南部的狗奴国男性国王卑弥弓呼关系十分恶劣。这些国家合计有31国。共同拥立卑弥呼的为狗奴国以外的30国，若除去位于朝鲜半岛洛东江河口处的狗邪韩国则为29国。"使译所通三十国"中的30国，则为除去狗邪韩国或狗奴国其中之一的30国，或是因为邻国中有对奴国的记录，将其视为重复排除在外，其余合计30国，这是两种解释的其中一种。

狗邪韩国、对马国、一大国、末卢国、伊都国、奴国这些

国家的所在地都有明确的记述。至于其他各国所处的位置，众所周知一直存在争议。明确的史实是，2世纪至3世纪的日本列岛上有多个独立的小国。

卑弥呼于曹魏景初三年（239）派遣使节拜见魏国皇帝。这次朝贡中，卑弥呼被封为"亲魏倭王"，获赐金印紫绶。使节也获赐官职和银印青绶。魏王还赏赐其和贡品相媲美的物品，尤其是其所爱之物，并指示其告知其国人民这是魏国的特殊关照。所爱之物中包括"铜镜百枚"。

曹魏正始元年（240），带方郡太守弓遵派遣使者建中校尉梯俊等人访问倭国，赐予诏书、印绶和各种物品。正始四年（243），倭王再次派遣8位使者，献上各类贡品；正始六年（245）将黄幢赐予倭国使者，并交由带方郡管理。正始八年（247）卑弥呼派遣使者在时任带方郡太守的陪同下，告知魏国其正与狗奴国交战。于是魏国派遣塞曹掾史张政前往倭国，赐予使者诏书、黄幢，并作檄文告谕卑弥呼。

此后，卑弥呼离世。魏王也作檄文告谕13岁便为王的台与。台与派遣使者20人送张政返回带方郡，又至洛阳献上男女奴隶30人和各类贡品，其中包括普遍认为是翡翠勾玉的青大勾珠。

无论如何，要统治倭国中分散的诸多势力，需要巫神类的灵力、中国皇帝的强力后盾及其支援。魏国通过位于朝鲜半岛的带方郡太守派遣了梯俊和张政，其中张政作为中国皇帝权威的代表，领导卑弥呼和台与，深度参与了内政。

据记载，常驻伊都国的一大率，在倭王派遣使者前往魏国首都、带方郡、韩国，以及带方郡的使者前往倭国时，都会在港口检查其行李。由此可见，他们很可能也是从带方郡派遣而来的。

考古学家推定位于朝鲜黄海道沙院里市的智塔里古城为带

方郡治（郡厅）。智塔里土城北部约8千米的位置发现一座横穴式砖墓，呈方形，一边长约30米。墓中出土一块刻有"使君带方太守张抚夷"字样的砖，有说法认为墓主为张政。"抚夷"则意指张政在倭国进行的活动（森浩一，2010）。不过，墓中还有砖刻有"戊申"的字样，如果假定其指东晋永和四年（348），则年代并不符合。这时乐浪郡已被占领，中国已经失去了朝鲜半岛的领地。此外，因为砖上并未记载魏晋的年号，也有说法认为"太守"实为冒称。无论如何，在3世纪中期的倭国统治中，张政发挥了巨大作用，这点不容忽视。

三、半圆方枚神兽镜、三角缘神兽镜和中国工匠

日本列岛的古坟中出土的铜镜，分为从中国舶来的舶载镜和倭国仿造生产的仿制镜两类。近年来改称为中国镜和倭镜（倭制镜）。

在这些铜镜中，部分刻有卑弥呼遣使的景初三年、正始元年的纪年铭文。此外，还有卑弥呼遣使三年前的曹魏青龙三年（235）、已经改元而实际并不存在的景初四年、东吴年号赤乌元年（238）、赤乌七年（245）的纪年铭文也于部分铜镜上发现。铜镜种类有半圆方枚神兽镜、三角缘神兽镜、方格规矩四神镜、平缘神兽镜等。

景初三年镜有两面，分别为大阪府和泉黄金家古坟出土的半圆方枚神兽镜和岛根县神原神社1号墓出土的三角缘神兽镜。铜镜直径均为23.3厘米，内部的同向式神兽和乳钉的排布均一致，由此推测两面铜镜为同一工坊生产。

不过，铭文的排布和内容却不尽相同。半圆方枚神兽镜在半圆方形带的方格部位沿逆时针方向逐一刻有"景初三年陈是作铭铭之保子宜孙"的字样，相对之下，三角缘神兽镜则在铭文带沿逆时针方向刻有"景初三年陈是作竟自有经述本是京师□□□出吏人□之位三公母人铭之保子宜孙寿如金石"的字样。半圆方枚神兽镜的铭文明显更为简略，内部的神像、兽形图纹也有所省略。可以认为，三角缘神兽镜并非以半圆方枚神兽镜为原型制作，而是以某种原镜为原型全新创作出来的。另外，若如铭文所记载，这是景初三年陈氏制作的铜镜，半圆方枚神兽镜上除此之外的语句并不通顺。虽然有景初三年的铭文，但仅凭此就将其当作景初三年卑弥呼获赐的"铜镜百枚"中的其中一枚，未免过于草率。

一般认为，神原神社古坟中的三角缘神兽镜是三角缘神兽镜中最古老的一例。初期的三角缘神兽镜除了同向式神兽镜外，还有求心式——神像、兽形和铭文的排布稍有变化的铜镜。而它们的复制品（"同范镜"），虽没到粗制滥造的地步，但也进行了大量生产。奈良县黑冢古坟中，发现棺内郑重随葬一面带有"吾作明镜"铭文的后汉末半圆方枚神兽镜（直径：13.5厘米），而33面三角缘神兽镜则排列在棺外，呈现照亮墓主的排布（图1）。

铭文形式很多，除了"陈氏作"，还有"张氏作""王氏作"等记录了中国工匠名字的；有"吾作明镜"等没有直接记录工匠的；以及没有此类铭文，只记录了"天王日月"等神仙世界的世界观的。从中可以看出，虽然大背景下中国魏晋时代的铜镜生产衰退，但毫无疑问，中国的神仙思想和工匠的精神也得到了传承。

三角缘神兽镜在日本列岛的古坟中大量出土，与之形成对比的是，中国还没有出土过这类铜镜。众所周知，关于三角缘神兽镜的产地，学术界一直存在激烈的争论。

橿原考古学研究所对铜镜进行了三次元数字测定，检测了铜镜上的痕迹细节。在此过程中，清水康二发现，包括铭文缺失、图纹退化等原本被称作"仿制"三角缘神兽镜加以区分的铜镜在内，痕迹的位置一致，得出结论为这些铜镜是在同一工坊中接连制作而成的（清水，2014—2015）。不过，这是由于使用了同一范型才产生的一致痕迹（清水，2014），还是因为其使用了外型、内型双重构造的范型，为了避免挽型和轴承才产生的痕迹（水野，2018），学者的意见并不统一（图2）。

至此可以判断出，所有三角缘神兽镜均为中国镜或倭制镜。虽说产地需要确定生产工坊才能得出结论，但毫无疑问的是，即便所有三角缘神兽镜均为倭制镜，没有中国人的介入也无法生产出这类铜镜。

四、新山古坟与晋式带状金具

西晋泰始元年（265）为西晋建国之年，《晋书·倭人传》有记载"遣使重译入贡"。此外，泰始二年（266），"倭人来献方物"（《晋书》本纪）。《日本书纪》"神功皇后摄政六十六年（266）"一条中所引用的《晋起居注》记载，倭国女王曾向中国朝贡，可以看作是卑弥呼和宗女台与向刚建国的西晋朝贡。尚不清楚是连续进行朝贡，还是如倭人传记载有一年的间隔。

卑弥呼和台与在日本列岛的居住地至今仍未明确。但是，奈良盆地东南部集中分布有初期的大型前方后圆坟，且位于此地的缠向遗址和大型前方后圆坟一起扩大了建筑规模，由此可知奈良盆地东南部便是之后的王权所在地。这一政权的称呼在学者中尚未统一，笔者根据其所在地称其为大和（YamaTo）王权。如果卑弥呼、台与政权直接被大和王权继承，那么就符合邪马台国即大和（奈良县）这一说法；如果两者是所在地不同的王权，便符合邪马台国即北部九州的说法。笔者以2世纪至3世纪中期奈良盆地并未发现乐浪系陶器和中国文物的传入为依据，选择后一种说法（坂，2021）。如果按照邪马台国大和说，3世纪中叶倭王已经统治了近畿地方以西的西日本，但如果按照北部九州说，其统治范围仅限北部九州。

高句丽的入侵导致乐浪郡于313年灭亡。中国因此失去了朝鲜半岛的领地。而西晋也于316年灭亡。东晋于317年建国。在此期间，舶来倭国的晋式带状金具，便成为了讲述两国交往的珍贵资料。

其中，新山古坟出土的龙纹带状金具生产于4世纪初，是舶来倭国的晋式带状金具中最古老的一例。毫无疑问，龙纹带是中国官员身份的象征。一般认为，这种带状金具是讨伐鲜卑、匈奴的武官所佩戴。也有观点认为，在西晋灭吴之时，西晋的官营工坊便引入吴国的样式，为分配在北方和东方的武官所制作（藤井，2013）。在倭国，带状金具是否是身份的象征依旧存疑，有可能是以乐浪郡灭亡为契机，在当时两国的交往中舶来倭国的（图3）。

新山古坟是位于奈良盆地西部的大型古坟群——马见古坟群中，于最早4世纪上半叶建造的前方后方坟（坟丘长126米）。1885年土地所有人取出了遗留文物，而坟墓似乎是竖穴式石室和组合式石棺上下重叠的奇特构造。坟墓中有34面铜镜，其中包括9面三角缘神兽镜，2面仿制三角缘神兽镜。从新旧三角缘神兽镜混合存在的情况来看，铜镜是传世留下的。此外还有3面倭国特有的图纹直弧文所设计的直弧文镜。从拥有晋式带状金具这一最新的舶来品，采用了最新设计的倭制镜，以及新旧三角缘神兽镜等事实可以推测，新山古坟的主人是倭国中和中国有密切联系、且和发明创造有深度关联的人物。

五、东晋皇帝和七支刀

石上神宫的"国宝七支刀"的铭文上刻有中国年号"泰□四年"。有说法其指西晋泰始四年（268），也有说法是指东晋太和四年（369），还有说法是指刘宋泰始四年（468），但如果按照《日本书纪》的记载和当时的国际形势来看，最为恰当的说法是东晋太和四年。太和也写作泰和。

咸安二年（372），东晋简文帝派遣使者，任命百济的近肖古王（余句）为镇东将军、领乐浪太守（《晋书》本纪）。近肖古王和其太子于一年前的371年杀死了高句丽故国原王（《三国史记》百济本纪）。

另一方面，《日本书纪》中"神功皇后摄政五十二年（252）"一条中有记载，百济曾献上七枝刀和七子镜。这里记述的"七枝刀"，显然指"国宝七支刀"。

《日本书纪》中，时间更早的"四十九年（249）"一条中记载，神功皇后以荒田别等人为将军攻入朝鲜半岛，平定了南部的卓淳国等七国，又向西进攻，遇到了百济肖谷王和太子贵须，确认百济王有意朝贡。但事实上，百济不曾对倭国朝贡。关于这一记载有两种说法，一是倭国曾介入百济此时进行的侵略（田中，1992），二是这表明倭国曾介入5世纪百济对伽耶诸国的侵略（仁藤，2018）。不管是哪种说法都表明，以百济为主体的军事行动被改写为以倭国为主体的军事行动。在这之

中，百济王、太子赐予倭王的便是七支刀。

七支刀的铭文刻有61个字。有许多文字无法辨识，其解读也众说纷纭（图4）。

（正）泰口四年口月十六日丙午正阳造百练口七支刀出辟百兵宜供供候口口口口口

（反）先世以来未有此刀百济王世口奇生圣口故为倭王旨造传示口口

有说法认为当时东晋没有介入，这是在倭国和百济直接交流中赠送的，但更为恰当的解释应该是，按当时的国际形势，即东晋、百济、倭国的三国关系中，仰仗东晋皇帝的百济王和倭王共享其和东晋的关系，为了结成同盟赠予了这把七支刀（山尾，1989；滨田，2013）。之后，倭国和百济保持了长时间的同盟关系。

那么，当时从百济王手中收下这把七支刀的倭王是谁？如果按照《日本书纪》的记载则是神功皇后。但是，她当时身怀应神天皇，同时又渡海完成"三韩征伐"，这一事迹完全不可信。当时倭国齐心协力，侵略朝鲜半岛并吞并其国土一事也不符合事实。

当时的倭王应该是在奈良盆地东南部的大和（ō yamato）古坟群，抑或是在北部佐纪古坟群兴建大型前方后圆坟的人。其以缠向遗址或菅原东遗址为领地扩张势力范围。此外，珍藏七支刀的石上神宫西侧，有一片方圆3千米的巨大部落遗址——布留遗址。扎根于此的强有力地方团体也不容忽视。倭王正是因为将势力扩张到国外，有强有力地方团体在中间运作，才从百济国得到了七支刀（坂，2021）。

百济王杀死高句丽王，得到东晋皇帝这一靠山，将其根据地设置在今首尔、汉江南岸的风纳土城后，才终于开始着手建造自己的国家。倭王同其立场完全一致，从百济王的七支刀中得到的是百济王和其背后的东晋皇帝这一靠山，倭王也因此终于确保了倭国的统治权。

六、南朝宋皇帝和倭国王

东晋义熙九年（413），高句丽、倭国和西南夷铜头大师共献方物（《晋书》本纪）。但是针对这一记载说法不一，有高句丽、倭国共同向东晋朝贡之说（仁藤，2010），有倭国单独向东晋朝贡之说（石井，2005），有倭人作为高句丽的俘虏同行之说（坂元，1981），有高句丽单独朝贡之说（森公章，2010），倭国是否向东晋朝贡尚不明确。

之后，对南朝宋的朝贡的记载称，赞、珍、济、兴、武五位国王，自南朝宋建国时的刘宋永初二年（421）到刘宋升明二年（478）约半世纪的时间里，屡屡进行朝贡（《宋书》倭国传）。接下来南齐建元元年（479）倭王武进号为镇东大将军（《南齐书·倭国传》），梁天监元年（502）倭王武进号为征东将军（《梁书》本纪），均发生于南齐和梁建国之时，武是否为倭王尚不明确，朝贡也并不一定存在。

总之，有史以来，日本之前的倭国和中国保持着交往，但值得在此强调的是，交往次数最多、最为频繁的便是和南朝宋国发生的。"借鉴"汉代镜，在这个时代复苏生产出的半圆方枚神兽镜（图5）、画文带佛兽纹镜、神人车马画像镜、兽纹镜等同型镜在日本各地的古坟中出土，虽然没有记录，但学者认为这是和南朝宋国交往中传入的（川西，2004）。此外，匈奴、鲜卑、北魏等国绝非和倭国没有交流。奈良县新泽千家126号坟墓中的冠式金具和辽宁省房身2号墓、冯素弗墓出土的冠式金具相似，这一事实正是强有力的证据。这里是倭国的骑马文化的传入地，可以判断出隔着高句丽、新罗、伽耶诸国的交流十分繁荣，一直持续到6世纪左右。

《宋书·倭国传》中，赞的朝贡记叙如下：

高祖永初二年（421），诏曰："倭赞万里修贡，远诚宜甄，可赐除授。"[2]

宋武帝刘裕建宋国后第二年，赞便派遣使者得到了爵号。这时赞从宋武帝处获赐的爵号尚不明确。不过，从刘宋元嘉二

年（425）派遣司马曹达向宋文帝朝贡一事中可以推测，他获赐的爵号可能是安东将军、倭国王。司马是府官制设立的一种官职，将军可开军府，委任长史、司马、参军等府官执行政务。此外，曹达不是倭人的姓名，由此推测其为中国来倭之人。在倭国的统治下，这一府官制是否贯彻执行依旧存疑，但至少是因为有中国皇帝的权威和后盾，以及中国东渡之人的支援，倭国才得以维持统治。

赞的弟弟是珍。珍向宋国朝贡，自称使持节都督倭、百济、新罗、任那、秦韩、慕韩六国诸军事，安东将军，倭国王，但仅被册封为安东将军、倭国王。下一任国王济在刘宋元嘉二十年（443）的朝贡中也只被册封为安东将军、倭国王，但到了刘宋元嘉二十八年（451）的朝贡中，珍终于得到了自称爵号中增加都督加罗诸军事，除去都督百济诸军事的六国诸军事的官职爵位。

但是，在刘宋大明六年（462）的朝贡中，倭王太子兴仅被册封为安东将军、倭国王。兴的弟弟武自称使持节都督倭、百济、新罗、任那、加罗、秦韩、慕韩七国诸军事，安东将军，倭国王，又在刘宋升明二年（478）上表说"窃自假开府仪同三司，其余咸各假授"，而他实际被授予的爵号是除百济外的使持节都督、倭国及后述的六国诸军事、安东大将军、倭国王。

"使持节"是从中国皇帝处收到"节"，为旗印，意味着委以使命，"都督……诸军事"则意味着承认每个地区的军事权。不过，这仅代表承认在该地区可以行使军事权，至于倭国是否实际统治了该地区则另当别论（森公章，2010）。无论哪个王朝都没有允许过对百济行使军事权。475年，在高句丽的攻势下，位于汉江南岸的百济王都汉城沦陷。至此以汉江中下游为主要统治领域的百济王朝灭亡，又在位于南部的锦江中游的熊津复兴。在此过程中，倭国只和百济进行了同盟式的军事行动，绝没有进行超出这层关系的军事行动。

另外，珍还请求任命倭隋等13人平西、征虏、冠军、辅国将军的称号，也得到了皇帝的同意。济请求的23人也都得到了军（将军）和郡（太守）的官职。这意味着在统治各地强

者纷杂、国内政治绝无安定可言的倭国时，中国皇帝的权威起到了很大的作用。实际上，珍得到的爵号安东将军和倭隋等人得到的平西将军之间仅差一个阶级。在大和王权看来，平西将军是为了平定西部地区而任命的将军。虽然无从得知具体是在哪个地区位高权重的人物被任命为平西将军，但至少可以说明，大和王权在这个阶段还没有完全掌控西日本一带。

七、倭王武和百济籍中国人

倭五王的最后一位武，就是雄略天皇。埼玉稻荷山古坟出土的铁剑上有"获加多支卤大王"字样的金镶嵌，熊本县江田船山古坟的铁刀上也有"获□□□卤大王"字样的镶嵌，一般认为其指的是同一人，即雄略天皇。

他在《日本书纪》中记载为大泊濑幼武，《古事记》中记载为大长谷若建，接连击败或收服了有王位继承资格的兄弟亲戚、反叛势力和强者。据说他在奈良盆地东南部的泊濑朝仓宫登上王位。在奈良县樱井市的胁本遗址中检测出的同时代石垣、大型建筑物等遗迹很可能与此有关。

> 封国偏远，作藩于外，自昔祖祢，躬擐甲胄，跋涉山川，不遑宁处。东征毛人五十五国，西服众夷六十六国，渡平海北九十五国……[3]

著名的武上表文是四字句和对偶句工整的正统汉文，上文仅节选了开篇著名的一段，但仅凭此也能认为，这是通晓《礼记》《春秋左氏传》《诗经》《论语》《山海经》等汉典籍且受教育水平颇高之人所作（富谷，2019）。普遍认为，当时的倭人中并无如此精通汉字、汉典籍之人，因此推测这是由倭王武即获加多支卤大王身边的东渡倭国之人所作。

上表文中积极表露了其对刘宋皇帝的贡献，情真意切地讲述了因高句丽对百济的进攻导致船路被阻，朝贡被迫停滞，意图出兵恢复交通却依旧没有实现，其发誓击败强敌高句丽，对刘宋皇帝效忠等内容。

百济国王盖卤王（余庆）在此之前，于北魏延兴二年（472）向北魏皇帝奉上一篇和倭王武同样由流畅华丽的正统汉文写就的上表文。文中请求对受到高句丽进攻的百济进行支援，痛斥高句丽长寿王的暴政，并表明高句丽和刘宋国通好，可能杀害北魏派往百济的使者，请求北魏调查此事。

结果如前所述，北魏并未派遣援军，而盖卤王被杀，汉城百济于475年灭亡。倭王武也不曾对高句丽出兵，但高句丽是百济和倭国共同的强敌。

考虑到这样的国际形势，也可以推测倭王武对刘宋国的上表文，可能是由直接渡海前往倭国的百济人所作。

如前所述，百济王在对晋国、刘宋国朝贡的同时，获得晋国和刘宋国册封的将军称号，并以此任命百济国内的府官。府官中除了百济人，还有许多渡海前往百济的中国人得到任命。

同样在考古学方面，西晋制的施釉陶器、钱纹陶器、青铜器镳斗等文物从百济王城所在地——今首尔的风纳土城出土，东晋制的青瓷从公州水村里古坟群、天安龙院里古坟群、原州法泉里古坟群等地出土，许多和中国直接进行交流的痕迹都留存于世。而不必列举《日本书纪》的记述和韩式陶器等考古资料也能得知，许多百济人在5世纪左右渡海前来倭国，身份跨越王族到工匠。

在此之中，汉城百济的中心，河南市甘一洞古坟群和成南市板校古坟群中，发现了随葬有中国制青瓷、钗子、明器等作为迷你厨具的4至5世纪横穴式墓。横穴式墓的构造为羡道埋入地下的"窟式石室"，在中国十分常见。这也可以证明，在百济中心也有很多从中国渡海前来的人。

从这些事实推论出，在倭国，5世纪已经有中国籍百济人或百济籍中国人渡海前来也并非完全无迹可寻。更进一步说，经此类人之手写出倭王武的上表文，也绝称不上是不可思议的事。

八、无利弓和张安

江田船山古坟的铁刀背上镶嵌有75个文字。释文如下：

治天下获□□□卤大王世，奉事典曹人，名无利弓，八月中，用大铁釜，并四尺廷刀。八十练，九十振。三寸上好刊刀。服此刀者，长寿子孙洋洋，得□恩也。不失其所统。作刀者，名伊太和，书者张安也。[4]（东野，1992）

上文明确记载，这是中国人或中国籍百济人张安所写。锻刀工匠为倭人伊太和。文字详细记载了获加多支卤大王执政时，奉事典曹人无利弓使用了怎样的工具，用怎样的方法锻刀，以及拥有这把刀的功效。如果无利弓是江田船山古坟的坟主，那么可以解释为他回乡前在大王身边打造了这把刀，也可以解释为他回乡后让伊太和锻刀，又让张安写下文字。

不管哪种解释都能说明，获加多支卤大王的身边有典曹即文官官员。琦玉稻荷山古坟的铁剑所刻铭文中的乎获居臣也是侍奉雄略大王的"杖刀人"，意味着乎获居臣作为大王的武官侍奉左右。在铁刀上刻下铭文的是和中国有密切关系的人物。

"治天下"就是字面意思治理天下，即统治倭国之意，但这仅指中国皇帝的统治，在中国，对皇帝这一名称出现以前的国王，会赠予治天下的称号。倭国对外称日本国的时候，对内会冠以"天皇"和"御宇"这样的称号，这时，国王在顾虑中国皇帝的同时，也逐渐从其世界观中分离出来，用律令明确记录以天皇为中心的国家体制。在此之前的倭国时代，以中国皇帝为中心的世界观和思想，终究还是倭国统治的向心力。

获加多支卤大王在接连打败、收服竞争对手后，在中国权威的背景下，如文字记录自称倭国王中的王。反过来也可以解读为，在此之前倭国并没有大王，各地的王在争夺霸权（坂，2021）。

九、6 世纪与中国的交流

获加多支卤大王通过自称大王，并在身边设置原始的武官、文官，使倭国的统治前进一步，但国内政治依旧混乱，东亚的动乱也仍未平息。

如前所述，梁天监元年（502）倭王武进号为征东将军（《梁书》本纪），这一年同时也是梁国建国之年。但很难确认此时获加多支卤大王依旧在世，也很难想象朝贡依旧继续。

而《日本书纪》"继体天皇七年（513）"一条中记载，百济曾派遣五经博士段杨尔前往倭国，继体天皇十年（516）取而代之派遣了汉高安茂。"钦明天皇十五年（554）"一条中也进一步记载，百济还派遣过五经博士王柳贵，后改为马丁安，还有拥有百济官职的易博士王道良、历博士王保孙等人。这是百济方派遣的中国籍儒学家。

百济在武宁王时代加强了对朝鲜半岛南部地区的攻势。朝鲜半岛西南部分布有这时建造的前方后圆坟。

据记载，武宁王（余隆、斯隆）出生于倭国各罗岛（有可能是佐贺县唐津市的加唐岛）（《日本书纪》"武烈天皇四年"条），还向梁国朝贡，于梁国普通二年（522）册封为使持节、都督百济诸军事、辽宁大将军、百济王（《梁书·百济传》）。武宁王陵是直接引入中国南朝墓制的横穴式砖室墓，配有镇墓兽和墓志石。另一方面，木棺则是由倭国特产的高野槙制作而成，随葬的铜镜中还出土了表明中国南朝和倭国关系的同型镜。武宁王陵出土的同型镜，曾在滋贺县三上山下古坟和群马县绵贯观音山古坟出土过。

简单来说，在此可以确认，6世纪倭国和中国南朝的交流，是通过百济王进行的。

武宁王的下一任圣王（余明、明秖），积极接纳诸国使者，并将梁武帝致力传播的佛教"公开传播"到倭国。圣王于梁国普通五年（524）被梁武帝册封为持节、督百济诸军事、绥东将军、百济王（《梁书·百济传》）。

此外，关于熊津（现公州）大通寺的建立有记载为：

又于大通元年丁未。为梁帝创寺于熊川州。名大通寺。（熊川即公州也。时属新罗故也。然恐非丁未也。乃中大通元年己酉岁所创也……）[5]（《三国遗事》卷三原宗兴法）

如果是为梁武帝祈冥福所建，则这一时间点存疑，但如果是圣王为其父武宁王祈冥福所建，而寺名则由来于梁国的年号，便可以解释通（田村，1978）。

圣王于梁中大通六年（534）和梁大同七年（541）向梁国派遣使者献上特产，获赐涅槃经等经文和《毛诗》博士、工匠、画师（《梁书·百济传》《三国史记·百济本纪》）。

《日本书纪》"钦明天皇六年（545）"一条中有记载，"百济遣中部护德菩提寺，使于任那。赠吴财于日本府臣及诸旱岐、各有差。"[6]吴指梁国，任那日本府是设立于朝鲜半岛南部的统治机构，但"日本""府"这样的名称在同时代并不存在，虽然不是真实存在的，但可以看出倭国与之的关联。接下来的记叙是："百济造丈六佛像。制愿文……"[7]由此可以看出梁国—百济—倭国的关系。《日本书纪》"钦明天皇十二年（552）冬十月"一条里还有"佛教公传"的记录："圣明王（圣王）遣西部姬氏达率怒唎斯致契等，献释迦佛金铜像一躯、幡盖若干、经论若干卷。"

有说法是这一"佛教公传"行为，是倭国为了接近梁国提出的请求（河上，2019）。确实，梁国不仅赠送经典，派遣僧侣，还派遣了建造寺院的各种工匠，这些都在很大程度上得益于百济佛教。但值得注意的是，派遣来的僧侣里有很多高句丽僧人。此外，圣德太子的老师高句丽僧人慧慈也十分有名。

因制作法兴寺（飞鸟寺）的丈六佛而闻名于世的鞍作止利的祖父司马达等在《扶桑略记》中有记录为"大唐汉人案部村主司马达止"，一般认为其出身为中国人。同时也需要关注到可以追根溯源到北魏和高句丽的马具制作之间的关联，被认为是北魏样式的飞鸟寺六佛的形态，以及关于制作丈六佛时高句丽大兴王（婴阳王？）送来黄金三百两的记录（《日本书纪》"推古天皇十三年（605）"条）等。

在此意义上，可以列举出藤之木古坟中包括马具在内国际特色浓厚的随葬品，来说明梁国—百济—倭国这一单一方向不足以概括三国间的关系。很久以前就有说法认为，古代的金铜冠树形立饰和阿富汗席巴尔甘王墓（蒂拉丘地6号墓）中的金冠类似。此外，鎏金鞍具的把手上镶嵌的水晶和黄金装饰，镶

嵌在甲骨繁文里的水晶，甲骨文中描绘的大象、兔子、狮子、龙、凤凰的形象都表明这里曾汇集过规模庞大的东西交流，这点无须赘述。同时也不能忘记，把手下方描绘得精致的鬼神造型，就算放在中国南朝的中心区域也毫不逊色；刻有甲骨文的鎏金鞍具，起源于中国北方的三燕。（图6）

另一方面，金铜冠还有本体部分、立饰的装饰、大带的形态等倭国特有的元素，其产地至今依旧不明朗。但毫无疑问的是，它受到了中国北方的骑马文化，以及高句丽、新罗、伽耶诸国的影响。尤其鎏金铜马具，从其形态和技术上推断，新罗是其产地的第一候选国（千贺，2006）。

新罗在朝鲜半岛逐渐扩张领地，于真兴王时代562年灭绝了所有与百济、倭国关系颇深的伽耶诸国。伽耶诸国中的加罗国王荷知于南齐建元元年（479）向南齐朝贡，被册封为辅国将军、加罗国王（《南齐书·加罗国传》）。有学者认为，荷知指的是以高灵为根据地的大伽耶国的嘉实（悉）王，他和周边诸国结盟向南齐朝贡。正因为伽耶诸国的各个国家均为小国，才能和百济、倭国、新罗交往密切，并产生深度关联，但也终究走向灭亡。

十、结尾

最后想记叙的倭国与中国的交流，是《日本书纪》中所记推古天皇派遣遣隋使。《隋书》中对倭王的描写为"姓阿每，字多利思比弧，号阿辈鸡弥"。有说法认为最初号称"天皇"的是推古天皇，但很难想象这时就出现了"日本"国号和"天皇"的称号。关于《隋书》中记载的"阿海多利思比弧"有圣德太子说、推古天皇说、舒明天皇说、小野妹子说等等。

隋朝大业三年（607），隋炀帝因为倭国国书无礼发怒，第二年（608）派文林郎裴世清前往倭国进行训诫（《隋书·倭国传》）。派遣官吏训诫的做法和3世纪派遣张政类似，但此时两国的情况和政策明显与当时不同。

隋朝并没有出于政策考量册封周边诸国为将军或王。另外，倭国在统治中也不再绝对需要中国皇帝的靠山。6世纪前叶，历经磐井之乱和武藏"国乱"后，倭国逐渐形成了以大王为中心的氏姓、屯仓、国造、部民制度，统治体系逐渐成型（坂，2021）。

倭国随后也派遣遣隋使、遣唐使、留学生和僧人从唐朝学习了很多事物。这成为了以天皇为中心的律令国家"日本"成立的基石，这一事实自然不必赘述。

百济灭亡后，意图复兴百济王朝的倭国军大败于唐、白江，新罗联军。而后又经历了古代史上最大的内乱——申之乱，天武天皇在飞鸟净御原宫即位。一般认为天武天皇发起了《日本书纪》的编纂。飞鸟池遗址出土木简可以证明，天武天皇已经称"天皇"。到了这个时代，才终于确立了"天皇"称号和"日本"国号。

大宝元年（701）的大宝律令将"日本"国号、"天皇"称号写入制度中。而就在那一年，中断了30年左右的遣唐使得以恢复。大宝二年（702），自报"日本"国名的遣唐大使粟田真人受到武则天款待，"则天宴之于麟德殿，授司膳卿"（《旧唐书·东夷传》），外界终于承认了"日本"这一国号。

注　释

1. 《三国志·魏书》卷三十·东夷传·倭人："倭人在带方东南大海之中，依山岛为国邑。旧百余国。汉时有朝见者，今使译所通三十国。"
2. 《宋书》卷九七·夷蛮传·倭国："高祖永初二年，诏曰：倭赞万里修贡，远诚宜甄，可赐除授。"
3. 《宋书》卷九七·夷蛮传·倭国："封国偏远，作藩于外，自昔祖祢，躬擐甲胄，跋涉山川，不遑宁处。"
4. 治天下获□□□卤大王世，奉事典曹人，名无利弓，八月中用大铁釜，并四尺廷刀。八十练，九十振。三寸上好刊刀。服此刀者，长寿子孙洋

5. 《三国遗事》卷三原宗兴法（距讷祇世一百余年）厌髑灭身："又于大通元年丁未。为梁帝创寺于熊川州。名大通寺。（熊川即公州也。时属新罗故也。然恐非丁未也。乃中大通元年己酉岁所创也……）"
6. 《日本书纪》"钦明天皇六年秋九月条"："百济遣中部护德菩提寺，使于任那。赠吴财于日本府臣及诸旱岐，各有差。"
7. 《日本书纪》"钦明天皇六年是月"条："百济造丈六佛像。制愿文曰……"

引用文献（日文）

1. 石井 正敏2005「五世紀の日韓関係—倭の五王と高句麗・百済—」『第1回日韓歴史共同研究（第1期）第1分科報告書』，（財）日韓文化交流基金。
2. 河上 麻由子2019『古代日中関係史　倭の五王から遣唐使以降まで』，中公新書。
3. 川西 宏幸2004『同型鏡とワカタケル—古墳時代国家論の再構築』，同成社。
4. 坂元 義種1981『倭の五王—空白の5世紀』，教育社歴史双書。
5. 清水 康二2014「製作技術からみた三角縁神獣鏡」，『駿台史学』第150号。
6. 清水 康二2015「『舶載』三角縁神獣鏡と『仿製』三角縁神獣鏡の境界」『考古学論攷』第38冊，奈良県立橿原考古学研究所。
7. 田中 俊明1992『大伽耶連盟の興亡と「任那」—加耶琴だけが残った』，吉川弘文館。
8. 田村 圓澄1978「百済仏教史序説」『百済文化と飛鳥文化』，吉川弘文館。
9. 千賀 久2006「馬具」『大和の古墳Ⅱ』，近畿日本鉄道株式会社　新近畿日本叢書　大和の考古学第3巻，人文書院。
10. 東野 治之1993「銘文の釈読」東京国立博物館編『江田船山古墳出土国宝銀象嵌銘大刀』，吉川弘文館。
11. 冨谷 至2019『漢倭奴国王から日本国天皇へ　国号「日本」と称号「天皇」の誕生』，臨川書店。
12. 仁藤 敦史2018「神功紀外交記事の基礎的考察」『国立歴史民俗博物館研究報告』第211集，国立歴史民俗博物館。
13. 浜田 耕策2013『朝鮮古代史料研究』，吉川弘文館。
14. 坂靖2020『ヤマト王権の古代学—おおやまとの王から倭国の王へ—』，新泉社。
15. 坂靖2021『倭国の古代学』，新泉社。
16. 藤井 康隆2013「晋式帯金具の成立背景—東呉薛秋墓帯金具とその系譜—」『古代文化』第65巻第1号。
17. 水野 敏典2018「黒塚古墳出土鏡の意義」『黒塚古墳の研究』，八木書店。
18. 森 公章2010『倭の五王　5世紀の東アジアと倭王群像』，山川出版社。
19. 森 浩一2010『倭人伝を読みなおす』，ちくま書房。
20. 山尾 幸久1989『古代の日朝関係』，塙書房。

1

2

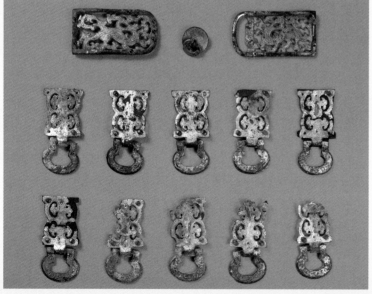

3

1 黑冢古坟三角缘神兽镜（29）三维图
　黒塚古墳三角縁神獸鏡（29）三次元計測画像

2 新泽千冢500号坟仿制三角缘神兽镜　三维图
　新沢千塚500号墳倣製三角縁神獸鏡　三次元計測画像

3 新山古坟带状金具　宫内厅书陵部藏
　新山古墳帯金具　宮内庁書陵部所藏

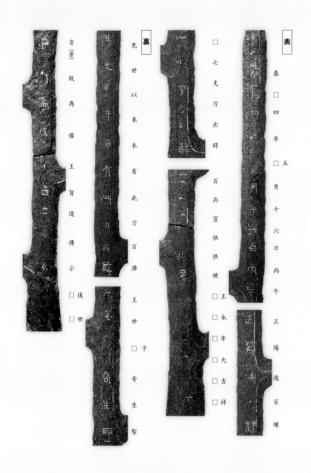

表

泰□四年□五月十六日丙午正陽造百練

□七支刀出辟百兵宜供供侯王□□□□作

王永年大□吉祥

裏

先世以来未有此刀百済王世□奇生聖

音（晋）故為倭王旨造傳示□後世

子奇生聖

4

5

6

4 国宝七支刀及铭文　石上神宫藏
　国宝七支刀とその銘文　石上神宮所蔵

5 新泽千塚109号坟　半圆方枚神兽镜　三维图
　新沢千塚109号墳　画文帯神獣鏡　三次元計測画像

6 藤之木古坟鎏金鞍具（后轮装饰）的鬼神造型　三维图
　藤ノ木古墳鞍金具（後輪）の鬼神　三次元計測画像

倭国のなかの中国

坂靖（奈良県立橿原考古学研究所）

1　はじめに

　本稿では、展示と関連づけながら、日本以前の倭国の時代における中国との交渉と、そのなかで活動した中国人の動向について記述していくことにしたい。ここで扱うのは、倭国でいう弥生時代後期～飛鳥時代初頭（2世紀から7世紀初頭）にあたる。中国正史の記述や金石文の銘文の釈文にしたがいながら、時代順にみていくことにしよう。

2　卑弥呼・台与と張政

　「倭人は帯方の東南大海の中にあり、山島に依りて国邑をなす。旧 [もと] 百余国。漢の時朝見する者あり、今、使訳 [しゃく] 通ずる所三十国。」（註1）

　著名な『魏志』倭人伝の冒頭である。まずは、ここに掲げられた30国を考えてみよう。

　最初に述べられている狗邪韓国 [くやかんこく]・対馬国 [つしまこく]・一大（支）国 [いきこく]・末盧国 [まつろこく]・伊都国 [いとこく]・奴国 [なこく]・不弥国 [ふみこく]・投馬国 [つまこく] の8国については、位置・地理・習俗などが述べられる。次に述べられるのが、「女王が都した」という邪馬台国 [やまたいこく] である。さらに斯馬国 [しまこく] 以下、21国は国名だけ列記されている。いわゆる辺傍の国である。卑弥呼 [ひみこ] は、その南にあったという狗奴国 [くなこく] の男王卑弥弓呼 [ひみくこ] と、激しく対立していた。これらの国々を合計すれば31国である。卑弥呼を共立したのは、狗奴国を除く30国であり、朝鮮半島の洛東江 [ナクトンガン] 河口部に位置する狗邪韓国を除外すれば29国となる。「使

訳通ずる所三十国」は、狗邪韓国か狗奴国を除外した30国、あるいは辺傍国に奴国の記載があるのでこれを重複とみなして合計30国とするか、そのいずれかである。

　狗邪韓国・対馬国・一大国・末盧国・伊都国・奴国まではその所在地が明らかである。ほかの諸国の所在地については、周知のとおり所在地論争がつづいている。明白な史実は、2～3世紀の日本列島には、分立した小国がいくつもあったということである。

　卑弥呼は、曹魏景初三年（239）に魏の皇帝に使節を送った。この朝貢で、卑弥呼は「親魏倭王」となり、金印紫綬を賜った。また、使節にも位階と銀印青綬を賜った。献上品に相当する品々とともに、特に好物の品々を与えるので、国中の人々に魏の特別の配慮であることを知らせよと指示している。この好物の品々のなかに、「銅鏡百枚」が含まれている。

　そして、曹魏正始元年（240）には、帯方郡太守の弓遵が使者の建中校尉 [けんちゅうこうい] の梯儁 [ていしょう] らを遣わし、詔書・印綬と品々を賜る。さらに、同四年（243）に再び倭王が使者8人を遣わし、品々を献上すると、同六年（245）に倭の使者に対して黄幢 [おうどう] を与えることとして、それを帯方郡に託した。そして、同8年（247）に帯方郡太守の任官に伴い、卑弥呼が使者を派遣し狗奴国との交戦の状況を伝える。すると、塞曹掾史 [さいそうえんし] の張政を倭に遣わして、詔書と黄幢を使者に賜るとともに、檄文をつくって卑弥呼に告諭したのである。

　その後、卑弥呼の死後、13歳にして国を治めたという台与 [とよ] にも檄文が告諭される。台与は、使者20人を遣わして、張政を帯方郡まで送りとどけたのち、洛陽にまで至り男

女の生口30人と品々を献上した。この品々のなかに翡翠勾玉と考えられる青大勾珠が含まれる。

　ともかく、倭のなかで分立していた諸勢力を統治するには、シャーマン的な霊力と中国皇帝の強力な後ろ盾と、その支援が必要であったのである。朝鮮半島におかれた帯方郡の太守を通じて派遣されたのは、梯儁と張政であったが、とりわけ張政は、中国皇帝の権威のもと、卑弥呼と台与をリードし、その内政にも深く関与したのである。

　伊都国に常駐したという一大率は、倭の王が使いを遣わして魏の都や帯方郡、韓国に行かせるとき、そして帯方郡の使いが倭国に行くときはみな、港で荷物をあらためたという。となると、これも帯方郡から派遣されたものであろう。

　北朝鮮の黄海道[ファネド]沙院里[サウォンリ]市の智塔里[チダンリ]土城が、帯方郡治（郡庁）に比定されている。この智塔里土城の北方8kmほどの位置に、横穴式の磚室[せんしつ]墓を埋葬施設とする一辺30mほどの方形墳がある。「使君帯方太守張撫夷磚」と記された磚が出土しており、墓主を張政のものとする説がある。「撫夷」は、張政の倭国での活動をしめすものであるという（森浩一2010）。ただし、磚のなかに「戊申」と刻んだものがあり、これを東晋永和4年（348）であるとすると、その年代は合致しない。楽浪郡滅亡後であり、既に朝鮮半島における拠点を失っていた。また、この磚に魏や晋の年号が記載されていないことから、太守が詐称であるという説もある。いずれにせよ、3世紀半ばの倭国の統治において、張政が非常に大きな役割を果たしたことを忘れるわけにはいかない。

3　画文帯神獣鏡・三角縁神獣鏡と中国人製作者

　日本列島の古墳から出土する銅鏡は、中国から輸入された舶載鏡か、あるいは、それを模倣して倭国で生産した仿（倣）製鏡かのいずれかである。近年では、中国鏡と倭鏡ま

たは倭製鏡と呼び変えられている。

　こうした銅鏡のなかに、卑弥呼が遣使した景初三年、正始元年の紀年銘をもつものがある。そのほか、卑弥呼の遣使の三年前の曹魏青龍三年（235）、改元があり、実際にはなかった景初四年、呉の年号である孫呉赤烏元年（238）、同七年（245）の紀年銘をもつものもある。鏡種は、画文帯神獣鏡[がもんたいしんじゅうきょう]、三角縁神獣鏡[さんかくぶちじんじゅうきょう]、方格規矩四神鏡[ほうかくきくししんきょう]、平縁神獣鏡[ひらぶちじんじゅうきょう]などである。

　景初三年銘鏡は、大阪府和泉黄金塚[いずみこがねづか]古墳出土の画文帯神獣鏡と島根県神原神社[かんばらじんじゃ]1号墳出土の三角縁神獣鏡の2面である。鏡の直径は、いずれも23.3cmであり、内区の同向式の神獣と乳の配置が共通する。同一工房で生産されたものと推定されている。

　ただし、銘文の配置やその内容は異なっている。画文帯神獣鏡は半円方形帯の方格部に反時計回りで一文字ずつ「景初三年陳是作銘銘之保子宜孫」と刻むのに対し、三角縁神獣鏡は、銘文帯に反時計回りで、「景初三年陳是作竟自有経述本是京師□□□出吏人□之位三公母人詺之保子宜孫寿如金石」と刻まれている。画文帯神獣鏡の銘文は、省略が著しく、内区の神像・獣像の文様についても省略がみられる。画文帯神獣鏡をもとに、三角縁神獣鏡がつくられたというわけではなく、何らかの原鏡をもとにして、新たに創作されたものであると考えられる。また、銘文どおり景初三年に陳氏が製作した鏡であるとしても、画文帯神獣鏡の場合、それ以外は文意がよく通じない。景初三年の銘があるからといって、これを、景初三年に卑弥呼が下賜されたという「銅鏡百枚」のうちの1枚にあてるというのはあまりにも短絡である。

　神原神社古墳の三角縁神獣鏡は、三角縁神獣鏡のなかでは最も古い事例のひとつであると考えられている。三角縁神獣鏡は、その初期のうちにこうした同向式神獣鏡のほか、求心式で神像や獣像や銘文の配置を少しずつ変えた鏡が製作された。そして、それぞれの複製品（同笵鏡[どうはんきょう]）が、粗

製乱造とはいかないまでも大量生産された。そして、奈良県黒塚古墳では、1面の「吾作明鏡」の銘文をもつ後漢末の画文帯神獣鏡（直径：13.5cm）を棺内に丁重に副葬するとともに、33面の三角縁神獣鏡は、棺外から被葬者を照らすように配置されていたのである（図1）。

銘文には「陳氏作」のほか「張氏作」、「王氏作」といった中国人製作者の名前が記されるものと、「吾作明鏡」のような製作者を直接記さないもの、こうした銘をもたず、「天王日月」といった神仙世界の世界観だけを記したものなど多様である。そこに、中国魏晋時代における鏡生産の衰退を背景としながら、中国の神仙思想や、中国人製作者の意志などが受け継がれていることはまちがいがない。

三角縁神獣鏡が日本列島の古墳から多量に出土するのに対し、中国での出土例はいまだにない。周知のとおり、三角縁神獣鏡の製作地をめぐってはげしい論戦が戦わされている。

橿原考古学研究所では、鏡の三次元デジタル計測をおこない、鏡についた傷の細部を検討してきた。そうしたなか、清水康二氏は、銘文が失われ、図像が退化するなど、従来「倣製」三角縁神獣鏡と呼ばれて分離されていたものも含めて、傷のついた箇所が一致しているため、それらが同一の工房において作り続けられていると結論づけた（清水2014・2015）。ただし、同一の范型〔いがた〕を使っていたことによる傷の一致とする（清水2014）か、外型・内型を使った二重構造の范型であり挽型〔ひきがた〕や軸受けを避けるため生じた傷である（水野2018）とするかで、その見解は分かれている（図2）。

ここで、すべての三角縁神獣鏡は、中国鏡か倭製鏡かどちらかであると判断されたのである。製作地の確定は、生産工房が確認されることではじめてその結論がでるのであるが、たとえすべての三角縁神獣鏡が倭製鏡であったとしても、中国人が介在しないとこの種の鏡が、製作できなかったことは、まちがいのないところであろう。

4　新山古墳と晋式帯金具

西晋泰始元年（265）は、西晋建国の年であるが、「倭王が使いを遣わし、訳を重ねて入貢する」（『晋書』倭人伝）とある。また、同二年（266）に、「倭国が方物を献じた」（『晋書』本紀）とある。『日本書紀』神功皇后摂政六十六年条所引の『晋起居注』には、倭の女王が朝貢したことになっており、卑弥呼の宗女台与が、建国まもない西晋に朝貢したものとみてよい。連続して朝貢をおこなったのか、倭人伝の記載に1年のずれがあるのかはわからない。

卑弥呼や台与が、日本列島のどこに居住していたかは未だに不明である。しかし、奈良盆地東南部に初期の大型前方後円墳が集中し、ここにある纏向〔まきむく〕遺跡が大型前方後円墳の築造とともにその集落規模を拡大させることなどから、奈良盆地東南部がそれ以降の王権の所在地となったことは明白である。この王権についての呼称は、研究者によって異なるが、筆者は、その所在地からヤマト王権と呼んでいる。卑弥呼・台与の王権が、そのままヤマト王権に引き継がれた場合、邪馬台国＝大和説であり、それぞれが所在地を異にする王権であった場合、邪馬台国＝北部九州説となる。筆者は、2～3世紀半ばの奈良盆地には、楽浪系土器や中国文物の流入が認められないことなどを根拠に後者の立場をとる（坂2021）。邪馬台国大和説の場合、3世紀中葉の時点で、倭王は、近畿地方以西の西日本を統治していたことになるが、北部九州説の場合、その統治の範囲は北部九州に限られることになる。

高句麗の侵攻による楽浪郡の滅亡は、313年である。これにより、中国は朝鮮半島の拠点を失った。時に西晋も316年に滅亡する。東晋の建国は、317年である。そうしたなか、倭国に舶載された晋式帯金具は、その交渉を語るうえで希有な資料である。

そのなかでも、新山古墳出土の龍文帯金具は、4世紀初頭

に生産されたものであり、倭国に舶載された晋式帯金具のなかでも最も古いものである。いうまでもなく、帯は中国官人の身分の表象である。この種の帯金具は、鮮卑・匈奴に相対する武官が身につけていたものだとされる。西晋が呉を滅亡させた時点で、西晋の官営工房が呉の様式を取り入れ、北方や東方に配置した武官のために作ったものだという見解もある（藤井2013）。倭国において、帯金具が身分表象となっていたかは疑問がもたれるところであり、楽浪郡滅亡が契機となって、当時の国際的関係のなかで、舶載されてきたものであろう（図3）。

新山［しんやま］古墳は、奈良盆地西部に位置する大型古墳群である馬見［うまみ］古墳群において、最も早い時期の4世紀前半代に築造された前方後方墳（墳丘長126m）である。1885年に土地所有者によって遺物は取り上げられたが、埋葬施設は竪穴式石室と組み合わせ式石棺が上下に重なる特異な構造であったらしい。銅鏡は34面あり、そのうち三角縁神獣鏡は9面で、倣製三角縁神獣鏡も2面含まれていた。新旧の三角縁神獣鏡が混在する状況から、鏡が伝世していたことがわかる。また、倭国独特の文様である直弧文［ちょっこもん］をデザインした直弧文鏡も3面含まれる。晋式帯金具という最新の舶載品、最新のデザインを取り入れた倭製鏡、そして新旧の三角縁神獣鏡を保有した新山古墳の被葬者は、倭国において中国との強い繋がりをもち、その意匠を取り入れて、新たなアイデアを創出することに深く関わった人物であると考えられるのである。

5　東晋皇帝と七支刀

石上神宮の「国宝　七支刀［しちしとう］」の銘文には、中国の年号「泰□四年」が刻まれている。西晋泰始四年（268）とする説、東晋太和四年（369）とする説、劉宋泰始四年（468）とする説などがあるが、これは、『日本書紀』の記載と当時の国際情勢に照らすなら、東晋太和四年とするのが妥当だろう。

太和は、泰和とも表記される。

咸安二年（372）に東晋の簡文帝は、使者を派遣して、百済の近肖古王（余句）を鎮東将軍、領楽浪太守に任じたとある（『晋書』本紀）。近肖古王［きんしょうこおう］とその世子は、その1年前の371年に高句麗の故国原王を撃ち果たしていた（『三国史記』百済本紀）。

一方、『日本書紀』では、神功［じんぐう］皇后摂政五十二年の条に、百済から七枝刀［ななさやのたち］・七子鏡［ななつこのかがみ］が献上されたとある。ここに記された「七枝刀」が、「国宝　七支刀」をさすことはあきらかである。

『日本書紀』では、それより以前の四十九年の条に、神功皇后は、荒田別［あらたわけ］などを将軍として朝鮮半島に攻め入り、南部の卓淳［とくじゅん］国など七国を平定する一方、さらに西に侵攻し、百済肖古王とその王子である貴須に出会い、百済王の朝貢の意志を確認したとある。しかし、百済が、倭に対して朝貢していたという事実はない。この記載については、このときの百済の侵攻に対して倭国が介在したとする説（田中1992）と、5世紀代の百済の伽耶諸国への侵攻に倭国が介在したことをしめすものであるとする説（仁藤2018）とがある。いずれの場合でも、百済主体の軍事行動に対し、倭国主体の軍事行動に書きかえをおこなったのである。そうしたなか、百済王・世子から倭王に対し贈られたのが七支刀である。

七支刀の銘文には、61文字が象嵌されている。判読できない文字が多く、その解釈には諸説がある（図4）。

（表）泰□四年□月十六日丙午正陽造百練□七支刀出辟百兵宜供供候□□□□□

（裏）先世以来未有此刀百濟王世□奇生聖□故為倭王旨造傳示□□

東晋が介在せず、倭と百済の直接的関係のなかでこれが贈与されたとする説もあるが、やはり、当時の国際情勢のなかで、東晋・百済・倭の三者の関係のなかで、東晋皇帝を仰ぐ百済王が、倭王にむけてその東晋との関係を共有し、同盟関係を結ぶためにこの七支刀を贈ったと解釈するのが妥当で

あろう(山尾1989・浜田2013)。以降、倭は百済との長い同盟関係を続けることになるのである。

　それでは、この七支刀を百済王から受け取った当時の倭王は誰であろうか。『日本書紀』の記載のままであるとすると、神功皇后である。応神天皇を懐胎しながら、渡海して「三韓征伐」を為したというその事績は、全く信じるに足りない。当時の倭国が一体となって、朝鮮半島に侵攻し、その国土を併呑したという事実もない。

　当時の倭王は、奈良盆地の東南部のオオヤマト古墳群あるいは、北部の佐紀古墳群に大型前方後円墳を造営した人物であったのだろう。纒向遺跡あるいは菅原東 [すがわらひがし] 遺跡などを拠点としながら、その勢力の伸長をすすめていた人物である。また、七支刀の所蔵されている石上神宮 [いそのかみじんぐう] の西側には、3km²にわたって広がる巨大集落遺跡である布留 [ふる] 遺跡がある。ここに盤踞した有力地域集団の存在も見落とせないだろう。海外にも進出していた有力地域集団の仲介によって、倭王は百済から七支刀を得たのである(坂2021)。

　高句麗王を撃ち果たし、東晋皇帝の後ろ盾を得た百済王は、その拠点をソウル特別市、漢江南岸の風納土城 [プンナプトソン] において、ようやくその国づくりに着手しはじめた。こうした立場は、倭王も全く同じであって、百済王からの七支刀で得たのは、百済王とその背後にある東晋皇帝の後ろ盾であって、そのことによってようやく倭国の支配権を確実なものとしていくのである。

6　宋皇帝と倭国王

　東晋義熙九年(413)、高句麗・倭国と西南夷の銅頭大師が方物を献上した(『晋書』本紀)とある。しかしながら、この記録については、高句麗・倭国が共同で東晋へ朝貢したとみる説(仁藤2010)、倭国が単独で東晋へ朝貢したとみる説(石井2005)、高句麗の捕虜として倭人が同行したとする説(坂元1981)、高句麗が単独で朝貢したとする説(森公章2010)があって、東晋への倭国の朝貢は事実であったかどうかが明らかではない。

　その後の南朝の劉宋への朝貢は、讃・珍・済・興・武という五人の王により、その建国時の劉宋永初二年(421)から劉宋昇明二年(478)までのおよそ半世紀のあいだに、たびたびおこなわれていたことが記録されている(『宋書』倭国伝)。次の南斉建元元年(479)の倭王武の鎮東大将軍への進号(『南斉書』倭国伝)や、梁天監元年(502)の倭王武の征東将軍への進号(『梁書』本紀)は、いずれも南斉や梁の建国に伴う進号であって、武が倭王であったかどうかもさだかでなく、必ずしも朝貢があったわけではないだろう。

　とにかく、有史以来、日本以前の倭国は、中国との交渉を繰り返してきたが、最も数多く、頻繁であったのがこの宋との交渉であることは、あらためてここで述べておく必要があるだろう。漢代の鏡を「踏み返し」て、この時代にリバイバル生産したと考えられる画文帯神獣鏡(図5)画文帯仏獣鏡・神人車馬画像鏡 [しんじんしゃばがぞうきょう]・獣帯鏡 [じゅうたいきょう] などの同型鏡が、日本の各地の古墳で出土しており、記録にはないが宋との交渉の結果もたらされたものであると考えられている(川西2004)。また、匈奴・鮮卑、北魏などと倭国が決して没交渉であったわけではない。奈良県の新沢千塚 [にいざわせんづか] 126号墳の冠飾金具と遼寧省房身2号墓や馮素弗墓出土の冠飾金具が類似している事実が何よりそのことを雄弁に物語っている。この地は倭国に流入した騎馬文化の原郷の地であり、高句麗・新羅・伽耶諸国を挟んでの交渉は、盛んになされており、6世紀代まで長く続いたものと判断される。

　『宋書』倭国伝では、讃の朝貢について以下のように記す。

　高祖の永初二年、詔していわく、倭讃、「万里貢を修む。遠誠宜しく甄すべく、除綬を賜うべし」(註2)と。

　武帝(劉裕)による宋の建国の翌年に、讃は遣使して爵号をえた。このとき讃が、武帝から除正された爵号はさだかではない。しかし、劉宋元嘉二年(425)の文帝への朝貢におい

て、司馬の曹達を遣わしていることから、安東将軍、倭国王に除正されたと考えられている。司馬は、府官制による役職のひとつであり、将軍が軍府を開き長史・司馬・参軍といった府官を任官して政務を執行できることになっている。また、曹達は倭人の姓名ではないことから、中国から来倭してきた渡来人であったと考えられる。倭国の統治にあたって、この府官制が貫徹されていたかどうかは疑問ではあるが、少なくとも中国皇帝の権威や後ろ盾と、中国系渡来人によるバックアップがあってこそ、倭国の統治をすすめることができたのである。

讃の弟が珍であり、珍は、宋に朝貢し、使持節都督倭・百済・新羅・任那・秦韓・慕韓・六国諸軍事、安東将軍、倭国王を自称したが、安東将軍、倭国王のみの除正にとどまった。その次の済も劉宋元嘉二十年（443）の朝貢では、安東将軍、倭国王の除正にとどまったが、劉宋元嘉二十八年（451）の朝貢でようやく、珍が自称した爵号に、都督加羅諸軍事を加える一方、都督百済諸軍事を除外した六国諸軍事の官爵を得るにいたっている。

しかし、劉宋大明六年（462）の朝貢により、倭王世子興が除正されたのは、安東将軍・倭国王であった。興の弟の武は、使持節都督倭・百済・新羅・任那・加羅・秦韓・慕韓七国諸軍事、安東将軍、倭国王を自称し、さらに劉宋昇明二年（478）の上表文で「窃かに自ら開府儀同三司を仮し、その余は咸な仮授して」と述べたが、実際に除正されたのは百済を除く使持節都督倭以下の六国諸軍事、安東大将軍、倭国王であった。

「使持節」は中国皇帝からの旗印[はたじるし]で、つまり委任をうけたことを意味し、「都督‥諸軍事」は、それぞれの地域の軍事権の承認を意味する。ただし、これは地域での軍事権の行使を承認されただけであり、倭国が実際にその地域を支配していたかどうかは別問題である（森公章2010）。そして、いずれの王の時代にあっても百済への軍事権の行使は許されなかったのである。高句麗の攻勢にあって、475年に、漢江[ハン

ガン]南岸にあった百済の王都漢城[ハンソン]が陥落する。ここで漢江中・下流域を主な支配領域とした百済王朝が滅亡し、その南の錦江[クムガン]中流域の熊津[ウムジン]で、百済王朝が再興される。こうしたなかで、倭国は百済と一体となるような、軍事行動のみおこなったのであって、それを超える軍事行動は決しておこなわなかったのである。

また、珍は倭隋ら13人に平西・征虜・冠軍・輔国将軍号の除正を求め、これを許されている。済が願い出た23人も軍（将軍）と郡（太守）に除正されている。こうしたことは、各地に有力者が乱立して、決して国内政治が安定していなかった倭国を統治するうえで、中国皇帝の権威が、極めて重要な役割を果たしたことを意味するのだろう。実際に珍の得た安東将軍と倭隋らの得た平西将軍のあいだには1段階のみの階級差しかない。平西将軍とは、ヤマト王権からみて、西の地域を平定するために任命された将軍である。具体的にどの地域に勢威を誇っていた人物が平西将軍に任命されたかはわからないが、少なくともヤマト王権がこの段階にいたっても、西日本一帯を完全に掌握していなかったことのあらわれとみることができる。

7　倭王武と百済系中国人

倭の五王の最後の武は、ワカタケル大王である。埼玉稲荷山[さきたまいなりやま]古墳出土の鉄剣には「獲加多支鹵大王」の金象嵌があり、熊本県の江田船山[えたふなやま]古墳の鉄刀にも「獲□□□鹵大王」の象嵌があって同じワカタケロ（ル）大王を指すものと考えられる。

『日本書紀』では大泊瀬幼武[おおはつせわかたける]、『古事記』では大長谷若建[おおはつせわかたける]と記され、王位継承の有資格者である兄弟縁者、さらには反乱勢力や有力者を次々と撃ち果たしたり、恭順させたりした。奈良盆地東南部の泊瀬朝倉宮[はつせあさくらのみや]で王位についたとされる。奈良県桜井市の脇本[わきもと]遺跡で検出された同時代の石垣、大型建物などの

遺構は、これに関連するものだろう。

「封国、偏遠にして、藩を外に作す。昔より祖禰は、躬ら甲冑を擐きて、山川を跋渉し、寧処に遑あらず。東のかた毛人を征すること、五十五国。西のかた衆夷を服すること、六十六国、渡りて海北を平らぐること、九十五国なり‥」（『宋書』倭国伝）（註3）

著名な武の上表文は、四字句と対句を意識した完璧な正統漢文であり、上に掲げた冒頭の著名な一節だけでも、『礼記』・『春秋左子伝』・『詩経』・『論語』・『山海経』などの漢籍に通じた相当の教養人が書き上げたものであるとされている（冨谷2019）。当時の倭人にこれほどの漢字、漢籍に通じた人物はいないとみられることから、倭王武すなわち、ワカタケル大王の側近にあった渡来人によるものだと考えられる。

この上表文では、宋皇帝への貢献をアピールし、高句麗の百済への攻勢で船路が妨げられ朝貢が滞ったこと、交通路を回復するための出兵を計画するもいまだ果たせないこと、強敵の高句麗を打ち砕いて、宋皇帝への忠誠を誓うといった内容が切々と述べられている。

百済王の蓋鹵 [がいろ] 王（余慶）は、これに先んじて、北魏皇帝に対し、北魏延興二年（472）に、倭王武と同様の流麗な正統漢文で書かれた上表文を奉っている。ここでは、高句麗の攻撃に対する百済への援軍の要請であり、高句麗の長寿王の暴政を糾弾する一方、高句麗が宋に通じていて、北魏から百済への使者を殺した可能性があり、それを調査してほしいことなどを要請している。

結局北魏からの援軍はなく、蓋鹵王が殺されて漢城百済が475年に滅亡したのは、前述のとおりである。倭王武もまた高句麗へ出兵することもなかったが、高句麗が百済と倭の共通の強敵であった。

こうした国際情勢をふまえるなら、宋への倭王武の上表文が、倭へ直接渡ってきた百済人によって書かれたものであるとも考えられる。

ところで、前述のとおり百済王は、晋や宋に朝貢する一方、晋や宋から将軍号を与えられたことによって、百済国内の府官を任命している。この府官には百済人のほか、百済に渡った中国人が多数任命されている。

考古学的にも、西晋製の施釉陶器 [せゆうとうき]、銭文陶器 [せんもんとうき]、青銅器の鐎斗 [しょうと] などが百済王城であるソウル特別市の風納土城から出土したり、東晋製の青磁が公州 [コンジュ] 水村里 [スチョンリ] 古墳群、天安 [チョンアン] 龍院里 [ヤンウォンリ] 古墳群、原州 [ウォンジュ] 法泉里 [ボチョンリ] 古墳群などから出土したりするなど、直接的な中国交渉の痕跡が数多く残っている。そして、『日本書紀』の記述や、韓式系土器などの考古資料をあげるまでもなく、王族から技術者までにいたる数多くの百済人が5世紀代を通じて倭国に渡って来たこともまた明白である。

そのようななかで、漢城百済の中心部である河南 [ハナム] 市の甘一洞 [カンイルドン] 古墳群や城南 [ソンナム] 市の板校 [パンギョ] 古墳群で、中国製青磁、釵子や明器としてのミニチュア炊飯具などを副葬する4〜5世紀代の横穴式石室が確認されている。横穴式石室は、羨道部が地下に潜る構造の「窟式 [くっしき] 石室」で、これも中国によくみられるものである。これにより百済中心部にも、中国から渡って来た人々が多くいたことが証明されたのである。

こうしたありかたからみれば、倭においても、5世紀代にはすでに中国系の百済人や、百済系の中国人がわたってきたことを推論することもあながち無謀ではないだろう。さらに、そうした人物が、倭王武の上表文の筆をとったとしても、決して不思議とはいえないだろう。

8　ムリテと張安

江田船山古墳の鉄刀の背（峰）には75文字が象嵌される。釈文は、以下のとおりである。

「天の下治らしめし獲□□□鹵大王の世、典曹に奉事せし人、名は无利弖、八月中、大鉄釜を用い、四尺の延刀を幷わ

す。八十たび練り、九十たび振つ。三寸上好の刊刀なり。此の刀を服する者は、長寿にして子孫洋々、□恩を得る也。其の統ぶる所を失わず。刀を作る者、名は伊太和、書するのは張安也。」（註4）（東野1992）

中国人もしくは、中国系百済人の張安の書であることが明記されている。刀の製作工人は、倭人のイタワである。ワカタケル大王の世に、典曹として以前奉仕したムリテがどのような道具を使い、どのような方法で刀をつくらせたかということと、刀をもつことの効能について詳しく記されている。ムリテが江田船山古墳の被葬者であった場合、帰郷前に大王の周辺でこの刀がつくられたと解することもできるし、帰郷後に地元でイタワに刀をつくらせ、張安に書を書かせたと解することもできる。

いずれの場合でも、ワカタケル大王の周辺には、典曹 [てんそう]すなわち文官として奉仕する人物がいたことになる。埼玉稲荷山古墳の鉄剣銘に刻まれたヲワケの臣もワカタケル大王に仕えた「杖刀 [じょうとう]人」であり、大王にヲワケの臣が武官として奉仕していたことになる。そして、鉄刀の銘文をしたためたのは、中国と深く関わった人物であったのである。

「天 [あめ]の下 [した]治 [し]らしめしし」は、文字どおり天下を治めるとの意味であり、すなわち倭国の統治を意味するわけだが、あくまで中国皇帝のもとの統治であり、中国では皇帝の名称が成立する以前の王に対して、治天下の称号を贈っていた。対外的に日本国を名乗ったとき、国内的には「天皇 [すめらみこと]」とそれに「御宇 [あめのしたしらしめしし]」という称号を冠したが、この場合は、中国皇帝には配慮をしつつもその世界観から離脱し、天皇を中心とした国家体制が律令で明記されることになったのである。それ以前の倭国の時代は、あくまで中国皇帝を中心とした世界観・思想が、倭国の支配のための求心力であった。

次々とライバルを倒したり、恭順させたりしたワカタケルは、中国の権威を背景にしながら、文字どおり倭国の王のなかの王、と名乗ったのである。逆によみとけば、それまで

は、倭国に大王は不在であり、各地の王がその覇権を競いあっていたとみてよい（坂2021）。

9　6世紀の中国交渉

ワカタケルが大王と名乗り、その周辺に原初的な武官・文官をおくことによって倭国の統治は一歩進んだが、国内政治の混乱や東アジアの動乱はなお続いた。

前述のように、梁天監元年（502）の倭王武の征東将軍への進号（『梁書』本紀）は、梁の建国に伴うものである。そもそもワカタケル大王が存命であったとはいえず、朝貢があったとは考えがたい。

ところで、『日本書紀』の継体天皇七年（513）の条には、百済が、倭国に五経博士 [ごきょうはかせ]の段楊爾を派遣し、同十年（516）には、段楊爾に代え漢高安茂を派遣したとある。さらに、欽明天皇十五年（554）の条にも、百済を通じて五経博士の王柳貴から馬丁安への交替、百済の冠位をもつ易博士の王道良、暦博士の王保孫などの派遣をおこなっている。百済を通じての中国系儒学者などの派遣である。

百済は、武寧王 [ぶねいおう]の時代に、朝鮮半島南部地域への攻勢を強めていた。朝鮮半島西南部にはこのときに築造された前方後円墳が分布している。

武寧王（余隆・斯摩）は、倭国の各羅 [かから]島（佐賀県唐津 [からつ]市の加唐 [かから]島か）で出生したとされる（『日本書紀』武烈天皇四年の条）ほか、梁に朝貢し、梁普通二年（522）に使持節・都督百済諸軍事・遼寧大将軍・百済王に除正される（『梁書』百済伝）。武寧王陵が、中国南朝の墓制がそのまま導入された鎮墓獣 [ちんぼじゅう]や誌石 [しせき]を配置する横穴式磚室墓 [よこあなしきせんしつぼ]である。その一方で木棺は、倭国特産の高野槇 [こうやまき]製であり、副葬された銅鏡のなかに、中国南朝と倭国の関係を示す同型鏡が出土している。武寧王陵出土の獣帯鏡の同型鏡として、滋賀県三上山 [みかみやま]下古墳や群馬県綿貫観音山 [わたぬきかんのんやま]古

墳出土品がある。

　要するに、6世紀における倭国の中国南朝との交渉は、百済王をはさんでおこなわれていたことがここに確認できるのである。

　さらに、武寧王の次代の聖王[せいおう]（余明・明襛）が、積極的に諸国の使者を受け入れるなどして、梁の武帝がその普及に傾注していた仏教を、倭国に「公伝」する。聖王は、梁普通五年（524）に梁武帝から、持節・督百済諸軍事・綏東将軍・百済王に除正される（『梁書』百済伝）。

　また、熊津（現・公州[コンジュ]）の大通寺の創建について、「梁の武帝大通元丁未（527）に梁帝のために熊川州に寺を創建して名を大通寺[だいつうじ・テトンサ]とした。〈熊川は即ち公州である。当時新羅に属していたためである。しかしおそらく丁未ではないようである。中大通元年己酉（529）に創建したものである。‥〉」という記事（註5）（『三国遺事』巻三　原宗興法）がある。武帝の追善とすれば、この時点での創建に疑いは残るが、父の武寧王の追善のために聖王が建立したものであり、寺名は梁の年号に因むものとして理解できる（田村1978）。

　聖王は、梁中大通六年（534）と梁大同七年（541）に、梁に遣使して産物を献じ、涅槃等経義と毛詩博士、工匠、画師らを賜っている（『梁書』百済伝・『三国史記』百済本紀）。

　そして、『日本書紀』欽明天皇六年（545）の条に、「百済が中部護徳菩提らを任那[みまな]に派遣し、呉[くれ]の財[たから]を日本府の臣に贈った」（註6）とある。呉は、梁を指し、任那日本府は朝鮮半島南部におかれた統治機関であるが、「日本」「府」という名称が同時代には存在せず、実在したものではないが、倭国の関与は認めてよいだろう。つづく記事が、「是の月に百済、丈六の仏像を造った」（註7）とあることから、梁―百済―倭の関係性がここに示されているのである。そして、『日本書紀』欽明天皇十二年（552）冬十月条の「聖明王（聖王）が遣使して、釈迦仏の金銅像一軀[ひとはしら]・幡[はた]蓋[きぬがさ]若干・経論[きょうろん]若干巻を献じた」という

「仏教公伝」記事につづくのである。

　この「仏教公伝」は、梁へのアプローチするための、倭国側の要請であったという説（河上2019）もある。確かに、経典や僧侶の派遣にとどまらず、寺院の造営にともなう種々の技術者の派遣など、すべて百済仏教によるところが大きいが、派遣されてきた僧侶に、高句麗の僧が多く含まれていることにも留意すべきであろう。また、厩戸皇子の師の高句麗僧慧慈の存在はあまりに有名である。

　法興寺[ほうこうじ]（飛鳥寺[あすかでら]）丈六仏の製作で名高い鞍作止利[くらつくりのとり]の祖父の司馬達等[しばたっと]は、『扶桑略記』に「大唐漢人[もろこしのあやひと]案部村主[くらつくりのすぐり]司馬達止」とあり、その出自は中国系とされる。北魏や高句麗に源流を辿ることができる馬具製作との関連や、北魏様式ともされる飛鳥寺丈六仏の様態、この丈六仏の製作にあたって高句麗大興王（嬰陽王？）から黄金三百両がおくられたという記載（『日本書紀』推古天皇十三年（605）の条）などにも目をむける必要がある。

　その意味で、梁―百済―倭のルートだけでは捉えられないものとして、藤ノ木古墳の馬具をはじめとした国際色豊かな副葬品の数々をあげることができるだろう。古く、金銅冠の樹木形立ち飾りが、アフガニスタンのシバルガン王墓（ティリヤ・テペ6号墓）の金冠のそれと類似していることは、古くから説かれているところである。また、鞍金具の把手に嵌め込まれたガラスと金の装飾、亀甲繋文の繋文に嵌め込まれたガラス、亀甲文のなかに描かれた象・兎・獅子・龍・鳳凰などの意匠に壮大な東西交流がそこに集約されていることは多言を要しないところである。把手の下に描かれた精緻な鬼神の造形は、中国南朝の中枢にあっても全く遜色のないものである（図6）ことや、亀甲繋文をもつ鞍金具は、中国北方の三燕に起源があることも忘れてはならない。

　一方で、金銅冠の本体部や立ち飾りの装飾や大帯の形態など、倭国特有の要素もあって、それぞれの生産地についてはいまだ不分明である。しかしながら、中国北方の騎馬文化

と高句麗および、新羅、伽耶諸国が、それぞれ影響を及ぼしたものであることは紛れもないことであろう。とりわけ、金銅装馬具の生産地としては、その形態や技術からみて新羅がその候補地としては第一にあげられる（千賀2006）。

そして、朝鮮半島では新羅が次第に版図を拡大し、真興王の時代の562年に、百済や倭国と関わりの深かった伽耶諸国をすべて滅亡させる。伽耶諸国のうちの加羅 [から] は、南斉建元元年（479）に、国王の荷知 [かち] が南斉へ朝貢し、輔国将軍・加羅国王に除正されている（『南斉書』加羅国伝）。この荷知は、高霊 [コリョン] に本拠をおいた大伽耶国 [おおがや・テガヤ] の嘉実（悉）[かしつ] 王を指し、周辺諸国と連盟を結んで、南斉へ朝貢したとされる（田中1992）。伽耶諸国は、それぞれが小国であるがゆえに百済と倭国、そして新羅とも盛んに交渉し、それぞれの深い介入を許したが、ついに滅亡したのである。

10　結び

最後に延べる倭国の中国交渉は、『日本書紀』でいう推古天皇による遣隋使の派遣である。『隋書』では、倭王について、「姓は阿海 [あめ]、字は多利思比弧 [たりしひこ]、阿輩雞弥 [あほきみ] と号す」とする。最初に「天皇」と号したのが、推古天皇であるという説もあるが、この時点で「日本」の国号や「天皇」号があったとは考えがたい。『隋書』のアメノタラシヒコについては、厩戸皇子説、推古天皇説、舒明天皇説、小野妹子説などがある。

隋大業三年（607）、国書が無礼であると隋の煬帝を怒らせ、翌年（608）、その訓戒のため文林郎の裴世清を倭国に派遣する（『隋書』倭国伝）。官吏の派遣と説諭という構図は、3世紀の張政の派遣と類似するが、この時点での両国のおかれた状況や政策は明らかに異なっていた。

隋は、政策的に周辺諸国へ将軍号や王への除正をおこなわなかった。また、倭国も中国皇帝の後ろ盾は、その統治において必要なものではなくなっていたのである。6世紀前半代の磐井の乱や武蔵「国造」の乱を経て、徐々に大王を中心とした氏姓 [しせい]・屯倉 [みやけ]・国造 [くにのみやつこ]・部民 [べみん] 制など、倭国の統治システムをようやく形づくっていくことになる（坂2021）。

倭国は、その後も遣隋使、遣唐使を派遣し、留学生や僧が隋や唐から多くのことを学んだ。そのことが、天皇を中心とした律令国家「日本」の成立の礎になったことはいうまでもないことである。

百済滅亡後、百済王朝復興を目論んだ倭国軍は、白村江で唐・新羅連合軍に大敗する。さらに、古代史上最大の内戦である壬申の乱を経て、天武天皇が飛鳥浄御原宮で即位する。そして、天武天皇が『日本書紀』の編纂をはじめたとされる。天武天皇が、「天皇」と称していたことは、飛鳥池遺跡出土木簡により証明される。この時代になって、ようやく「天皇」号や「日本」の国号が成立したのである。

そして、大宝元年（701）の大宝律令で「日本」の国号や「天皇」の称号が制度のなかに位置づけられることになる。まさに、その年に30年ほどのあいだ中断していた遣唐使が再開されることとなる。そして、大宝二年（702）「日本」の国名を名乗った遣唐大使の粟田真人が、「則天武后に歓待され、官を授けられた」（『旧唐書』東夷伝）ことによって、対外的にようやく「日本」の国号が認められることになったのである。

註

1. 『三国志・魏志』巻三〇・東夷伝・倭人「倭人在帯方東南海之中、依山島為國邑。舊百餘國。漢時有朝見者。今使譯所通三十國。」

2. 『宋書』巻九七・夷蛮伝・倭国「高祖永初二年、詔曰、倭讃萬里修貢、遠誠宜甄、可賜除授。」

3. 『宋書』巻九七・夷蛮伝・倭国「封國偏遠、作藩干外。自昔祖禰、躬擐甲冑、跋渉山川、不遑寧處。」

4. 治天下獲□□□鹵大王世奉事典曹人名无利弖八月中用大鉄釜并四尺廷刀八十練九十振三寸上好刊刀服此刀者長寿子孫洋々得□恩也不失其所統作刀者名伊太和書者張安也。

5. 『三国遺事』巻三原宗興法〈距訥祇世一百餘年〉猒髑滅身　「又於大通元年丁未。爲梁帝創寺於熊川州。名大通寺。〈熊川即公州也。時屬新羅故也。然恐非丁未也。乃中大通元年己酉歳所創也。〉

6. 『日本書紀』欽明天皇六年秋九月の条「百濟遣中部護徳菩提寺、使于任那。贈呉財於日本府臣及諸旱岐、各有差。

7. 『日本書紀』欽明天皇六年是月の条「百濟造丈六佛像。製願文曰‥」

引用文献（日文）

1. 石井 正敏2005「五世紀の日韓関係―倭の五王と高句麗・百済―」『第1回日韓歴史共同研究（第1期）第1分科報告書』，（財）日韓文化交流基金。

2. 河上 麻由子2019『古代日中関係史・倭の五王から遣唐使以降まで』，中公新書。

3. 川西 宏幸2004『同型鏡とワカタケル―古墳時代国家論の再構築』，同成社。

4. 坂元 義種1981『倭の五王―空白の5世紀』，教育社歴史双書。

5. 清水 康二2014「製作技術からみた三角縁神獣鏡」，『駿台史学』第150号。

6. 清水 康二2015「『舶載』三角縁神獣鏡と『仿製』三角縁神獣鏡の境界」『考古学論攷』第38冊，奈良県立橿原考古学研究所。

7. 田中 俊明1992『大伽耶連盟の興亡と「任那」―加耶琴だけが残った』，吉川弘文館。

8. 田村 圓澄1978「百済仏教史序説」『百済文化と飛鳥文化』，吉川弘文館。

9. 千賀 久2006「馬具」『大和の古墳II』，近畿日本鉄道株式会社新近畿日本叢書大和の考古学第3巻，人文書院。

10. 東野 治之1993「銘文の釈読」東京国立博物館編『江田船山古墳出土国宝銀象嵌銘大刀』，吉川弘文館。

11. 冨谷 至2019『漢倭奴国王から日本国天皇へ国号「日本」と称号「天皇」の誕生』，臨川書店。

12. 仁藤 敦史2018「神功紀外交記事の基礎的考察」『国立歴史民俗博物館研究報告』第211集，国立歴史民俗博物館。

13. 浜田 耕策2013『朝鮮古代史料研究』，吉川弘文館。

14. 坂靖2020『ヤマト王権の古代学―おおやまとの王から倭国の王へ―』，新泉社。

15. 坂靖2021『倭国の古代学』，新泉社。

16. 藤井 康隆2013「晋式帯金具の成立背景―東呉薛秋墓帯金具とその系譜―」『古代文化』第65巻第1号。

17. 水野 敏典2018「黒塚古墳出土鏡の意義」『黒塚古墳の研究』，八木書店。

18. 森 公章2010『倭の五王　5世紀の東アジアと倭王群像』，山川出版社。

19. 森 浩一2010『倭人伝を読みなおす』，ちくま書房。

20. 山尾 幸久1989『古代の日朝関係』，塙書房。

关于唐皇帝陵与飞鸟、奈良时代的天皇陵

冈林　孝作（奈良县立橿原考古学研究所）

一、引言

与日本古坟时代（3—6世纪）同时期的东亚世界里，中国一直没有形成强有力的统一帝国。220年东汉灭亡后，经过魏、吴、蜀三国时代，265年西晋王朝实现了短暂的统一，但316年西晋灭亡后，又出现了汉族王朝和非汉族王朝南北对峙的分裂时代（东晋十六国、南北朝）。在这样的国际环境下，日本列岛经历了近400年的独特时期，整个社会都致力于建造专门开发的古坟。

589年，在北朝，继承北周的隋朝灭亡南朝，实现了南北统一。618年，唐帝国建立，取代了隋朝，这极大地改变了东亚世界的格局。唐朝在630年统治了东突厥，668年灭亡了高句丽，扩大了对外霸权。7世纪强大的隋唐帝国，成为促使周边各国、各民族加强国家体制的重要外部因素。

在日本列岛，隋朝南北统一前后，古坟时代结束，进入飞鸟时代（592—710）。以遣隋使、遣唐使的派遣为标志，飞鸟时代的日本积极接受隋唐文化，推进了国家体制的完善。大宝元年（701），文武天皇在藤原宫大极殿前举行新年朝拜仪式，是一个象征。当时的情景，据《续日本纪》记载："天皇御大极殿受朝。其仪，于正门树鸟形幢。左日像、青龙、朱雀幡，右月像、玄武、白虎幡。蕃夷使者，陈列左右。文物之仪，于是备矣。"[1]

"文物之仪，于是备矣"，这可以说是以唐朝为中心的东亚世界秩序中，以律令体系为基础的国家体系发展完成的宣言。飞鸟时代约百年间，是日本列岛社会摆脱长期持续的古坟时代，向律令国家时代大步迈进的变革期。

在飞鸟时代新出现并得到发展的考古遗址的代表是寺庙和都城。另一方面，在完成转型的同时走向消亡的是古坟。

平城京的建设，被认为是飞鸟时代尾声的装饰和奈良时代开始的点缀，标志着模仿中国律令国家体制都城制的完成，所以平城京的各个方面都体现了中国元素。另一方面，走向消失的古坟或取代古坟的东西是否有中国元素？在本文中，我想通过概述日本的王陵（天皇陵）和唐代皇帝陵中的山陵制度的流程来比较和研究。

二、王陵的方形化及八角形化

（一）作为王陵的前方后圆坟

日本列岛残留的古坟总数约有16万座。截止6世纪末，长达近400年的古坟时代，以拥有独特的"锁孔形"前方后圆坟为代表的古坟被积极建造，这也成为考古学上的时代名称。

全长超过200米的巨大古坟有47座，全部是前方后圆坟。最大的前方后圆坟——5世纪中叶的大山古坟（大阪府堺市），以实际坟丘全长超过500米的巨型而著称。遣使到魏、西晋、南朝，获得倭王、倭国王称号的古坟时代的"大王"，他们的主墓制是前方后圆坟。古坟时代可以说是王陵都被建造成前方后圆坟的时代。

古坟中除了前方后圆坟之外，还有前方后方坟、圆坟、方坟等，但在整个古坟时代，前方后圆坟在坟丘规模上占主导地位。换言之，在古坟时代的社会制度中，虽然大小不同，但在各个地区的权势人物都会选择前方后圆形坟墓作为共通墓葬制，重视在视觉上呈现一体感与差异化。

（二）王陵的方形化

到了飞鸟时代，前方后圆坟几乎不再被建造，包括大王在内的最有权力者的古坟变成了大型的方形坟（图1）。

据《日本书纪》记载，用明天皇于二年（587）去世，当初被埋葬在"磐余池上陵"，之后于推古天皇元年（593）改葬于"河内矶长陵"。这是飞鸟时代最早的王陵。该陵正是春日向山古坟（位于大阪府南河内郡太子町），这点几乎没有异议。春日向山古坟是一座长66米，宽60米的方坟，是6世纪末最大的方坟之一。

据《日本书纪》记载，推古天皇于推古天皇三十六年（628）去世，根据遗诏将其合葬在"竹田皇子之陵"。之后的迁葬未在《日本书纪》看到相关记载，而在《古事记》中虽然没有标明时间，但记载着迁葬到了"科长大陵"。一般认为山田高冢古坟（大阪府南河内郡太子町）（福尾，1991）即为"科长大陵"，是和春日向山古坟几乎相同规模的方坟（66米×58米）。

需要注意的是，这种大型方坟的采用并不仅限于王陵。同时期最有权势的豪族苏我马子（卒于626年）的"桃原墓"——石舞台古坟（奈良县高市郡明日香村）是50米见方的方坟。苏我马子的后代苏马虾夷的"大陵"（642年建造）推测为小山田古坟（同地点），则是边长达80米以上的飞鸟时代最大的方坟（铃木等，2019）。

就这样，到舒明朝（629—641）为止的飞鸟时代的王陵及有权势的豪族墓都演变成了方形坟。虽然古坟的存在方式发生了很大变化，如前方后圆坟的消失，古坟建造数量的减少等，但至少在王陵与中央主要贵族墓之间的关系方面，可以说古坟时代的存在方式仍然在持续。

（三）八角坟的出现

《日本书纪》记载，舒明天皇于十三年（641）去世，皇极天皇元年（642）被葬于"滑谷冈"，又于次年改葬为"押坂陵"。根据坟丘构造特征和平安时代的《延喜诸陵式》的记载，这个"押坂陵"可以确定是段之冢古坟（奈良县樱井市）（福尾，2013）。段之冢古坟是对边长约42米的八角坟，在江

户时代的记录中提及其内有横穴式石室。

齐明天皇是舒明天皇的皇后，在舒明死后即位为皇极天皇（642—645年在位），后又在孝德天皇死后即位为齐明天皇（655—661年在位）。据《日本书纪》记载，齐明天皇七年（661），为征战唐、新罗的准备之中，齐明天皇客死在九州朝仓橘广庭宫（今福冈县朝仓市）。之后，于天智天皇六年（667）与女儿间人皇女合葬于"小市冈上陵"。当时，孙辈大田皇女也被陪葬在"陵前之墓"。根据近年来的发掘调查成果，牵牛子冢古坟（今奈良县高市郡明日香村）即为"小市冈上陵"的提法是最有力的。牵牛子冢古坟是对边长22米的八角坟，内设有两室并列的合葬石椁。另外，在古坟的东南相接处，建造了内置小型石椁的越冢御门古坟（明日香村教育委员会，2013）。

天智天皇是舒明天皇和齐明天皇之子，据《日本书纪》记载，天智天皇于十年十二月（672）去世。同年有陵墓的建造记载，但没有入葬记载。《续日本纪》中有文武天皇三年（699）修建"山科山陵"的记载，可以认为是文武朝进行了某种形式的修整。御庙野古坟（京都府京都市山科区）（福尾，2013）被认为即为该陵，是对边长42米的八角坟。

天武天皇是天智天皇的弟弟，据《日本书纪》记载，他于朱鸟元年（686）去世，举行盛大葬礼后，于持统天皇二年（688）被安葬在"大内陵"。另外，据《续日本纪》记载，天武天皇的皇后持统天皇于大宝二年十二月（703年1月）去世，于大宝三年十二月（704年1月）在"飞鸟冈"火化后，于大宝四年正月（705年2月）合葬于"大内山陵"。被认为是"大内陵"的野口王墓古坟（奈良县高市郡明日香村）（福尾，2013）（图2）是对边长38米的八角坟，从镰仓时代的检验记录《阿不几乃山陵记》（秋山，1979）中得知，该坟的石椁内藏有天武天皇用的漆木棺材和追葬的持统天皇用的鎏金制藏骨器。

文武天皇是天武天皇和持统天皇的孙子，是飞鸟时代去世的最后一位天皇。据《续日本纪》记载，他于庆云四年六月（707年7月）去世，同年十二月在"飞鸟冈"火葬后，葬

于"桧隈安古山陵"。根据近年来的发掘调查成果，中尾山古坟（今奈良县高市郡明日香村）即为"桧隈安古山陵"的提法是最有力的。中尾山古坟（明日香村教育委员会，2020）是对边长21.5米的八角坟，石椁内部是边长只有90厘米的四方形，可见是用于安置收纳火葬骨的藏骨器的。

如上所述，皇极朝以后的飞鸟时代的王陵变成了八角坟（图1）。这种坟丘形式用以区分王陵，与舒明朝前比有了巨大变化。此后，经过乙巳之变（645）、壬申之乱（672）等大的权力改变，古坟的建造总数逐渐减少。特别是壬申之乱后，古坟的建造数量锐减，王陵（天皇陵）成为与世隔绝的存在。这些变化与"天皇"称号开始使用等变化应该也有关联。

三、飞鸟地区的陵墓区

（一）王宫的固定化

飞鸟时代的王宫，因每一代都迁移王宫的"历代迁宫"传统惯例及因火灾等造成的暂时迁移等原因，频繁地变动。然而，总体而言，除了在大阪府大阪市的上町台地上建造的孝德朝的长柄丰碕宫，在滋贺县大津市的琵琶湖畔建造的天智朝的近江大津宫之外，飞鸟时代的王宫基本上一直都在飞鸟地区及其周边，即奈良盆地南部的奈良县高市郡明日香村、橿原市、樱井市一带。飞鸟时代这个时代名称的由来就在于此。

特别是，被称为"飞鸟宫遗迹"（明日香村）三期的宫殿遗址，被认定是齐明朝至天智朝的后飞鸟冈本宫（656—667）和对其进行修复、扩充的天武朝至持统朝的飞鸟净御原宫（672—694）（图3）。可以说，飞鸟宫中出现的这种王宫固定化现象，与持统、文武、元明三代的藤原京（694—710）以及平城京（710—784）等正式都城的建造有关。

（二）飞鸟地区的陵墓区

需要注意的是，与上述齐明朝以后飞鸟宫的王宫固定化、真正的都城藤原京的建造相呼应，飞鸟地区王陵的建造地固定化也很明显。飞鸟宫遗址东南2至3千米处的丘陵地带，位

于藤原宫遗址南4至5千米处的奈良县高市郡明日香村的桧隈、真弓一带，是将宫殿设在飞鸟宫及藤原宫的齐明、天武、持统、文武四代的陵墓，即牵牛子冢古坟、野口王墓古坟、中尾山古坟的集中所在区域。

关于这些古坟选地和相互位置的关系，有人认为，"以谷为兆域的陵墓"与中国江苏省南京丹阳周边的南朝陵墓群基于同样的风水思想，在各自占有广大兆域的同时，相互连接兆域（来村，2004）。三座古坟与古坟时代的王陵相比，坟丘规模明显小型化，但其广大的兆域正是适合王陵的。

齐明天皇是舒明天皇的皇后，是天智天皇和天武天皇的母亲。齐明陵合葬了女儿间人皇女，孙子大田皇女也被陪葬。天武天皇是舒明天皇和齐明天皇的儿子，是持统天皇的丈夫、文武天皇的祖父。持统天皇是天智天皇之子，是天武天皇的皇后、文武天皇的祖母，合葬在天武陵。文武天皇是天武天皇和持统天皇的孙子，父亲是天武天皇和持统天皇之子草壁皇子，母亲是天智天皇的女儿、持统天皇的妹妹元明天皇。

从以上关系来看，这里以效仿中国律令建设国家的天武天皇和持统天皇夫妇为核心，埋葬着他们的近亲。以受唐墓壁画影响深远的著名的高松冢古坟和KITORA古坟也在其一角。特别是在天武陵建造之后，有人指出这可能是效仿后文将记述的唐帝王陵的陪陵制度，设定以天武陵为中心的一大墓域（河上，1985），这个观点值得关注。总之，陵墓区的形成，打破了以往"历代迁宫"的惯例，这与效仿唐代都城制，建设作为国家经营基础的固定都城等举措，都是密不可分的。

四、奈良时代的天皇陵

（一）"自此以后，不作高陵"

元明天皇是天智天皇的女儿、持统天皇的妹妹。她是天武天皇和持统天皇之子、27岁去世的草壁皇子的妃子，也是文武天皇的母亲。707年，文武天皇25岁早逝，首皇子（后来的圣武天皇）尚且年幼，元明天皇即位。和铜三年（710）

断然实行平城迁都，灵龟元年（715）让位于其女元正天皇。

据《续日本纪》记载，元明太上天皇于养老五年十二月七日（721年12月29日）在平城宫去世，十二月十三日（722年1月4日）根据遗诏安葬于"椎山陵"。遗诏是："朕崩后，宜于大和国添上郡藏宝山雍良岑造灶火葬。莫改他处。谥号称其国其郡朝庭驭宇天皇。流传后世。"[2] "勿挖山。斩棘处造灶以埋。植常青树，立铭文碑。"[3]

其宗旨是以彻底的薄葬理念为基础，明确否定传统的古坟建造，将自然之山原封不动地作为陵寝。《扶桑略记》特别记载了"从今以后，不再建高陵"[4]。天皇陵被建造为古坟的时代，随着平城迁都而结束。

（二）元明天皇陵

元明天皇陵位于平城京的北方，奈良市奈良阪町，现在被称为"养老峰"，是江户时代出土元明天皇陵碑的地方。被称为"函石"的该陵碑，在镰仓时代的《东大寺要录》卷八中作为"奈保山太上天皇山陵碑文"图示了碑的形状和碑文。在那之后，陵碑去向不明，但据说它是在18世纪一次山体滑坡中被出土发现的。现在被保管在陵上的覆室内，其东邻立着明治三十二年（1899）制作的全尺寸的仿造碑（图4、5）。

"函石"为高约94厘米、宽约65厘米、厚约45厘米的花岗岩，上面刻有45个字："大倭国添上郡平城之宫驭宇八洲太上天皇之陵是其所也。养老五年岁次辛酉冬十二月癸酉朔十三日乙酉葬。"（陵墓调查室，2000）（图6）正如《续日本纪》所记载的"其国其郡朝庭驭宇天皇""大倭国添上郡平城之宫驭宇八洲太上天皇"的陵寝，埋葬的日期也与养老五年十二月乙酉（722年1月4日）完全一致。

（三）平城京北方的陵墓区

据《续日本纪》记载，在天平宝字年间（757—765）之前去世的元正天皇（748年去世）、大皇大后藤原宫子（圣武天皇的母亲，754年去世）、圣武天皇（756年去世）的葬所都是"佐保山陵"，光明皇后（圣武天皇的皇后，760年去世）的葬所是"佐保山"。加上元明皇陵位于"藏宝山雍良岑"，奈良时代前期至中期的天皇陵、皇后陵、太皇太后陵都位于"佐保山"一带。

由宫内厅决定的现治定陵，除元明陵位于上述的养老峰之外，元正陵位于其东侧约300米的弁财天山这一半独立丘陵，圣武陵和光明皇后陵位于其南方约1.2千米的多闻山，其陵形均为"山形"。这些奈良时代前至中期的陵墓结构有很多不明之处，但根据元明天皇的遗诏内容推测，这些陵墓是以自然山体为陵墓的可能性很高。光明皇后陵仅记载为"大和国添上郡佐保山"或许也可作为参考（奈良县立橿原考古学研究所附属博物馆，2010）（图7）。

它们继承了上述飞鸟地区的陵墓区，可以认为是在平城京北方丘陵地带形成的陵墓区。其中包括竖立线刻兽头人身十二生肖像"隼人石"的圣武天皇皇太子（被认为是728年英年早逝的基王）"那富山墓"，可以看出该墓与飞鸟地区的陵墓区一样，属于近亲墓地。

五、唐的山陵制度

（一）唐十八陵

在唐朝（618—907）19座皇帝陵墓中，除唐末转移到河南洛阳被杀害的昭宗和陵外，其余18陵全部位于陕西省。位于关中平原北部的北山山脉南缘，由东向西呈一条长线建造，统称唐十八陵（来村，2001；橿原考古学研究所附属博物馆，2010等）。

从最西边的高宗乾陵（今陕西省咸阳市乾县）到最东边的玄宗泰陵（今渭南市蒲城县）的直线距离有140千米。虽然规模宏大，但可以看作是在都城长安城（今西安市）的北方形成了带状陵墓区（图8）。唐代帝陵最大的特点是采用"因山为陵"的山陵形式，遣唐使一定也曾目睹到过其威严模样。

都城以北形成陵区，类似于隔渭河南北对峙的汉长安城和西汉皇帝陵墓群（西汉十一陵）的关系。在11座陵中，除文帝霸陵位于长安西侧、宣帝杜陵位于西南侧外，其他9座陵

都是在渭河以北的咸阳原以东西排列建造而成。

（二）最早的唐帝王陵——献陵的建造

李渊、李世民父子结束隋末的混乱，在618年建立唐朝。建国17年后的唐贞观九年（635），已将帝位让给儿子李世民（第二代太宗）的第一代皇帝李渊（高祖）去世。6个月后，高祖被安葬在献陵（今陕西省咸阳市三原县）。

献陵位于约470米见方的方形陵园的中央偏北位置，东西长约140米，南北宽约110米，高约19米，封土为陵，呈覆斗形，即采取坟丘形式（图9）。陵园四面设门，四门外各置一对石虎。南门外隔着神道有一排石刻。此外，在陵园西南约2.5千米处设置下宫（张，2010）。《唐会要》卷二十中列举了25位陪葬名氏，但实际陪葬墓超过50座。

覆斗形方坟状坟丘用夯土筑成，用开四门的方形陵园围陵的基本结构，与除西汉文帝霸陵（今陕西省西安市灞桥区）外的西汉皇帝诸陵及东汉光武帝原陵（河南省洛阳市孟津县）相同。《旧唐书》《唐会要》等书中记载，太宗曾下诏将献陵规格仿照汉开国皇帝汉高祖刘邦的长陵（今陕西省咸阳市渭城区），对此，书中列举了文帝霸陵没有造坟丘而是利用自然山为陵、光武帝原陵的规格比长陵小等建议。

其讨论的主题在于，如何在减少大规模皇帝陵墓弊端的同时，保持唐代建国者陵寝的规格。虽然不知道太宗的最终决定，但实际的献陵是按照比汉高祖的长陵小很多的规格建造的。

（三）昭陵的建造——山陵制度的确立

高祖李渊去世的第二年唐贞观十年（636），太宗的皇后长孙氏（文德皇后）去世。约4个月后，长孙被安葬在昭陵（今陕西省咸阳市礼泉县）。太宗本人于唐贞观二十三年（649）去世，被合葬在长孙氏长眠的昭陵。昭陵是太宗为自己和皇后合葬陵而设计建造的规模空前的皇帝陵。太宗所体现的"因山为陵"的山陵制度理念成为了此后唐帝陵的规范。

耸立于礼泉县东北25千米、海拔1188米的九嵕山是与华山和太白山齐名的关中名山，其独特的山形从远处看也十分醒目。其主峰"唐王岭"的南面，石灰岩的岩盘露出，成为难以近身的悬崖。昭陵挖出这个断崖，设置隧道式玄宫（墓室），把整座山作为陵体（图10）。

据说，在昭陵的建造过程中，为了在人难以近身的悬崖上凿玄宫，在崖面上打桩，在木头上架设的栈道全长230步（约414米）。玄宫非常深，通过五重石门进入其中。

以作为陵体的九嵕山主峰为中心，建立了广大的陵园，周围没有陵垣。陵园北面有北司马门，南面有南司马门，西南有寝宫（张建林、王小蒙，2006）。围绕陵园东南周边，有很多陪葬墓，包括这些陪葬墓在内的整个兆域是中国历代帝王陵中面积最大的。

（四）唐山陵制度的模式——西汉文帝霸陵

《汉书·文帝纪》"文帝后七年（前157）"条所记载的西汉文帝的遗诏，贯彻了所谓"薄葬短丧"的思想。关于自己的陵墓霸陵的建造，他说"霸陵的山川不能因墓葬而改变其面貌"[5]，表明了最小限度开展陵墓建造相关土木工程的意思。"因其山，不起坟"的霸陵，一直被认为是一种在山坡上设置隧道形墓室——崖墓形式的坟墓，其遗址被认为是位于今西安市东郊的、白鹿原上"凤凰嘴"山脉。

《全唐文》卷九记载的唐太宗遗诏中有一句："园陵制度，务从俭约。昔者霸陵不掘，则朕意焉。"[6]另外，据《旧唐书·后妃列传》记载，感受到死期将近的长孙氏告诫切忌厚葬，"但请因山而葬，不须起坟"。[7]《旧唐书·太宗本纪》中也可以看到告诫厚葬的唐贞观十一年（637）的诏书。

昭陵以自然山体作为陵墓的营建理念，显然源于西汉霸陵的故事，其背景是切忌厚葬、力求节俭的"薄葬"思想。然而，近年来的考古调查逐渐发现，虽然昭陵以西汉霸陵为参考模型，但是他们的基本结构有很大不同。陕西省考古研究院和西安市文物保护考古研究院在白鹿原上连续勘探新发现的江村大墓（今陕西省西安市灞桥区），最近被认定为真正的霸陵。江村大墓有"亚"字形的巨大竖穴墓穴，周围配置了100座以上的外藏坑和陪葬墓。其结构与已知的西汉帝陵

地下结构相同，但没有封土堆。另一方面，之前一直被认为是霸陵所在地的凤凰嘴，被发现不存在汉代墓址结构（陕西省考古研究院、西安市文物保护考古研究院，2021）。

另外，实际情况是，唐朝历代皇帝持续建造的山陵，伴随着庞大的陵园各种设施和以下宫为代表的陵寝设施的整备，产生了巨大的土木工程建设，与"薄葬"理念相去甚远。陵园周围的陵垣是用夯土砌成的表面用石膏硬化，漆成红色，屋顶用瓦片。陵园的结构是在太宗之子高宗的乾陵完成的，乾陵的陵垣总长约6千米（图11）。拥有最大陵园的玄宗之父睿宗的桥陵（今陕西省渭南市蒲城县），陵垣的总长则实达约13千米。

（五）陪陵制度

唐代的帝陵中，诸王、妃嫔、公主，功臣的近亲，下级的朝臣等，都在陵园附近的陪陵墓区得以安葬。

唐帝陵的整体结构可以说是皇帝生前生活过的长安城的写照（贺梓城，1980）。例如，陵园与宫城相对应，位于陵园南面的南门阙、乳台、鹊台这3个阙象征着三重宫门。从靠近陵园的南门到乳台之间象征皇城，从乳台到鹊台之间象征居民区（里坊），在与皇城相对应的地方的神道上排列着象征皇帝出御的石刻列，陪陵墓区扩展到与里坊相对应的地方。在存在近200座陪陵墓的昭陵陪陵墓群中，也有分析显示，已判明墓主姓名的陪葬墓分布与皇城的官署配置存在对应关系（沈睿文，2009）。当时要求陵墓要以象征着国家本身的皇帝地位相符的方式建造。

实际上，唐帝王陵的陪陵制度以昭陵为顶峰，高宗乾陵之后则迅速徒有其表。玄宗泰陵以后没有陪陵墓，或者即使有也只有几座。睿宗桥陵有12座陪葬墓，均为皇族墓，没有功臣近亲墓。可以说，献陵和昭陵因建国功臣众多导致陵墓形态较为特殊，皇帝陵其本质上还是家族墓地的实状。

六、总结

本文概述了从飞鸟时代到奈良时代日本的王陵（天皇陵）从古坟变成利用自然山体的山陵的状况，以及之前在唐朝确立了以自然山为陵身的山陵制度的变迁。总之，笔者认为，日本奈良时代前至中期的天皇陵之所以演变为利用自然山体的山陵，是受到唐帝王陵一定程度影响的结果。如下，稍做补充及总结。

6世纪末的前方后圆坟的消失，从宏观上，可以看作是在6世纪进行的中央政权统治权强化的结果。另外，王陵的前方后圆坟的消失和坟墓方形化与隋文帝泰陵（张建林等，2021）的建造有关联的见解（钟方，2004）颇有意思。不过，《隋书》中泰陵首次出现在隋仁寿二年（602）独孤皇后下葬的相关记载中，微妙的年代差异是一个课题。

7世纪中叶王陵的八角坟化可以看作是，为应对强大的唐帝国出现带来的东亚国际环境变化，进一步加强王权运动的一部分。与此同时，在飞鸟时代后半期，随着模仿中国的新都城制的发展，可以看到固定化的陵墓区的形成。然而，在飞鸟时代，直到最后也没有完全摆脱"古坟形态的王陵"。

到了奈良时代，从理念先行的"周礼型"城市藤原京，迁都到以唐长安城为直接模型的平城京。与此同时，天皇陵不再是古坟形态，而是以自然山为陵。从《续日本纪》所记载的元明太上天皇的遗诏中可以看出，其贯彻的薄葬理念，也可以看作是将同样以薄葬为宗旨的唐皇帝陵的"因山为陵"理念在日本的具象化。一改飞鸟时代藤原京的南边形成陵区的情况，在平城京的北方丘陵地带形成陵区，这与唐长安城与唐十八陵的关系如出一辙，实现了"古之葬者，并在国都之北"[8]的华北理想形态。

另一方面，还存在佛教火葬的问题。《续日本纪》中注释为"天下火葬始于此"的文武天皇四年（700）僧道昭的火化之后，持统天皇（703）、文武天皇（707）、元明天皇（721）、元正天皇（748）、太皇太后藤原宫子（754）相继选择火葬。毫无疑问，火葬的普及是导致古坟形态消亡的重要因

素之一。然而，火葬的普及并不能解释为什么王陵改为了依山为陵的形态。实际上，圣武天皇、光明皇后在利用自然山葬的陵墓中看不到火葬的相关记载。将自然山体作为陵墓的想法，首先应该认为是受唐帝陵"因山为陵"的影响。

七、结语

上文论述了飞鸟、奈良时代的王陵、天皇陵所受唐皇帝陵的影响。唐皇帝陵不仅影响着日本，也影响着周边国家的王陵。唐皇帝陵的陵前石刻非常发达，突厥、吐蕃、新罗的王陵也是如此。另一方面，在日本虽然也有类似上述"隼人石"的例子，但尚未发现明确的唐风石刻，影响的接受情况各有不同。

奈良时代前至中期的天皇采用佛教火葬，这一点也是与唐朝有绝对差异。在中国，由于传统的生死观，火葬并不普及，即使在唐朝，皇帝和绝大多数人都是土葬。起源于印度的佛教经由中国传到日本，虽然同样都是国家保护佛教，统治者们虔诚地信仰佛教，但在火葬这一点上，其接受方式却截然相反。从元明太上天皇的遗诏可以看出奈良时代的山陵，通过火葬实现了最终的薄葬。这与唐帝王陵形成了鲜明的对比，唐帝王陵虽然也标榜薄葬的理想，但实际上却没有摆脱给国家财政造成压力的巨大山陵的建造。

飞鸟奈良时代的日本积极接受隋唐文化，从中国学到了很多东西。另一方面，从接受火葬的差异来看，可以说不是单纯的模仿，而是主观地取舍。

注　释

1. 《续日本纪》卷二大宝元年正月乙亥朔"天皇御大极殿受朝。其仪，于正门树乌形幢。左日像、青龙、朱雀幡。右月像、玄武、白虎幡。蕃夷使者，陈列左右。文物之仪。于是备矣"。
2. 《续日本纪》卷八养老五年十月丁亥"朕崩后，宜于大和国添上郡藏宝山雍良岑造灶火葬。莫改他处。谥号称其国其郡朝庭驭宇天皇。流传后世"。
3. 《续日本纪》卷八养老五年十月庚寅"丧事所须。一事以上。准依前敕。勿致阙失。（略）仍丘体无凿。就山作灶。开垦。即为丧处。又其地者。皆殖常叶之树。即立刻字之碑"。

4. 《扶桑略记》卷六养老五年"十二月四日，太上天皇崩。（年六十一）。元明天皇也。）火葬于椎山陵。依遗诏。不置葬礼。（陵高三丈。方三町也。自此以后。不作高陵。）"
5. 《汉书》文帝纪文帝后7年"霸陵山川因其故，无有所改"。
6. 《全唐文》卷九遗诏"园陵制度，务从俭约。昔者霸陵不掘，则朕意焉"。
7. 《旧唐书》卷五十一太宗文德皇后长孙氏传"但请因山而葬，不须起坟"。
8. 《旧唐书》卷七十九吕才传"古之葬者，并在国都之北"。

引用文献（日文）

1. 秋山日出雄，1979，"桧隈大内陵的石室构造"，《橿原考古学研究所论集第五》，吉川弘文馆。
2. 明日香村教育委员会，2013，《牵牛子冢古坟发掘调查报告书》。
3. 明日香村教育委员会，2020，《明日香村的文化遗产25中尾山古坟》。
4. 钟方正树，2004，《中日王陵坟形变化及其关联性》《博望》5，东北亚古文化研究所。
5. 河上邦彦，1985，"使用凝灰岩的古坟"，《末永先生米寿纪念献呈论文集乾》，末永先生米寿纪念会。
6. 来村多加史，2001，《唐代皇帝陵的研究》，学生社。
7. 来村多加史，2004，《风水与天皇陵》，讲谈社。

8. 铃木一议、木村理惠、斋藤希、木村结香，2019，"小山田遗址第10次调查（小山田古坟）"，《奈良县遗址调查概报2018年度（第2分册）》，奈良县立橿原考古学研究所。

9. 张建林，2010，《唐皇帝陵陵园形式的发展与变迁》《大唐皇帝陵》，奈良县立橿原考古学研究所附属博物馆。

10. 奈良县立橿原考古学研究所附属博物馆，2010，《大唐皇帝陵》。

11. 福尾正彦，1991，"推古天皇陵的坟丘调查"，《书陵部纪要》42，宫内厅书陵部。

12. 福尾正彦，2013，"八角坟的坟丘结构——关于押坂内陵·山科陵·桧隈大内陵"《牵牛子冢古坟发掘调查报告书》，明日香村教育委员会。

13. 陵墓调查室，2000，"元明天皇陵内陵内陵碑·那富山墓内'隼人石'·桧隈墓内'猿石'的保存处理及调查报告"《书陵部纪要》51，宫内厅书陵部。

引用文献（中文）

1. 贺梓城，《关中唐十八陵调狩编刊》，1980年3期。

2. 沈睿文，《唐陵的布局——空间与秩序》，北京大学出版社，2009年。

3. 张建林、王小蒙，《考古与文物》，2006年6期。

4. 张建林、田有前、张博、胡春勃、李公正，《隋文帝泰陵考古调查简报》，《考古与文物》，2021年1期。

5. 陕西省考古研究院、西安市文物保护考古研究院，《江村大墓考古工作主要收寄》，《中国文物报》2021年12月14日考古专刊。

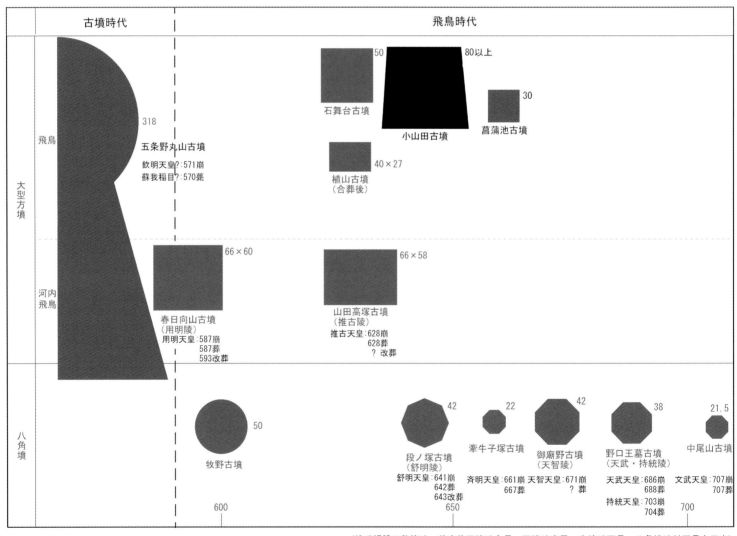

1 飞鸟时代王陵的坟形变化
　飛鳥時代の王陵の墳形変化

2

3

4

5

2 野口王墓古坟（天武·持统天皇陵）（2017年摄影）
　野口王墓古墳（天武·持統天皇陵）（2017年撮影）

3 飞鸟宫迹（2017年摄影）
　飛鳥宮跡（2017年撮影）

4 覆室中的函石（1999年摄影，宫内厅许可）
　覆屋の中の函石（1999年撮影·宮内庁許可済）

5 仿造碑（前）和覆屋（后）（1999年摄影，宫内厅许可）
　模造碑（手前）と覆屋（奥）（1999年撮影·宮内庁許可済）

263

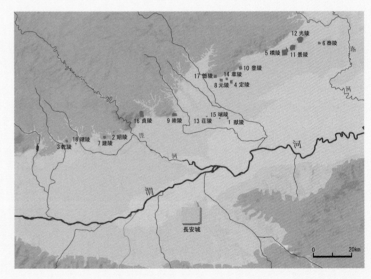

6 函石　明治三十二年仿造碑拓本（橿原考古学研究所制作，宫内厅许可）
　函石　明治三十二年模造碑拓本（橿原考古学研究所作成・宮内庁許可済）

7 奈良时代的天皇陵分布
　奈良時代の天皇陵の分布

8 唐十八陵的分布
　唐十八陵の分布

264

9

10

9 献陵（1999年摄影）
　献陵（1999年撮影）

10 昭陵（1998年摄影）
　昭陵（1998年撮影）

11 乾陵陵园模式图
　乾陵陵園模式図

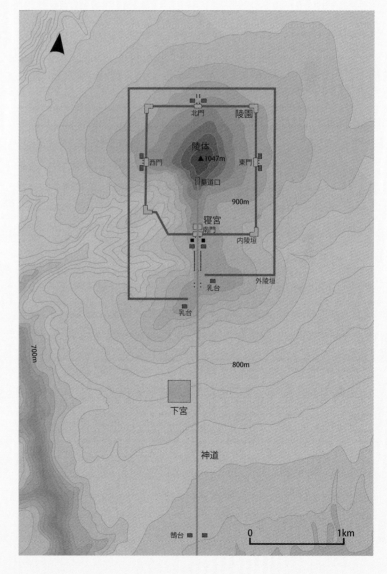

11

唐の皇帝陵と飛鳥・奈良時代の天皇陵をめぐって

1　はじめに

　日本の古墳時代（3世紀〜6世紀）に相当する時期の東アジア世界では、ほぼ一貫して中国に強力な統一帝国が存在しなかった。220年に後漢が滅亡したのち、魏・呉・蜀の三国時代を経て265年に西晋王朝による一時的な統一が実現するものの、316年に西晋が滅亡して以降は、漢民族王朝と非漢民族王朝が南北に対峙する分裂の時代（東晋・十六国、南北朝時代）が続いた。このような国際環境の中で、日本列島においては、特殊に発達した墳墓である古墳の造営に社会全体が傾注する特異な時代が400年近くも続いたのである。

　北朝において北周のあとを受けた隋が589年に南朝陳を滅ぼして南北統一を達成し、さらに618年に隋に代わって唐帝国が成立したことは、こうした東アジア世界の情勢を大きく変化させた。唐は630年に東突厥 [とっけつ] を支配下に置き、668年には高句麗 [こうくり] を滅亡させるなど、対外的な覇権を拡大していく。7世紀の中国における強大な隋唐帝国の出現は、周辺の諸国・諸民族に国家体制の強化を促す大きな外的要因となった。

　日本列島においても、隋の南北統一に前後する頃には古墳時代が終わり、飛鳥時代（592〜710）に移行する。遣隋使・遣唐使の派遣に象徴されるように、飛鳥時代の日本は隋唐文化を積極的に受容し、国家体制の整備を進めた。大宝元年（701）、藤原宮大極殿に出御した文武天皇の前で挙行された元日朝賀の儀式は、その一つの到達点を示す象徴的なものであった。その時の様子を、『続日本紀』は「天皇、大極殿に御しまして朝 [ちょう] を受けたまふ。その儀、正門に烏形 [う

けい] の幢 [はた] を樹 [た] つ。左は日像・青竜・朱雀の幡、右は月像・玄武・白虎の幡なり。蕃夷の使者、左右に陳列す。文物の儀、是 [ここ] に備れり。」（註1）と記している。

　「文物の儀、是に備れり」とは、唐を中心とした東アジアの世界秩序の中で、律令制にもとづく国家体制の整備が完成したことの宣言にほかならない。飛鳥時代の約100年間は、長く続いた古墳の時代を脱却し、律令国家の時代へと日本列島社会が大きく動いた変革期であった。

　飛鳥時代を通じて新たに出現し、発展を遂げた考古学的遺跡の代表例といえば、寺院と都城であろう。逆に、変容を遂げながら消滅に向かったのは、古墳である。

　飛鳥時代の最後を飾り、奈良時代の始まりを彩る平城京の建設は、中国に倣った律令国家体制の体現ともいうべき都城制の完成を示すものであって、平城京のさまざまな点に中国的な要素があるのは当然である。一方、消滅していく古墳、あるいは古墳に置き換わっていったものに、中国的な要素はあるだろうか。本稿では、古墳から古墳ならざるものへと変化を遂げる日本の王陵（天皇陵）と、唐の皇帝陵における山陵制度の流れを概観し、比較検討してみたい。

2　王陵の方墳化と八角墳化

2.1 王陵としての前方後円墳

　日本列島に残されている古墳の総数は約16万基といわれる。6世紀末までの400年近くにわたった古墳時代には、独特な「鍵穴形」の平面プランをもつ前方後円墳に代表される古墳の活発な造営が行われ、その考古学的な時代区分名称とも

なっている。

　全長200mを超える巨大古墳は47基存在するが、すべて前方後円墳である。最大の前方後円墳である5世紀中葉の大山[だいせん]古墳（大阪府堺市）は、実質的な墳丘全長が500mを超える巨大さを誇る。魏・西晋、南朝に遣使し、倭王・倭国王の称号を得た古墳時代の「大王[おおきみ]」の主墓制は前方後円墳であった。古墳時代は、王陵が前方後円墳として造営された時代であったということができる。

　古墳には前方後円墳のほかに、前方後方墳、円墳、方墳などがあるが、古墳時代を通じて墳丘規模の上位を占めていたのは前方後円墳である。すなわち、古墳時代的な社会システムにおいては、各地の有力者層が規模の大小はあるものの同じ前方後円墳を墓制として共有し、連帯と格差を視覚的に表現することが重要視されていたと考えられている。

2.2 王陵の方墳化

　飛鳥時代になると、前方後円墳はほぼ築造されなくなり、大王を含む最有力者の古墳は、大型の方墳に変化する（図1）。

　『日本書紀』によれば、用明天皇二年（587）に没し、当初「磐余[いわれ]池上陵」に埋葬された用明天皇は、推古天皇元年（593）に「河内磯長[しなが]陵」に改葬された。飛鳥時代最初の王陵である。春日向山古墳（大阪府南河内郡太子町）をこれに比定することについてはほとんど異論がない。春日向山古墳は一辺の長さが66×60mの方墳であり、6世紀末頃としては最大クラスの方墳である。

　また、推古天皇は、『日本書紀』によれば推古天皇三十六年（628）に没し、遺詔により「竹田皇子之陵」に合葬された。その後の改葬記事は『日本書紀』には見えないが、『古事記』には紀年はないものの「科長[しなが]大陵」に改葬したことが記されている。山田高塚古墳（大阪府南河内郡太子町）（福尾1991）がこの「科長大陵」に該当すると考えられており、春日向山古墳とほぼ同規模の一辺の長さが66×58mの方墳で

ある。

　注意を要するのは、こうした大型方墳の採用は、王陵に限られた現象ではない、ということである。同時代の最有力の豪族であった蘇我馬子（626年没）の「桃原墓」に比定される石舞台古墳（奈良県高市郡明日香村）は一辺の長さ50mの方墳であり、蘇我馬子の子・蝦夷の「大陵」（642年造営）の可能性がある小山田古墳（同）は一辺の長さが80m以上に達する飛鳥時代最大の方墳である（鈴木ほか2019）。

　このように、舒明朝（629〜641）までの飛鳥時代の王陵は、有力豪族墓と軌を一にして方墳化した。前方後円墳の消滅、古墳造営数の減少など、古墳のあり方は大きく変化するが、少なくとも王陵と中央の有力豪族墓の関係という点では、古墳時代的なあり方が依然として続いていたと評価できるであろう。

2.3 八角墳の出現

　『日本書紀』によれば、舒明天皇は舒明天皇十三年（641）に没し、皇極天皇元年（642）に「滑谷岡[なめはざまのおか]」に埋葬され、さらに翌年に「押坂[おさか]陵」に改葬された。この「押坂陵」は、墳丘構造の特徴や平安時代の『延喜諸陵式』の記載などから段ノ塚古墳（奈良県桜井市）（福尾2013）であることが確実視されている。段ノ塚古墳は対辺長約42mの八角墳で、近世の記録では横穴式石室を内蔵する。

　斉明天皇は、舒明天皇の皇后で、舒明の死後、皇極天皇（在位642-645）として即位し、さらに孝徳天皇の死後に斉明天皇（在位655-661）として重祚した。『日本書紀』によれば、斉明天皇七年（661）に唐・新羅との開戦のために滞在していた九州の朝倉橘広庭宮（福岡県朝倉市）で客死し、その後、天智天皇六年（667）に娘の間人[はしひと]皇女とともに「小市[おち]岡上陵」に合葬された。その際、孫の大田皇女も「陵前之墓」に陪葬されている。近年の発掘調査成果により、牽牛子塚古墳（奈良県高市郡明日香村）をこの「小市岡上陵」に比定する考え方が最有力である。牽牛子塚古墳は対辺長22mの

八角墳で、合葬を前提とした二室並列の石槨を内蔵する。また、古墳の南東に接して、小型の石槨を内蔵する越塚御門古墳がつくり足されている（明日香村教育委員会2013）。

　天智天皇は、舒明天皇と斉明天皇の子で、『日本書紀』によれば天智天皇十年十二月（672）に没した。同年に陵の造営記事があるが、埋葬記事は見えない。『続日本紀』には文武天皇三年（699）に「山科山陵」を修造したとの記事があり、文武朝に何らかの整備が加えられたと考えられる。御廟野古墳（京都府京都市山科区）（福尾2013）がこの陵に比定されており、対辺長42mの八角墳である。

　天武天皇は、天智天皇の弟で、『日本書紀』によれば朱鳥元年（686）に没し、盛大な葬礼を経て持統天皇二年（688）に「大内陵」に埋葬された。また、天武天皇の皇后であった持統天皇は、『続日本紀』によれば大宝二年十二月（703年1月）に没し、大宝三年十二月（704年1月）に「飛鳥岡」で火葬の上、大宝四年正月（同年2月）に「大内山陵」に合葬された。「大内陵」に比定される野口王墓古墳（奈良県高市郡明日香村）（福尾2013）（図2）は、対辺長38mの八角墳で、石槨内に天武天皇所用の漆塗木棺と追葬された持統天皇所用の金銅製蔵骨器を納めていたことが鎌倉時代の検分記録である『阿不幾乃山陵記 [あおきのさんりょうき]』から知られる（秋山1979）。

　文武天皇は、天武天皇と持統天皇の孫で、飛鳥時代に没した最後の天皇である。『続日本紀』によれば慶雲四年六月（707年7月）に没し、同年12月に「飛鳥岡」で火葬の上、「檜隈安古 [あこ] 山陵」に葬られた。近年の発掘調査成果により、中尾山古墳（奈良県高市郡明日香村）をこれに比定する考え方が最有力である。中尾山古墳（明日香村教育委員会2020）は対辺長21.5mの八角墳で、石槨の内部空間がわずか90㎝四方と狭いことから、火葬骨を納めた蔵骨器を安置していたと考えられている。

　以上のように、皇極朝以降の飛鳥時代の王陵は八角墳化する（図1）。このような墳丘形態による王陵の差別化は、舒明朝までのあり方とは異なる大きな変化である。その後、乙巳の変（645年）、壬申の乱（672年）といった大きな権力の再編を経て、古墳総体の築造数は段階的に減少する。とくに壬申の乱後は古墳の築造数が激減し、王陵（天皇陵）は隔絶的な存在となる。「天皇」の称号の使用開始などとも連動する動きと評価できよう。

3　飛鳥地域の陵墓区

3.1 王宮の固定化

　飛鳥時代の王宮は、代替わりごとに王宮を移転する伝統的な「歴代遷宮」の慣行や、火災などを原因とした一時的な移転などにより、めまぐるしく移動した。しかし、総じてみると、大阪府大阪市の上町台地上に造営された孝徳朝の長柄豊碕 [ながらとよさき] 宮、滋賀県大津市の琵琶湖畔に造営された天智朝の近江大津宮を除けば、飛鳥時代の王宮は基本的に一貫して飛鳥地域とその周辺、すなわち奈良盆地南部の奈良県高市郡明日香村・橿原市・桜井市一帯に置かれていた。飛鳥時代という時代名称の由来はここにある。

　とくに、「飛鳥宮跡」（明日香村）のⅢ期と称される宮殿遺構は、斉明朝～天智朝の後飛鳥岡本宮（656～667）と、それを改修、拡充した天武朝～持統朝の飛鳥浄御原 [きよみはら] 宮（672～694）であることが判明している（図3）。飛鳥宮にみられるこのような王宮の固定化は、持統・文武・元明三代の藤原宮・京（694～710）、さらには平城宮・京（710～784）といった本格的都城の造営につながるものと評価できる。

3.2 飛鳥地域の陵墓区

　ここで注目したいのは、上述のような斉明朝以降の飛鳥宮における王宮の固定化、本格的都城である藤原宮・京の造営に呼応するように、飛鳥地域における王陵の造営地にも固定化が顕在化することである。飛鳥宮跡の南東2～3㎞に展開する丘陵地であり、かつ藤原宮跡の南4～5㎞に位置する奈良県高市郡明日香村の檜隈 [ひのくま]・真弓一帯には、飛鳥宮お

よび藤原宮に宮殿を置いた斉明・天武・持統・文武四代の陵すなわち牽牛子塚古墳・野口王墓古墳・中尾山古墳が集中する。

これらの古墳の選地と相互の位置関係については、中国江蘇省南京・丹陽周辺の南朝陵墓群と同様の風水思想にもとづく「谷を兆域とする陵墓」が、それぞれ広大な兆域を占有しながら、相互の兆域を接するように造営されているとの見解がある（来村2004）。3基の古墳は古墳時代の王陵に比べれば墳丘規模は著しく小型化しているが、そのダイナミックな選地はまさしく王陵に相応しいといえるだろう。

斉明天皇は舒明天皇の皇后であり、天智天皇と天武天皇の母にあたる。斉明陵には娘の間人皇女が合葬され、孫の大田皇女も陪葬された。天武天皇は、舒明天皇と斉明天皇の子で、持統天皇の夫、文武天皇の祖父にあたる。持統天皇は天智天皇の子で、天武天皇の皇后、文武天皇の祖母にあたり、天武陵に合葬された。文武天皇は、天武天皇と持統天皇の孫で、父は天武天皇と持統天皇の子である草壁[くさかべ]皇子、母は天智天皇の娘で持統天皇の妹にあたる元明天皇である。

以上の関係を見るならば、ここには中国に倣った律令国家の建設を推進した天武天皇と持統天皇の夫妻を核とし、その近親者がこぞって葬られていることになる。唐墓壁画の色濃い影響が見られる壁画で著名な高松塚古墳とキトラ古墳も、その一角にある。とくに天武陵の造営後には、後述する唐皇帝陵の陪陵制度に倣い、天武陵を中心とした一大墓域が設定された可能性も指摘されており（河上1985）、傾聴に値する。いずれにせよ、このような陵墓区の形成は、それまでの「歴代遷宮」の慣行を打破し、唐の都城制に倣い、国家経営の基盤となる固定的な都城を建設する動きと不可分のものと評価できるであろう。

4　奈良時代の天皇陵

4.1 「自此以後。不作高陵」

元明天皇は、天智天皇の娘で、持統天皇の妹にあたる。天武天皇と持統天皇の子で、27歳で没した草壁皇子の妃であり、文武天皇の母でもある。707年、文武天皇が25歳で早世すると、幼少であった孫の首[おびと]皇子（後の聖武天皇）の成長を期して即位した。和銅三年（710）には平城遷都を断行し、霊亀元年（715）に娘の元正[げんしょう]天皇に譲位した。

『続日本紀』によると、元明太上天皇は養老五年十二月七日（721年12月29日）に平城宮で没し、十二月十三日（722年1月4日）に、遺詔に従って「椎[なら]山陵」に葬られた。その遺詔とは、「朕が崩じた後は、大和国添上郡蔵宝[さほ]山の雍良岑[よらのみね]に竈[かまど]を作って火葬せよ。他所に改めてはならない。諡号[しごう]は『其国其郡朝庭馭宇天皇』とし、後世に伝えよ。」（註2）、「山を掘鑿してはならない。ただカマドを作り、イバラを刈って開いただけの場所に葬れ。またその場所に常緑の木を植え、刻字の碑を立てよ。」（註3）というものであった。

徹底した薄葬の理念にもとづき、伝統的な古墳の造営を明確に否定し、自然の山をそのまま陵とせよ、との主旨である。『扶桑略記』[ふそうりゃっき]は「これより以後、高陵を作らず」（註4）と特記している。天皇陵が古墳として築造された時代は、平城遷都とともに終わったのである。

4.2 元明天皇陵

元明天皇陵は、平城京の北方、奈良市奈良阪町[ならざかちょう]の、現在は「養老ヶ峯」[ようろうがみね]と呼ばれる丘陵にあり、江戸時代に元明天皇の陵碑が出土した場所にあたる。「函石」[はこいし]と呼ばれるこの陵碑は、鎌倉時代の『東大寺要録』巻八裏書に「奈保山太上天皇山陵碑文」として碑の形状や碑文が

図示されている。その後、所在不明となっていたようであるが、18世紀になって山崩れにより出土したとされる。現在は陵上の覆屋内に保管されており、その東隣には明治三十二年（1899）につくられた原寸大の模造碑が立てられている（図4・5）。

「函石」は高さ約94cm、幅約65cm、厚さ約45cmの花崗岩製で、「大倭國添上郡平城之宮馭宇八洲太上天皇之陵是其所也。養老五年歳次辛酉冬十二月癸酉朔十三日乙酉葬。」の45字を刻む（陵墓調査室2000）（図6）。まさに、『続日本紀』が記す「其国其郡朝庭馭宇天皇」に倣うように「大倭國添上郡平城 [なら] 之宮に宇八洲 [あめのしたやしま] を馭 [しらしめ] しし太上天皇」の陵と記し、埋葬年月日も養老五年十二月乙酉（722年1月4日）と完全に一致する。

4.3 平城京北方の陵墓区

『続日本紀』によれば、天平宝字年間（757～765）までに没した元正天皇（748年没）、大皇大后藤原宮子（聖武天皇の母）（754年没）、聖武天皇（756年没）の葬所はすべて「佐保 [さほ] 山陵」、光明皇后（聖武天皇の皇后）（760年没）の葬所は「佐保山」である。元明天皇陵が「蔵宝 [さほ] 山雍良岑」にあることを合わせると、奈良時代前～中期の天皇陵・皇后陵・太皇太后陵はすべて同じ「佐保山」の一帯にあることになる。

宮内庁による現治定陵は、元明陵が上述の養老ヶ峯にあるほか、元正陵はその東方約300mの弁財天山という半独立丘陵、聖武陵と光明皇后陵はその南方約1.2kmの多聞山にあり、いずれも陵形は「山形」とされる。これら奈良時代前～中期の陵の構造は不明な点が多いが、それぞれ元明天皇の遺詔の内容から推測される自然の山をそのまま陵としたものであった蓋然性が高い。光明皇后陵が単に「大和国添上郡佐保山」と記されていることも参考になるであろう（奈良県立橿原考古学研究所附属博物館2010）（図7）。

これらは前述した飛鳥地域の陵墓区を引き継ぎ、平城京北方の丘陵地帯に形成された陵墓区として評価できる。獣頭人身の十二支像を線刻した「隼人 [はやと] 石」を樹立する聖武天皇皇太子（728年に夭折した基王とされる）の「那富山墓」も含まれ、飛鳥地域の陵墓区と同じく近親者の墓域としての性格がうかがわれる。

5 唐の山陵制度

5.1 唐十八陵

唐（618～907）の皇帝陵19陵のうち、唐末に河南省洛陽に移送されて殺害された昭宗の和陵を除く18陵は、すべて陝西省にある。関中平原の北を限る北山山脈の南縁辺部に、東西に長く点々と造営され、総称して「唐十八陵」と呼ばれる（来村2001、橿原考古学研究所附属博物館2010ほか）。

もっとも西にある高宗の乾 [けん] 陵（陝西省咸陽市乾県）から、もっとも東にある玄宗の泰陵（同渭南市蒲城県）までは、直線距離で約140kmもある。壮大なスケールであるが、都城である長安城（同西安市）の北方にベルト状の陵墓区を形成していると見なすことができる（図8）。唐の皇帝陵の最大の特徴は、「因山為陵」という山陵形式をとることであり、遣唐使らもその雄大な姿を目にしたことであろう。

都城の北方に陵墓区を形成するのは、渭河 [いが] をはさんで南北に対峙する漢長安城と前漢の皇帝陵群（前漢十一陵）の関係と共通する。11陵のうち文帝覇陵 [はりょう] は長安の西方、宣帝杜陵は南西方に位置するが、それ以外の9陵はすべて渭河北方の咸陽原 [かんようげん] に東西に並ぶようにして造営されている。

5.2 最初の唐皇帝陵—献陵の造営

李淵 [えん]・李世民 [せいみん] 父子が、隋末の混乱を収拾して唐を建国したのは618年のことである。建国から17年後の唐貞観九年（635）、すでに帝位を子の李世民（第2代太宗）に譲っていた初代皇帝李淵（高祖）が没した。その6ヶ月後、高祖

は献 [けん] 陵（陝西省咸陽市三原県）に埋葬された。

献陵は、約470m四方の方形を呈する陵園の中央北寄りに、東西約140m、南北約110m、高さ約19mの覆斗形の版築盛土による封土堆（墳丘）を築く、いわゆる墳丘形式をとる（図9）。陵園の四面に門を設け、四門の外に各1対の石虎を置く。南門外には神道をはさんで石刻列がある。このほか、陵園の南西約2.5kmに下宮を置く（張2010）。『唐会要』巻二十には25名の陪葬名氏が挙げられているが、実際の陪葬墓は50基を上回る。

覆斗形の方墳状の墳丘を版築盛土で築き、四門を開く方形陵園で囲む陵の基本構造は、前漢文帝覇陵（陝西省西安市灞橋区）を除く前漢皇帝諸陵および後漢光武帝原陵（河南省洛陽市孟津県）と同じである。『旧唐書』『唐会要』等には、太宗が詔により献陵の規格を漢の建国者である漢高祖劉邦の長陵（陝西省咸陽市渭城区）にならうよう命じたことに対し、自然の山を利用して墳丘を築かなかったとされる文帝覇陵や、長陵よりも小さな規格で造営された光武帝原陵などの前例を挙げた建議が相次いだことが記されている。

大規模な皇帝陵を造営することの弊害を軽減しながら、唐の建国者の陵としての格式をいかにして保つか、が議論の主題であった。太宗の最終的な決定はわからないが、実際の献陵は漢高祖の長陵よりもかなり小さめの規格で造営されている。

5.3 昭陵の造営－山陵制度の確立

高祖李淵が没した翌年の唐貞観十年（636）、太宗の皇后長孫氏（文徳皇后）が没した。約4ヶ月後、長孫氏は昭陵（陝西省咸陽市礼泉県）に埋葬された。太宗自身は唐貞観二十三年（649）に没し、長孫氏の眠る昭陵に合葬された。昭陵は、太宗が自身と皇后の合葬陵として計画し、造営した、それまでにないスケールの皇帝陵である。太宗によって具現化された「因山為陵」という山陵制度の理念は、その後の唐皇帝陵の規範となった。

礼泉県の北東25kmに聳える海抜1188mの九嵕山 [きゅうそうざん] は、華山や太白山と並ぶ関中の名峰であり、その独特の山容は遠方からもよく目立つ存在である。その主峰「唐王嶺」の南面は石灰岩の岩盤が露出し、人を寄せ付けない断崖となっている。昭陵はこの断崖を掘り抜いてトンネル式の玄宮（墓室）を設け、山全体を陵体としている（図10）。

昭陵の造営にあたっては、人が容易に近づけない断崖に玄宮を掘鑿するために、崖面に杭を打ち、木を掛け渡した桟道が延長230歩（約414m）にわたって設けられたという。玄宮はきわめて深く、五重の石門を通過して中に入るようになっていた。

陵体である九嵕山の主峰を中心として、広大な陵園が設定されているが、周囲に陵垣 [えん] はめぐっていない。陵園の北には北司馬門、南には南司馬門があり、南西には寝宮が置かれていた（张建林、王小蒙：2006）。陵園の南東を中心に多数の陪葬墓があり、それらを包括する全体の兆域は中国歴代帝王陵中最大の面積を有するといわれる。

5.4 唐・山陵制度のモデル－前漢文帝覇陵

『漢書』文帝紀・文帝後七年（BC157）条に記す前漢文帝の遺詔は、いわゆる「薄葬短喪」の思想に貫かれている。自身の陵である覇陵の造営に関しては、「覇陵の山川は、埋葬のためにその姿を変えてはならない」（註5）と述べ、陵の造営に関わる土木工事を最小限とする意思が示されている。「因其山，不起墳」とされた覇陵は、従来、西安市の東郊、白鹿原 [はくろくげん] 上の「鳳凰嘴」 [ほうおうし] と呼ばれる山峰に比定され、山腹にトンネル状の墓室を設けたいわゆる崖墓形式の墳墓であると考えられてきた。

『全唐文』巻九に載せる唐太宗遺詔には、「陵園の制度は努めて倹約せよ。その昔、覇陵は掘鑿しなかったというが、これが朕の意である」（註6）の一文がある。また、『旧唐書』后妃列伝上によれば、死期を悟った長孫氏は、厚葬を戒め、「ただ山に因って葬って欲しい。墳丘を造営してはならない」

（註7）と述べたという。『旧唐書』太宗本紀にも、厚葬を戒めた唐貞観十一年（637）の詔が見える。

自然の山体をそのまま陵体とした昭陵の造営理念が、前漢覇陵の故事に因むことは明らかであり、その背景には厚葬を戒め、倹約に努める「薄葬」の考え方がある。ただ、昭陵がそのモデルとした前漢覇陵は、基本的な構造の点で昭陵とはかなり異なるものであったことが近年の考古学的調査で判明しつつある。陝西省考古研究院と西安市文物保護考古研究院が継続している白鹿原上での調査で新たに見つかった江村大墓（陝西省西安市灞橋区）が、最近になって真の覇陵と認定された。江村大墓は「亜」字形の巨大な竪穴墓壙をもち、周囲に100基以上の外蔵坑と陪葬墓を配置する。その構造はこれまでに知られている前漢皇帝陵の地下構造と共通するが、封土堆はない。一方、従来覇陵の所在地と考えられてきた鳳凰嘴には、漢代の遺構はまったく存在しないことも判明している（陝西省考古研究院、西安市文物保护考古研究院：2021）。

また、実態としては、唐の歴代皇帝が造営し続けた山陵は、広大な陵園の諸施設や下宮をはじめとする陵寝施設の整備など、巨大な土木建設工事を伴うもので、「薄葬」とはほど遠いものであった。陵園を取り囲む陵垣は、版築で本体を造り、壁を漆喰で固めて赤く塗り、瓦葺きとした築地塀である。陵園の構造は、太宗の子・高宗の乾陵で完成をみたが、乾陵の陵垣の総延長は約6kmである（図11）。最大の陵園をもつ玄宗の父・睿[えい]宗の橋陵（陝西省渭南市蒲城県）の場合、陵垣の総延長は実に約13kmにおよぶ。

5.5 陪陵制度

唐の皇帝陵では、妃や諸王・公主、功臣密戚、下級に仕えた宮人などは、陵園に近い陪葬墓区に墓地を与えられた。

唐皇帝陵の全体的な構造は、皇帝が生前暮らした長安城のそれを写したものともいわれる（賀梓城：1980）。たとえば、陵園は宮城に対応し、陵園の南にある南門闕[なんもんけつ]・乳台・鵲台[じゃくだい]の3つの闕は三重の宮門を象徴する。より陵園に近い南門から乳台までの間は皇城、乳台から鵲台までの間は居民区（里坊）を象徴し、皇城に対応する場所の神道には皇帝の出御を象徴する石刻列が並び、里坊に対応する場所に陪葬墓区が広がる。200基近い陪葬墓が存在する昭陵陪葬墓群では、墓主名の判明する陪葬墓の分布と皇城における官署の配置との対応関係がみられるとの分析結果もある（沈睿文：2009）。国家そのものを体現する皇帝の地位にふさわしい陵のあり方が求められたのであろう。

実は、唐皇帝陵の陪陵制度は、昭陵がピークで、高宗乾陵以降は急速に形骸化する。玄宗泰陵以降は陪葬墓がないか、あっても数基程度である。睿宗橋陵には12基の陪葬墓があるが、すべて皇族墓であって、功臣密戚墓は存在しない。建国の功労者が多数付き従った献陵と昭陵のあり方はむしろ特殊であって、皇帝陵といえどもより本質的には家族墓的な実態をもっていたといえよう。

6　まとめ

飛鳥時代から奈良時代にかけて、日本の王陵（天皇陵）が古墳から自然の山を利用した山陵に変化する状況、それに先だって唐で自然の山を陵体とする山陵制度が確立した流れを概観した。結論的にいえば、日本における奈良時代前～中期の天皇陵が自然の山を利用した山陵に変化するのは、唐皇帝陵の影響を一定程度受けた結果であると筆者は考える。若干の補足を加えてまとめとしたい。

6世紀末の前方後円墳の消滅は、巨視的に見れば6世紀代を通じて進行した中央政権による支配権強化の帰結としてとらえられる。なお、王陵としての前方後円墳の消滅と方墳化を隋文帝泰陵（張建林等：2021）の造営と関連づける見解（鐘方2004）は興味深い。ただ、『隋書』に見える泰陵（太陵）の初見は隋仁寿二年（602）の独孤[どっこ]皇后の埋葬記事であり、微妙な年代的齟齬が課題となる。

7世紀中葉の王陵の八角墳化は、強大な唐帝国の出現による東アジアの国際環境変化に対応した、さらなる王権強化の動きの一環として評価できる。同時に飛鳥時代後半には、中国に倣った新たな都城制の整備の動きと連動して、固定化した陵墓区の形成が見られる。しかしながら、飛鳥時代においては、最後まで「古墳としての王陵」を完全に脱却することはなかった。

奈良時代になると、理念先行型の「周礼 [しゅらい] 型」都市であった藤原京から、唐長安城を直接のモデルとした平城京への遷都が行われる。それとともに、天皇陵は古墳ではなく、自然の山をそのまま陵としたものに変化する。『続日本紀』が伝える元明太上天皇の遺詔からは徹底した薄葬の理念がうかがわれ、同じく薄葬を旨とした唐皇帝陵の「因山為陵」の理念を日本的に具現化したものと評価してよい。藤原京の南方に陵墓区が形成された飛鳥時代の状況を改め、平城京北方の丘陵地帯に陵墓区が形成されることも、唐長安城と唐十八陵の関係と相似的であり、「古の葬は、並べて國都の北に在り」（註8）という華北的な理想形を実現している。

別の側面として、仏教的な火葬の問題がある。『続日本紀』に「天下の火葬これより始まれり」と注釈する文武天皇四年（700）の僧道昭の火葬に続き、持統天皇（703年）、文武天皇（707年）、元明天皇（721年）、元正天皇（748年）、太皇太后藤原宮子（754年）が相次いで火葬を選んでいる。火葬の普及が古墳の終焉の大きな要因の一つであることは間違いない。しかし、王陵が自然の山を利用したあり方に変化する理由を火葬の普及によって説明することはできないであろう。実際、自然の山を利用した陵に葬られた聖武天皇、光明皇后には火葬の記事が見えない。やはり、自然の山をそのまま陵とする発想は、第一義的には唐皇帝陵の「因山為陵」の影響と見るべきである。

7　おわりに

以上、飛鳥・奈良時代の王陵・天皇陵にみる唐皇帝陵の影響について述べてきた。唐皇帝陵は日本のみならず、周辺諸国の王陵にも影響を与えている。唐皇帝陵では陵前石刻が発達するが、突厥、吐蕃 [とばん]、新羅の王陵はそれを受容している。一方、日本では、前述の「隼人石」のような例はあるが、明確な唐風の石刻は未確認で、受容のあり方にはそれぞれ違いがある。

奈良時代前～中期の天皇が仏教的な火葬を採用している点も、唐との決定的な違いである。中国では伝統的な死生観から火葬は普及せず、唐においても、皇帝はもちろん、圧倒的多数の人たちは土葬であった。インド起源の仏教は、中国を経由して日本に伝わったのであるが、同じように国家が仏教を保護し、支配者層が厚く仏教を信仰しながら、火葬という一点ではその受け入れ方が正反対である。元明太上天皇の遺詔からうかがわれる奈良時代の山陵は、火葬の採用によって究極の薄葬を実現した。同じく薄葬の理想を標榜しながら、実際には国家財政を圧迫するような巨大な山陵の造営から脱却することがなかった唐皇帝陵とは対照的である。

飛鳥・奈良時代の日本は隋唐文化を積極的に受容し、中国から多くのことを学んだ。一方、こうした火葬の受け入れ方の違い一つを見ても、それは単なる模倣ではない、主体的な取捨選択を伴うものだったといえるであろう。

註

1. 『続日本紀』巻二・大宝元年正月乙亥朔「天皇御大極殿受朝。其儀、於正門樹烏形幢。左日像・青竜・朱雀幡。右月像・玄武・白虎幡。蕃夷使者、陳列左右。文物之儀。於是備矣。」
2. 『続日本紀』巻八・養老五年十月丁亥「朕崩之後。宜於大和国添上郡蔵宝山雍良岑造竈火葬。莫改他処。諡号称其国其郡朝庭馭宇天皇。流伝後世。」
3. 『続日本紀』巻八・養老五年十月庚寅「喪事所須。一事以上。准依前勅。勿致闕失。（略）仍丘体無鑿。就山作竈。芟棘開場。即為喪処。又其地者。皆殖常葉之樹。即立刻字之碑。」
4. 『扶桑略記』巻六・養老五年「十二月四日。太上天皇崩。【年六十一。元明天皇也。】火葬于椎山陵。依遺詔。不置葬礼。【陵高三丈。方三町也。自此以後。不作高陵。】」
5. 『漢書』文帝紀・文帝後七年「霸陵山川因其故、無有所改。」
6. 『全唐文』巻九・遺詔「園陵制度、務從儉約。昔者霸陵不掘、則朕意焉。」
7. 『旧唐書』巻五十一・太宗文德皇后長孫氏伝「但請因山而葬，不須起墳。」
8. 『旧唐書』巻七十九・呂才伝「古之葬者，並在國都之北。」

引用文献（日文）

1. 秋山日出雄1979「檜隈大内陵の石室構造」『橿原考古学研究所論集第五』，吉川弘文館。
2. 明日香村教育委員会2013『牽牛子塚古墳発掘調査報告書』。
3. 明日香村教育委員会2020『明日香村の文化財25中尾山古墳』。
4. 鐘方正樹2004「日中における王陵の墳形変化とその関連性」『博望』5，東北アジア古文化研究所。
5. 河上邦彦1985「凝灰岩使用の古墳」『末永先生米壽記念献呈論文集乾』，末永先生米寿記念会。
6. 来村多加史2001『唐代皇帝陵の研究』，学生社。
7. 来村多加史2004『風水と天皇陵』，講談社。
8. 鈴木一議・木村理恵・齊藤希・木村結香2019「小山田遺跡第10次調査（小山田古墳）」『奈良県遺跡調査概報2018年度（第2分冊）』奈良県立橿原考古学研究所。
9. 張建林2010「唐皇帝陵における陵園形式の発展と変遷」『大唐皇帝陵』奈良県立橿原考古学研究所附属博物館。
10. 奈良県立橿原考古学研究所附属博物館2010『大唐皇帝陵』。
11. 福尾正彦1991「推古天皇陵の墳丘調査」『書陵部紀要』42，宮内庁書陵部。
12. 福尾正彦2013「八角墳の墳丘構造－押坂内陵・山科陵・檜隈大内陵を中心に」『牽牛子塚古墳発掘調査報告書』，明日香村教育委員会。
13. 陵墓調査室2000「元明天皇陵内陵碑・那富山墓内「隼人石」・桧隈墓内「猿石」の保存処理及び調査報告」『書陵部紀要』51，宮内庁書陵部。

引用文献（中文）

1. 贺梓城，《关中唐十八陵调查记》，《文物资料丛刊》，1980年3期。
2. 沈睿文，《唐陵的布局－空间与秩序》，北京大学出版社，2009年。
3. 张建林、王小蒙，《对唐昭陵北司马门遗迹考古新发现的几点认识》，《考古与文物》，2006年6期。
4. 张建林、田有前、张博、胡春勃、李公正，《隋文帝泰陵考古调查勘探简报》，《考古与文物》，2021年1期。
5. 陕西省考古研究院、西安市文物保护考古研究院，《江村大墓考古工作主要收获》，《中国文物报》2021年12月14日考古专刊。

圆形还是八花形？——八咫镜形状考

刘琳琳（北京大学日语系）

日本天皇的三种神器之一是八咫镜，这是广为人知的事实，但仔细说来，自古以来被作为神器的镜其实有两面，八咫镜是其中之一，还有另外一面，是存放在皇宫（京都的"内里"，和现在的东京"皇居"）内侍所镜。内侍所镜长期被默认为八咫镜的复制品。笔者认为有必要把两者区分开来，如果将两者混为一谈，预设其形状、意义、功能完全相同，则会在很多问题上引出有偏差的结论。比如八咫镜的形状是什么样的问题。从研究史来看，日本自平安时代以来反复探讨八咫镜的形状与大小，古来很多记载往往根据史料中对于内侍所镜的记载来推断八咫镜的形状。至于内侍所镜，其实直接考察其形制的研究很少见，原因还是在于人们都把两面镜子视为完全相同的，以为弄清了八咫镜的形制，内侍所镜的形制问题自然迎刃而解。笔者认为这两面镜子应该分开讨论，由于篇幅所限本文集中探讨八咫镜的形制。对此问题目前可见的意见分为两种，一种认为是圆形，另一个观点则认为八咫镜是"八花形"或者"八叶形"，这是平安时代到中世对于一种镜形的命名，与中国的镜形命名法的对应关系比较复杂，总的来说包括中国的"八菱镜"和"八葵镜"两种镜形。近代日本把这两种镜形统称为"花形镜"。以下结合史料，从日本古代关于这个问题的讨论，对八咫镜形状进行考察。

一、八咫镜圆形说

10世纪初期，平安时代贵族之间就有了八咫镜是圆形镜的看法。平安时代朝廷重视《日本书纪》，探讨八咫镜的形状问题一般是在官僚们集中学习《日本书纪》的场合。平安时代举行过几次正式的《日本书纪》"讲书"活动，一些参与讲

书的人留下了个人的笔记，统称为"日本纪私记"或"日本书纪私记"，其中矢田部公望在关于延喜四年（904）讲书的笔记《延喜公望私记》中记载了"户部藤卿"（户部卿藤原有穂）的意见："尝闻，或说八咫乌者，凡读咫为阿多者，手之义也。一手之广四寸，两手相加正是八寸也。故书传谓咫为八寸也。今云八咫者，是八八六十四寸也。盖其镜圆数六尺四寸欤？其径二尺一寸三分余也。是则今在伊势大神也。贵神远人，甚远未详其实也。师说亦许同之。"[1]此处的"师"是指矢田部公望的父亲、博士矢田部名实，延喜讲书的主讲人。这条记载显示出，10世纪初期朝廷中间基本接受"八咫"的意思为镜的周长（圆数）。"圆数"的说法表明人们默认八咫镜为圆形的。总结起来，至少到10世纪初期为止，朝廷通行的看法是八咫镜是周长八咫（即六尺四寸）的圆形镜。

八咫镜为圆形的说法直到现代都有很多人支持。最有代表性的是考古学家原田大六，他于1965年发现了福冈县丝岛市平原遗址（古坟），里面陪葬有4面直径为46.5厘米的圆形镜，镜背花纹类型在日本称为"内行花文"，相当于中国的"连弧纹"。原田大六认为，平原遗址就是伊都国的王陵，大型内行花文镜就是八咫镜。这个学说在战后日本学界影响很大，但是与后文所示的多个历史文献记载无法整合。福冈县发现的伊都国的圆形镜是否是后来天皇的八咫镜，还有探讨的余地。

二、《神宝图形神秘书》中的八咫镜形象

认为八咫镜是八花形或八叶形的文献是从平安时代晚期开始出现的，笔者收集到的这种资料大都是与伊势神宫关系

比较紧密的人记述下来的，主要有据认为是平安后期的官僚大中臣亲俊写的《神宝图形神秘书》，中世伊势神道的代表性文献——《神道五部书》，还有两部神道类文献《二所天照皇太神宫迁幸时代抄》。《神宝图形神秘书》是20世纪90年代日本的牟礼仁教授发现并解读的。所谓"神宝"有两组，一组是三种神器，另一组是饶速日尊的十种神宝。文中每一件神器都配有图像。其中八咫镜的图形是有8个突起的对称形状，整体上呈现花瓣形状，图形里面有文字注释为"八叶形镜"（图1）。[2]该文还对于镜、剑、玉每件神器的意义进行了阐述。另外值得注意的是八叶形的镜还有第二面，即"十种神宝"系列中的"边都镜"（图2）。[3]据牟礼仁考证，该文献成书于1176年以前，作者是担任伊势神宫祭主的大中臣亲俊。[4]祭主职位在伊势神宫神职体系中地位是最高的，由中央指定大中臣家族出身的人世袭，祭主比别的神职有更多机会接触到有关八咫镜的信息，甚至亲眼见过八咫镜也是有可能的。大中臣亲俊的记载表明，在1176年以前，世袭神宫祭主职位的大中臣家族中就有人认为八咫镜不是圆形，而是"八叶形"。

笔者查阅日本铜镜学界的研究，并请教中国的铜镜学者，得知这种复杂的镜形在铜镜史上罕见，与它最近似的镜形是清华大学艺术博物馆最近征集到的寄藏品（图3）。

由该寄藏品可见，这面铜镜完全符合《神宝图形神秘书》中八咫镜的形状。清华大学艺术博物馆谈晟广老师给这面铜镜命名为"十六曲边八葵形花鸟瑞兽纹镜"。根据谈老师提供的信息，这面铜镜其实是从日本回流的，是出土品而不是传世品。从古到今，包括文献中著录的镜、出土实物和传世实物在内，符合这种形状的镜目前仅知道的最多有3面，其中一面是上述的清华艺博寄藏品；另2面可能就是八咫镜和边都镜。"八叶形镜"的罕见性也使得八咫镜更增加了神秘色彩。

三、《二所天照皇太神迁幸时代抄》中的八咫镜形象

第二种显示八咫镜形状的史料是中世两部神道文献《二所天照皇太神迁幸时代抄》。日本临川书店出版的《真福寺善本丛刊·真言神道集》收录了该文，是以图像为主要内容，用23幅图画展示天照大神迁出宫廷之后，由皇女倭姬根据女神的意愿在各地辗转供奉代表女神的八咫镜，几经周折最终选择伊势作为永久供奉地。其中最开头的两幅图（图4）直接画出天照大神的形象，即一个头戴宝冠、结密教手印的女神坐像。两幅图的主要区别在于天照作出的密教手印，第一幅是禅定印，第二幅是智拳印。笔者注意到两幅神像共同特点是周围有一个圆形，圆形外侧是八个花瓣。两幅图之间的文字解释是："天祖赐与，敕曰'当犹如视吾'，故天孙供祭八咫镜，作为天照皇太神之御灵形。"[5]

笔者认为对于这一资料应该谨慎、批判地理解。两幅图直接画出天照大神的形象，这在现有的同类史料中是罕见的，但不能由此推断八咫镜上真的雕刻着女神的形象，目前也没有任何旁证可以证明这一点。图画中女神呈跏趺坐姿势，所结手印分别与密教的胎藏界、金刚界曼荼罗中大日如来的手印符合，这表明该图作者是基于真言密教和两部神道学说来想象天照大神的形象。由于八咫镜的存在可以追溯到7世纪，此时密教还没有传入日本，因此不可能在镜上雕刻具有真言宗色彩的女神像。不过，也不应该因此全盘否定这一图像的历史价值。笔者认为，把图像与文字结合起来解读，可以发现两点：第一，图4有简单的旁注，其内容是叙述天照大神把八咫镜作为自己的本体，而图像中女神坐在花瓣形中间，从观看者的视角看，彷佛看一面镜子时，镜中映出女神的身姿。因此花瓣形反映了八咫镜的形状，即整体为八瓣花形。第二，女神周围的花瓣图像与《神宝图形神秘书》中的镜图像还是有所不同，前者弧线构成尖锐的角，接近一般的八菱镜，前述图1、图2中的八叶形镜的外缘弧线都很圆润，没有尖角。笔者认为这样的花瓣形象是密教中的莲花，胎藏界曼荼罗最中心的中台八叶院，就是把大日如来和其他8尊佛分别置于莲花的中心和8个花瓣上。而无论在胎藏界还是金刚界曼荼罗中，大日如来都是以坐在莲花宝座上的形象出现（图5、图6）。笔者认为《迁幸时代抄》的作者先通过某种途径了解到八咫镜的形状是花形，然后根据密

教莲花知识以及两部神道的基本思想——把天照大神视为大日如来的设定，最终把镜的外形描绘为花瓣形。笔者认为中台八叶院的空间布局很可能是启发《迁幸时代抄》的天照大神与八咫镜的图像的重要因素。

四、《神道五部书》中的八咫镜形状记载

第三种描述八咫镜为花形的资料是神道五部书系列。其中《宝基本记》（一般认为很可能是伊势外宫神职度会行忠于1277年之前编写）记载："一名日像八咫镜是也。八咫谓八头花崎八叶镜也。中台圆形座，清明也。"[6]"八头"可以理解为八个突出的角，"花崎"日语读作"はなさき"，"さき"又写作"先"，就是突出的部分、尖端的意思，因此"花崎"意为花瓣。这说明镜的外缘形状像八个花瓣。"中台圆形座"，意为"有圆形的中台"，笔者认为"中台"一词来源于"中台八叶院"，圆形中台指的应该是镜子的圆形界圈。而《迁幸时代抄》中花瓣里面、女神外侧的确有一个圆圈，与神道五部书的记述相符合。

《伊势二所皇太神宫御镇座传记》："一面者，从八百万神等，以石凝姥神奉金镜。是则崇太神宫也。一名日像。八咫镜是也。八咫谓八头花崎八叶镜也。中台圆形座，清明也。"[7]

《倭姬命世记》："天照皇太神，一座。大日孁贵，此云于保比留咩能武智(おほひるめのむち)。音孁（力丁反）。御形，八咫镜坐。谓八咫者，八头也。丰受太神，一座。元丹波国与谢郡比冶山顶麻奈井原坐，御馔都神。亦名仓稻魂是也。大自在天子。御灵形，真经津镜座，圆镜也，神代三面内也。（后略）"[8]

由上可见，神道五部书中有三部提到八咫镜的形状，而且都使用了"八头""花崎""八叶"等描述性词语。特别是《倭姬命世纪》中，"御形，八咫镜坐"和"御灵形，真经津镜座，圆镜也"形成一种对应关系，可以看出，如果镜的形状真的是圆形，那么在《传记》和《倭姬命世记》中肯定会直接书写为"圆镜"，这就说明丰受大神的本体镜是圆形，而天照的本体镜

是有"八头"的。

到了江户初期，伊势神宫的著名神职度会延佳在《神宫秘传问答》中直截了当地宣布：八咫镜的形状是八花形。"神镜之事是最大的秘密。其正确的名称是八咫镜，说它六尺四寸是错误的。八的意思是八花形之镜。咫等于八寸，就是形状为八花形，直径八寸的镜。神镜之事有极其秘密之口传，特别是关于内外宫神镜的形状之别有很多禁忌，不能对外言说。"[9]

度会延佳首先否定了镜是六尺四寸的说法，然后把"八"与"咫"分开解释，认为"八"是指镜的整体形状，为"八花形"，"咫"还是理解为八寸，把两者结合起来就是直径一咫（八寸）的八花形镜。度会延佳是伊势外宫的重要神职之一，又是近世伊势神道的领军人物，他的意见需要重视。

将现存珍贵实物与从古代到中世的多种记载综合起来相互印证分析，笔者倾向于认为八咫镜的形状为十六曲边八葵形。但实物与八咫镜毕竟是两码事，至少不能判定八咫镜背面也有同样的"花鸟瑞兽纹"。据笔者陋见，八咫镜的纹饰问题在历史上没有被探讨过，只能期待将来有新证据出现来解开这个谜。

五、"八咫"是一种镜形名称

以上对伊势神宫八咫镜的各种观点和相关资料进行梳理与比较，笔者得出了八咫镜极有可能是十六曲边八葵形的结论。那么下一步要面对的就是"八咫"一词的意义问题。日本镜学界和记纪神话研究界对这个问题的疑惑和争论由来已久。在中国古代汉语中，"咫"是一个长度单位，《说文解字》中对"咫"的解释是"中妇人手长八寸，谓之咫，周尺也"。即等于普通女性的手的长度八寸。那么手的长度究竟如何计算？《日本国语大辞典》和《新选汉和辞典》中解释为手张开时拇指和中指之间的距离就是一咫。笔者对此有过亲身的生活经验，家母在裁布做衣服、需要量尺寸的时候，经常伸开右手，用拇指和中指之间的最大距离作为测量单位，一边移动手指一边说"一zhǐ，两zhǐ……"笔者曾以为她说的是"一指""两指"，现在想来应该就是"咫"。这种简易测量法是早年笔者家乡一

带成年人基本都会的量长度的方法。结合《说文解字》的说法，这个距离应该就是周代的一尺，相当于汉代的八寸。《说文解字》中的知识在日本古代已经被学习和掌握。因此日本古代有不少人谈论八咫镜的大小（会涉及直径和周长），这是因为他们按照汉语的"咫"的原义来理解"八咫"的意义。如前述矢田部公望等人关于咫的意义的讨论。

主张八咫镜为圆形、咫为长度单位的人，具体又分有直径八寸和周长八咫（64寸）等两种主张。从江户中期直到近代，比较流行的理解是八咫镜为直径八寸说。江户时代中期的畅销书《广益俗说辩》中卷第六"安德天皇为八岐大蛇化身并收回宝剑之说"中写道："（内侍所镜）或名真经津镜，又称为八咫镜，八咫就是八寸。乃天糠户命所造。《镇座本缘》云：'神道中用的八咫镜，意思就如同说直径为八寸的镜。'"[10]但是这一解释有一个根本性的困难，直径八寸与八咫相对应的话，就会导致八咫等于八寸的结论，这在逻辑上显然说不通，然而这一说法又广为流传。特别是村上天皇的日记中记载内侍所镜"径八寸许"[11]，史学界一般都公认村上天皇的记载符合事实，再加上人们普遍把内侍所镜与八咫镜混同起来，于是"八咫"意为直径八寸的说法被很多人不假思索浑浑噩噩地接受和传播。这其实是人类知识史、"说法史"上很常见的现象，即所谓以讹传讹。

周长八咫说的代表是考古学家原田大六。他结合平原遗址的"大型内行花文镜"的直径约为46.5厘米的事实，认为一咫即汉代八寸，约等于18.4厘米，那么八咫就是1.47米，如果镜的直径有这么长，显然不合常识，因此他认为"八咫"只能指镜的周长，由此推算出周长若为1.47米，则镜直径约46.8厘米，这与以上大型镜的直径数据非常接近。因此他主张，平原出土的大型内行花文镜就是八咫镜。这个观点的影响力是很大的。

但笔者注意到"八咫"在日本史料中有作为形状的意思，即存在"八咫形"这样的说法。如两部神道文献《天地丽气记》中记载瀛都镜（又写作"瀛都镜"）和边都镜的形状是"赢都镜一面。天字、五轮形。丰受皇太神。边都镜一面。地字、圆形。外缘八咫形。天照皇大神"。根据《校注解说现代语译丽气记》的解释，此段话的意思是："瀛都镜是天字形状，像五轮一样的形状，是丰受皇大神的神体。边都镜是地字的形状，里面是圆形，外缘为八棱形，是天照皇大神的神体。"[12]边都镜的外缘为"八咫形"（八棱形），这也可以证明"八咫"不是指长度，而是指镜的整体形状。"赢都镜"与边都镜都是神道中十种神宝的主要组成部分，一般被成对提及。度会行忠的儿子、中世伊势神道的另一个代表人物度会家行（1256－？）在他的主要著作《瑚琏集》中引用了《天地丽气记》中的这一段，表明中世伊势神宫方面对于这段记载是认可的。

江户时代本居宣长对于"咫"有另一番理解。他在《古事记传》卷八中，不谈"八咫"的汉语意义，而是从该字的和语训"やた"（yata）或者"やあた"（yaata）入手，认为"咫"不是表示长度，也不是作为有长度意义的汉语词汇直接使用，而是作为表音的"借字"。他认为"咫"的日语读音"ata"，其实是"hata"的简略化，而"hata"的意义是"端"或者"头"，即物体的突出部分。[13]这样，"八咫"就是有八个突起的形状，与《神宝图形神秘书》中的八咫镜图形相符合。

另外，《日本书纪》雄略天皇部分中有一个故事："别小鹿火宿祢，从纪小弓宿祢丧来，时独留角国，使倭子连……奉八咫镜于大伴大连而祈请曰：'仆、不堪共纪卿奉事天朝。故请留住角国。'"[14]小鹿火请求大伴大连允许他留在角国而不要回到日本的时候奉上的是八咫镜，这绝对不是存放在伊势神宫的八咫镜，而是适合作为礼物赠送的镜，这也说明"八咫镜"可以作为表示某一类镜的普通名词，而不是指特定的某一面镜的特殊名词。

由上可知，"八咫"在日本古代早期是一个表示镜形状的普通名词，只要是八菱形或者八葵形的镜，都可以叫做"八咫镜"。[15]到了平安时代改称为"八叶形镜"和"八花形镜"。江户时代末期至近代这段时间，又把八花形按照尖角和圆角细分为两大类，前者叫作"八棱形"，后者还是叫作"八花形"，对应的分别是中国的八菱形和八葵形。

六、结语

综合现有的关于八咫镜与内侍所镜的记载，笔者认为，研究这两面天皇之镜首先必须采用区分处理的分析方法。尽管两者有着相同的政治意义，都象征天照大神和天皇的权威，但由于这种意义是在古代天皇制国家形成过程中逐渐地人为建构起来的，如果由此断定两者形状也相同，依据其中一个来推断另外一个的形制，则有过度阐释、想当然的嫌疑。伊势神宫祭主大中臣亲俊所说的"八叶形镜"，应该就是他根据伊势神宫方面流传的说法或者亲眼所见而画出来的。中世和近世伊势神道的代表人物度会行忠和度会延佳接触到的当然也是伊势神宫内部流传的八咫镜信息，而不是关于内侍所镜的信息。这样理解，就可以解决镜形记载互相矛盾的问题。内侍所镜形状等问题另当别论，笔者认为，供奉在伊势神宫的八咫镜形状是十六曲边八葵形的。这也透露给我们更多的信息。第一，日本镜学界普遍认为，菱花形镜和葵花形镜（日本合称为"花形镜"）是日本平安时代大受欢迎的镜形。代表天照大神本身的镜就属于八菱形，这更加验证了在日本古代这种镜形的规格之高。第二，菱花镜在中国是唐高宗时期开始出现，这意味着八咫镜并没有那么古老，绝对不是神话所说的那样千万年前由石凝姥等神灵铸造，而是唐高宗时期以后出现的镜，考虑到《古事记》编纂时期，即7世纪中后期到712年之间已经有了八咫镜，因此八咫镜是在唐高宗时期即650年到7至8世纪之交这段时间铸造的镜，因此对于当时的日本来说，是很新的事物。

注 释

1. 黑板胜美《新订增补国史大系》，东京：吉川弘文馆，1965年，第8卷，第98页。

2. 牟礼仁《中世神道说形成论考》，伊势：皇学馆大学出版部，2000年，第189页。

3. 牟礼仁《中世神道说形成论考》，伊势：皇学馆大学出版部，2000年，第190页。

4. 牟礼仁《中世神道说形成论考》，伊势：皇学馆大学出版部，2000年，第189页。

5. 国文学研究资料馆编，真福寺善本丛刊第6卷《两部神道集》，京都：临川书店，1999年，第421—422页。

6. 《造伊势二所太神宫宝基本记》，塙保己一编《续群书类从》第3辑，东京：经济杂志社，1902年，第七十之一页。https://japanknowledge.com/lib/display/?lid=91021V010071#TP20013010，2022年8月9日浏览

7. 《伊势二所皇太神宫御镇座传记》，塙保己一编《续群书类从》第3辑，东京：经济杂志社，1902年，第33页。https://japanknowledge.com/lib/display/?lid=91021V010039 2022年8月9日浏览。根据久保田收、伊藤聪等人的研究，该文成书于弘安10年左右，特别是久保田收认为就是度会行忠在弘安10年（1287）编写的。

8. 《倭姬命世记》，塙保己一编《续群书类从》第3辑，东京：经济杂志社，1902年，第62页。https://japanknowledge.com/lib/display/?lid=91021V010068，2022年8月9日浏览。

9. 西川顺土编《神道大系》《伊势神道》（下），东京：神道大系编纂会，1982年，第72页。

10. 井泽蟠龙《广益俗说辨》卷六，（东洋文库）东京：平凡社，1989年，第120页。

11. 笹川种郎编《史料大成》第1卷《小右记》，东京：内外书籍，1935年，第207页。

12. 神佛习合研究会编《校注解说现代语译丽气记》，京都：法藏馆，2001年，第208页。

13. 本居宣长《古事记传》第2册，东京：岩波书店，1941年，第176—177页。https://dl.ndl.go.jp/info:ndljp/pid/1904250/76，2022年8月9日浏览。

14. 小岛宪之校注《日本书纪》，东京：小学馆，1996年，第185—186页。https://japanknowledge.com/lib/display/?lid=80110V00030186&scale=0.3&top=-143px&left=131px&angle=0&mode=0，2022年8月9日浏览。

15. 日本直到平安时代都不区分镜边缘的花瓣是菱花还是葵花，两者统称为"八花形"。

1   2   3

4-1   4-2

1《神宝图形神秘书》中的"八咫镜图形"
　《神寶圖形神秘書》の"八咫鏡圖形"

2《神宝图形神秘书》中的"边都镜图形"
　《神寶圖形神秘書》の"邊都鏡圖形"

3 十六曲边八葵形花鸟瑞兽纹镜 清华大学艺术博
　物馆寄藏
　十六曲辺八葵形花鳥瑞獣文鏡 清華大学芸術博
　物館（寄託）

4《二所天照皇太神迁幸时代抄》中天照大神形象
　《二所天照皇太神遷幸時代抄》の天照大神の像

5 胎藏界曼荼罗的中台八叶院中的大日如来形
　胎蔵曼荼羅の中台八葉院の天照大神の姿
　(http://www.mikkyo21f. gr.jp/mandala/
　mandala_taizoukai_syobutu/01.html)

6 金刚界曼荼罗一印会中的大日如来形象
　金剛界曼荼羅の一印会の大日如来の姿
　(http://www.mikkyo21f.gr.jp/mandala/
　mandala_kongoukai_syobutu/01.html)

5   6

円形か八花形か——八咫鏡の形状に関する一考察

劉琳琳（北京大学日本語系）

八咫鏡は日本天皇の三種の神器の一つとして広く知られるが、より厳密に言えば、古来より神器とされてきた鏡は実は二つある。その一つは八咫鏡だが、もう一つ、宮廷（京都の御所と現在東京の皇居）に保存された内侍所の鏡がある。内侍所の鏡は略して「内侍所」と呼ばれ、長い間、八咫鏡の複製品とみられてきたが、筆者はこの二つの鏡はわけて論ずる必要があると思う。もし二つの鏡を形状・意味・機能が全く同じものとして論述を展開すれば、色々な面で不正確な結論が導き出される可能性が高い。例えば八咫鏡の形状に関する問題がその1つである。研究史から見れば、日本では平安時代以来、八咫鏡の形状や大きさに関する議論は繰り返されてきたが、「内侍所」に関する記載をもとに八咫鏡の形状を推測することが多い。直接内侍所そのものの形を考察する研究は稀である。その原因はやはり、この二つの鏡を全く同じものとみなし、八咫鏡の形状さえ分かれば、内侍所の形状も自然と分かってくると思われたからであろう。したがって筆者は二つの鏡を分けて論ずる必要があると思うが、紙幅の制限があり、本稿では八咫鏡の形状を焦点に絞って考えることとしたい。この問題に関する意見は現在二つに分けられている。一つは円形と主張するが、もう一つは「八花形」あるいは「八葉形」という主張がある。「八花形」あるいは「八葉形」は平安時代から中世にかけて鏡に対する名づけ方で、中国の銅鏡用語と複雑な対応関係があるが、総じて中国の「八菱鏡」や「八葵鏡」といった花の形の鏡に対応し、近代日本では両者を合わせて「花形鏡」と呼ばれるようになった。次は諸史料をてがかりに、この問題についての議論を踏まえながら八咫鏡の形状をさぐっていきたい。

1 「八咫鏡は円形」説

早くも10世紀初期の平安時代において、貴族の間では八咫鏡は円形の鏡という見方があった。平安時代では、朝廷が『日本書紀』を重視し、役人たちが集まり『日本書紀』を勉強する時、八咫鏡の形状問題も話題となっていた。『日本書紀』に本格的な「講筵」活動も平安時代に数回行われ、それに参加する人たちが書き残した個人の記録は、まとめて「日本紀私記」あるいは「日本書紀私記」と呼ばれる。その中で、矢田部公望は延喜四年（904）に書き留めた『延喜公望私記』で、かつての「戸部藤卿」（戸部卿藤原有穂 838−908）の意見を記した。「但延喜公望私記云。于時戸部藤卿進日。甞聞。或説。八咫烏者。凡讀咫為阿多者。手之義也。一手之廣四寸。兩手相加正是八寸也。故書傳。謂レ咫為二八寸一也。今云二八咫一者。是八々六十四寸也。蓋其鏡円数六尺四寸歟。其徑二尺一寸三分余也。是則今在二伊勢一大神也。貴神遠人。甚遠未レ詳二其実一也。師説亦許二同之一。」[1] ここの「師」とは博士の矢田部名実で、すなわち矢田部公望の父であり、日本紀講筵で尚復を勤めたことがある。ここからは、9世紀後期の朝廷では基本的に「八咫」を鏡の円周（「円数」）として理解していたことがわかる。「円数」という言い方からも分かるように、八咫鏡は円形であることは認められていた。このように、少なくとも10世紀初頭までは、八咫鏡が円周八咫（六尺四寸）の円鏡という見方は朝廷で流通していたとみてよかろう。

八咫鏡は円形という説は現代に至っても多くの支持者がある。最も代表的な人物は1965年に福岡県の糸島市で平原遺跡（古墳）を発見した考古学家の原田大六である。平原遺

跡に直径46.5cmの円鏡が4つ副葬されており、その文様は「内行花文」と呼ばれ、中国でいう「連弧文」に当たる。原田氏は、平原遺跡が伊都国の王墓であり、これらの大型内行花文鏡が八咫鏡であると唱えた。この主張は戦後の考古学に大きな影響をもたらしていたが、後述のようにいくつかの歴史文献の記録とは食い違いがみられる。そうすると福岡県で発見された伊都国の円鏡は後の天皇の八咫鏡であるかどうかは、検討の余地が残る。

2　『神宝図形神秘書』にある八咫鏡

　八咫鏡は「八花形」あるいは「八葉形」とする文献は平安時代末期から出現したのである。筆者が見つけたこの種類の資料の大部分は伊勢神宮と密切にかかわった人の手によるものであり、たとえば、平安時代末期の官僚大中臣親俊の著作と思われる『神宝図形神秘書』、中世の伊勢神道書を代表する神道五部書、そして両部神道系文献『二所天照皇太神宮遷幸時代抄』などがあげられる。『神宝図形神秘書』は1990年代、日本の牟礼仁教授によって発見・解読されたものであり、「神宝」というのは、三種の神器と、饒速日尊の十種神宝という二組がある。神宝にはそれぞれ画像がついており、そのうち八咫鏡は八つの突起のある左右相称の形であり、総体的に花びらのような形状をしていて、画像の中に「八葉形鏡」（図1）という文字が書き込まれている。[2]また、鏡、剣、玉などそれぞれの神器の意味について説明がなされている。このほか、もう一つの八葉鏡が存在することは注意を払うべきところである。それは、「十種神宝」の「辺都鏡」であり（図2）[3]、牟礼氏の考察によれば、この文献は1176年以前に成立したもので、作者は伊勢神宮の祭主を勤めた大中臣親俊と思われる。[4]祭主とは伊勢神宮の神職のトップであり、しかも大中臣氏によって世襲されていたゆえ、ほかの神職と比べて八咫鏡の情報にふれるチャンスがより多く、直接八咫鏡を見たことさえもありうるかもしれない。大中臣親俊の記録から見れば、

1176年以前に、神宮祭主の地位を世襲する大中臣氏のなかに、八咫鏡は円形ではなく、「八葉形」と主張する人がいたことがわかる。

　日本の銅鏡学界の研究を調べ、かつ中国の銅鏡学者にも尋ねた結果、筆者はこの複雑な形状を持つ鏡が銅鏡の歴史において非常にまれであることを知りえた。それに最も近い形状の鏡は最近清華大学芸術博物館に所蔵されているもので、図3はその写真である。

　写真が示すように、この銅鏡が『神宝図形神秘書』にある八咫鏡の形状と完全に一致している。清華大学芸術博物館の談晟広氏がこの銅鏡を「十六曲辺八葵形花鳥瑞獣紋鏡」と名付けた。談氏のご教示によれば、この銅鏡は実は日本から中国に買い戻されたもので、伝世品ならず出土品である。古くから現在に至るまで、文献に出るものと出土された実物、そして伝世の実物も含めて、この形と一致する鏡は管見の限り多くとも三枚しかない。そのうちの一つがこの清華大学芸術博物館の所蔵品で、ほかの二つは上述の八咫鏡と辺都鏡である。「八葉形鏡」の希少性によって八咫鏡も謎めいた色を増してきた。

3　『二所天照皇太神遷幸時代抄』にある八咫鏡

　八咫鏡の形を記録した二つ目の史料は中世の両部神道文献『二所天照皇太神遷幸時代抄』である。日本の臨川書店出版の『真福寺善本叢刊　真言神道集』にこの文章は収録されているが、その内容は、天照大神が宮廷を離れた後、皇女の倭姫命が女神の意志で各地を転々とし、女神のシンボルである八咫鏡を祭っていたが、幾多の困難を乗り越え、最後は伊勢を永久たる祭り場と選んだ経緯を23の絵を用いて表わすのである。そのうち冒頭にある二つの図には王冠をかぶり、密教の手印を結んだ坐像の天照大神のイメージがそのまま描き出されていた。この二つの図の主な違いは天照大神の手印に

あり、最初の図は禅定印、次は智拳印である。注目すべき
は、女神の周りに円形が描かれ、円の外側には八つの花び
らの形があるという点である。画像の間にある文字は「天祖
当犹視吾」天授賜之故、以八咫鏡奉崇敬、天照皇太神御霊形
也。」と書き入れられている。

　この資料については慎重に扱うべきだと筆者は思う。天
照大神の姿を描きだすのは、現在に残される同類の史料の
なかでもあまり見られないことだが、それを根拠に本当の八
咫鏡にも天照大神の像が確実に刻まれていると結論づけて
はいけないし、それを証明できる間接的な証拠もいまだに見
つからない。画像にある天照大神は跏趺坐の姿をしており、
結ぶ手印も胎蔵界、金剛界曼荼羅の大日如来の手印と一致
することは、この図の作者が真言密教と両部神道の説を織り
交ぜて天照大神の姿を想像したことが読み取れる。八咫鏡
の出現は密教が日本伝来以前の7世紀までさかのぼることが
できるため、その鏡に真言宗風の女神が刻まれることは不可
能といえよう。しかしながら、この絵の歴史的な価値を全面
的に否定するわけにもいかない。図画と文字を合わせて読
めば、二つのことに気づく。一つ目は、図4の横に、天照大
神が八咫鏡を自分の神体とするという意味の簡単な傍注が
あり、そして女神は花びらの真ん中に座り、この画像は女神
の姿を映し出す鏡のようにみえるであろう。そのゆえ、八つ
の花びらは八咫鏡の外形を反映していることがわかる。二
つ目は、女神の周りにある花びらの形はやはり『神宝図形神
秘書』の鏡の形と少し異なっている。前者の弧線は鋭い角と
なっており、普通の「八稜鏡」に近いが、前述の図1と2の八
葉形鏡の外弧線は滑らかで、尖った角がない。このような花
びらの形状は密教の蓮華を表するものと筆者は考えている。
胎蔵界曼荼羅の中央部にある中台八葉院、すなわち大日如来
とほかの八仏をそれぞれ蓮華の中心と八つの花びらに置く
のが思い出される。胎蔵界曼荼羅でも金剛界曼荼羅でも、
大日如来は蓮華状の台座に座る姿で現れる（図6、7の示すよ
うに）。『遷幸時代抄』の作者はまず何らかのきっかけで八咫

鏡は花形であることを知り、しかも密教の蓮華の知識と両部
神道の基本教学、すなわち天照大神を大日如来とみなすとい
う設定を踏まえ、鏡の外形を花びらの形と描いたのだろう
と思う。また、中台八葉院は『遷幸時代抄』の天照大神と八咫
鏡の意匠が生まれる重要な要因の一つである可能性が高い
とも思われる。

4　『神道五部書』にある八咫鏡の記述

　八咫鏡が花形であると示す三つ目の資料は神道五部書で
ある。そのうち『宝基本記』（伊勢外宮の神職の度会行忠が
1277年以前に編纂したと思われる）には「一名日像八咫鏡是
也。八咫謂八頭花崎八葉鏡也。中台円形座。清明也。」[6]とあ
る。「八頭」とは八つの尖った角と読むことができ、「花崎」
は「はなさき」と読んで、「さき」は漢字の「先」と書き、尖った
部分・先端の意味がある。そうすると「花崎」は花びらのこと
を意味する。これは、鏡の外縁が八つの花びらのような形を
しているということになる。「中台円形座」とは「中台に円形
がある」という意味で、この言葉は「中台八葉院」から由来し
たのだと筆者は思う。「円形の中台」は鏡の丸い界圏を指す
のだろう。『遷幸時代抄』の花びらの弧線と女神との間には確
かに丸い円形があり、神道五部書の記述と一致している。

　《伊勢二所皇太神宮御鎮座伝記》：一面者。八百万神等。
以石凝姥神奉鋳宝鏡。是則伊勢崇太神宮也。一名日像。八咫
鏡是也。八咫。古語曰。八頭也。八頭八花崎八葉也。故名八
咫也。中台円形座。円外日天八座。[7]

　《倭姫命世記》：天照皇太神，一座。大日霊貴此云於保
比留咩能武智。霊音力丁切反。御形八咫鏡坐。謂八咫者，
八頭也。豊受皇太神。元丹波国与謝郡比沼山頂麻奈井原坐。
御饌都神。又名倉稲魂是也。大自在天子。御霊形真経津鏡
座。円鏡也。神代三面之内也。[8]

　以上の記述から、神道五部書のうちに八咫鏡の形状に触
れたのは三部あり、しかもそのすべてが「八頭」「花崎」「八

葉」などの描写的な言葉を使っているとがわかる。特に『倭姫命世紀』の「御形八咫鏡坐」と「御霊形真経津鏡座。円鏡也」とは文脈的に対応構造をなし、もし鏡が円鏡であれば、『伝記』や『倭姫命世紀』はそのまま「円鏡」と記述するのだったろう。つまり豊受大神の本体となる鏡は円鏡で、天照大神の本体となる鏡には「八頭」があると考えられる。

　江戸初期に入ると、伊勢神宮の有名な神職である度会延佳は『神宮秘伝問答』で単刀直入に「八咫鏡は八花形である」と断言した。

　「神鏡ノ御事ハ最極ノ秘事也。但シ八咫鏡ト奉レ申ルトテ六尺四寸ト見ルハ誤也。八者八花形ノ御鏡也。咫ハ八寸ナレバ八花形ニシテ徑八寸ノ御鏡トナリ、神鏡之御事ハ深々秘密口傳アリ。殊更内宮外宮ノ御形ノ相違ハ憚多キ故ニ難レ言也。」[9]

　度会延佳はまず鏡が六尺四寸という説を否定し、そして「八」と「咫」を分けて説明した。彼の説明によれば、「八」とは鏡の全体的な形状すなわち「八花形」のことで、「咫」はやはり八寸と理解し、合わせると直径一咫（八寸）の八花形鏡という意味になる。度会延佳は外宮の重要な神職の一人で、近世の伊勢神道の主導者でもあるため、彼の意見は重要視する必要があるだろう。

　現在に伝わる貴重な実物と古代から中世までの多くの記述を合わせて分析した結果、筆者は八咫鏡の形状が十六曲辺の八葵形である可能性が高いと思う。しかし中国の実物と伊勢神宮にある八咫鏡はしょせん別物で、少なくとも八咫鏡の鏡背にも同じ「花鳥瑞獣紋」が彫られるとは限らない。管見のかぎり、八咫鏡の紋様をめぐる議論は歴史を通して一度もなかったため、これから新しい証拠が現れるのを待って、この謎を解くことしか期待できない。

5　「八咫」は鏡の形である可能性

　前述のどおり、伊勢神宮の八咫鏡に関する見方や資料を

まとめて比べると、筆者は八咫鏡が十六曲辺の八葵形である可能性が高いという結論に至った。次に検討したいのは「八咫」という言葉の意味であるが、日本の銅鏡研究界と記紀神話の研究界はこの問題について長い間疑問と論争が続いていた。古代の中国漢語では、「咫」は長さの単位を表すもので、『説文解字』には「咫、ふつうの婦人の手の長さ八寸で、これを咫という、周尺なり」と、「咫」についての説明があり、つまり一般女性の手の長さ（八寸）という意味である。それでは、手の長さはどのように計算するのだろうか。『日本国語大辞典』と「新選漢和辞典」には、手が開くとき、親指と中指の間の距離が一咫という説明がある。これに対して筆者自身も日常の体験がある。筆者の母が布の寸法をはかったりして服を作るとき、よく右手を開いて、親指と中指との最大距離を一単位とし、指を交互動かしてサイズをはかりながら「一zhǐ，両zhǐ……」などとつぶやいたことがある。最初は「一指、両指」のことだと思っていたが、今思えば「咫」（中国語の発音は同じくzhǐである）のことであろうと気が付き始めた。このような簡単な測量法はむかし筆者の故郷の大人なら誰でも知っている方法であり、『説文解字』の説明と合わせて見れば、この長さは周の時代の一尺で、漢代の八寸に相当することが分かる。古代日本で八咫鏡の大きさ（直径や円周などが含まれる）に言及する人は少なくない。それはおそらく、『説文解字』の内容はすでに学ばれていたため、人々は漢語「咫」の本来の意味で「八咫」の意味を理解していたからである。前述の矢田部公望らが「咫」の意味をめぐる論争はその一例である。

　「八咫鏡は円鏡で、咫は長さの基準単位」と主張する人の中には、さらに直径が八寸と円周が八咫（64寸）との二つの主張に分かれる。江戸中期から近代に至るまで、八咫鏡の直径が八寸という説は有力で、たとえば江戸中期の人気書籍『広益俗説弁』の巻第六「安徳天皇は八俣の大蛇が化身にて、宝剣を取返す説」の条には、「（内侍所の鏡は）あるひは真経津鏡といひ，又は八咫鏡といふ。八咫は八寸なり。天糠戸命の

つくる所なり。『鎮座本縁』云、神道に用いる八咫鏡は、なお径八寸の鏡といふがごとし。」[10]とある。しかしこの説には根本的な難点が含まれており、すなわち直径八寸が八咫と対応すれば、八咫が八寸であるという結論に至るが、それでは話のつじつまが合わないのは明らかである。それなのに、この説は広く知られていた。特に村上天皇の日記に内侍所の鏡が「径八寸許」という記載があり、[11]史学界では村上天皇の記録が真実であると見なされ、加えて内侍所がよく八咫鏡と同じものとされていたので、「八咫」とは直径八寸を指すという説は知らぬ間に広く受け入れられていった。これは人類の知識史上実際よく見られる現象で、すなわちもともと誤った話が誤り伝えられ、通説となってしまう、ということであろう。

「円周が八咫」という説の代表的人物は前述の考古学家の原田大六である。彼は平原遺跡出土の「大型内行花文鏡」が直径46.5cm近くにあるという事実をもって、もし一咫が漢代の8寸で約18.4cmとすれば、八咫は1.47mで、これほど長い直径を持つ鏡は明らかに常識外れのため、「八咫」は鏡の円周を指すのだと主張した。この上、もし円周が1.47mであれば、直径は約46.8cmになり、上記の「大型内行花文鏡」の直径と非常に接近していることから、平原遺跡出土のこれらの鏡が八咫鏡であるという有名な説を打ち出した。この見解は当時の歴史学と考古学に強い影響力を与えた。

しかし、注意すべきことは、日本の史料には「八咫」は鏡形をさすという使い方があり、つまり「八咫形」という言い方が見られる。例えば両部神道の『天地麗気記』に瀛都鏡と辺都鏡の形状は次のように記されている。瀛都鏡一面。〔天字、五輪形。豊受皇太神。〕辺都鏡一面。〔地字、円にして外縁は八咫の形。天照皇大神。〕また、『校註解説現代語訳麗気記』の現代語訳によれば、この段落の意味は「瀛都鏡是天の字の形。五輪のような形である。豊受皇大神のご神体。辺都鏡是地の字の形，内部は円形で外縁は八稜形である。天照皇大神のご神体である。」とある。[12]辺都鏡の外縁は「八咫形」（八稜形）ということからも、「八咫」は直径や円周の長さではなく、鏡の全体的形状を指すことが明らかである。「瀛都鏡」（「瀛津鏡」とも書く）と辺都鏡はともに十種神宝の重要な部分として、二つ一組で言及される場合が多い。度会行忠の息子で、中世伊勢神道のもう一人の重要人物・度会家行（1256－？）が代表作の『瑚璉集』で上記『天地麗気記』の段落を引用したことからも、中世の伊勢神宮はこの説を認めたことがわかる。

江戸時代の本居宣長は「咫」について異なる解説をなしていた。『古事記伝』巻八で彼は「八咫」の漢語としての意味を避け、漢字「咫」の訓読「やた」または「やあた」という点に注目し、長さの意味を表す漢語の言葉としてそのまま使われたわけではなく、日本語の音をあらわす「借字」として使われていたと説明している。「咫」を日本語で「あた」と読むのは「はた」の略音であり、そして「はた」は「端」や「頭」の意味を表し、つまり物の突出した部分を指すのだと彼は主張した。[13]そうなれば、「八咫」とは八つの突出した部分を持つ形状で、『神宝図形神秘書』の八咫鏡の画像と一致することとなる。

また、『日本書紀』の雄略天皇の条に「別小鹿火宿禰、紀小弓宿禰喪来時、独留角国、使倭子連……奉八咫鏡於大伴大連、而祈請曰、僕、不堪共紀卿奉事天朝。故請、留住角国。」という物語がある。[14]小鹿火が日本に戻らず角国に残ると大伴大連に頼む時に献上したのは八咫鏡だが、これは決して伊勢神宮に祭られた八咫鏡を指すのではなく、贈り物としての普通の鏡である。このことからも、「八咫鏡」は特定の一枚の鏡を指す名詞ではなく、ある種の鏡を代表する一般的な名詞であることがわかる。

以上を通してみれば、「八咫」は奈良時代ごろまでは鏡の形状を表す普通の名詞で、八菱形あるいは八葵形の鏡であれば、いずれも「八咫鏡」と呼ぶことができる。[15]平安時代になると「八葉形」または「八花形」と改称されるようになったが、江戸時代末期から近代にかけて、八花形をさらに尖った角と丸い角と細分化し、前者を「八稜形」、後者は引き続き「八花形」と呼び分け、それぞれ中国の八菱形と八葵形に相当するのである。

6　まとめ

　八咫鏡と内侍所の鏡に関する現存の各種の資料をまとめると、筆者はこの二枚の天皇の鏡を区別して分析する研究方法を改めて確認したい。というのは、この二つの鏡はともに天照大神と天皇の権威を象徴し、同じく政治的な意味を持つものの、それは古代天皇制の国づくりのなかで人為的に構築された意味であり、しかも記紀に書かれている八咫鏡の記事はそのまま史実とは認めがたい。したがって両者の意味の共通性をもってただちに形状も同じで、その上で一つの鏡の形によってもう一方の形を推測するのは、やや思い込みや先入観にとらわれた気がする。大中臣親俊の言った「八葉形鏡」は、伊勢神宮側に流通していた話や実際目にしたものに基づいて描かれたのだと思われ、中近世の伊勢神道の代表人物である度会行忠と度会延佳が接触したのはやはり宮廷の内侍所の鏡に関する情報ではなく、伊勢神宮内部に伝わる八咫鏡の情報であろう。そうなれば、鏡の形状に関する記載に矛盾があることも説明できる。内侍所の鏡の形状などは別として、伊勢神宮に祭られた八咫鏡は十六曲辺八葵形であると筆者は思う。これによってより多くの情報が知られる。第一に、日本の銅鏡研究によると、菱花形と葵花形（日本でひっくるめて「花形鏡」と呼ぶ）は平安時代で大人気の鏡の形状だとみられる。天照大神の正体を代表する鏡が八花形の形をすることによって、日本古代でこの形が高い地位を有していたことが証明できる。第二に、菱花鏡は中国では唐高宗の時代に現われていたことを考えれば、八咫鏡もそれほど古いものではない。少なくとも神話のように数千万年前に石凝姥ら神々によって作られたわけではなく、唐高宗時期以降に現れたということになる。『古事記』が編纂された時期、すなわち天武天皇の治世から712年の間にすでに八咫鏡があったということから、唐高宗時期の650年代から7、8世紀の変わり目の前後に造られた鏡であると推測できる。そのため、当時の日本にとって、まさに新しい外来文物といえよう。

註

1.　黒板勝美『新訂増補国史大系』，東京:吉川弘文館，1965年，第8巻，第98頁。
2.　牟礼仁『中世神道説形成論考』，伊勢：皇学館大学出版部，2000年，第189頁。
3.　牟礼仁『中世神道説形成論考』，伊勢：皇学館大学出版部，2000年，第190頁。
4.　牟礼仁『中世神道説形成論考』，伊勢：皇学館大学出版部，2000年，第189頁。
5.　国文学研究資料館編，　真福寺善本叢刊第6巻『両部神道集』，京都：臨川書店，1999年，第421−422頁。
6.　「造伊勢二所太神宮宝基本記」，塙保己一編『続群書類従』第3輯，東京：経済雑誌社，1902年，第七十之一頁。https://japanknowledge.com/lib/display/?lid=91021V010071#TP20013010，2022年8月9日に閲覧。
7.　「伊勢二所皇太神宮御鎮座伝記」，塙保己一編『続群書類従』第3輯，東京：経済雑誌社，1902年，第33頁。https://japanknowledge.com/lib/display/?lid=91021V010039，2022年8月9日に閲覧。久保田收、伊藤聡などの研究によると、この文章は弘安10年前後に成立したと思われ、特に久保田收は度会行忠によって弘安10年（1287）に編纂されたものだと主張している。
8.　「倭姫命世記」，塙保己一編『続群書類従』第3輯，東京：経済雑誌社，1902年，第62頁。https://japanknowledge.com/lib/display/?lid=91021V010068，2022年8月9日に閲覧。
9.　西川順土編『神道大系』『伊勢神道』（下），東京：神道大系編纂会，1982年，第72頁。
10.　井沢蟠竜『広益俗説弁』巻六，（東洋文庫）東京：平凡社，1989年，第120頁。
11.　笹川種郎編『史料大成』第1巻『小右記』，東京：内外書籍，1935年，第207頁。
12.　神仏習合研究会編『校注解説現代語訳　麗気記』，京都：法蔵館，2001年，第208頁。
13.　本居宣長『古事記伝』第2冊，東京：岩波書店，1941年，第176−177頁。https://dl.ndl.go.jp/info:ndljp/pid/1904250/76，2022年8月9日に閲覧。
14.　小島憲之校注『日本書紀』，東京：小学館，1996年，第185−186頁。https://japanknowledge.com/lib/display/?lid=80110V00030186&scale=0.3&top=-143px&left=131px&angle=0&mode=0，2022年8月9日瀏覧。
15.　平安時代までは鏡の縁の花びらが尖った角か丸い角かを問わず。

中国美术在日本佛教美术雕塑史中的融合与变化: 7 世纪到 13 世纪的发展轨迹

根立　研介（奈良县立橿原考古学研究所）

一、引言

前近代（19世纪后半叶以前）日本美术史，指的是自佛教从朝鲜半岛公传到日本的538年（一说552年）到镰仓初期及中期（13世纪）的历史，其中佛像雕塑史是前近代日本美术史的主要研究领域，一直受到学界重视。

可以说，日本前近代可以说以某种形式受到了中国美术的影响。佛教美术史，尤其是佛像雕塑史的发展亦是如此，特别是在谈到7世纪至13世纪的日本雕塑史时，如果抛开中国美术的影响则无从谈起。本文旨在以7、8世纪的佛教雕塑史为中心，概览7世纪至13世纪的日本佛教雕塑史在接受中国美术影响下的发展轨迹。

二、中国美术在 7 世纪的融合情况

在佛教经国家推广传播到日本之前，出现过广义上可被称作雕塑作品的立体造型物体，如绳文时代的土偶、古坟时代的埴轮等。但是，这些时代并未出现佛像等真正意义上的雕像。因此，可以毫不为过地说，日本是从中国大陆接受了各种表现手法和技法后才开始了真正意义上的雕像制作。在探究日本雕塑史时，外来美术的影响不断被作为课题提出，尤其是7、8世纪，即飞鸟时代到奈良时代的雕塑史，不断受到南北朝至隋、初唐、盛唐、中唐（6世纪到8世纪）的中国雕塑的影响，也受到了来自朝鲜半岛的影响，因为朝鲜半岛直接将中国雕塑的各种要素传播到了日本，如此一来，这一时期的日本佛像雕塑史经历了复杂的发展与演变。想要深入理解这一时期的日本雕塑历史，需要时刻铭记其与以中国为中心的东亚文化圈之间的联系。

从6世纪中叶起，在大约一个世纪左右的时间里，朝鲜半岛，尤其是百济常常进贡经论、佛像，或是造寺、造佛工匠，使中国的佛教文化以及相关的新技术得到了飞速传播。史书中时常会保留制作佛像的记录，一般认为日本开始造佛，是出自朝鲜半岛渡海而来的渡海工匠之手，并以从中国请来的舶载像或图像为范本。但是能够体现这种史实且可以追溯到6世纪左右的遗留文物都没有确切证据证明是在日本制造的，即便是在日本制造的，普遍认为由渡海工匠或其子孙工匠制作的佛像占大多数。例如，传播到法隆寺现保管在东京国立博物馆的铜造如来三尊佛（法隆寺献纳宝物143号，图1），被认为是6世纪末期百济制作的雕像。更进一步举例，7世纪前叶，当时最核心的佛像雕塑工坊的领头雕佛师鞍作止利于623年制造的法隆寺金堂铜造释迦三尊像（图2），同样也是东亚和日本文化交流的产物。这座三尊佛是代表日本7世纪上半叶的佛像，杏眼长脸，严肃的表情中融入了一丝慈祥，十分神秘，且身体左右对称工整，展现出了对正面鉴赏性的重视。这一造型可以追溯到中国南北朝时期的遗留文物，其代表为约1世纪前建造的龙门石窟宾阳中洞中尊像（图3）。不过，法隆寺佛像与其发源地的中国大陆诸佛像相比，服装样式等方面在左右对称的基础上经过更加明快的处理，变得更为抽象，神秘的面容也更超脱世俗。此类容貌变化很大程度上是因为中国样式在被添加了种种要素后，经过朝鲜半岛传播到了日本，又添加了日本独有的理解。顺便一提，关于鞍作止利这一雕佛师，比较强有力的说法为，他是朝鲜半岛的百济渡海而来的氏族后裔，而且该氏族

以金属佛像制作谋生。止利的家庭出身也可能对法隆寺的佛像形象产生了影响。

然而，到了6世纪中期，止利工坊的势力逐渐衰弱。与此同时，日本雕塑史也进入了崭新的阶段。即脱离了以法隆寺金堂释迦三尊像为代表、基于左右对称的身体和服装结构，向更加自然的方向转变，同时，传统雕像中未曾有的肉体的抑扬表现和侧面鉴赏的表现逐渐突出，面容也从严肃、神秘向带有某种柔和的方向转变。此种让佛像的身体更贴近现实的倾向在约660年以后，即惯称"白凤时代"的时期更为显著。

7世纪后半叶，日本正在从氏族制国家转变为律令制国家，佛教也开始从氏族佛教转变为国家佛教，大官大寺、川原寺、飞鸟寺、药师寺等官寺兴建，佛像制造的需求也逐渐扩大，官营工坊制造了大批佛像。此种官营寺院中供奉的佛像，逐渐呈现出以人体为基础、面容和身体逐渐理想化的趋势，如后文所述其毫无疑问受到了中国初唐时期美术的影响。

不过，在考虑7世纪后半叶的雕塑史时，需要注意到其与上一时代相比呈现出了相当复杂的情况。受到东亚国际形势的影响，日本和中国的交往更加复杂，日本的文化接受方式也随之发生改变。一方面，日本通过接连派遣遣唐使，7世纪后叶以来，中国文化对日本的直接影响逐渐显现；另一方面，663年的白村江之战中，日本大败于新罗、唐朝的联军，百济灭亡，相当多的百济籍工匠来到日本，百济美术再次传入，同时668年新罗统一朝鲜半岛，遣唐使的派遣中断了约30年，日本与中国的交流再次通过朝鲜半岛进行。因此，7世纪后叶，唐朝最新的雕塑样式和技术直接传入日本，同时中国南北朝末期到隋朝、初唐时期的雕塑样式则与从前一样是通过朝鲜半岛传入的。当然，在继承以往传统的基础上制成的佛像也现存于世，不能通过单纯地比较样式和技法来论述这个时代的雕塑史。

说这一时期受到中国深刻影响的佛像，首先不得不提的是奈良兴福寺只保留了头部的铜造佛头（图4）。这一佛头普遍被认为是685年建成的山田寺丈六像的头部。虽然损坏严重，但脸颊宽阔的圆脸上绘有弯弯的眉毛，下面是挺拔的直线型鼻梁和细长的大眼睛，脸部雕刻造型明快，洋溢着清新灵动之感，是这一时期的金铜佛像的代表作。不过，这一佛像的风格可以追溯到隋朝的中国石雕像，也时常有学者指出其与西安出土的石造弥勒菩萨像（西安碑林博物馆藏）（图5）有相似之处。山田寺虽为私寺，但其建造和天皇家有密切联系，有推测认为当时的官营工坊参与了这尊佛像的建造。

继该佛头之后的佛像雕塑代表作，不得不提奈良药师寺金堂铜造药师三尊像（图6）。药师寺是680年天武天皇在藤原京建造的官寺，金堂于688年左右建成，而寺院整体的建造一直持续到了698年左右。710年都城迁到平城京后，药师寺也于718年迁址。不过，原址也留下了被称作"本药师寺"的寺院，而新都城的寺院建造一直持续到了730年左右。因此，关于本三尊像便产生了两种解释，一为藤原京建造的寺院本尊佛也迁到了新都城，二为人们重新建造了平城京新寺的本尊佛，这一问题直至近年一直有很大争议，但可以看出，其受到的初唐时期风格的影响毫无疑问比兴福寺的佛头更加深刻。即这座三尊像的造型在对人体观察的写实刻画基础上，还将其理想化，升华为和谐的佛像表现。可以说药师三尊像是受到了中国初唐，更准确说是接近初唐末期雕像样式影响的最高杰作。

不过，在试图重新思考中国带来的影响时，由于中国许多文物现在已经散失，很难举出相似的例子。如果硬要举例的话，大概是675年建造的龙门石窟奉先寺洞诸尊像（图7），但日本的药师寺像比奉先寺洞像风格更加工整。这种造型差异的原因可以认为是日本试图以日式思维理解中国的范式并尝试使之造型化，也可以认为这是某种日本化的结果造成的。

那么，真的没有可以一窥受到初唐时期直接影响的佛像吗？这里值得关注的是砖佛这种浮雕。其代表文物包括本次展览展出的大型多尊砖佛等二光寺废寺出土的砖佛、小山废寺出土的大型独尊砖佛（图8）。这些佛像菩萨体态端正、风格写实、表现灵活，作为最早反映新来的初唐样式的作品引发人们关注

三、8世纪的发展

自710年平城迁都，至794年都城迁移到平安京为止的时代，即奈良时代，又称天平时代，中央集权加强的律令国家体制达到鼎盛。佛教的国家佛教色彩也日益增强，佛教作为律令体制的精神支柱得到重用，于743年发愿、752年开光的铜造卢舍那大佛作为这一时代最大型的雕刻造佛项目得到开展。在这种背景下，佛教文化蓬勃发展，诞生了许多知名作品。7世纪后半叶日本和中国一时中断的交流到了8世纪再次复苏，在这一个世纪的时间里共派遣7次遣唐使。这些遣唐使在回国的同时，也接连不断地迅速传播了唐朝的先进文化，其中包括许多初唐末期至中唐的美术知识，如此这般，中国美术，尤其是盛唐时期的美术对奈良时代的雕塑样式产生了不容小觑的影响。

那么，这一时期有哪些日本佛像雕像受到了中国美术的影响呢？较为明显的一例是东大寺戒坛堂塑造四天王像（图9）这种神将形象。身上披挂的铠甲种类、披挂方式、工整紧凑的铠甲都是仿照唐朝的铠甲制作的，与敦煌莫高窟第46窟的塑造神将像（图10）等十分相似。

此外，奈良时代的美术史进入8世纪后半叶迎来一次转机。契机之一为753年中国僧人鉴真东渡来日。他为天皇等400人授戒，在奈良时代的佛教史上留下了浓重的一笔，他的功绩不仅限于此，鉴真还将中国8世纪中期左右的雕像等文物及最新的美术样式和技法带到了日本。鉴真从中国带来的雕塑样式究竟如何，他亲自创建的唐招提寺中保留的雕像可以作如实的讲述。首先值得注意的是金堂的本尊，是一种采用脱活干漆技法塑造的卢舍那佛像（图11）。一般认为这座佛像是鉴真去世之年763年之后晚几年而成，其面容尤其突出脸颊的圆润，眼角上吊，表情相当严肃，有一种沉闷忧郁之感。体态造型强调分量感，增加了厚重感，衣着能看出服装的动态。这种表现方面的特色，可以说在盛唐期的和谐样式美的基础上又迈出了一步。唐招提寺的金堂卢舍那佛像，称得上是受到鉴真活动过的中国江南地区盛唐末年到中唐初期

的美术影响且在日本打造的佛像代表作。

接下来，唐招提寺雕像中其他值得关注的作品还有采用脱活干漆技法塑造的鉴真像（图12），这一拥有极其写实面容的肖像雕塑。日本进入8世纪后终于开始开展真正的肖像制作，而鉴真像这类成熟的写实肖像雕塑之所以突然出现，必然不能忽视中国肖像雕塑带来的影响。

唐招提寺中还留存有过去安置在讲堂里的木雕群。传药师如来像（图13）等采用独木雕刻成的佛像群均未追求遵循人体的理想平衡，而是采用了强调身体各部分的有力造型，这一点值得关注。这种风格从未出现在以往的奈良时代雕像中，仿佛是突然出现的。因此，这些木雕的出现也无法忽视鉴真来日时带来的中国新型雕像样式和造型技法的影响。同时，也时常有学者指出，这些佛像很可能也对9世纪的木雕产生了较大影响。

与此同时，该木雕像群使用的树种为榧材，这一点也十分重要。8世纪中期以后，日本盛行用木材来制作佛像。到9世纪大部分佛像都使用木材制作。近年来流行的一种解释称，日本木雕制作迎来此般蓬勃发展的契机，在于鉴真一行人来日。至于佛像用的木材选用榧材，很可能是因为鉴真一行僧侣对有关木雕的树种选择《十一面神咒心经义书》里一节的解读产生了很大影响。关于佛像使用的材料，东亚各国都有所不同，而日本则喜欢选用木料。时常有人将这种选择看作日本内部的问题展开论述。不过这些问题也需要考虑到中国的影响。

四、9世纪的发展

784年，日本都城从奈良迁移到现在的京都府长冈京，794年又迁移到位于现今京都市的平安京。从这一时期起，一直到12世纪末左右的时期一般称为平安时代。平安时代初期到9世纪末为止的约100年的时间里建造的日本佛像表现出显著的厚重感，从这里可以一窥来自中国中唐、晚唐时期的美术影响。这一时期可以明确指出的中国佛教雕像对日本佛像雕

像的影响中，尤其值得关注的是密教佛像。密教从印度经由中亚传播到中国，在8世纪后半叶到9世纪初期逐渐形成体系，而形成体系的密教在9世纪初以后被空海等人带到日本。由空海构思于844年完成的京都东寺讲堂诸尊像中重要的一尊佛像——木造不动明王像（图14）的源头，被认为是西安市安国寺遗址出土的8世纪后期的石造不动明王像（西安碑林博物馆）（图15）等中国密教像。

如此看来，自佛教传入日本的6世纪中期起，虽然时强时弱，但日本佛教雕塑史源源不断地受到了中国的影响。尤其是7世纪中期到9世纪中期左右，将中国的佛教美术作为范例建造佛像可以说是日本的普遍性倾向。当然日本的佛像制作也并非完全照搬中国。日本佛像整体和中国佛像相比形状更为整齐。不过存在这种基于地域差异的微小区别也并非不可思议。在这里需再次强调的是，这一时期的日本主流佛像工坊中，中国佛教美术在一定程度上相当于日本佛像制作中的绝对范本，日本佛像是在此基础上加入日本人的感性而进行调整的。

五、10世纪至12世纪的发展：日本和式的形成与集大成

9世纪末期，日中交流发生了一起重大的历史事件。即894年日本停止派遣遣唐使。这一事件通常被称作遣唐使废止，作为日中交流的一件大事而一直受到关注。这一事件中断了日本和中国的交流，其结果就是文化信息的传入陷入停滞，催生出了日本独特的国风文化，这一"国风文化论"曾盛行一时。在雕塑史方面，从9世纪末开始，出现了比9世纪前半叶面容更加稳重的雕像，这种说法也得到了一定的支持。

但是，如今日本学史和日本文化等方面的研究已经证实，上述说法几乎完全忽视了史实。894年遣唐使废止后，商船贸易仍在继续，日本贵族也很珍惜中国文物，日本僧人也时常前往中国留学，这些事实都逐渐明朗。因此，从这些事实中可以轻易推测出，此种过往的见解有误。日本国风文化的诞生应该还存在其他原因。这也是日本史学和美术史学领域中极其重要

的问题，在本文不便做详细论述。但是，从更广泛的意义上说，之所以会产生这种现象，是因为欧亚大陆东部的巨大帝国唐进入毁灭时期，周边各地区民族的民族意识得到了觉醒，产生了符合其地域特色的社会变动，在不同的地区出现了各式各样的造型现象。

回到日本雕像样式的问题上，从遣唐使派遣废止的9世纪末期开始，日本的雕像样式逐渐脱离了中国的雕像样式。即日本诞生了含有"日本式"意义、命名为"和式"的雕像样式，11世纪上半叶到了集大成的阶段。能够明显体现集大成的一例，便是1053年建造的京都平等院木造阿弥陀如来像（图16）。平等院像没有突出体现厚重感，圆形的脸庞十分稳重，衣着雕刻也微微呈现出流畅华丽的动态。而同时期的中国雕像（如中国陕西省延安市钟山石窟第三窟如来像，图17）面容十分生动，穿着、菩萨像发型也随处可见写实表现，可以看出与日本平等院像有着很大的不同。

如此看来，虽然日本和中国依旧保持交流，信息和文物不断流入，但同时日本和中国的造型艺术也逐渐产生差别，如果将其看作日本的问题，则可以认为这种差别产生的主要原因在于日本选择了和式这种样式。不过，应当注意的是，自和式形成之时起，知道唐帝国衰退灭亡的日本知识分子便可能不再对同时代的大陆国家抱有将其作为范本的意识了。再进一步说，值得一提的是，近年来常有学者指出，当时日本过去的美术造型被作为了美术造型的规范，这一点同样值得关注。换言之，可以发现，在和式形成的时期里，当时的人们产生了一种对日本过去制作的雕像展开研究，并将研究成果运用到造像中的意愿。

不过，和式这种雕像样式，并非与中国毫无联系。有学者发表论文，论述了被誉为和式雕像顶峰的平等院凤凰堂阿弥陀如来像光背上的波状云纹（图18）与10世纪末浙江省台州塑造的京都清凉寺释迦如来像（图19）之间的关联。论文指出，虽然并非造像问题，但这尊阿弥陀如来像的像内贡品上辨识出的梵文，是用北宋最新的字体书写的，由此可以看出这尊阿弥陀如来像的制作背景，即参与造像的人选择了宋代的文化信息并进行了积极的接受。考虑到这些情况，在日本，到上一时期

为止都被视作绝对范式的中国美术可能失去了绝对性，或者可以说中国美术被视作了和式形成的要素之一。换言之，中国美术中唯有在日本被视为绝对必需的元素才会被采用到日本的造型美术中。

再举几个例子，为雕像实际穿上和服的所谓"裸形着装像"的裸佛像或肖像雕像样式，以及12世纪左右出现的着衣装饰、金泥等庄严技法，都很有可能是选择性地接受中国大陆的事物而来的，且相当有可能运用到了日本雕像造型中。

像这样不是单纯将中国美术视为范本接受，并在此基础上进行造型制作，而是从日本过去的造型，抑或是中国的造型中选择必要的部分，在适应传统造型的同时创造出新的造型，这种制作方法正是在和式集大成后变得尤为显著。因此，用一种稍显极端的说法便是，到9世纪为止日本都是将中国美术作为"绝对的"范本来接受的，而10世纪以后则逐渐变为"选择性"接受，这便是中国美术在日本的接受方式。

六、13世纪的发展

日本从12世纪后半叶开始，日宋贸易日益繁荣。于11世纪中断的僧侣渡海前往中国，即入宋的僧侣也从平安时代末期起逐渐增多。尤其重要的是，致力于东大寺重建的重源、荣西、俊芿这几位在镰仓时代（12世纪末—1333）日本佛教史上留下浓重一笔的重要僧侣入宋，将以美术为代表的大量中国文化信息传入日本。

此外，镰仓时代日本和宋、元朝的交流日益繁荣。尤其进入镰仓时代后半期，中国禅僧接连来日，日本禅僧也前往中国，许多人参入禅家后回国。禅僧渡海前往中国，在整个明朝时期交流都十分繁荣，而伴随这种日中之间人文交流的扩大，新的美术信息流入，对日本雕像制作也毫无疑问产生了很大影响。

在此，再用几个具体例子来论述中国美术对日本13世纪佛教美术雕像的影响。其一是塑造于1196年，后传到兴福寺的维摩肖像雕塑（图20）。其雕刻的是《维摩经》中与文殊菩萨展开辩论的古印度长者维摩，容貌十分写实，甚至会让人误

以为是真实存在的老者。这种写实风格可以说在很大程度上受到了宋代肖像艺术的影响。此外，底座上还刻有狮子和牡丹的浮雕，从中也能一窥宋代美术的深刻影响。

如果要列举与宋代美术关联更为直接的例子，可以举出1203年建造的东大寺南大门木造金刚力士像（图21）。该东大寺南大门金刚力士像的容貌十分特殊，并非日本常见的样式。换言之，通常的日本金刚力士像，正面右边为阿形像，左边为吽形像，阿形像右手下垂，左手大臂伸向侧面，手肘弯曲持有金刚杵；而吽形像左手下垂，右手伸向侧面，手肘弯曲。但是，东大寺阿吽二像的位置截然相反，这是最明显的不同。此外，阿形像左手肘向侧面伸展，在腋下张开五指，右手肘微微弯曲放低，紧握腰间巨大的金刚杵一端。另一方面，吽形像右手肘向侧面伸展，在腋下张开五指，左手肘微微弯曲放低，紧握腰间巨大的金刚杵，这种姿势也与通常的姿态有很大的不同。

关于佛像的左右配置方法，奈良时代的金刚力士像有统一标准，曾经有时期认为东大寺南大门像沿袭了奈良时代的复古形式。但是，其面容无法在奈良时代的遗留文物中找到对应。很长一段时间里，该金刚力士像是基于怎样的范本制作的一直是未解之谜。但在这35年左右的时间里，研究有了重大突破，学者发现该雕像的左右配置及面容和10世纪末出访北宋的东大寺僧人奝然于985年在中国制造，987年带到京都的清凉寺释迦如来像像内收纳的《版本灵山变相图》（图22）中描绘的金刚力士像极其相似。尤其是那独特的面容，虽然东大寺像的容貌怪异之处有所收敛，细节形状也有些许不同，但手臂姿势和持有巨大金刚杵这些主要的特征一致，这引起了人们关注。普遍认为建造东大寺金刚力士像之时，一定参考了与这一版本的金刚力士像相似的宋代图样，即东大寺南大门金刚力士像的建造有宋代图样的介入。不过，该东大寺的金刚力士像样貌和中国版本相比更加工整，力士像的怪异被削弱了。由此可以看出，这里有潜在的日本化问题，以及虽然大体基于中国范本，但日本也有意识地抽取了为自己所需的元素。

这样看来，12世纪末到13世纪的日本佛像雕塑，与10世

纪至12世纪的佛像雕塑相比，受到了中国美术相当大的影响，但依旧接受的是为日本所需的信息，主流仍为选择性接受。此外，本文的研究对象以13世纪结尾有几个理由。中国自13世纪进入元朝之后，所谓藏传佛教也逐渐传播到中国中部地区，但日本几乎没有接受过藏传佛教。在日本的佛像造型方面也并未发现藏传佛教的影响，此后日本的佛像造型和中国产生了天壤之别，这点需要格外关注。

七、结尾

正如本文开篇所述，日本近代可以说以某种形式受到中国美术的影响。尤其是在7世纪至13世纪日本的佛像雕塑中这一倾向十分明显。但是，7世纪到9世纪，以及10世纪到13世纪为止的时期中，日本对中国美术的接受方式发生了变化。虽然不断出现日本化的问题，但接收方式发生了很大改变，即逐渐从将中国美术作为范本的"绝对"接受，转变为"选择"接受为日本所需的信息。不过必须要注意的是，产生这种变化的原因不止在于日本。唐大帝国衰退、灭亡，宋朝建立，这些东亚发生的巨大变动，对中国的周边国家产生了影响，上述变化便是因此带来的结果，这一点也必须有所考虑。

1

1 铜造如来三尊佛（法隆寺献纳宝物143号）
　铜造如来三尊仏（法隆寺献納宝物143号）

2 法隆寺金堂 铜造释迦三尊像
　法隆寺金堂 銅造釈迦三尊像

3 龙门石窟 宾阳中洞中尊像
　龍門石窟 賓陽中洞中尊像

4 兴福寺 铜造佛头
　興福寺 銅造仏頭

5 石造弥勒菩萨像（西安碑林博物馆）
　石造弥勒菩薩像（西安碑林博物館）

6 药师寺金堂 铜造药师三尊像之药师如来像
　薬師寺金堂 銅造薬師三尊像のうち薬師如来像

4

292

2

3

5

6

7

8

11

12

9

10

13

14

7 龙门石窟奉先寺洞诸尊像之卢舍那佛像
　龍門石窟奉先寺洞諸尊像のうち盧舎那仏像

8 奈良县立橿原考古学研究所保管 小山废寺出土
　大型独尊砖佛
　奈良県立橿原考古学研究所保管 小山廃寺出土
　大型独尊塼仏

9 东大寺戒坛堂 四天王像之多闻天王天像
　東大寺戒壇堂 四天王像のうち多聞天像

10 敦煌莫高窟第46窟 塑造神将像之北方天像
　敦煌莫高窟第46窟 塑造神将像のうち北方天像

11 唐招提寺金堂 脱活干漆造卢舍那佛像
　唐招提寺金堂 脱活乾漆造盧舎那仏像

12 唐招提寺 脱活干漆造鉴真像
　唐招提寺 脱活乾漆造鑑真像

13 唐招提寺 木造传药师如来像
　唐招提寺 木造伝薬師如来像

14 京都东寺讲堂诸尊像之不动明王像
　京都東寺講堂諸尊像のうち不動明王像

15

16

20

21

17 18 19

15 西安市安国寺址出土 石造不动明王像（西安碑林博物馆）
　　西安市安国寺址出土 石造不動明王像（西安碑林博物館）

16 京都平等院凤凰堂 木造阿弥陀如来像
　　京都平等院鳳凰堂 木造阿弥陀如来像

17 陕西省延安市 钟山石窟第三窟如来像
　　陕西省延安市 鐘山石窟第三窟如来像

18 京都平等院凤凰堂 阿弥陀如来像的光背上的波状云纹
　　京都平等院鳳凰堂 阿弥陀如来像と光背に表された波状雲文

19 京都清凉寺释迦如来像
　　京都清凉寺釈迦如来像

20 兴福寺维摩像
　　興福寺維摩像

21 东大寺南大门木造金刚力士像
　　東大寺南大門木造金剛力士像

22 京都清凉寺释迦如来像像内收纳的《版本灵山变相图》
　　京都清凉寺釈迦如来像の像内に納められていた「版本霊山変相図」

22

297

日本仏教美術彫刻史における中国美術の
受容とその変化：7世紀から13世紀の動向

根立　研介（奈良県立橿原考古学研究所）

1　はじめに

　前近代（19世紀第三四半期以前）における日本の美術史については、538年（一説に552年のことという）に朝鮮半島から仏教が公に伝えられた時から鎌倉時代前・中期（13世紀）までが、仏像を中心とする彫刻史が主要な研究分野として重要視されてきた。

　ところで、日本の前近代は、なんらかの形で中国美術の影響を受けているといってよい。仏教美術史、特に仏像を中心とする彫刻史の動向も同様であるが、特に7世紀から13世紀の日本の彫刻史の動向は、中国美術の影響を抜きにして語ることはできない。そこで、本稿は、7、8世紀の仏教彫刻史を中心に置きながら、7世紀から13世紀に至る時期の、中国美術を受容してきた日本の仏教彫刻史の動向を概観してみたい。

2　7世紀の中国美術受容の様相

　日本では仏教が日本に公に伝わる以前の時期にも縄文時代の土偶や古墳時代の埴輪など、広義の意味での彫刻作品に当たる立体的な造形物は造られていた。しかしながら、こうした時代では仏像のような本格的な彫刻はまだ造られていなかった。したがって、本格的な彫刻の製作は、その表現や技法などあらゆることを大陸から受け入れることから始まったといっても過言ではない。こうした外来の美術からの影響は日本彫刻史を考える上で絶えず問題となってくるが、

殊に7、8世紀にかけての時代、すなわち飛鳥から奈良時代の彫刻史は、南北朝から隋、初・盛・中唐という6世紀から8世紀に至る中国の彫刻、そして中国の彫刻の様々なものを直接日本に伝えた朝鮮半島の彫刻の影響を絶えず受けて、複雑に展開している。この時期の日本の彫刻を理解するためには、こうした中国を中心とする東アジア文化圏との関わりを念頭に置く必要がある。

　ところで、6世紀半ばから一世紀ほどの時期は、朝鮮半島、特に百済からしばしば経論や仏像、あるいは造寺工、造仏工が献じられており、大陸の仏教文化とこれに関わる新技術が急速に伝えられた。仏像の製作については、史書にしばしば記録をとどめるが、おそらくわが国の造仏のはじまりは、朝鮮半島から渡ってきた渡来系の工人の手によって行われ、大陸から請来された舶載像や図像を手本にして造像されたと思われる。こうした状況を反映して6世紀ころに遡るとみられる遺品はいずれも日本で造像された確証はなく、仮に日本で製作されたものとしても、渡来工人あるいはその子孫の工人の手になるものが主流を占めていたとみられる。例えば、法隆寺に伝わり、現在東京国立博物館に保管されている銅造如来三尊仏（法隆寺献納宝物143号（図1）は、6世紀末頃の百済製の像とみられる。さらに言えば、7世紀前半の仏像製作の中心的な工房を率いた鞍作止利が623年に造った法隆寺金堂の銅造釈迦三尊像（図2）も、東アジアと日本の文化交流の中で生み出されたものである。この三尊仏は、日本の7世紀前半を代表する仏像であるが、杏仁形の目をあらわす面長の面貌には、謹厳さの中にも優しさの

混じった神秘的な表情が認められる。そして、体部が左右対称形式に整えられ、正面観照性が重視されている。こうした造形は、およそ1世紀前に造られた龍門石窟賓陽中洞中尊像（図3）に代表される中国南北朝時代の遺品に源流がたどれる。ただ、法隆寺像には中国大陸の源流にあたる諸像に比べ、衣文形式などは左右対称を基準により明快に整理されて抽象的なものになり、その神秘な面貌もより超越的なものへと変化している。こうした変容は、中国で造られた様式が、様々な要素が付与されながら朝鮮半島を経由して伝えられ、さらにわが国での独自の解釈がなされたことによろう。因みに、止利という工人は、朝鮮半島の百済から渡ってきた一族、それも金属製品の製作に携わった一族の末裔とみなす説が有力であるが、止利のこうした出自も法隆寺像の造形に影響を与えた可能性があろう。

ところが、6世紀半ばに至ると、止利工房の勢力はしだいに衰退していく。それと共に日本の彫刻史は新たな段階に進む。すなわち、法隆寺金堂釈迦三尊像のような左右対称形に基づいた身体や着衣の構成から解放されより自然なものに変化するとともに、従来の彫刻にみられない肉身の抑揚表現や側面観の表出などがしだいに表現されるようになり、面貌も謹厳で神秘的なものから一種優しさを感じさせるものへ変容していったのである。こうした仏像の身体をより現実的にとらえようとする傾向は殊に660年頃以降の、しばしば白鳳時代という名で呼ばれる時期になると一層顕著になっていく。

7世紀後半という時代は、日本が氏族制国家から律令国家へと移り変わる時期に当たり、また仏教も氏族仏教から国家仏教への道を歩みはじめたころで、大官大寺、川原寺、飛鳥寺、薬師寺などの官寺の造営が進められ、仏像製作の需要も増大した時代で、かなりの数の仏像が官営工房によって造られた時代である。こうした官営寺院に祀られる仏像が、人体を基にこれを理想化したような面貌と身体表現にしだいに移っていったのは、後述するように中国・初唐期の美術の影響であるのは間違いがない。

ただ、7世紀後半の彫刻史を考えは、前代に比べてかなり複雑な様相を示している点には注意する必要がある。その背景としては、大陸との交流が東アジアにおける国際情勢の影響により複雑に変化し、これに伴ってわが国の文化の受容の仕方も変化していったことが上げられる。すなわち、相次ぐ遣唐使の派遣により、7世紀後半に入るとその大陸文化の直接的な影響がみられるようになる一方、663年に白村江の戦いで日本が新羅、唐の連合軍に破れ、百済が滅亡すると、かなりの数の百済系工人が帰化し百済美術が改めて流入するとともに、668年新羅が朝鮮半島を統一すると、遣唐使の派遣が30年ほど途絶えたこともあって、大陸との交渉は再び朝鮮半島を通して行われるようになったのである。したがって、7世紀後半においては、唐の最新の彫刻様式や技術が直接日本に伝えられるとともに、中国南北朝末期から隋、初唐期にかけての彫刻様式が、従来どおり朝鮮半島経由でも伝えられたことになる。もちろん、従来の伝統を引継いで造られた仏像も認められ、単純な様式や技法上の比較だけではこの時代の彫刻史を語ることは不可能といえる。

さて、この時期の仏像の中で、中国の影響を強く受けたものとしてまず挙げなければならないのが、奈良・興福寺に頭部だけ残る銅造仏頭（図4）である。この仏頭は、685年に完成したとみられる山田寺の丈六像の頭部に当たる。破損が目立つものの、頬を大きく張った丸顔に大きく弧を描く眉とそれに続く直線的な鼻筋、切れ長の大きな眼など、顔の造作を明快に刻む顔立ちは、清新でみずみずしい感覚にあふれていて、この時期の金銅仏の代表作である。ところで、この像の作風は、隋代ころの中国の石彫像にその源流をたどることができ、西安から出土した石造弥勒菩薩像（図5）（西安碑林博物館）との類似性もしばしば指摘されている。山田寺は私寺ながら、その造営には天皇家が密接に関わったようで、本像の造像には当時の官営工房の関与が想定される。

この仏頭に続く時期の作例としては、奈良・薬師寺金堂銅造薬師三尊像（図6）を挙げなければならないであろう。

薬師寺は、680年に天武天皇が藤原京に創建された官寺で、688年頃には金堂が完成され、寺院全体の造営事業は698年頃まで継続されたようである。ところが、710年に都が平城に遷都されると、薬師寺も718年に移転されている。ただ、旧地にも本薬師寺の名で呼ばれる寺院が残り、一方新京の寺の造営は730年頃まで続けられたようである。したがって、本三尊像については、藤原京に創建された寺院の本尊が新京に遷座されてきた可能性と、あるいは平城京の新寺の本尊として新たに鋳造された可能性の二つの解釈が生じ、近年まで論争が続いているが、興福寺の仏頭より初唐期の作風の影響をより強く受けたものであることは間違いない。すなわち、この三尊像は、人体の観察によって獲得された写実に基づきながらも、それを理想化して調和の取れた仏像表現へと昇華させた造形が認められるのである。中国の初唐、といってもその末葉に近い最も充実した彫刻様式の影響を受けた最高傑作の一つといえる。

　ただし、中国からの影響を改めて考えてみると、中国では作品の多くが現在失われてしまったこともあって、近似する例を挙げがたいところがある。敢えて名を挙げれば、675年に造られた龍門石窟奉先寺洞の諸尊像（図7：盧舎那仏像）となろうが、日本の薬師寺像は、奉先寺洞像の作風をより整理したもののように表されている。こうした造形の違いは、中国の規範を日本的に理解し造形化しようとする、一種の日本化の結果から生じたようにも思える。

　それでは、初唐期の仏像の直接的な影響を窺うことができるものがないであろうか。そこで注目されるのが、塼仏といった浮彫彫刻である。その代表作が、今回の展覧会に出品されている大型多尊塼仏などの二光寺廃寺出土の塼仏や、小山廃寺出土大型独尊塼仏（図8）であろう。これらは、身体の整った写実的で柔軟な表現の仏菩薩が表されており、新来の初唐の様式にいち早く対応したものとして注目される。

3　8世紀の動向

　710年の平城遷都から794年に都が平安京に移るまでの時代、すなわち奈良時代あるいは天平時代と呼ばれる時代は、中央集権的な性格の強い律令国家体制が最盛期を迎えた時期である。仏教も国家仏教としての性格を強め、律令体制の精神的な支柱として重用されたが、743年に発願され、752年に開眼供養された銅造盧舎那大仏の造立という、この時代の造仏事業の中でも最大級の事業が進められた。こうした状況のもと仏教文化が花開き、数々の名品が誕生していった。ところで、7世紀後半一時途絶えていた中国との交流は8世紀に入ると再び復活し、この1世紀の間に都合7回にわたる遣唐使が派遣された。これら遣唐使の一団は、帰国とともに次々と唐の先進的な文化を瞬時に伝えたが、その中には唐代も初唐末ころから中唐にかけての美術に関する数多くの情報が含まれており、こうした中国の美術、殊に盛唐期の美術の影響が奈良時代の彫刻様式の形勢に重要な役割を果たした。

　それでは、この時期の日本の仏教彫刻への中国美術の影響を示してくれる例はどのようなものが挙げられるのであろうか。端的な例としては、東大寺戒壇堂塑造四天王像（図9）のような神将形像であろう。身にまとう甲の種類や付け方や、整理の進んだスマートな甲制は唐代の甲制に倣うもので、例えば敦煌莫高窟第46屈の塑造神将像（図10）などによく似ている。

　さらに奈良時代の美術史は、8世紀も後半期に入ると一つの転機を迎える。そのきっかけの一つとして、753年の中国僧、鑑真の来日を挙げることができる。彼は、天皇以下400人に戒を授けるなど奈良時代の仏教史に大きな足跡を残しているが、彼の役割はそれにとどまらず、中国8世紀半ばころの彫刻などの文物、あるいは最新の美術様式や技法をわが国にもたらしている。彼が中国からもたらした彫刻様式がいかなるものであったかは、鑑真自らが創建した唐招提寺に伝えられた諸像が如実に物語っている。まず注目すべきは、金

堂の本尊、脱活乾漆造盧舎那仏像（図11）である。この像は、鑑真が亡くなった763年から少し遅れるころに造られたものとみられるが、面貌は頬のふくらみがかなり強調されるとともに、目尻を吊り上げたかなり厳しい表情がみられ、一種の沈鬱さも感じられる。体部の造形は量感の強調がみられ、重厚さを増し、着衣には動きのある衣文があらわされている。こうした表現上の特色は、盛唐期の調和の保たれた様式美の範疇から一歩踏み出したものといえる。唐招提寺金堂盧舎那仏像は、鑑真が活動を行っていた中国江南地域の盛唐末から中唐期の美術の影響を受けて日本で造られた仏像の代表作と言えよう。

さて、唐招提寺の彫刻の中で、他に注目すべきものとしては、脱活乾漆造鑑真像（図12）という、きわめて写実的な面貌表現を持つ肖像彫刻を挙げることができる。日本では、8世紀に入ってようやく本格的な肖像製作が行われるようになるが、鑑真像のような成熟した写実性を示す肖像彫刻がいわば突然出現した原因は、中国の肖像彫刻からの影響という問題を抜きに語ることはできないであろう。

ところで、唐招提寺には、かつて講堂に安置されていた木彫群が存在している。伝薬師如来像（図13）といった一群の一木造りの像は、いずれも人体に則った理想的な調和といったことは求められておらず、身体各部を強調した力強い造形が認められる点が注目される。こうした作風は、従来の奈良時代の彫刻には全く見当たらず、突如出現した感がある。したがって、これらの木彫像の登場は、やはり鑑真の来日にともなってもたらされた中国の新しい彫刻様式と造像技法の影響抜きには考えることはできないであろう。そして、これらの諸像は、9世紀の木彫像にもかなり大きな影響を与えた可能性がしばしば指摘されている。

それとともに、この一群の木彫像の樹種がカヤ材であることも重要である。というのも、日本の仏像の素材は、8世紀半ば過ぎ頃から木を用いることが盛んになり、9世紀になると仏像の大部分が木を用いて造られるようになる。このよう

に日本における木彫像製作の隆盛を招いたきっかけ、鑑真一行の来日とする見解が近年盛んに唱えられている。仏像の木の樹種についてのカヤ材の選択も、木彫像の樹種選択に関わる『十一面神呪心経義疏』の一節に対する鑑真一行の僧侶たちの解釈が大きな影響を与えた可能性がある。仏像の素材については、東アジアの国々とは異なり、日本では木材が一般化する。そして、こうした選択についてはは日本の内部の問題としてしばしば語られてきた。しかしながら、こうした問題についても中国の影響を考えてみる必要がある。

4　9世紀の動向

784年、都が奈良の地から現在の京都府の長岡京に遷り、さらに794年には現在の京都市に造営された平安京に遷る。この時期から、12世紀末ころまでの時期を、平安時代と呼ぶのが一般的である。

その平安時代の初期、9世紀末頃までのおよそ100年の間に造られた日本の仏像は、量感の表出が顕著な作風が見られ、そこに中国の中唐・晩唐期の美術の影響を窺うことができる。この時期の中国仏教彫刻の日本仏教彫刻への明確な影響を指摘できるものに中で特に注目すべきは、密教の仏像であろうか。インドから中央アジアを経て中国に伝えられた密教は、8世紀後半から9世紀初頭にかけて中国でしだいに体系化されるが、こうした体系化された密教は、空海らによって9世紀初頭以降日本にもたらされている。空海が構想し、844年に完成されたとみられる京都の東寺講堂諸尊像の中の重要な仏像である木造不動明王像（図14）の源流は、西安市の安国寺址から出土した8世紀後半頃の石造不動明王像（西安碑林博物館）（図15）といった中国密教像とみられる。

さて、こうしてみると、日本に仏教が伝来した6世紀半ば以降、強弱はあるが、日本の仏教彫刻史は絶えず影響を受けていたことがわかる。特に7世紀半ばから9世紀も半ば頃までは、中国の仏教美術を規範として受け入れて仏像を造るの

が一般的な傾向といえる。もちろん日本の仏像製作が中国のものをそのまま写していたというわけではない。日本の仏像は、総じて中国の仏像に比べると形をより整理したところがある。もっともこうした地域差に基づく微妙な相違は、むしろあっても不思議ではない。ただ、ここで改めて強調したいのは、この時期の日本の主流となった仏像製作の工房における仏像製作では、中国の仏教美術は日本の仏像のある意味絶対的な規範になったところが認められ、これを日本人の感性に合うように調整して仏教彫刻が造られていったのである。

5　10世紀から12世紀の動向：日本における和様の形成と大成

　ところが、時代が9世紀も末頃になると、日中交流をめぐって、重要な歴史的事件が起こる。すなわち、894年に日本は遣唐使の派遣を止めてしまったのである。この事件は、一般に遣唐使の廃止と呼ばれ、日中交流の一大事として注目されてきた。すなわち、この事件により日本と大陸との交流の途絶し、その結果文化情報の流入の停止に陥ったとされ、その結果、日本独自の国風文化の誕生が促されたという、いわゆる「国風文化論」がかつて盛んに唱えられてきたのである。彫刻史の方でも、9世紀末頃から9世紀前半に比べれば穏やかな顔つきの像が出てきていることもあり、こうした説が支持されたところもあった。

　しかしながら、このような言説は、歴史的事実をほとんど無視したものであることは、今日の日本史学や日本文学などの研究から明らかで、894年の遣唐使の廃止以降も商船による交易は続けられ、大陸の文物が日本の貴族達にも珍重されていたことや、日本僧の中国への留学もしばしば行われていた事実が明らかにされてきた。したがって、こうしたことからもこの種の過去の見解が過ちであったことが容易に想像できる。日本における国風文化が誕生してくる現象は、別の要因があったことはずである。このことについては日本史学

や美術史学の分野できわめて重要な問題なのでここで詳しくは述べることはできない。ただ、こうした現象が生まれてきたのは、より巨視的に言えば、ユーラシア東部の巨大な帝国であった唐が崩壊期に至り、周辺の各地域の民族がそれぞれの民族意識に目覚めることにより、地域に即した社会変動が起こり、それぞれの地域で様々な造形現象が認められるということの現れかと思われる。

　さて、日本の彫刻様式の問題に戻るが、遣唐使の派遣が行われなった9世紀末頃から、しだいに日本の彫刻様式は中国の彫刻様式と乖離してくる。すなわち、日本側では、「日本的な」という意味合いを込めて名付けられた和様[わよう]の彫刻様式が誕生し、11世紀前半にこの彫刻様式は大成する。その大成した姿を端的に示すものが、1053年に造られた京都・平等院木造阿弥陀如来像（図16）である。平等院像は、量感の表出が抑えられ、丸顔の顔立ちは穏やかになり、着衣に刻まれる衣文も浅く流麗に流れている。同じ時期の中国の彫刻（例えば中国陝西省延安市鐘山石窟第三窟如来像（図17）は、顔立ちには一種の生々しさがあり、また着衣表現などの写実的な表現も随所に見ることができるので、その姿は日本の平等院像とかなり異なっていることがわかる。

　そうすると、大陸との交流はなお存在し、情報や文物の流入も続きながら、日中間で造形に乖離が生じてきており、日本側の問題とすれば、こうした乖離を発生させた主因は和様という様式選択が日本で行われたことにあることになる。ただ、注意すべきは、和様が形成される頃から、唐という大帝国の衰退、そして滅亡を知った日本側の知識人たちは、もはや同時代の大陸国家に規範的意識を持ち得なくなっていった可能性があることである。さらに言えば、美術の造形の規範を、過去の日本の美術の造形に目を向け始めたことが近年しばしば指摘されていることも留意する必要がある。すなわち、和様が形成される時期に、過去の日本で造られたものに対して研究を行い、その成果を造形に取り入れていこうとする志向が見いだせるのである。

しかしながら、和様という彫刻様式は、中国美術と無縁のものではどうもないのである。和様彫刻の頂点に立つとされてきた平等院鳳凰堂の阿弥陀如来像の光背に表された波状雲文（図18）の意匠を十世紀末の浙江省台州で造られた京都・清凉寺釈迦如来像（図19）との関連性で論じた論文も発表されている。また、造形の問題とは異なるが、この阿弥陀如来像の像内納入品に認められる梵字が、北宋の最新の書体で書かれていることも指摘されており、この阿弥陀如来像の製作の背景には宋代の文化情報を選択して積極的に受容しようとした人々が造像にかかわっていたこともわかる。こうしたことを考えると、日本においては前代まで絶対的な規範として位置づけられた中国美術が相対化され、むしろ中国の美術は和様形成の一要素としてみなされていた可能性がある。すなわち、中国美術の中でも日本側で必要とみなされたもののみが、日本の造形美術に採択されていたのである。

もう少し例を挙げれば、彫刻に実際の着物を着せるいわゆる裸形着装像という裸の仏像や肖像の彫刻形式や、12世紀頃から見られる着衣の装飾的表現や金泥といった荘厳技法なども、中国大陸から選択的に取り入れられた可能性が高く、それが日本で彫刻の造形に応用されていた可能性が十分にある。

このように、単に大陸の美術を規範として受け入れ、それに基づいて造形製作を行うのではなく、日本の過去の造形、あるいは中国大陸の造形でも、必要性を見いだせたものを選択して、従来の造形に適応させながら新たな造形を造り上げていくといった製作のあり方が、まさしく和様が大成した頃から顕在化してくるのである。したがって、少し極端な言い方になるが、中国美術の日本での受容のあり方は、9世紀までは中国美術を「絶対的」な規範として受容し、10世紀以降は「選択的」受容するやり方に変わっていったのである。

6 　13世紀の動向

日本では、12世紀後半頃から、日宋貿易が盛んになってくる。11世紀には途絶えた僧侶の中国への渡航、すなわち入宋を行う僧侶も、平安時代末頃から増大してくる。特に東大寺の再興に尽力した重源や、栄西、俊芿という鎌倉時代（12世紀末〜1333）の日本の仏教史に大きな足跡を残す重要な僧侶が入宋し、美術を初めてする中国の文化情報を多量に日本に伝えたことは重要である。

さらに、鎌倉時代は宋・元との交流は時が経つにつれ盛んになっていく。特に、鎌倉時代後半期に入ると中国の禅僧の来日が続き、日本の禅僧も中国に赴き、禅家に参禅し、帰国する者が数多く出てくる。禅僧の中国への渡航は、中国が明に代わっても盛んであるが、こうした日中間の人的交流の増大に伴う新たな美術情報の流入は、日本における彫刻製作にも大きな影響を与えたのは間違いなかろう。

そこで、もう少し具体的な事例を挙げて、日本の13世紀の仏教美術彫刻の中国美術の影響をのべていこう。ひとつは、1196年に造られ、興福寺に伝えられている維摩の肖像彫刻（図20）である。『維摩経』に文殊菩薩と論争したことが記されている古代インドの長者、維摩のこの像は、実在の老人を思わせるほどの写実的な顔立ちをもっている肖像であるが、こうした写実性も大きな意味では宋代の肖像の影響を受けていると言ってよいであろう。また、台座には獅子や牡丹が浮彫で表されているが、その姿にも宋代美術の強い影響を窺うことができる。

より宋代美術との関わりが直接的な例を挙げれば、1203年に造られた東大寺南大門木造金剛力士像（図21）を取り上げるべきであろう。この東大寺南大門金剛力士像の像容は、かなり特殊なもので、日本で一般化しなかったものである。すなわち、通常の日本の金剛力士像は、向かって右に阿形像、左に吽形像を配し、阿形像は右手を降ろし、左手の上腕を側方に伸ばし、肘を曲げて金剛杵を執る形とする。一方、吽形

像は左手を降ろし、右手を側方に伸ばし、肘を曲げるという姿に表される。しかしながら、東大寺像は、阿吽像の配置が逆になっていることが、まず異なる。また、その像容については、阿形像は、左手の肘を側方に張り、腋の下の下辺で五指を開き、右手の肘を軽く曲げて降ろして腰脇で巨大な金剛杵の端を掴んでいる。一方、吽形像は、右手の肘を側方に張り、腋の下の下辺で五指を開き、左手の肘を軽く曲げて降ろして腰脇で巨大な金剛杵を掴む姿で表されており、これも通形と大きく異なっているのである。

　ところで、左右に関わる配置法については、奈良時代の金剛力士像に同一なものがあり、東大寺南大門像は奈良時代の形式を踏襲した復古的なものと捉えられてきた時期もあった。しかしながら、像容は奈良時代の遺品には該当するものが無く、この金剛力士像がどういった規範に基づいて造られたかは長い間不明であった。しかしながら、この三十五年ほどの間に大きな研究の進展があり、像の左右配置や像容については、10世紀末に北宋を訪れた東大寺僧、奝然が985に中国で造らせ、987年に京都にもたらした清凉寺釈迦如来像の像内に納められていた「版本霊山変相図」（図22）に描かれた金剛力士像ときわめて類似していることが明らかになったのである。特にその特異な像容については、東大寺像の顔立ちの怪異さが控えめになり、細部の形状に多少の違いがあるものの、腕の構えや巨大な金剛杵を持つといった主な特色は共通している点は注目される。この版本の金剛力士像に類似した宋代図様が、東大寺金剛力士像製作の際に参考にされたのは間違い無いと思われる。すなわち、東大寺南大門金剛力士像の製作には、宋代図様が介在していたのである。ただし、この東大寺の金剛力士像の顔立ちは中国版本の姿よりもかなり整理され、力士像の持つ怪異さも弱められている。こうしたところに、日本化の問題が潜んでいることとともに、大本は中

国の手本に基づきながらも、日本側が必要とした情報を抜き出すという志向を窺うことができる。

　このようにしてみると、12世紀末から13世紀の日本の仏教彫刻は、10世紀から12世紀までに比べると中国美術の影響をかなり受けてはいるものの、やはり日本に必要な情報を取り入れる、選択的な受容が主流であったと思われるのである。

　なお、本稿で取り上げる時期の下限を13世紀としたのは、少し理由がある。それは、中国では13世紀の元代に入るといわゆるチベット仏教が中国の中央部にも次第に流布してくるが、日本では基本的にはチベット仏教を受容しなかったことにかかわる。仏像の造形にもチベット仏教の影響が日本では認められず、以後日本の仏像の形は日中で大きく異なっていった点には注意を払う必要がある。

7　まとめ

　本稿の冒頭に触れたように、日本の前近代は、なんらかの形で中国美術の影響を受けているといってよい。特に7世紀から13世紀の日本の仏教彫刻は、その傾向が強い。しかしながら、7世紀から9世紀までの時期と、10世紀から13世紀までの時期とでは、中国美術の受容のあり方に変化が認められる。絶えず日本化の問題があるが、中国美術を規範として「絶対的に」に受け取る受容から、日本側で必要な情報を「選択的」に受け取る受容へと大きく変化していったのである。ただ注意しなければならないのは、こうした変化が生じたのは、日本側のみの問題ではないとみられる点である。唐という大帝国が衰退、滅亡し、宋という王朝が成立するという、東アジアの大きな変動といった一大事象が、中国周辺部にもたらした結果であることも考えておく必要があろう。

作品の解説

作品解説

一、倭人百态

1 陶偶

出土地点：御所市 观音寺本马遗址

时期：绳文时代晚期（约3000年前）

尺寸：高14.0cm×宽11.0cm×厚2.0cm

材质：陶土

收藏地点：奈良县立橿原考古学研究所

绳文时代在日本列岛中独立发展起来的陶土制人偶，在日本被称为土偶。陶偶常常缺少手、脚等部位，但本展品是完整品。此外，陶偶中表现乳房等的女性形象占大多数，但本品没有表现乳房，而是强调了小腿，因此其很有可能表现的是男性形象。头部的两孔看似是眼睛，实际代表着耳饰。本品没有眼睛和鼻子的表现，而有一张大张的圆嘴。

2 陶偶

出土地点：葛城市 竹内遗址

时期：绳文时代晚期（约3000年前）

尺寸：高10.0cm×宽7.0cm×厚2.3cm

材质：陶土

收藏地点：奈良县立橿原考古学研究所

这是一具缺少头部和右手的陶偶。其胸部有线状刻痕，腹部有一甜甜圈状的隆起。尽管描绘孕妇的土偶在各地都有发现，但本展品中的腹部是凹陷的，可能是用于对生命的祈祷或某种巫术行为。

3 鸟装人物纹陶器

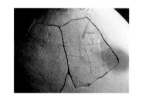

出土地点：天理市 清水风遗址

时期：弥生时代中期·公元前1世纪

尺寸：高15.0cm×宽25.0cm

材质：陶土

收藏地点：奈良县立橿原考古学研究所

这是描绘弥生时代村落举行祭典场景的陶器。上半部分用线刻描绘了一名装扮成鸟的祭司和两名随从的人物姿态。下半部分右侧的祭司头戴鸟形面具，仰望天空，双手将鸟翼造型的斗篷披在手臂上，高高举起，指尖举着三根羽毛，胸前还描绘着一只鹿。左侧的两名人物被描绘得较小，其头部分别被绘成三角形和圆形，大概是一对跪在祭司面前的男女。

4 建筑物与鹿纹陶器

出土地点：天理市 清水风遗址

时期：弥生时代中期·公元前1世纪

尺寸：残件高14.0cm×器身最大直径18.0cm

材质：陶土

收藏地点：奈良县立橿原考古学研究所

鹿是有纹饰陶器上最常见的动物形象。鹿作为一种常见的野生动物，被食用、当作牺牲品。本展品在器身上刻有两头雌鹿和一座建筑物。朝向左侧的鹿与和寄栋式建筑（屋顶分为前、后、左、右四个斜面）之间有几条向上的直线。如果这条直线是箭的话，应该是描绘了从建筑物向鹿射箭，鹿惊惶逃窜的情景。

5 船纹陶器

出土地点：天理市 清水风遗址

时期：弥生时代中期·公元前1世纪

尺寸：高12.0cm×宽25.5cm

材质：陶土

收藏地点：奈良县立橿原考古学研究所

该陶器刻画的是一条两头上翘的船，船身细长，侧视的角度，船两侧有桨，又是俯视的角度。尽管没有具体表现，但似乎能感觉到船上有许多桨手。这或许表现的是弥生时代可以出航外洋的大型船只。

6 楼阁纹陶器

出土地点：矶城郡田原本町 唐古·键遗址

时期：原件为弥生时代中期·公元前1世纪

尺寸：高44.0cm×最大直径约30.0cm

材质：树脂

收藏地点：奈良县立橿原考古学研究所

　　（原件藏于田原本町教育委员会）

备注：复原品，原件为重要文化财产

陶器上刻画了一座三层楼高的建筑物。每层楼的屋顶都有一螺旋状的檐头装饰。最上层也有一个圆形的屋脊装饰，中层的屋脊顶部有三只鸟在栖息。下端表现了一个长长的梯子，可以通向高床式（即干阑式）构造一层的地板下方。有人认为这就是《魏书·倭人传》中提及的卑弥呼执政的"楼观"。

7 房屋纹镜

出土地点：北葛城郡河合町 佐味田宝冢遗址

时期：原件为古坟时代前期

尺寸：直径22.9cm

材质：青铜

收藏地点：宫内厅

这面铜镜由倭人所制，表现了古坟时代多样的住宅。四座住宅环纽而列：其一，表现的是入母屋造（即歇山顶）的高床式（即干阑式）建筑，右侧是梯子，左侧是阳台或建筑物外侧的栅栏，从建筑物的中央向斜左上方，伸出一把高高的伞盖，下方有贵人；其二，是山墙造（相当于悬山顶）的高床式仓库，左边有梯子，屋脊上有一只鸟，两侧表现了树木；其三，是一座入母屋造的平屋式建筑，房顶上有一只鸟，两边也有树木；其四，大型的入母屋造竖穴住宅，左侧有一个入口，入口向左上方有一个伞盖，屋顶上方有鸟。这些建筑，表现的可能是部落首领或国王住所的各种建筑，他们在此贮藏粮食、行使权力，并举行祭祀仪式。

8 男性坐俑

出土地点：矶城郡三宅町 石见遗址

时期：古坟时代末期 · 6世纪

尺寸：高76.0cm×长67.0cm×宽45.0cm

材质：陶土

收藏地点：奈良县立橿原考古学研究所

古坟时代的男性将头发在左右及后侧束成髻，这种发型被称为"美头良"。此人戴着项链，穿着带有格子图案的上衣，腰间系着腰带。他穿着膝盖系以绳子的腿衣，坐在椅子上。椅子上饰有被称为直弧纹的古坟时代盛行的以直线和圆弧构成的花纹。尽管没有诸如王冠的表现，但从坐在椅子上的气派模样来看，或可认为这是一个首领级别的人物。橿原考古研究所的吉祥物"伊瓦明"就是以该陶俑为原型设计的。

9 鸟形木制品

出土地点：橿原市 四条9号坟

时期：古坟时代末期 · 6世纪

尺寸：长98.5cm×宽86.0cm

材质：木

收藏地点：奈良县立橿原考古学研究所

这个鸟形木制品表现了一只鸟在天空中张开双翼滑翔的情景。由于同类出土物的双翼和肢体经常支离破碎，因此两者以组合状态出土是极为珍贵的例子。这些木制品被竖立在古坟周围。鸟形木制品见于弥生时代至古坟时代，竖立在仓库等建筑物上、村落或水田的入口等处，起到标明边界的作用。在古坟时代，一种说法认为是表现了首领进行鹰猎的姿态，也有一种说法认为是表现了将死者的灵魂运送到天上的情景。

二、倭国与中国

① 国际外交的发端

10 陶船

出土地点：葛城市 寺口和田1号坟

时期：古坟时代中期 · 5世纪

尺寸：长115.0cm×宽23.0cm×高54.0cm

材质：陶土

收藏地点：奈良县立橿原考古学研究所

本模型是模仿在独木舟上安装舷侧板的准结构船，但船底部分被省略，上部被夸张、变形。船头两侧装有防浪板，船两侧上方有4个用来系缆的支点，数量有点少，实际上，这艘船应该是有很多划船手可以出海的。

11 七支刀

原藏地点：天理市 石上神宫

时期：2006年制作

原件为古坟时代 · 4世纪

尺寸：长74.8cm

材质：铁

收藏地点：奈良县立橿原考古学研究所（原件藏于石上神宫）

备注：复原品，原件为国宝

根据石上神宫流传下来的神宝"国宝七支刀"复原制作而成。铁剑两侧有枝刃，剑身两面镶嵌着总计61个字的铭文。根据制作实验，原品是铸造的。据《日本书纪》"神功皇后五十二年"条记载，"七支刀"原件是由百济进献而来的。371年，百济的近肖古王余句在击败高句丽故国原王后，于372年向东晋进贡，被册封为镇东将军领乐浪郡太守（《晋书》）。这把七支刀可能是东晋太和二年（369）百济王及其世子赠予倭王的。

12 带状金具

出土地点：生驹郡斑鸠町 新山古坟

时期：古坟时代 · 4世纪，西晋制造

尺寸：带状金具长6.7cm，宽3.1cm—3.2cm

材质：金属

收藏地点：奈良县立橿原考古学研究所（原件藏于宫内厅）

备注：复原品

本展品根据1885年土地所有者在新山古坟挖出的西晋制带状金属件复原制作而成。原品是在日本列岛出土的中国制金属带中最古老的。铜板经镀金、雕刻、镂空，饰有龙纹、三叶纹等。西晋泰始二年（266），虽然有倭人向建国不久的晋武帝献上方物的记录（《晋书》），但此后倭国对中国的遣使就中断了，这段时期被称为"空白的四世纪"。古坟时代，因文字资料匮乏而难以确定年代，但通过这一珍贵的资料，可以看出4世纪前半叶西晋的产品被舶载至倭国。

② 倭国的建立——前方后圆式古坟的建立和发展

13 弧纹圆板

出土地点：樱井市 缠向石冢古坟

时期：弥生时代 · 3世纪

尺寸：直径56.0cm×厚1.4cm

材质：木

收藏地点：奈良县立橿原考古学研究所

备注：复原品

本品是以1/3左右的原品为基础复原而成。从弥生时代到古坟时代，在以奈良县和冈山县为中心地区的坟墓中供奉的器具和土器等表面，有被称为弧带纹的复杂纹样。原品是在1.4厘米厚的樟树制的一块木板上刻上花纹的，于大型前方后圆古坟成立前建造的缠向石冢周围的壕沟中出土。其时期被定在弧带纹的成立期，是了解墓葬仪式如何发展，以及前方后圆古坟祭祀仪式如何形成的重要材料。

14 特殊器台

出土地点: 橿原市 葛本弁天冢古坟

时期: 古坟时代初期·3世纪

尺寸: 高113.0cm×直径48.0cm

材质: 陶土

收藏地点: 奈良县立橿原考古学研究所

---

15 特殊壶

出土地点: 橿原市 葛本弁天冢古坟

时期: 古坟时代前期·3世纪

尺寸: 高58.0cm×直径44.0cm

材质: 陶土

收藏地点: 奈良县立橿原考古学研究所

特殊器台（展品14）是用于承托特殊壶（展品15）的。在以冈山县为中心地区的墓地中，施有弧带纹的器台供品被称为特殊器台，与特殊器台相配套的则被称为特殊壶。二者一方面作为墓葬供奉用的陶器发展，另一方面弧带纹的设计不断退化，最终形成去掉器台底部和弧带纹的圆筒埴轮。此二展品是在前方后圆古坟成立时期位于奈良盆地南部的弁天冢古坟中出土的供品，属于具有退化底部和弧带纹的"宫山型"特殊器台。

---

16 前方后圆古坟模型

名称: 天理市 中山大冢古坟

时期: 现代

尺寸: 宽120.0cm×高180.0cm×厚30.0cm

材质: 木、树脂

收藏地点: 奈良县立橿原考古学研究所

中山大冢古坟是较早（3世纪后期）建造的前方后圆古坟。在奈良盆地的东南部，有一组被称为"大和古坟群"的大型古墓群，集中了古时期的前方后圆古坟。其中一座是测量坟丘长130米的中型前方后圆坟。根据对坟丘以及作为埋葬设施的竖穴式石室的调查，其最细部有三角形突出部分乃至整个坟丘都覆盖着大量的葺石。后圆部顶部有竖穴式石室，周围树有圆形埴轮，其内部则可能安放着狭长且巨大的舟形木棺。

---

17 石镦

出土地点: 橿原市 新泽千冢500号坟

时期: 古坟时代前期·4世纪

尺寸: 1长6.2cm×直径3.5cm

2长8.2cm×直径4.5cm

3长6.0cm×直径3.5cm

4长8.5cm×直径4.0cm

5长6.5cm×直径3.5cm

材质: 石

收藏地点: 奈良县立橿原考古学研究所

镦，原指戈、矛、戟等武器具柄末端的平底金属配件，但本展品并非用于此类武器，而应是付于"嚣""玉杖"等象征王权威仪具柄末端安装的，都是由北陆地区出产的优质绿色凝灰岩（碧玉）加工而成。

18（1~4） 纺锤车·车轮石

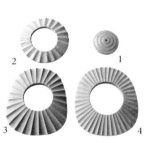

出土地点: 橿原市 新泽千冢500号坟

时期: 古坟时代前期·4世纪

尺寸: 1直径5.0cm×厚1.2cm

2直径9.4cm×厚1.0cm

3外径12.7cm×内径10.1cm×厚1.3cm

4外径12.9cm×内径11.6cm×厚1.6cm

材质: 石

收藏地点: 奈良县立橿原考古学研究所

纺锤车是一种用于纺线的工具，中心有一用于轴棒穿过的孔。本品并非实用品，而是作为祭器随葬在古坟中。车轮石作为腕轮（手镯）形石制品的一种，是将南海产的一种贝轮换成了石制品。不过，并不是作为手镯实用，而是作为宝器随葬于古坟中的。车轮石的称呼是江户时代的学者联想到车轮而命名的，这一术语沿用至今。

19（1~3） 石钏

出土地点: 樱井市 池之内1号坟

时期: 古坟时代前期·4世纪

尺寸: 1直径7.64cm×高1.94cm

2直径7.82cm×高1.92cm

3直径7.76cm×高1.69cm

材质: 石

收藏地点: 奈良县立橿原考古学研究所

石钏作为腕轮形石制品的一种，表面有放射状装饰，古坟时代通有，是南海产贻贝横切制作而成的贝轮之替代品。从小型圆形古坟（南北长13米、东西长10米）池之内1号坟的木棺中出土的，据推测被放置在埋葬者的手边。

---

20 石坩

出土地点: 橿原市 新泽千冢500号坟

时期: 古坟时代前期·4世纪

尺寸: 高4.7cm×直径7.0cm

材质: 石

收藏地点: 奈良县立橿原考古学研究所

古坟时期的素烧陶土器被称为土师器。小型圆底陶器和小型器台的组合在古坟时代前期（4世纪）的村落和祭祀遗迹中出土，是被用来祭祀的道具。将其中口缘部较大、形态特征鲜明的小型圆底陶器换成石头，作为宝器陪葬在古坟中。

21 石盒

出土地点: 葛城市 寺口和田1号坟
时期: 古坟时代中期·5世纪
尺寸: 通高10.0cm×器身直径9.0cm×器盖直径6.0cm
材质: 石
收藏地点: 奈良县立橿原考古学研究所

石盒作为带盖的小型容器，是古坟时代由碧玉或滑石制成的随葬品。它们被用来收纳物品，但其本身也是宝器。做工精巧的碧玉制石盒大多可以追溯到古坟时代前期。本品属古坟中期文物，尽管石料质量稍差，但盖子和器身都施有梳齿状和绫杉状的线刻装饰。

---

22 (1~3) 玛瑙勾玉

出土地点: 橿原市 新泽千冢500号坟
时期: 古坟时代前期·4世纪
尺寸: 长4.8cm×厚1.2cm, 重24.7g
材质: 玛瑙
收藏地点: 奈良县立橿原考古学研究所

22 (4~6) 水晶勾玉

出土地点: 橿原市 新泽千冢500号坟
时期: 古坟时代前期·4世纪
尺寸: 长3.1cm×厚0.9cm, 重8.05g
材质: 水晶

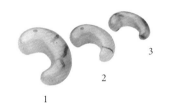

收藏地点: 奈良县立橿原考古学研究所

22 (7~9) 翡翠勾玉

出土地点: 橿原市 新泽千冢500号坟
时期: 古坟时代前期·4世纪
尺寸: 长3.4cm×厚1.1cm, 重13.2g
材质: 翡翠

收藏地点: 奈良县立橿原考古学研究所

勾玉是项链等其他装饰品的核心，从绳文时代开始可以看到，古坟时期则有石制、土制、金属制、木制。《魏书·倭人传》中，继承倭国女王卑弥呼的台与（壹与）献给魏皇的众多物品中有关于"青大句珠二枚"的记载，即被认为是倭国特产的翡翠勾玉。在新泽千冢500号墓中，除了展出的玛瑙制、水晶制、翡翠制的勾玉之外，还出土了玻璃制的圆玉、小玉。勾玉石材的原产地来自日本列岛各地，用五颜六色的宝石装饰着墓主。

---

23 二联翡翠勾玉

出土地点: 宇陀市 泽之坊2号坟
时期: 古坟时代前期·4世纪
尺寸: 长3.5cm×宽1.5cm×厚1.5cm
材质: 翡翠
收藏地点: 奈良县立橿原考古学研究所

翡翠的产出地位于新潟县和富山县边界附近，并在新潟县姬川河口附近加工。绳文时代，被称为"大珠"的大型饰物被生产，运往各地。古坟时代，它们被加工成勾玉、丸玉、枣玉等。奈良县东部宇陀市泽之坊2号坟中出土了大量的翡翠勾玉、丸玉和枣玉。特别是，从一个石材中削出两个勾玉形，表现出重叠勾玉的二连勾玉，十分罕见，散发着翡翠特有的绿色美丽光泽。

---

24 (1~4) 翡翠勾玉

出土地点: 宇陀市 泽之坊2号坟
时期: 古坟时代前期·4世纪
尺寸: 1 长3.0cm×厚1.0cm×宽1.0cm
　　2 长2.8cm×厚1.0cm×宽1.0cm
　　3 长2.8cm×厚1.0cm×宽1.0cm
　　4 长2.8cm×厚1.0cm×宽1.0cm
材质: 翡翠
收藏地点: 奈良县立橿原考古学研究所

---

25 玻璃珠串

出土地点: 橿原市 新泽千冢115号坟
时期: 古坟时代中期·5世纪
尺寸: 长60cm, 玻璃珠99颗; 直径0.6cm—0.9cm
材质: 玻璃
收藏地点: 奈良县立橿原考古学研究所

日本列岛于飞鸟时代后期（7世纪末）开始生产玻璃，但在古坟时代，舶来的玻璃制品再熔融，作为玉石再加工。新泽千冢115号坟出土了954件玻璃圆珠。出土时散落在一个木棺里，推测不是作为项链穿着埋葬的，而是原本把串在一起的饰物切断后散在遗体上的。

---

26 水晶管玉·玛瑙勾玉

出土地点: 橿原市 新泽千冢323号坟
时期: 古坟时代末期·6世纪
尺寸: 长50cm
　　水晶管玉（13件）: 长2.5cm×直径0.8cm
　　玛瑙勾玉（14件）: 长2.7cm×宽1.0cm
材质: 水晶、玛瑙
收藏地点: 奈良县立橿原考古学研究所

在新泽千冢323号坟的木棺内，13件水晶制管玉和14件玛瑙制勾玉以环状相连的状态出土。尽管遗体无存，但出土物的状态表明它曾被当作项链佩戴。古坟时代的管玉一般是碧玉制的，而水晶制的管玉却极为罕见。

---

27 半圆方枚神兽纹镜

出土地点: 樱井市 Hokenoi山古坟

时期: 原件为古坟时代初期·3世纪, 东汉末期—三国

尺寸: 直径19.1cm×纽高1.5cm

材质: 树脂

收藏地点: 奈良县立橿原考古学研究所

备注: 复制品, 原件为奈良县指定文化财产

日本列岛初期古坟中, 出土了东汉至三国时期中国生产的铜镜, 神兽纹铜镜是其中代表性的东西。日本列岛上建造的第一个大型前方后圆古坟, 是位于奈良盆地东南部的箸墓古坟, 附近的Hokenoi山古坟也被发掘调查。确认了一个四周有石砌的木椁内安置木棺的多层埋藏结构, 死者身旁放置的就是这面神兽镜。表现的是神仙世界, 两侧是西王母、东王父, 上下是伯牙、钟子期、黄帝等神像, 以及同向式纹样配置的蟠龙形神兽, 环乳均匀分布四面。神兽周围的半圆方枚圈带的方格部, 有以"吾作明镜"为首的56个字的铭文。外缘有被日本学者称为画文带的平缘花纹带, 带内有飞禽走兽、云车、骑仙等图案。

28 三角缘龙虎镜

出土地点: 樱井市 池之内5号坟

时期: 古坟时代初期·4世纪

尺寸: 直径22.0cm×纽高1.60cm

材质: 青铜

收藏地点: 奈良县立橿原考古学研究所

内圈刻有神仙世界的神兽, 外圈截面呈三角形, 故称为三角缘神兽镜, 通常直径22—24厘米, 尺寸大也是其特征之一。已知在日本列岛出土了500多例三角缘铜镜, 但在中国却没有明确出土的例证。本品用龙虎形象取代了神兽。

29 三角缘神兽镜

出土地点: 天理市 黑冢古坟

时期: 原件为古坟时代初期·3世纪

尺寸: 直径22.0cm×纽高1.4cm

材质: 树脂

收藏地点: 奈良县立橿原考古学研究所(原件藏于文化厅)

备注: 复制品, 原件为重要文化财产

奈良盆地东南部的大和古坟群之一的黑冢古坟出土了34面三角缘神兽镜, 分别是木棺中墓主头部附近1面、棺盖两侧32面和木口端1面。本品是东侧出土的29号镜的复制品。内区的四神像与四兽形以向心式环纽。其外侧有方格和兽形的花纹带, 方格内刻有"天王"或"日月"的铭文。外区饰有复线波纹和锯齿纹。除了黑冢古坟中还有一面(30号镜)同类型的镜子(同范镜)外, 福冈县石冢山古坟·御陵古坟中也有出土。这样, 三角缘神兽镜在复制具有完全相同花纹镜子的同时, 也有几个将神像和兽像的配置、铭文的配置和内容等稍做修改的例子。这说明了当时的日本大批量生产铜镜的盛况。

30 三角缘神兽镜

出土地点: 橿原市 新泽千冢500号坟

时期: 古坟时代初期·4世纪

尺寸: 直径24.4cm×纽高1.8cm

材质: 青铜

收藏地点: 奈良县立橿原考古学研究所

据说, 三角缘神兽镜是倭国女王卑弥呼从中国皇帝下赐而得的、为倭国特别铸造的"铜镜百枚"。另外, 也有聘请中国工人在日本列岛生产的说法。本品由于铸造粗糙、内部神兽纹案退化、没有汉字铭文, 所以一直被视为"仿制三角缘神兽镜"。然而, 从近年考古发现可知中国的铜镜生产从三国至晋朝已经逐渐衰退, 因此这面镜子也可能是在中国生产的。

31 连弧纹镜

出土地点: 橿原市 新泽千冢500号坟

时期: 古坟时代初期·4世纪

尺寸: 直径17.9cm×纽高1.6cm

材质: 青铜

收藏地点: 奈良县立橿原考古学研究所

内区有八个弧纹的镜子在日本被称为内行花纹镜, 在中国则被称为连弧纹镜。此镜盛行于汉代, 在弥生时代至古坟时代期间舶入日本列岛的同时, 制作了很多仿制品。本品乃仿制汉镜, 虽然保留了镜子的大尺寸, 但中央的四叶座已经退化, 叶状部分的细部也已丢失。

32 连弧纹镜

出土地点: 天理市 下池山古坟

时期: 古坟时代初期·3世纪

尺寸: 直径37.6cm×纽高2.7cm

材质: 青铜

收藏地点: 奈良县立橿原考古学研究所

定级: 奈良县指定文化财

本品是以东汉时期的内行花纹(连弧纹)镜为原型, 特大化的仿制镜。被认为是《魏书·倭人传》中记载的伊都国国王墓的福冈县平原1号墓中, 出土了直径为46.5厘米的日本列岛最大的大型内行花纹镜。奈良县的樱井茶臼山古坟、柳本大冢古坟、下池山古坟等也出土有直径35厘米以上的特大内行花纹镜。它们在弧形纹和四叶座的配置和形态上等都忠实地再现了东汉铜镜的纹样。此件是一件铸造精良的完整品, 是众多从古坟出土的铜镜中毫不逊色于中国制品的优品。从附着的纤维可以看出, 它被收纳至一个荷包形的镜袋中, 其中重叠有条纹样的国产锦(麻和绸的混织)、紫色平纹丝绸、丝绵和毛织物。本品被埋在与竖穴式石室相邻的专用小石室内的镜袋中, 在陪葬品中也受到特别的待遇。

33 五铃镜

出土地点: 橿原市 新泽千冢115号坟

时期: 古坟时代中期・5世纪

尺寸: 直径8.7cm，铃直径0.7cm

材质: 青铜

收藏地点: 奈良县立橿原考古学研究所

这是一面外缘部挂有五个铃铛的倭制铜镜。纽周围有五个乳钉，其周围又有四条圈线和梳齿纹饰带。尽管该纹样是中国铜镜上的简化版，但铜镜上附着铃铛的制法在中国未经发现，是倭国独有的。放出光，发出铃铛的声音，响铃可能被用于祭祀仪式。表现巫女的陶俑中，也有在腰间悬挂铃镜的例子。

④ 倭五王及其时代

34 垂饰金耳环 (一对)

出土地点: 橿原市 新泽千冢109号坟

时期: 古坟时代中期・5世纪

尺寸: 长11.4cm，环直径1.9cm

材质: 金

收藏地点: 奈良县立橿原考古学研究所

本品是在新泽千冢109号坟的木棺内发现的，推测其出土位置是在耳边，当是被墓主穿戴着埋葬的。耳环本体上连接着小珠和金链，垂下三翼形的垂饰，尖端接着一个小圆珠。金制垂饰耳饰盛行于朝鲜半岛，5至6世纪时传到日本列岛各地。在新罗、伽倻地区可以看到这种长链。

35 神人神兽纹镜

出土地点: 橿原市 新泽千冢173号坟

时期: 古坟时代中期・5世纪

尺寸: 直径20.3cm×纽高1.7cm

材质: 青铜

收藏地点: 奈良县立橿原考古学研究所

虽然关于中国南北朝时期铜镜生产状况有诸多不确定的记载，但很多是仿制了东汉时期繁荣一时的铜镜。倭国5世纪末至6世纪末的古坟中，出土了兽纹镜、画像镜、神 (佛) 兽纹镜等各种镜种的"同型镜群"。有一种说法认为，这些铜镜是随着倭国五王的遣使舶来的。此件展品纽座周围有9个小乳钉和"宜子孙"铭，中央圈带列有7个略大的带四叶钮乳钉，间隔以各种神人和神兽，外圈刻着从"尚方作竟"开始到"东王父西王母"结束的38个字的铭文。

36 半圆方枚神兽镜

出土地点: 橿原市 新泽千冢109号坟

时期: 古坟时代中期・5世纪

尺寸: 直径20.9cm×纽高1.3cm

材质: 青铜

收藏地点: 奈良县立橿原考古学研究所

这是一面汉代同向式神人神兽镜的仿制镜。内区有4个乳钉和围绕着它的盘龙形 (兽形) 及东王父、西王母、伯牙、黄帝等神仙像。半圆方枚圈带的方格部刻有以"吾作明竟"开头的铭文。京都府久津川车冢坟、熊本县江田船山古坟、三重县神前山1号坟、井田川茶臼山古坟等地发现了26面同型镜。

37 大型陶屋

出土地点: 御所市 宫山古坟

时期: 古坟时代中期・5世纪

尺寸: 高80.0cm×长120.0cm×宽90.0cm

材质: 陶土

收藏地点: 奈良县立橿原考古学研究所

室宫山古坟是奈良盆地西南部 (葛城) 最大的前方后圆古坟。它建于5世纪前期，坟丘长238米。竖穴式石室的上部为围绕石室的方形埴轮阵列。本展品被放置于方形区划的中央，即埋葬设施上方的屋形埴轮。直弧纹装饰的平板柱上为入母屋造屋顶 (歇山顶)，屋脊上装饰有竖鱼木。柱子之间的空间是开放的，因此可以看到内部。古坟的墓主，即葛城的国王，环顾其统治地区，在古坟上再现了进行政治、祭祀的"高殿"。

38 胄・盾形陶器

出土地点: 御所市 宫山古坟

时期: 古坟时代中期・5世纪

尺寸: 高100.0cm×长65.0cm×宽40.0cm

材质: 陶土

收藏地点: 奈良县立橿原考古学研究所

本件展品是树立于室宫山古坟的方形埴轮排列之中的。公元5世纪以后，武器和武具在随葬品中占主导地位，墓主的武人特性得到强调。本展品上没有面部表现，很难认为是表现人物的东西。真实表现出来的盾牌和盔甲武器合为一体，守护着墓主长眠的神圣空间。

39 陶鸡

出土地点: 橿原市 四条1号坟

时期: 古坟时代中期・5世纪

尺寸: 高85.0cm×长85.0cm×宽35.0cm

材质: 陶土

收藏地点: 奈良县立橿原考古学研究所

以鸡为造型的陶土制品在弥生时代十分盛行，从古坟时代前期持续到后期。鸡作为宣告黎明到来的禽类，在各种仪式中扮演着重要角色。本展品以雄鸟为造型，夸张表现了尾羽和长颈。

40 陶马

出土地点: 橿原市 四条1号坟

时期: 古坟时代中期・5世纪

尺寸: 高106.0cm×长120.0cm×宽35.0cm

材质: 陶土

收藏地点: 奈良县立橿原考古学研究所

此件陶马，表现了骑马用的装备。骑马文化并非倭国本土文化，而是5世纪才通过朝鲜半岛传入的。5世纪的倭国国王和首领很快就接受了这种渡来文化，在墓中随葬绚丽的马具和陶马，彰显权势。本展品头部付有f字形镜板的辔和缰绳，额缰和尾缰有花瓣形杏叶和铃铛，还有马鞍、障泥和马镫等，详细地表现了马的装备，显示了骑马文化引进后开始固定下来的马装。

41　陶鹿

出土地点：橿原市 四条1号坟
时期：古坟时代中期·5世纪
尺寸：高62.0cm×长55.0cm×宽30.0cm
材质：陶土
收藏地点：奈良县立橿原考古学研究所

鹿很早就成为狩猎的对象。古坟时代，国王和首领为了显示其权势，开始使用鹰进行猎鹿、猎猪等活动。显示肩扛猎鹰首领形象的陶俑，以及陶制猎犬、野猪和鹿等都是在5至6世纪出现的。像本品这样，把头向后转、回头看的例子非常罕见。其头部略微上扬，双耳竖起，神情看似十分紧张，或许表现的是害怕被狩猎的小鹿。

42 (1~5)　陶鱼

出土地点：生驹郡斑鸠町 瓦家一号坟
时期：古坟时代中期·5世纪
尺寸：1 长11.1cm×宽4.8cm×厚1.0cm
　　　2 长9.5cm×宽4.2cm×厚1.5cm
　　　3 长10.5cm×宽4.0cm×厚1.8cm
　　　4 长7.8cm×宽3.3cm×厚1.5cm
　　　5 长9.7cm×宽3.9cm×厚1.6cm
材质：陶土
收藏地点：奈良县立橿原考古学研究所

古坟时期的陶制鱼类造型数量较少，但在东日本，逆流而上的鲑鱼和由首领主持的鱼鹰捕鱼（鹈）等都有陶制造型。不过近畿地区没有陶鱼类制品的例子。在倭国规模第二的大型前方后圆古坟誉田御庙山古坟周围的护陵河中，出土了鱼、章鱼、乌贼、鲨鱼、海豚等陶制品。与古坟中树立的埴轮不同，前方后圆古坟外围的护陵河被比作大海，这些陶土制品被用于某种祭祀仪式。这里展出的鱼形陶制品是相对罕见的例子，但它们出土于前方后圆古坟的坟丘之上，或许与食物供奉有关。

⑤ 欧亚大陆东西交流

43　鎏金鞍具（前轮装饰）

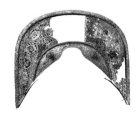

出土地点：生驹郡斑鸠町 藤之木古坟
时期：原件为古坟时代末期·6世纪
尺寸：高41.7cm×宽51.7cm
材质：树脂
收藏地点：奈良县立橿原考古学研究所(原件藏于文化厅)
备注：复制品，原件为国宝

本展品复制了马鞍前面的前轮。它由被称为覆轮、海金具和矾金具的几种鎏金铜构件组成。外侧的覆轮饰有凤凰纹、龙纹和棕榈纹，其内侧海金具的龟甲连接纹中雕有龙、凤、狮和棕榈等纹饰。最内侧的矾金具上配有相对而望的龙。覆轮和矾金具都是铸造之后再进行雕刻而成的，这是倭国史无前例的高水平技术。此外，深蓝色的玻璃珠镶在龟甲连接纹的交叉点上，不仅可以看出精致的金工技术，还可以看出优秀的玻璃珠镶嵌技术。藤之木古坟共出土了3套马具，包括该前轮在内的金铜马具的组合，从其制作技术来看，除了与当时的朝鲜半岛和中国的关系之外，甚至也与西亚金属制品有着关联之处。

44　鎏金鞍具（后轮装饰）

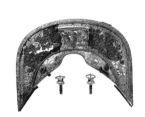

出土地点：生驹郡斑鸠町 藤之木古坟
时期：古坟时代末期·6世纪
尺寸：高43.2cm×宽58.0cm
材质：树脂
收藏地点：奈良县立橿原考古学研究所（原件藏于文化厅）
备注：复制品，原件为国宝

本展品是位于鞍具后端后轮的复制品。它与前轮（展品43）形成对，夹着骑手所坐的居木。与前轮一样，它是由覆轮、海金具和矾金具组成的，分别配置花纹。后轮上有兽面、大象、兔子等前轮没有的纹样，纹样和外观设计略有差异。后轮两侧的海金具之间还安装有表示鬼神的把手，把手的两端用技巧精致的玻璃和细粒金属工艺品装饰。另外值得注意的是，把手的根部可以看到佛教主题的莲花纹座，把手下的海金属零件先铸造再雕刻，在倭国的金制品中是罕见的立体表现。前轮、后轮都是体现东亚独一无二的金工技巧和装饰的精品。

45　龙纹金属零件

出土地点：生驹郡斑鸠町 藤之木古坟
时期：原件为古坟时代末期·6世纪
尺寸：长15.6cm×最大宽度8.6cm
材质：鎏金铜具
收藏地点：奈良县立橿原考古学研究所（原件藏于文化厅）
备注：复原品，原件为国宝

这是一端呈尖头鞋底形饰金具的复制品。在厚度1毫米左右的铁板上重叠金铜板作为底板，其上重叠透雕有龙纹与棕榈纹，周围用铆钉固定。目前出土的8件类似文物皆具有相同主题。透雕的龙，向右张大嘴巴，呈吐气表情。角、钩爪、体毛、鳞等其他细节都用薄壁雕刻精致地表现出来，眼睛上镶嵌着深蓝色的玻璃珠。装饰金属零件周边的花纹是朝鲜半岛系大刀特有的，因此可以认为这些大刀工人参与了龙纹装饰金属零件的制作。关于该装饰金属零件的用途，由于是用铆钉装订在布上，推测此或是用于安装在马胸部连接或障泥上的。

46　鎏金铜冠饰

出土地点：生驹郡斑鸠町 藤之木古坟
时期：原件古坟时代末期·6世纪
尺寸：高35cm
材质：鎏金铜具
收藏地点：奈良县立橿原考古学研究所（原件藏于文化厅）
备注：复原品，原件为国宝

本展品是石棺内出土鎏金铜冠饰的复制品。金冠本体被称为"广带二山式"，两侧分别有凸起部分，中间为一蝶形装饰。附在主体上的树木形立饰有蕨手形、吊篮形、剑菱形、鸟形等装饰。无论是本体还是立式装饰，都是在底板上进行列点纹或直线纹等雕刻，心叶形或鸟形步摇则用铁丝点缀在上面。"广带二山式"和立饰装饰是倭国独有的造型和设计。但另一方面，树木形立饰的设计，以朝鲜半岛的新罗为首，也被指出与阿富汗的蒂拉丘地出土品有关联。

47　鎏金铜制筒形器

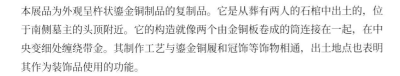

出土地点：生驹郡斑鸠町 藤之木古坟

时期：古坟时代末期·6世纪

尺寸：长39.0cm×小口径6.0cm

材质：鎏金铜具

收藏地点：奈良县立橿原考古学研究所（原件藏于文化厅）

备注：复原品，原件为国宝

本展品为外观呈杵状鎏金铜制品的复制品。它是从葬有两人的石棺中出土的，位于南侧墓主的头顶附近。它的构造就像两个由金铜板卷成的筒连接在一起，在中央变细处缠绕带金。其制作工艺与鎏金铜履和冠饰等饰物相通，出土地点也表明其作为装饰品使用的功能。

48　鎏金铜大带

出土地点：生驹郡斑鸠町 藤之木古坟

时期：原件为古坟时代末期·6世纪

尺寸：长106.8cm×宽12.6cm

材质：鎏金铜具

收藏地点：奈良县立橿原考古学研究所（原件藏于文化厅）

备注：复原品，原件为国宝

本展品为棺内出土的鎏金铜带的复制品。其上没有纹样装饰。原件沿长、短边缘约2厘米处都围绕有一对小孔，内侧可看到厚布的痕迹。该布由另一条细长的布和围绕金铜板周缘的小孔镶边。此外，在长边的中央附近开有较大圆孔。收纳于大带中的银装刀具等有可能就被系在孔中。在朝鲜半岛的新罗也发现有使用金属制带来携带刀具的例子。然而，大带本体的形态是倭国独有的。

49　鎏金铜履

出土地点：生驹郡斑鸠町 藤之木古坟

时期：原件为古坟时代末期·6世纪

尺寸：长41.7cm×宽15.2cm

材质：鎏金铜具

收藏地点：奈良县立橿原考古学研究所（原件藏于文化厅）

备注：复原品，原件为国宝

本展品为两件出土物中的一双之复制品，主要由两侧板和一底板组成。两侧板由一根铁丝连接其与脚尖和脚跟的重合处，底板和侧板则通过将侧板的下端向内弯曲重叠在一起，并由步摇的铁丝固定。外表面都用列点和线刻的方式饰有龟甲纹，除左右脚鞋相互摩擦的地方，都装饰着圆形或鱼形步摇。据推测，原件铜履的内面和履口多附着织物，内面贴上粗布，履口用锦缎镶边。日本列岛初期的鎏金铜履是从朝鲜半岛传来的，之后得到很大发展，藤之木古坟所出即是一例。

50　发饰

出土地点：生驹郡斑鸠町 藤之木古坟

时期：原件为古坟时代末期·6世纪

尺寸：模特高80.0cm，发饰长29.0cm

　　　垂饰、首饰长20cm

材质：金属、合成树脂、布等

收藏地点：奈良县立橿原考古学研究所（原件藏于文化厅）

备注：复原品，原件为国宝

藤之木古坟的出土文物在一定程度上保留了下葬时的位置及状态，由此可知许多墓主佩戴装饰品模样的线索。两名被葬者中，北侧的那位身上装饰着数量庞大的玻璃、金属玉石等饰品。本展品是其中项链、美豆良饰品和垂饰的复原品。项链由形状各异的银质镀金珠组成，美豆良装饰由多串玻璃小珠组成。垂饰由一系列小玻璃珠及其末端的剑菱形装饰物组成，从美豆良饰品垂下。此外，带有三翼形装饰的银质垂饰连接至兵库锁的末端，也从首部垂下。如此复杂的安装流程，根据出土状况分析复原，这也可以说是未经盗掘的藤之木古坟的特征。

51（1~4）　银珠·金耳环

出土地点：樱井市 慈恩寺1号坟

时期：古坟时代末期·6世纪

尺寸：1~2 串珠：直径 0.8cm（2件）

　　　3~4 指环：直径1.9cm×厚1.0cm（1对）

材质：银、金

收藏地点：奈良县立橿原考古学研究所

在6世纪的倭国，金属珠开始取代此前使用的传统石珠。金属珠最早常被发现于与朝鲜半岛关系密切的古坟，包括本展品，可追溯到6世纪上半叶，也可视为这一技术引进的例证，制作时使用了当时属于尖端技术的金属蜡。另外，刻有刻痕的金制戒指的例子也很有限。金制戒指被认定与朝鲜半岛系的渡来系集团有关。

52　单凤头环首刀柄

出土地点：天理市 龙王山C-3号坟

时期：古坟时代末期·6世纪

尺寸：高7.2cm×宽6.2cm×厚1.2cm

材质：鎏金铜具

收藏地点：奈良县立橿原考古学研究所

刀柄是在铜芯上镀金而成的。环内侧有一只侧身镂雕的衔珠凤鸟。环的外侧表现为龙，但由于过于抽象，并不明显。凤凰和龙在身体上都用U字形表示羽毛和鳞。单凤或单龙的环头大刀迄今为止以日本发现的比较多，被认为是受到了朝鲜半岛百济的影响。

53　f字形镜板附镳（一对）

出土地点：葛城市 芝冢2号坟

时期：古坟时代末期·6世纪

尺寸：1 长22.4cm×宽11.9cm×厚4.0cm

　　　2 长22.7cm×宽11.5cm×金具长10.0cm

材质：鎏金铜具

收藏地点：奈良县立橿原考古学研究所

在控制马的马辔上，挂有一金铜装饰镜板。镜板的形状似字母f，因此被称为f字形镜板。这种类型的镜板是从朝鲜半岛南部引进的，进入日本列岛后逐步流行。其构造是在铁制底板上叠加边缘金，再在上面镶上镀金的铜板，并用铆钉固定。这个f字形镜辔由剑菱形杏叶（展品54）配套而成，各地有权势的人从倭国中枢势力那里得到了这些装饰性马具。

54　杏叶

出土地点：葛城市 芝冢2号坟
时期：古坟时代末期·6世纪
尺寸：长23.3cm×宽12.0cm×金具长5.2cm
材质：鎏金铜具
收藏地点：奈良县立橿原考古学研究所

所谓杏叶，是指在皮带的前端像吊坠一样装饰马臀的金属零件。和镜板一样，引入倭国后流行并独立发展。本品当是倭国制造。构造也与镜板（展品53）基本相同，是在铁制的底板和边缘金上放上鎏金铜板，并用铆钉固定而成的，反映了当时倭国在马和大刀上使用对比强烈的金银色的时尚。

55（1~3）　钟形杏叶

出土地点：生驹郡平群町 三里古坟
时期：古坟时代末期·6世纪
尺寸：1 长14.5cm×宽9.5cm×厚3.0cm
　　　2 长14.5cm×宽9.5cm×厚2.0cm
　　　3 长11.5cm×宽10.0cm×厚1.0cm
材质：鎏金铜具
收藏地点：奈良县立橿原考古学研究所

在三里古坟出土了有鎏金青铜钟形杏叶、钟形镜板附辔的豪华马具、带有鎏金青铜心形镜板的实用马具、陶器、武器、玻璃珠等。出土的共9片钟形杏叶都是古坟后期的精品马具。据推测，三里古坟的墓主分别使用了两套马具。

56（1~3）　心形杏叶

出土地点：北葛城郡广陵町 牧野古坟
时期：古坟时代末期·6世纪
尺寸：1 长12.5cm×宽11.5cm×厚2.0cm
　　　2 长12.0cm×宽11.5cm×厚3.5cm
　　　3 长13.0cm×宽11.5cm×厚3.5cm
材质：鎏金铜具
收藏地点：奈良县立橿原考古学研究所

据延长五年（927）完成编纂的《延喜式》记载，押坂彦人大兄皇子的成相之墓位于广濑郡，牧野古坟应该就在广濑郡。押坂彦人大兄皇子是敏达天皇的皇子，也是舒明天皇的父亲，但没有登上大王之位。倭国古坟没有出土墓志，也没有确定被葬者的例证。牧野古坟对于墓主的身份、被葬环境以及考古学研究至关重要，如古坟坟形、作为埋葬设施的横穴式石室构造和出土遗物。

三、"日本国"的建立

① 遣隋使、遣唐使的派遣及"日本"国号

57　飞鸟净御原宫主殿建筑模型

遗址地点：高市郡明日香村 飞鸟宫遗址
尺寸：基座长100.0cm×宽71.0cm
材质：木
收藏地点：奈良县立橿原考古学研究所

飞鸟宫遗址包括舒明天皇的飞鸟冈本宫与天武、持统天皇的飞鸟净御原宫等宫迹。在672年壬申之乱中获胜的大海皇子，作为天武天皇在飞鸟净御原宫登基。飞鸟净御原宫大体上沿袭了齐明天皇之后飞鸟冈本宫的建筑，但在内郭的东南方新建了"东南郭"。这个模型是根据东南郭正殿飞鸟宫遗址上最大的建筑物复原的。天武天皇十年（681），在飞鸟净御原宫的"大极殿"中，有命令编纂律令、记录和校定"帝纪"以及"上古诸事"的记载（《日本书纪》）。这是与飞鸟净御原令以及《日本书纪》编纂有关的记事。东南郭的正殿很有可能就是这个"大极殿"。

58　无纹银钱

出土地点：高市郡明日香村 飞鸟宫遗址
时期：飞鸟时代·7世纪
尺寸：直径约2.4cm
材质：银
收藏地点：奈良县立橿原考古学研究所

天武天皇推动了中国式都城—— 藤原京的建造计划。他还旨在引进唐朝的货币制度。据《日本书纪》，天武天皇十二年（683）四月十五日条明令：从今起必须使用铜钱，不可使用银钱。当时被禁止的银钱被认为是无文银钱，被命令使用的铜钱被认为是富本钱。无文银钱是一种不带花纹的圆板，中心有小孔，重约10克。这是在富本钱和铜钱之前使用的最古老的钱币。

59　"和同开珎"银钱

出土地点：橿原市 藤原宫遗址
时期：奈良时代·8世纪
尺寸：直径2.4cm，重5.58g
材质：银
收藏地点：奈良县立橿原考古学研究所

作为日本最早铸币的富本钱发行量很小，只在以藤原京为中心的有限区域内流通。708年正月，为纪念武藏国秩父郡进献的"和铜"（自然铜），将年号从庆云改为和铜，五月发行了银钱，八月发行了铜钱，这就是"和同开珎"。银钱的流通量则较少，十分珍稀。唐玄宗开元年间（713－741）"和同开珎"流入中国，1970年陕西省西安市南郊何家村窖藏曾有出土。

60 (1~12) 皇朝十二钱

时期：奈良—平安时代（8—10世纪）

出土地点、尺寸重量：

1 和同开珎·大和郡山市八条北遗址：直径2.48cm，重2.9g

2 万年通宝·高市郡明日香村飞鸟京迹：直径2.53cm，重3.6g

3 神功开宝·奈良市平城京迹：直径2.45cm，重2.2g

4 隆平永宝·橿原市一町西遗址：直径2.58cm，重3g

5 富寿神宝·橿原市一町西遗址：直径2.31cm，重2.6g

6 承和昌宝·橿原市一町西遗址：直径2.07cm，重1.8g

7 长年大宝·橿原市四条遗址：直径1.99cm，重2.2g

8 饶益神宝·大和郡山市若槻遗址：直径1.94cm，重2.4g

9 贞观永宝·奈良市平城遗址：直径2.00cm，重2.4g

10 宽平大宝·奈良市日笠花刈遗址：直径1.92cm，重1.4g

11 延喜通宝·橿原市一町西遗址：直径1.89cm，重1.6g

12 乾元大宝·橿原市·御所市观音寺本马遗址：直径1.94cm，重2.7g

材质：铜

收藏地点：奈良县立橿原考古学研究所

皇朝十二钱是古代日本国家铸造的十二种铜钱。发行时间从最初708年的"和同开珎"延续至天德二年（958）发行的"乾元大宝"。"和同开珎"是皇朝十二钱中出土量最多的，于平城京条坊路边的沟渠、运河、井户、宫内的主干排水渠等皆有发现，除经济活动外，其还用于胞衣壶（一种用于祈祷出生的孩子健康成长和出人头地，埋在家门口和土间的习俗，也有与胎盘一起埋纳钱币的情况）、地镇等祭祀活动。平安时代早期开始，铜钱的尺寸逐渐缩小，质量也有所下降。平安时代中期开始，日本国内不再发行钱币。平安时代末期至中世，开始使用来自中国的渡来钱。

---

② 墓葬与器物中的中国文化

61 (1~3) 七宝装饰金属部件

出土地点：高市郡明日香村 牵牛子冢古坟

时期：飞鸟时代·7世纪

尺寸：长9.0cm×宽7.0cm×厚0.3cm

材质：金属

收藏地点：奈良县立橿原考古学研究所

备注：复原品，原件为重要文化财产

这是牵牛子冢古坟出土的七宝制龟甲形饰物，被认为是装饰棺木（夹纻棺）的金属部件。其特征是在边缘的六边形金属板上用金属线形成六花瓣形的隔板，内外用颜色不同的玻璃质釉烧成，造型细腻。其中间有一小钉子孔。夹纻棺是由漆固定的布层层叠加而成的，被认为是最高级的棺材，可以想象当时装饰精美的棺材的外观。

---

62 (1~2) 鎏金银饰

出土地点：高市郡明日香村 高松冢古坟

时期：飞鸟时代·7世纪末—8世纪初

尺寸：1 较大直径1.0cm×较短直径0.8cm×厚0.4cm

　　　2 长1.4cm×直径0.9cm

材质：银

收藏地点：奈良县立橿原考古学研究所

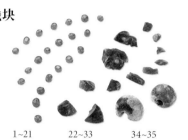

这是一种银制大刀的金属装饰品，具有柄头、鞘尾、山形足金属零件。正仓院有一类似的文物，金装大刀的手柄用鲨鱼皮包裹，手柄的翼侧有握柄凹陷，其间有大约四个铆钉，尽管金装和银装略有区别，但制作是相似的。

---

63 (1~35) 玻璃珠·琥珀残块

出土地点：高市郡明日香村 高松冢古坟

时期：飞鸟时代·7世纪末—8世纪初

尺寸：1~21直径0.4cm

　　　22~33最大直径1.5cm

　　　34、35直径1.5cm

材质：玻璃、琥珀

收藏地点：奈良县立橿原考古学研究所

1~21　　22~33　　34~35

高松冢古坟由于被盗，出土的随葬品很少，但出土有银质刀装具、玉器和瑞兽葡萄镜，其中大部分被定级为重要文化财产。一些没有移交给国家的出土文物存放于奈良县立橿原考古学研究所附属博物馆，2009年至2010年进行了重新整理。横口式石樽的内部出土了散乱状态的936颗小玻璃珠。本次展出的小玻璃珠、圆珠和琥珀圆珠经过了重新整理。小玻璃珠的色调和数量之间似乎有一定的关系，其中许多是茶绿色的。玻璃圆珠共有6个，色调呈深蓝色。琥珀呈暗红色。

---

64 鎏金镂空铜饰

出土地点：高市郡明日香村 高松冢古坟

时期：原件为飞鸟时代·7世纪末—8世纪初

尺寸：直径10.8cm×厚0.1cm

材质：树脂

收藏地点：奈良县立橿原考古学研究所

　　　　　　（原件藏于奈良文化财研究所飞鸟资料馆）

备注：复制品，原件为重要文化财产

作为棺饰金属部件的中心，铸造工艺由藤蔓和叶子的花纹构成。中心花纹周围环绕着8个心叶形蔓纹。在这两个接合点上，由花瓣状藤蔓及叶子组合而成的部分接合，排列成8个花瓣状蔓草纹，花瓣状之间排列着忍冬等纹饰。

---

65 瑞兽葡萄纹镜

出土地点：高市郡明日香村 高松冢古坟

时期：原件为飞鸟时代·7世纪末—8世纪初

尺寸：直径16.8cm×边缘高1.5cm

材质：树脂

收藏地点：奈良县立橿原考古学研究所（原件藏于奈良文化财研究所飞鸟资料馆）

备注：复制品，原件为重要文化财产

青铜铸造，表面经打磨。镜背中央以卧兽纽为中心，内区在蜿蜒的葡萄纹之间配以狮形动物等禽兽。外区也在葡萄纹之间配小动物。此镜与西安近郊独孤思贞墓中出土的瑞兽葡萄镜是同模镜。独孤思贞墓葬年代是698年，这是推定高松冢古坟建造年代的依据之一。

66-1　高松冢西壁女子群像

出土地点: 高市郡明日香村 高松冢古坟

时期: 原件为飞鸟时代 · 7世纪末—8 世纪初

尺寸: 长60cm×宽60cm

材质: 陶

收藏地点: 奈良县立橿原考古学研究所

备注: 陶板复制品, 原件为国宝

高松冢古坟壁画, 西墙中央绘白虎, 其上配月像, 南侧为男子四人群像, 北侧为女子四人群像。西壁女子群像保存状态完好, 色彩鲜艳。她们着长上衣和类似裙子的服装, 整体构图与东墙北侧的女子像相同, 不过所持物品和细节的表现也有不同之处。与画在西墙上的女性们拿着的团扇和如意等非常相似的东西, 在唐朝的永泰公主墓（706）中也有描绘。永泰公主惹怒了则天武后, 于701年被赐死, 后于706年被追赠, 迁葬乾陵。复制陶板已尽可能恢复到了壁画的原有状态。由于它们是烧制而成的, 所以经久不坏, 还可以触摸—— 作为文化遗产保存和活用的手段, 这项技术备受关注。

66-2　高松冢西壁男子群像

出土地点: 高市郡明日香村 高松冢古坟

时期: 原件为飞鸟时代 · 7世纪末—8 世纪初

尺寸: 长60.0cm×宽60.0cm

材质: 陶

收藏地点: 文化厅（奈良县立橿原考古学研究所保管）

备注: 陶板复制品, 原件为国宝

高松冢古坟壁画是可以了解7世纪后半至8世纪初服饰的珍贵资料。男子群像头上戴冠饰, 身穿长上衣, 下穿裙裤, 脚上着靴。天武天皇在引进唐风服饰时, 接连发布了革新风俗的诏书。682年4月, 对全体男女颁布结发令, 同年6月, 成年男子需在头上结髻并戴漆纱冠。西壁四人和东壁四人都在结发上戴有黑色头巾（可能是漆纱帽）, 表明这是在682年废除位冠和施行结发令以后的形象。其上衣很长, 下摆有一条令人联想到锦缎的线条, 但领子是垂领, 而非从奈良时代以后成为日本贵族男子主要服装的袍。

66-3　高松冢东壁女子群像

出土地点: 高市郡明日香村 高松冢古坟

时期: 原件为飞鸟时代 · 7世纪末—8 世纪初

尺寸: 长60.0cm×宽60.0cm

材质: 陶

收藏地点: 文化厅（奈良县立橿原考古学研究所保管）

备注: 陶板复制品, 原件为国宝

东壁中央画青龙, 上面配日像, 南侧有一组男子四人群像, 北侧有一组女子四人群像。东壁和西壁墙上四位女性的装束基本相同。东壁的4名女性和西壁的4名女性装束几乎一模一样。686年, 女性的结发令规定将刘海向上梳起, 垂下的头

发在下面围成一圈, 发梢向上梳, 在脖子后面用绳子将头发卷起来, 这与奈良时代唐风的头顶盘发不同。不过法令很快就被废除。女性采用唐风盘发, 被认为是再次发布结发令的705年以后的事情。此外, 画中长及盖的锦缎上衣和褶皱长衣并非唐风服装, 而是前代传下来的胡服类型。高松冢古坟壁画上看到的服饰极有可能反映了这一时期日本宫廷的风俗。

66-4　高松冢东壁男子群像

出土地点: 高市郡明日香村 高松冢古坟

时期: 原件为飞鸟时代 · 7世纪末—8 世纪初

尺寸: 长60.0cm×宽60.0cm

材质: 陶

收藏地点: 文化厅（奈良县立橿原考古学研究所保管）

备注: 陶板复制品, 原件为国宝

东壁的4名男子像中, 南侧2名男子因漏水现象导致整体面貌不太明确。北侧两人物保存相对较好。从南数第二个人物的持物上画有华盖。华盖作为体现贵族的威仪或祭具, 非常重要。华盖为方形, 盖布为深绿色, 四个角垂下绿色的总（绳饰）。盖的四个角和顶上画的连珠文被认为是锦的绘画表现。根据《令义解》的规定, 深绿色相当于第一位。可以想象, 墓主的身份一定很高。

66-5　高松冢西壁白虎·月

出土地点: 高市郡明日香村 高松冢古坟

时期: 原件为飞鸟时代 · 7世纪末—8 世纪初

尺寸: 长90.0cm×宽60.0cm

材质: 陶

收藏地点: 文化厅（奈良县立橿原考古学研究所保管）

备注: 陶板复制品, 原件为国宝

西壁中央靠近天花板的位置绘有云上月像, 东壁相对的位置绘有云上日像。四神图的布局为: 白虎位于西壁中央, 青龙位于东壁中央, 玄武位于北壁中央。南壁上绘有朱雀的可能性很高, 但由于镰仓时代的盗掘坑流入土砂等原因已经无存。四神是古代中国的四种想象神物, 东有青龙、西有白虎、南有朱雀和北有玄武。高松冢古坟壁画的主题与以7世纪为中心的中国隋唐时期墓葬壁画和朝鲜半岛高句丽古坟壁画有很多相通之处。西壁的月是用银色描绘的。白虎头朝南, 大多以白色表现。尾巴从身体末端垂下, 缠在左腿上又向上翘起。

66-6　高松冢东壁青龙·日

出土地点: 高市郡明日香村 高松冢古坟

时期: 原件为飞鸟时代 · 7世纪末—8 世纪初

尺寸: 长90.0cm×宽60.0cm

材质: 陶

收藏地点: 文化厅（奈良县立橿原考古学研究所保管）

备注: 陶板复制品, 原件为国宝

东壁中央绘有青龙, 上面配置了使用金箔的日像。青龙的头朝南, 头部至颈部至肢体呈S形。从颈部到躯干部是红色的背鳍。在四肢的前端画三只红色的利爪, 其口大张, 吐出长长的红色舌头以示威严, 头顶上长出两角。青龙尾部由于被水分渗透的沾染而模糊不清。

66-7　高松冢北壁玄武

出土地点: 高市郡明日香村 高松冢古坟
时期: 原件为飞鸟时代·7世纪末—8世纪初
尺寸: 长60.0cm×宽60.0cm
材质: 陶
收藏地点: 文化厅 (奈良县立橿原考古学研究所保管)
备注: 陶板复制品, 原件为国宝

北壁中央绘有玄武。玄武为蛇缠绕于龟身的图案。龟和蛇缠在一起的状态是龟和蛇相对, 蛇通过龟的下面从后脚穿过, 在龟的上部尾巴画圆, 和头缠在一起。

66-8　高松冢天井星宿

出土地点: 高市郡明日香村 高松冢古坟
时期: 原件为飞鸟时代·7世纪末—8世纪初
尺寸: 长90.0cm×宽90.0cm
材质: 陶
收藏地点: 文化厅 (奈良县立橿原考古学研究所保管)
备注: 陶板复制品, 原件为国宝

天井以太极星为中心, 配有东、南、西、北各7个、共计28个星座呈长方形排列。在高松冢古坟的天井壁画中, 各星座并没有放置在天球的正确位置, 只有选定星座被加以设计和描绘, 因此可以说应该称为 "星宿图" 而不是 "天文图"。

67　髹漆皮袋

出土地点: 葛城市 三冢古坟群
时期: 飞鸟时代·7世纪末
尺寸: 高17.5cm×宽16.8cm×厚10.0cm
材质: 革
收藏地点: 奈良县立橿原考古学研究所

三冢古坟群位于奈良县葛城市, 奈良盆地西南部的山区。面向连接奈良和大阪的主要街道的坡面上, 发掘了横穴式石室和内部拥有小石室的29座古坟及19座火葬墓。这些古坟的时期可追溯至7世纪, 火葬墓则是8、9世纪。髹漆皮袋是古坟的沟渠被填平后从其上使用木箱的改葬墓中出土的, 可以认为是古坟建造期的最后阶段, 即7世纪末的年代。髹漆皮袋是在被认为是鹿革的材料上涂上漆、整体呈圆形的袋状容器, 前面圆圆鼓起, 背面平整。盖子和袋身是分开的, 采取用中央带纽盖住顶部的开合方法。带纽本身并未保留下来, 但包上钉有穿带金属零件和搭扣等。这个皮袋与唐高宗和武后之乾陵前竖立的石刻蕃酋群像所佩戴的用品类似, 可能是《旧唐书·舆服志》中记载的 "鞶[pán]囊"。

68　唐三彩兽足

出土地点: 樱井市 安倍寺遗址
时期: 奈良时代·8世纪
尺寸: 直径3.0cm×高3.0cm
材质: 陶
收藏地点: 奈良县立橿原考古学研究所

安倍寺遗址位于奈良县樱井市, 是7世纪中期建立的安倍氏的氏寺遗址。据说这一带是安倍氏一族的根据地, 辈出人才如作为遣唐留学生入唐的安倍仲麻吕 (698—770)。仲麻吕入唐后, 汉名朝衡 (又作晁衡), 字巨卿, 通过科举, 成为侍奉玄宗皇帝的人物而闻名。李白有《哭晁卿衡》诗: "日本晁卿辞帝都, 征帆一片绕蓬壶。明月不归沉碧海, 白云愁色满苍梧。" 王维有《送秘书晁监还日本国》诗等。本展品出土于安倍寺的回廊基坛。作为日本为数不多的唐三彩兽足, 据推测这是附于短颈壶上的。其胎土为白色, 施有白色、黄褐色和绿色的釉料。

69　奈良三彩小壶

出土地点: 奈良市 平城京左京六条二坊十四坪
时期: 奈良时代·8世纪
尺寸: 器身最大直径6.0cm×高4.1cm
材质: 陶
收藏地点: 奈良县立橿原考古学研究所

本展品出土于平城京左京六条二坊十四坪的土坑中, 被认为是为宅地整体的地镇埋纳。奈良时代晚期至平安时代早期, 小壶是奈良三彩出土量最多的器形, 而且通常附有带旋纽的盖。在日本全国各地均有出土, 多用于祭祀。

70　奈良三彩底托

出土地点: 奈良市 平城京左京四条三坊六坪
时期: 奈良时代·8世纪
尺寸: 直径7.0cm×高4.0cm
材质: 陶
收藏地点: 奈良县立橿原考古学研究所

本展品是从平城京左京四条三坊六坪的宅地内区划沟的南北沟, 与奈良时代后半期的土师器、黑色陶器和须惠器一起出土的。胎土呈乳白色, 施有白色、褐色和绿色釉。该托被认为是其上放置有钵的佛具。奈良三彩托的出土在全日本范围内都很罕见, 本品也可以说是很珍贵的例子。

71　三彩瓦残片

出土地点: 奈良市 唐招提寺
时期: 奈良时代·8世纪
尺寸: (最大) 长24.0cm×宽20.0cm×高10.0cm
材质: 陶
收藏地点: 唐招提寺

唐招提寺是天平宝字三年 (759) 鉴真和尚建立的寺院。鉴真和尚 (688—763), 生于唐朝扬州, 14岁出家, 在洛阳长安修行, 713年回到故乡大云寺, 被誉为江南第一大师。天宝元年 (742), 他接受第九次遣唐的留学僧人荣睿和普照的邀请, 决心渡日担任朝廷的 "传戒师"。此后12年, 他5次东渡日本都以失败告终, 并逐渐失去视力, 最终在天平胜宝五年 (753) 第6次成功抵达日本。由于在西室和讲堂之间的调查中发现了大量的三彩瓦, 因此西室附近极有可能存在使用三彩瓦的设施。三彩瓦的釉面呈波状纹, 是唐招提寺特有的纹样。与一般的瓦相比小了二成左右, 磨损也很少, 可以认为伽蓝内特别设施的屋顶上只铺了三彩瓦。

72 "皇甫东朝"铭文须惠器杯残片

出土地点: 奈良市 西大寺旧址

时期: 奈良时代·8世纪

尺寸: 口径15.6cm×高3.1cm

材质: 陶土

收藏地点: 奈良市教育委员会

本展品是西大寺西南地区的东西沟中出土的，同时出土的还有神护景云二年（768）至宝龟二年（771）的木简。虽然有一部分缺失，但须惠器杯底部外面用黑墨写有"东朝/皇浦（甫）"字样，可能与精通乐律的唐代乐师皇甫东朝有关。天平八年（736）皇甫东朝乘遣唐使的回国船，与印度僧人菩提迁那和波斯医生李密翳等人一起来到日本。据《续日本纪》记载，天平神护二年（766）十月二十一日，在法华寺的舍利会上奏雅乐，与其女皇甫升女一起被叙从五位下，神护景云元年（767）三月二十日为雅乐员外助兼花苑司正。神护景云三年（769）八月九日，他的官阶被升为从五位上，宝龟元年（770）十二月二十八日被任命为越中介。

73 威奈大村藏骨器

出土地点: 香芒市 威奈大村墓

时期: 原件为奈良时代·8世纪

尺寸: 直径24.2cm×高24.3cm

材质: 树脂

收藏地点: 奈良县立橿原考古学研究所（原件藏于四天王寺）

备注: 复制品，原件为国宝

本展品是收纳火葬骨的藏骨器，出土于奈良县香芝市穴虫的丘陵。作为铸造镀金的容器，盖和器身分为半球形，接合处是盖身共合的印笼盖式。器盖基本上每行10字，呈放射状共刻了391个字，被评价为日本最优的中国式墓志铭。铭文写道，威奈大村曾侍从持统天皇和文武天皇，庆云二年（705）成为正五位下越后城司，庆云四年（707）在任上去世，年仅46岁。据记载，其遗骨归葬于大倭国葛木下郡山君里狛井山岗（现香芝市穴虫）。

74 函石（明治32年仿制碑）拓片

出土地点: 奈良市 元明天皇奈保山东陵

时期: 明治32年（1899）

尺寸: 高65.0cm×宽34.0cm

材质: 纸

收藏地点: 宫内厅（奈良县立橿原考古学研究所保管）

据《续日本纪》记载，奈良时代的第一位女天皇元明天皇（707—715年在位）退位后，作为太上天皇于养老五年（721年）驾崩，并留下以下遗诏："朕崩之后，宜于大和国添上郡藏宝山雍良岑造灶火葬，莫改他处，谥号称其国其郡朝庭驭宇天皇，流传后世"；"仍丘体无凿，就山作灶，芟棘开场，即为丧处。又其地者。皆殖常叶之树，即立刻字之碑"。中世时陵所不明，但碑文在江户时代在现陵附近（奈良市奈良阪町）的土中被发现，这相当于遗诏中记载的"刻字之碑"，俗称函石。函石高约94厘米，宽约65厘米，厚约45厘米，为花岗岩制。上面刻着"大倭国添上郡平城之宫驭宇八洲太上天皇之陵是其所也。养老五年岁次辛酉冬十二月癸酉朔十三日乙酉葬"。据考证，藤定干为元明天皇的陵碑，幕府末期被认为是元明天皇奈保山东陵。这块函石拓本拓自1899年（明治32年）仿造碑。

318

元明天皇是文武天皇和元正天皇的母亲。其在位期间铸造了"和同开珎"，迁都平城京，并编纂了《古事记》和《风土记》。

③ 都城与祭祀

75 陶马

出土地点: 橿原市 藤原宫遗址

时期: 飞鸟时代·7世纪

尺寸: 高12.3cm×长21.5cm×足间距6.5cm

材质: 陶土

收藏地点: 奈良县立橿原考古学研究所

陶马是都城曾使用的祭祀物品之一。在藤原京、平城京等都城及其周边地区，从河川遗迹、道路侧沟等与水有关的遗迹中，陶马往往与墨书人面陶器、陶制模型炊饭具、斋串、人形、绘马等其他祭祀用品一起出土。一般认为是在祈雨，或是为了防止疫病等流行的祭祀仪式中使用。7世纪后半叶到8世纪初的作品身体粗壮，尾巴下垂，仔细地表现了马鞍。

76-1 陶马

出土地点: 大和郡山市 稗田遗址

时期: 奈良时代·8世纪

尺寸: 高14.2cm×长24.0cm×足间距7.5cm

材质: 陶土

收藏地点: 奈良县立橿原考古学研究所

稗田遗址位于平城京罗城门正南约1.5千米，在连接下津道和平城京的运河交叉点发现了桥梁，并出土以陶马为首的大量祭祀遗物。8世纪的陶马制作方法定型，以都城为中心批量生产。从颈部到尾部用黏土绳绑成一体，鬃毛捏出成型。再贴上另做的腿部形成肢体，四脚多为八字形或∩形，再用竹管压出眼鼻。

76-2 陶马

出土地点: 奈良市 平城京左京九条一坊五·十二坪

时期: 奈良时代·8世纪

尺寸: 高10.5cm×长12.5cm×足间距6.5cm

材质: 陶土

收藏地点: 奈良县立橿原考古学研究所

至8世纪下半叶，陶马的身体开始变细，尾巴翘起，马鞍的表现消失。随着时代的变迁，马匹变得小型化、简略化，至长冈京时期（784—794）已知有大量的陶马出土。而在平安京时期（794—1868），陶马大量出土的例子不再常见。

77（1~2）　木板绘马

出土地点: 奈良市 日笠遗址

时期: 奈良时代·8世纪

尺寸: 长19.6cm×宽27.8cm×厚0.8cm

材质: 木

收藏地点: 奈良县立橿原考古学研究所

备注: 1为复制品，2为复原品

1

2

日笠遗址位于奈良市东部山区，地处连接西部奈良盆地和东部木津川流域（伊贺、近江和东国）的路线上。出土的奈良时代的绘马，被认为是用于为了平息疫病和干旱而举行的祭祀。绘马是使用长方形板材，只画了一匹侧面马的板绘。在日本已出土有100多件绘马，通常来自与都城、官衙和城栅相关的遗址。本展品用墨彩精心描绘了一匹面朝右侧的装饰马。其面部略微朝下，尾巴翘起的表现，看起来有些用力。前后肢的左（内）侧抬起呈现"侧对步"步态。在中国，从汉代开始就出现了"侧对步"步态的马匹形象，隋唐时期中原地区以及长安周边的帝王陵的陪葬墓区中，都有描绘"侧对步"步态马匹形象的墓室壁画。日本绘马的描绘方法也被认为是受到了唐朝的影响。

78　墨绘人面纹陶器

出土地点: 奈良市 平城京遗址·东堀河

时期: 奈良时代·8世纪

尺寸: 高9.0cm×口径15.0cm

材质: 陶土

收藏地点: 奈良县立橿原考古学研究所

墨绘人面纹陶器是用墨画出人脸或鬼脸，与8世纪上半叶至9世纪盛行的一种巫术习俗相关，两面都画了留着络腮胡子、眉毛低垂的人面。本展品与陶马一样，是在都内及周边的祭典中使用的陶器，多在道路旁的沟渠、河川等与水相关的地方出土。其使用方法是通过向陶器中吹气，封住人间的罪孽和污垢，然后用水冲走，以此来祈求长寿和健康。东堀河是一条南北流向平城京左京三坊中央附近的人工运河，南北纵贯东市推测地，可以认为承担着向东市运送物资的任务。

79　兽面纹瓦当

出土地点: 葛城市 地光寺遗址

时期: 奈良时代·8世纪

尺寸: 直径17.6cm×厚3.5cm

材质: 陶土

收藏地点: 奈良县立橿原考古学研究所

瓦当面上立体表现了兽面纹。兽面的特征被认为是受到了新罗影响。额头上有火焰宝珠纹，眼睛浑圆，眉毛和卷毛上扬并在尖端卷起。嘴巴大张，露出四颗牙齿和獠牙。外缘有稍尖锐的双重圆线和素纹的斜边。飞鸟中心寺庙的大官大寺等地亦有出土内区花纹相同、外缘为三重圈纹的瓦当。

80　兽面瓦

出土地点: 奈良市 平城宫遗址

时期: 奈良时代·8世纪

尺寸: 高40.0cm×宽40.0cm

材质: 陶土

收藏地点: 奈良县立橿原考古学研究所

据说兽面瓦作为"鬼神"有避免风雨侵袭的作用，也有驱邪保护建筑物免遭各种灾难的意思。本例没有表现下颌和下牙，牙咬拜瓦。木叶形的耳朵是其特征。瞳孔呈球状突出，上睑呈波浪状弯曲。鼻子大，不开鼻孔。没有胡子，周围是蕨手状的卷毛。这是8世纪前半期平城宫所用的兽面纹瓦。兽面纹瓦从飞鸟时代开始就已经有了。飞鸟时代使用范型制作，多用莲花纹和重弧纹。到了奈良时代，兽面纹成为主流，奠定了延续后世的兽面瓦基础。

四、祈拜形象

81-1　多尊像砖佛

出土地点: 御所市 二光寺废寺

时期: 飞鸟时代·7世纪·694年

尺寸: 高56.0cm×宽51.0cm×厚3.0cm

材质: 陶土

收藏地点: 奈良县立橿原考古学研究所

81-2　多尊像砖佛

出土地点: 御所市 二光寺废寺

时期: 原件为飞鸟时代·7世纪

尺寸: 高56.0cm×宽51.0cm×厚3.0cm

材质: 陶板

收藏地点: 文化厅（奈良县立橿原考古学研究所保管）

备注: 陶板复原品

比通常的砖佛要更大一些的板面上，以连接说法印的如来像为中心配置了很多尊像。中央的如来身穿通肩结跏趺坐，左右为一老一少两比丘，扭腰站立的菩萨侍从于两侧。两侧是留着络腮胡神将形的二天王，其身后是半裸的眷属众，脸上带着愤怒的表情窥视着，其中一位是鸟头迦楼罗。背景的双树配有巨大的华盖和鸟类、树叶图案的设计，飞天在上空飞舞。菩萨妙曼的身材和眷属所见的异国风格等，都受到了显著的初唐风格的影响。隔断的下缘区域饰有奏乐的天人、供养者和狮子等。两侧都刻有铭文，正右侧的铭文"甲午□五月中"，可以认为是公元694年所造。左侧的铭文不清，但可以判读为"召□□□□作"或"百济□明哲作"。根据文化厅的项目，奈良县在2022年3月尝试制作这尊砖佛的陶板制复制品（展品81-2）。在制作过程中，重新审视了类似例子中未发现的缺损部分（如天王、诸眷属和迦楼罗的上半身等）的图像。由于在同类型的大型多尊砖佛上可以找到漆箔的痕迹，本复制品中再现了金箔装饰。

82　方形三尊像砖佛

出土地点: 御所市 二光寺废寺

时期: 飞鸟时代·7世纪

尺寸: 高44.0cm×宽27.0cm×厚1.0cm

材质: 陶土

收藏地点: 奈良县立橿原考古学研究所

本展品出土于二光寺废寺中。整体形状呈略带纵向的方形，是结有禅定印，如来处于中尊的三尊像砖佛的一例。如来右肩着薄薄的袈裟，双脚踏坐在宣字座上自然下垂。两侧的菩萨双手合十立于莲花座上，上方飞天飞舞。如来的光背是由圈带部环绕植物纹的头光和表示火焰的身光组合而成的。此外还出土有表面残存金箔的残片，推测其当初整体都是用漆箔装饰的。

83　方形六尊立像砖佛

出土地点: 御所市 二光寺废寺

时期: 飞鸟时代·7世纪

尺寸: 高32.0cm×宽21.0cm×厚1.0cm

材质: 陶板

收藏地点: 奈良县立橿原考古学研究所

通过细柱状装饰和由此延伸出来的莲花形顶盖和台座，将画面分成纵横排列的六尊如来立像。如来大小相同，形状相同，通肩着衣，胸前奉宝珠，背负无纹的头光和身光直立。据推测，这是在佛堂内部的墙面等处铺上多尊佛像，表现了千尊佛的出现。手捧宝珠的如来像十分珍贵，它们只出现在这类砖佛和押出佛中，没有像飞鸟时代的菩萨像那样作为单独像建造的例子。表面可以观察到漆的痕迹，据推测，这尊雕像最初是用漆箔涂成金色装饰的。

84　六尊座像砖佛

出土地点: 御所市 二光寺废寺

时期: 飞鸟时代·7世纪

尺寸: 高25.0cm×宽23.0cm×厚1.0cm

材质: 陶土

收藏地点: 奈良县立橿原考古学研究所

与六尊立像砖佛（展品83）相同，本展品用植物纹样将画面区分纵横排列6尊同尺寸的如来坐像。如来袒右肩披袈裟，坐于莲花座上，身后为环状头光与身光。其中4尊用衣服遮住了在腹前合在一起的双手，在所谓的化佛上表示通有的标志，与此相对，上段中央和下段向右的像是在腹前两掌重叠放置宝珠的样子，整体上发生了变化。表面上的漆痕表明其最初是由漆箔装饰的。结合其他出土砖佛（展品序号81－83）和组合，堂内被装饰成为一个金碧辉煌且庄严的佛教世界。

85　火头形顶三尊像砖佛

出土地点: 奈良市 阿弥陀谷废寺

时期: 飞鸟时代·7世纪

尺寸: 高16.0cm×宽10.8cm×厚4.2cm

材质: 陶土

收藏地点: 奈良县立橿原考古学研究所

这是具有上部中央尖尖外形的所谓火头形砖佛的一个例子。其底部的深度有4.2厘米，可以独立支撑，因此与其说是墙面装饰，更有可能是为了安置和礼佛。本砖佛的图样与中国西安出土的"善业泥"系列砖佛相吻合，甚至包括光背、台座和天盖的形状。"善业泥"是指根据玄奘带来的印度式的砖佛供养，在7世纪后半期长安盛行制作的砖佛群。"善业泥"采用了来自印度的新图像，尤其是定印如来倚坐像的图像被指出是玄奘唯识教学的视觉化。如果说访问长安的遣唐使带回了"善业泥"，那么师从玄奘的日本僧人道昭（629－701）就十分值得关注了。正是通过砖佛，寻根于印度的初唐美术样式和玄奘的佛教思想得以近乎实时向日本传播。

86-1　方形三尊像砖佛

出土地点: 明日香村 川原寺里山遗址

时期: 飞鸟时代·7世纪

尺寸: 高23.0cm×宽18.5cm×厚4.2cm

材质: 陶土

收藏地点: 明日香村教育委员会

86-2　方形三尊像砖佛

出土地点: 高市郡明日香村 川原寺里山遗址

时期: 原件为飞鸟时代·7世纪

尺寸: 高23.0cm×宽18.5cm×厚4.2cm

材质: 陶土

收藏地点: 文化厅（奈良县立橿原考古学研究所保管）

备注: 陶板复制品（施加描金）

川原寺后山遗迹是平安时代川原寺遭遇火灾时，将烧毁的安置佛等一并埋葬的遗迹。发现的砖佛残片多达千百件，全部都是同范的方形三尊像砖佛。其中还发现有表面留有钉痕的文物。据推测，它们是遣唐使带回、以唐朝砖佛为基础在日本大规模生产，并用于装饰佛堂壁面的。此外，其内侧还刻有铭文，可以理解为分别指"释迦牟尼""弥勒"和"阿弥陀佛"，可能与中尊的性质和堂内庄严的装饰有关。

87　鸱尾

出土地点: 五条市 今井天神山瓦窑
时期: 飞鸟时代·7世纪
尺寸: 高144.0cm×长100.0cm×宽76.0cm
材质: 陶土
收藏地点: 个人(奈良县立橿原考古学研究所保管)

中国及其周边国家的古建筑中,鸱尾是安装在屋顶顶部屋脊两端的脊饰。关于鸱尾的起源有诸多说法,据其中最有力的说法是其原型可追溯至汉代,屋脊两端翘起的形状与作为瑞祥、辟邪象征的凤凰翅膀状相结合。它随着佛教经由朝鲜半岛、百济传入日本,被用于寺庙的主要堂宇乃至宫廷建筑。包含今井天神山瓦窑(现五条市域)的地域曾为飞鸟的古老寺庙供应瓦片的一大生产地。本件展品是根据同一窑址出土碎片的线索完整复原的。被认为是受到初唐样式影响的7世纪后半期的制作。

88　法隆寺金堂一号壁壁画(陶板复原烧毁前貌)

时期: 2022年制作,原件为飞鸟时代·7世纪末—8世纪初
尺寸: 高318.4cm×宽262.2cm
材质: 陶板
收藏地点: 文化厅(奈良县立橿原考古学研究所保管)
备注: 陶板复制品,原件为重要文化财产

法隆寺金堂内的外阵与柱间相呼应有大小十二面墙壁,其中大壁的四面(第一、六、九、十号壁)描绘了以如来为中心的群像,小壁的八面绘有菩萨的独尊像,堂内庄严。这些壁画的原件被称为东方佛教绘画中的"白眉"(意为出类拔萃的、最突出、最出色的),在1949年因失火而受到严重的损伤,现在被另置保存。本展首次展示奈良县于2022年3月作为文化厅项目制作的东面第一号释迦净土图的原尺寸复制品。利用最新的陶板复制技术,结合火灾前1935年拍摄的玻璃原板(四色分解)扫描数据,再现烧损前的色彩和质感。在金堂壁画中,佛、菩萨的轮廓是用被称为铁线画,即一种没有粗细变化的强有力线条勾勒出来的,再在肉身和穿着上加上彩色的阴影,表现出凹凸的质感。这种手法让人联想到初唐时期活跃的西域出身画家尉迟乙僧的画风。通过本次复原,观众可以体验到初唐盛世的样式及其国际化。

89-1　法隆寺金堂六号壁壁画(临摹)阿弥陀图

时期: 原件为飞鸟时代·7世纪末—8世纪初
尺寸: 长160.0cm×宽80.0cm
形质: 纸本设色(轴)
收藏地点: 奈良县立万叶文化馆
备注: 真野满约1944年临摹

89-2　法隆寺金堂六号壁壁画(临摹)观音菩萨图

时期: 原件为飞鸟时代·7世纪末—8世纪初
尺寸: 长305.0cm×宽98.0cm
形质: 纸本设色(轴)
收藏地点: 奈良县立万叶文化馆
备注: 真野满约1944年临摹

法隆寺金堂壁画中最著名的西面六号壁壁画,以结有说法印的阿弥陀如来、观音菩萨和势至菩萨三尊为中心,周围共有25尊化生菩萨和化生童子像,背景为裸露岩面的山岳。此构图取材于唐道宣所撰《集神州三宝感通录》中的故事,与敦煌莫高窟第332窟东壁相通。真野满(1901—2001)是继承了安田美彦历史画正统的日本画家。作为河锅晓斋门下的日本画家真野晓亭(1874—1933)的次子,出生于东京,1937年与一生的老师安田美彦相遇。1940年起,他参与了法隆寺金堂壁画的摹写项目。直至99岁去世,他创作了众多历史画杰作。此两幅作于1944年左右,分别描绘了中尊的阿弥陀如来和右胁侍的观音菩萨,以真野特有的柔和笔触绘制,使其成为庄严而平和的作品。

90　法隆寺金堂六号壁壁画(临摹)　菩萨图

时期: 原件为飞鸟时代·7世纪末—8世纪初
尺寸: 长28.2cm×宽20.8cm
形质: 纸本设色(画框)
收藏地点: 奈良县立万叶文化馆
备注: 中庭煖华临摹

本幅画摹写了法隆寺金堂壁画北面东侧的十号壁中,右胁侍菩萨(月光菩萨)后方外侧站立菩萨的头像。该面墙是以如来倚坐像为中心的一组群像,中尊当为药师如来。临摹者中庭煖华(1901—1978),曾师从安田靫彦等画家,他从1942年起参与了法隆寺金堂拆修时的壁画临摹项目,并作为荒井宽方班的一员参与了第十号壁的临摹。虽然本幅画的创作年份不详,但很可能是出于这一项目。

91　中庭煖华绘作《荧光灯》

时期: 1946年
尺寸: 纵91.5cm×横127.0cm
形质: 纸本设色(画框)
收藏地点: 奈良县立万叶文化馆
备注: 中庭煖华作

中庭煖华参加了始于1940年的临摹项目,这幅作品在1946年的院展上展出。临摹现场引入了当时最新的技术—荧光灯照明,这是传达当时情况的珍贵资料。在本图画面右侧绘有面向第六号壁设置的荧光灯装置,在昏暗的堂内,阿弥陀如来的身影浮现出来。

92 (1~2)　平山郁夫《法隆寺》《斑鸠町·法轮寺塔》

时期: 1986年、1987年
尺寸: 1 纵45.5cm×横60.5cm
　　　2 纵60.6cm×横45.5cm
形质: 纸本设色(画框)
收藏地点: 奈良县立美术馆

日本画家平山郁夫(1930—2009)师从前田青邨(1885—1977),一生创作了众多以佛教和丝绸之路为题材的梦幻作品。他参与了烧毁的法隆寺金堂壁画的再现临摹和高松冢古坟壁画的现状临摹,一生致力于以敦煌莫高窟为首的世界文化遗产保护。这两幅画选自表现奈良古寺、古佛以及四季的一套系列作品,描绘了法隆寺五重塔和斑鸠町的法轮寺三重塔。

93 钱弘俶塔（塔身·方立）

出土地点: 吉野郡天川村 大峰山顶遗址

时期: 平安时代·10世纪

尺寸: 方立高4.75cm×宽2.38cm×厚1.45cm

　　　塔身高9.1cm×宽7.6cm×厚1.1cm

材质: 铜

收藏地点: 大峰山寺（奈良县立橿原考古学研究所保管）

钱弘俶塔是吴越王钱弘俶（929—988）于显德二年（955）根据古印度孔雀王朝阿育王建造八万四千塔的传说而建造的金属制小塔的俗称。其基坛、塔身和重檐的平面呈正方形，塔身四面都装饰着以释迦前世传说为主题的本生图。本品从基坛到塔身的一面铸铜侧板写有"月光王施头变"，同时还在塔檐四角饰有方立，被认为是钱弘俶塔传入日本的一个例子。自古以来，金峰山（现吉野山和大峰山）作为役行者小角（634—701，日本修验道始祖，是飞鸟时代至奈良时代的知名咒术师，世称"役小角"，又称"役行者"）感得藏王权现（日本独特的修验道本尊，正式名称为金刚藏王权现，或称金刚藏王菩萨，是日本独有的佛，位于奈良县吉野町的金峰山寺本堂[藏王堂]的本尊较著名）的灵地而闻名，其名声远传至中国[《释氏六帖（义楚六帖）》，954年]。本品的出土地据推测是藤原道长于宽弘四年（1007）建造的称为埋经仪礼之开端的经冢（为了流传后世，将经文等装入经筒，埋在地下）附近。在和歌山县的那智经冢也证实了钱弘俶塔的埋纳，可以看出平安时代日本山岳灵场的形成，受到了同时代中国佛教文物及其理念的影响。灵场一词的字面意思是指灵魂聚集之处，在日本通常即为神社、寺院或墓地等地，通常作为信仰圣地的意义，是日本许多信徒与修验道修行者经常拜访与巡礼之处。

94 天台大师像

时期: 镰仓时代·14世纪

尺寸: 纵85.4cm×横37.9cm

形质: 绢本设色（轴）

收藏地点: 奈良县立美术馆

本作品以三尊形式描绘中国天台宗祖师。画面中央的天台大师智𫖮（538—597，中国佛教天台宗四祖，也是实际的创始者，世称智者大师、天台大师），是戴着头巾在头顶上放上禅镇，系上定印冥想的惯例。画面下部右侧为献经卷的僧人，左侧是合掌的僧人，根据类似的例子，当是天台九祖的妙乐大师湛然（711—782）和天台五祖的章安大师灌顶（561—632）。自延历二十三年（804）作为还学生（所谓"留学生"就是当遣唐使等回国后仍然留在中国学习的学生，"还学生"则在遣唐使回国时一起回国）入唐，次年归国的传教大师最澄以来，入唐僧陆续请来了多尊天台祖师像。特别是天台四祖、实际的创始人智𫖮，受到重视，在忌日举行的天台大师经会中使用，留下了许多作品。不过像本图这样的三尊形式比较少见。

95 天台大师像

时期: 室町时代·15世纪

尺寸: 纵87.2cm×横61.8cm

形质: 绢本设色（轴）

收藏地点: 奈良县立美术馆

与93号展品相同，此画也是三尊形式的天台祖师像。不使用金泥彩或浓彩，而是用粗细不一的墨线和淡色描绘三位祖师。

96 弘法大师像

时期: 镰仓时代·14世纪

尺寸: 纵80.8cm×横37.1cm

形质: 绢本设色（轴）

收藏地点: 奈良县立美术馆

这幅画描绘的是真言宗开祖、弘法大师空海（774—835）的肖像。与最澄（767—822）一样，空海作为第十八次遣唐使渡唐，在长安跟随唐密高僧、真言宗八祖之一惠果（746—805）学习，并将正统的密教体系带至日本。画中，空海右手在胸前执五钴杵，左手在腹前拿念珠，面部微微朝右，坐于有靠背的榻座上。这一姿态被称为"真如亲王式"，据说是真如亲王（799—865，平安时代初期平城天皇的第三皇子，弘法大师的十大弟子之一）应其得意门生实慧的委托，在空海入定之前绘制的。本图轴贴有"弘法大师御影 古笔 享保廿年（1735）乙卯冬洛西太秦广隆寺求得 宅间法眼笔 元文元年丙辰冬修补表具 大僧都邑证"的签条，可知在18世纪时位于京都太秦的广隆寺。

97 多武峰曼荼罗

时期: 室町时代·15世纪

尺寸: 纵94.5cm×横38.3cm

形质: 纸本设色（轴）

收藏地点: 奈良县立美术馆

此画表现的是藤原氏的祖先镰足（614—669）和他的两个儿子定惠、不比等（659—720）。是作为谈山神社的祭神被祭祀的镰足肖像画的一种形式，通称"多武峰曼荼罗"。画面上层悬挂有三面神镜，此外还装饰有卷起的御帘、红色的门帘，屏风上画着缠绕着紫藤的松树，显得十分庄严。藤原镰足，本名中臣镰足，由天智天皇赐下"藤原"之姓，字仲郎，古代日本的豪族，与轻皇子、中大兄皇子等人筹划乙巳之变，推翻苏我氏。定惠，又名定慧，俗名中臣真人，作为学问僧，与道昭等人一起，于653年跟随第二次遣唐使入唐。不比等是镰足次子，文武天皇四年（700）参与撰修《大宝律令》，是平城京迁都的功臣，奠定了国际色彩丰富的天平文化蓬勃发展的基础，死后封淡海公，赠太政大臣，谥号文忠公。

98　渡唐天神像

时期: 室町时代·15世纪
尺寸: 纵89.0cm×横37.5cm
形质: 纸本设色（轴）
收藏地点: 奈良县立美术馆

渡唐天神是指天神菅原道真（845－903）。传说他通过神通来到中国，师从南宋临安径山寺著名禅僧无准师范（1178－1249）。在天神信仰的多样发展中，该传说在室町时代的禅僧中广泛流行，并制作了以此为题材的渡唐天神像。本图展示了其典型形象，描绘了渡唐天神头戴头巾，身披道服，双手抱袖携小枝梅花，面向正面站立的姿态。左肩上挂着装有无准师范授予的法衣的袋子，作为传法的证明。

五、大和地宝

99　绳文陶钵

出土地点: 山边郡山添村 广濑遗址
时期: 绳文时代末期（约4000年前）
尺寸: 高20.0cm×器身最大直径25.0cm
材质: 陶土
收藏地点: 奈良县立橿原考古学研究所

绳文陶器被列为世界最古老的陶器之一。绳文陶器的名称是因为陶器表面有绳目的花纹，但也有不加绳文的。早期的绳文陶器，尖底、圆底缺乏装饰性，到了前期就变成了平底化，并增加了器形。中期，以东日本为中心，口沿部发达，花纹复杂，具有华美装饰。本品属于晚期的"中津风格"，其特点是所谓"磨消绳文"，即只在一个宽幅区域内用凹线装饰绳文。口沿部饰有带状纹样，器身有生动的涡卷状纹样。外表施有红彩，被认为该陶器是具有特殊用途的。

100　绳文注口陶器

出土地点: 宇陀市 本乡大田下遗址
时期: 绳文时代晚期（约3000年前）
尺寸: 高20.7cm×直径25.0cm
材质: 陶土
收藏地点: 奈良县立橿原考古学研究所

本展品为晚期"宫泷式"的绳文陶器（宫泷遗址位于奈良县吉野郡吉野町宫泷地内），其特点是顶部和侧面施有凹线或贝壳纹样。口沿和器身有三条凹线，肩部有两条凹线，凹线之间的注口部附近有四处施有贝壳纹样。本品虽然是作为实用品使用的，但其简单纹样构成中又突出有贝壳纹样，增添了其观赏性。

101　细颈壶

出土地点: 吉野郡吉野町 宫泷遗址
时期: 弥生时代中期·公元前1世纪
尺寸: 高59.4cm×直径42.6cm
材质: 陶土
收藏地点: 奈良县立橿原考古学研究所

弥生陶器由储藏用具、煮沸用具、餐具等实用性的壶、瓮、钵和高杯等器种构成，以陶器为基准分为早期、中期和晚期三个阶段。在近畿地区，中期的特点是在陶器外表面使用板状工具，利用其节理表现多样的栉（梳子）描纹。本展品是供奉于弥生时代一般家族墓之方形周壕墓的细颈壶。口沿边缘饰有圆形浮纹，口沿部、颈部及器身上半段饰有多层栉（梳子）描纹。同时，壶身的中央部分还用刮刀表现有斜格纹。

102　须惠器 子持器台

出土地点: 樱井市 浅古
时期: 古坟时代末期·6世纪
尺寸: 高20.6cm×钵口径27.4cm
材质: 陶土
收藏地点: 奈良县立橿原考古学研究所

须惠器是5世纪时从朝鲜半岛引进的一种新的烧制技术，即在窑窑中使用高温还原焰的烧制技术生产的质地坚硬、呈青灰色的陶器。须惠器也被用于日常餐具和储藏用具等，但在古坟时代作为古坟供奉用的土器发展起来。本品是古坟供奉用的装饰须惠器的一种，器台的口缘部装有7个带盖的子持器台。底部从三个方向镂空。从口沿至底部都精心饰有栉绘波状纹。其形态优美，是一件罕见的精品。

103　小型炊具（灶·锅·甑）

出土地点: 御所市 多田山古坟
时期: 古坟时代末期·6世纪
尺寸: 灶长20.8cm×宽16.0cm×高17.6cm
　　　锅长13.6cm×宽11.2cm×高13.6cm
　　　甑长15.2cm×宽8.0cm×高9.6cm
材质: 陶土
收藏地点: 奈良县立橿原考古学研究所

土师器是弥生陶器谱系的软质陶器。在村落中被用于日常生活，也是被用于各种各样的祭祀和古坟献祭用的陶器。本展品是土师器的一套小型炊具，是专门为配置在横穴式石室等古坟墓室中而制作的明器，象征着在黄泉之国所使用的灶、甑和锅等饮食器具。古坟时代，从朝鲜半岛引进竖穴住宅内的炉灶，用土师器制成移动式炉灶，把甑、锅放在上面，作为煮饭的器具使用。它接受了中国、朝鲜半岛的习俗和思想，将实用的土师器缩微而成，被认为是与外来集团有关的遗物。本展品是在奈良盆地西南部出土的，保存良好且完整。众所周知，该地有5至6世纪的渡来系集团的活跃活动，本品也证明了这一点。

104 灰釉短颈壶

出土地点: 生驹郡三乡町 高安火葬墓群12号墓

时期: 平安时代·9世纪

尺寸: 高30.0cm×器身最大直径33.5cm

材质: 陶

收藏地点: 奈良县立橿原考古学研究所

灰釉陶器是以植物灰施釉的陶器，9世纪上半叶在猿投窑（爱知县西部至中部）开始生产。此前的须惠器中，还发现烧成时灰烬偶然掉落的自然釉，但都是有意作为釉料使用的。本展品是短口缘，上半部较大的圆形器身，高圈足，作为藏骨器来使用。整个器身上半部分施有釉，釉料有意垂落，形成别致的效果。

105 绿釉花瓣碗

出土地点: 生驹郡三乡町 高安火葬墓群12号墓

时期: 平安时代·9世纪

尺寸: 高7.5cm×口径21.0cm

材质: 陶

收藏地点: 奈良县立橿原考古学研究所

绿釉陶器是一种以铅为主要成分施釉的陶器，9世纪初开始生产。本品是9世纪末至10世纪初在东海地区生产的轮花碗，其口沿略微外翘，外形和花纹估计是对越州窑青瓷碗的模仿。

106 越窑青瓷盘

出土地点: 生驹郡三乡町高安火葬墓群12号墓

时期: 平安时代·9世纪

尺寸: 高2.8cm×口径15.1cm

材质: 陶

收藏地点: 奈良县立橿原考古学研究所

越窑是从汉代至宋代盛行的浙江省一大瓷器生产地。11世纪中叶，龙泉窑成为青瓷生产的中心，但从唐末到北宋时代，也大量出口到日本。日本开始生产瓷器是在17世纪以后。

107 灰釉四耳壶

出土地点: 宇陀市 谷畑遗址

时期: 镰仓时代·12世纪

尺寸: 器身高30.0cm×最大直径20.0cm

材质: 陶

收藏地点: 奈良县立橿原考古学研究所

至中世，在日本各地的陶器产地中，美浓烧、濑户烧等在大范围内流通，乃至在称为京都和南都的奈良也被广泛使用。其后，濑户成为近代至现代的陶瓷生产中心。这就是陶瓷普遍被称为"濑户物"的缘由。在被称为古濑户的中世陶器中，除了碗等日常杂器外，还生产了将宋代进口的白瓷器形原封不动地抄下来的器物。本展品为一四耳壶，其特点是壶身肩部略微突出，壶体和肩部有四处耳部，底部为平底，口沿外翻。本品还被改用为藏骨器，磨损明显，釉料呈斑状。高台样的圈底，整件作品显得十分优美。

108 常滑烧壶

出土地点: 宇陀市 龟虎遗址

时期: 镰仓时代·12世纪

尺寸: 器身高23.0cm×最大直径20.0cm

材质: 陶

收藏地点: 奈良县立橿原考古学研究所

作为中世纪陶器的代表，有以爱知县常滑市为中心的知多半岛一带烧制的常滑烧和以渥美半岛为中心烧制的渥美烧。到了近世渥美烧衰落，但常滑烧在近代之后仍以大型的甕为主持续生产，它与近、现代陶制土管的生产相连。本展品形状为外翻口沿和肥厚端部，但没有下垂。平缓的肩部和平底，是常滑制品中的罕例。

六、中国视角的日本

109 第74号楔形墓砖

出土地点: 安徽省亳县（今亳州）城南郊元宝坑一号东汉墓（曹氏家族墓群）

时代: 东汉末年

尺寸: 残长19.0cm×上宽16.0cm×下宽12.0cm×厚7.5cm

材质: 陶土

收藏地点: 亳州博物馆

安徽亳州的东汉末期曹操家族墓中，发现了这块楔形墓砖，上有刻辞，仅存"……有倭人以时盟不（否）"7字，显示曹操当时和倭人可能存在的交往。这也是实物上最早出现"倭人"这样与日本有关的铭文。

110 屋宇纹残砖

时期: 东汉

尺寸: 约长16.0cm×宽12.0cm; 长19.0cm×宽7.7cm

材质: 陶土

收藏地点: 清华大学艺术博物馆寄藏

这两块东汉画像砖残砖，从风格上来看，当出于河南南部。二砖上出现的房屋纹，与奈良县出土的古坟时代初期（3—4世纪）房屋纹铜镜（展品7）上入母屋造（即歇山顶）的房屋样式，有可对照之处。

111 建筑与鱼钱纹残砖

时期: 东汉

尺寸: 约长16.0cm×宽12.0cm; 长19.0cm×宽7.7cm

材质: 陶土

收藏地点: 清华大学艺术博物馆寄藏

位于日本三重县伊势市的伊势神宫供奉着天皇的祖先天照大神，是日本最高祭祀礼仪制度的体现。据信，相关制度最早由天武天皇（673—686）创立，并由其继任者持统天皇不晚于持统天皇四年（690）开始实施。伊势神宫主要由内宫（皇大神宫）和外宫（丰受大神宫）构成，均为干栏式建筑。中国的干栏式建筑有着极早的起源，如浙江河姆渡文化（约前5000—前3300）；中国西北的齐家文

化（约前2000—前1900），曾发现干栏式建筑的祭祀遗址；四川汉代画像石棺上则有与天门（双阙）同画的干栏式"大（太）仓"。这块六朝时期（222—589）的墓砖，上有象征天方地圆的铜钱、象征水的鱼纹，还有疑似干栏式建筑（或是太仓），与伊势神宫的主体建筑样式有着惊人的相似之处。倭国与汉魏六朝有着频繁的交往，干栏式建筑也出现在倭人的陶器和铜镜上，此砖对于理解7世纪后期日本最高祭祀制度的形成或有一定的意义。

112　北斗纹楔形墓砖

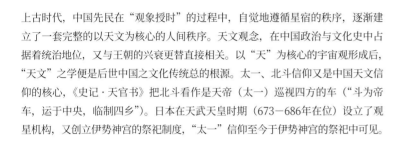

时期：三国—晋
尺寸：长16.0cm×上宽11.5cm×下宽14.0cm×厚5.5cm
材质：陶土
收藏地点：清华大学艺术博物馆寄藏

上古时代，中国先民在"观象授时"的过程中，自觉地遵循星宿的秩序，逐渐建立了一套完整的以天文为核心的人间秩序。天文观念，在中国政治与文化史中占据着统治地位，又与王朝的兴衰更替直接相关。以"天"为核心的宇宙观形成后，"天文"之学便是后世中国之文化传统总的根源。太一、北斗信仰又是中国天文信仰的核心，《史记·天官书》把北斗看作是天帝（太一）巡视四方的车（"斗为帝车，运于中央，临制四乡"）。日本在天武天皇时期（673—686年在位）设立了观星机构，又创立伊势神宫的祭祀制度，"太一"信仰至今于伊势神宫的祭祀中可见。

113　佛像纹砖

时期：三国吴
尺寸：长34.0cm×宽17.0cm×厚5.2cm
材质：陶土
收藏地点：清华大学艺术博物馆寄藏

东汉末年，佛教开始传入中国，即被当成一种"医方异术""天文书算、医方咒术"之类的神仙方术，佛像也开始出现在墓葬中（如崖墓画像、摇钱树等）。三国时，佛教在吴国得到礼遇，佛像较多出现在魂瓶、铜镜和画像砖上。此砖上的佛像，与本馆所藏"佛"字铭佛像镜（展品163）近似。

114　佛像纹砖

时期：三国吴—西晋初期
尺寸：长39.5cm×宽18.5cm×厚6.5cm
材质：陶土
收藏地点：清华大学艺术博物馆寄藏

目前所见的早期佛像中，大多表现比较稚拙。此砖两个端面有两尊侧面形象的立佛，非常罕见。

115　佛像纹残砖

时期：西晋太康七年（286）
尺寸：长17.0cm×厚7.0cm
材质：陶土
收藏地点：清华大学艺术博物馆寄藏

此残砖上的坐佛有稚拙之趣。西晋时期的出土文物相对较少，而佛像上部的方

形区域内，有方孔圆钱图案，外缘呈齿轮状，四角有"太康七年（286）"四字，可知是西晋（265—317）所造。

116　嵌松石连珠纹金珠

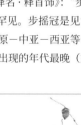

出土地点：朝阳县西营子乡仇家店村甜草沟晋M1989.3.14
时期：十六国前燕
尺寸：长3.0cm×直径1.1cm，重6.5g
材质：金、绿松石
收藏地点：朝阳县文物管理所

圆管形金珠，管表面饰以双行米粒状条纹四道，每道条纹间饰菱形嵌蓝绿色松石，制作精细。

117　金步摇冠

时期：十六国前燕
尺寸：通高20.5cm×花蔓径19.0cm×宽1.1cm，重55.5g
材质：金
收藏地点：朝阳县文物管理所

步摇冠是十六国时期鲜卑族慕容部贵族头上戴的冠饰。《释名·释首饰》："步摇，上有垂珠，步则动摇也。"保存如此完整的金冠饰，极其罕见。步摇冠是见证东西文明交流的实物证据，日本—朝鲜半岛—中国北方—草原—中亚—西亚等一线均有发现类似器物，而又以西亚出现的时间最早、以日本出现的年代最晚（如展品46）。

118　金步摇

出土地点：朝阳县西营子乡仇家店村甜草沟晋M1989.3.14
时期：十六国前燕
尺寸：残高20.0cm×底宽4.5cm×厚0.1cm，重39.5g
材质：金
收藏地点：朝阳县文物管理所

此步摇以一金片制成，分基部和枝叶两部分，基部呈盾形，饰锥点纹；枝叶部分已残，悬挂有圆形金片。

119　金珰

出土地点：朝阳县西营子乡仇家店村甜草沟晋M1989.3.14
时期：十六国前燕
尺寸：底宽12.5cm×高8.8cm×厚0.11cm
材质：金
收藏地点：朝阳县文物管理所

以两片半月形金片合扣而成，正面经捶揲、镶嵌、镂刻等工艺制成龙凤纹图案，中部设一半月形嵌孔，原应嵌有宝石。

120　镂花连珠纹方形金珰

出土地点：朝阳县西营子乡仇家店村甜草沟晋M1989.3.14
时期：十六国前燕

尺寸: 长9.0cm×宽8.8cm×厚0.009cm，重12.5g
材质: 金
收藏地点: 朝阳县文物管理所

菱形龙凤纹装身金饰，以极薄的金片经镂刻、锥点等工艺制成，呈正方形，以锥点纹分隔成四个纹饰区。

121 山形金珰

出土地点: 1980年十二台公社腰而营子大队砖厂（姚金沟M2）
时期: 十六国前燕
尺寸: 高5.6cm×上部宽4.2cm×下部宽3.7cm×高5.3cm×厚0.02cm
　　　重3.3g
材质: 金
收藏地点: 朝阳县文物管理所

金珰呈"山"形，上宽下窄，沿金珰外边两周点状纹饰，金珰捶揲均匀，颜色金黄。

122 连珠纹泡形金坠

出土地点: 朝阳县西营子乡仇家店村甜草沟晋M1989.3.14
时期: 十六国前燕
尺寸: 直径23.0cm×泡厚1.0cm，重23.0g
材质: 金
收藏地点: 朝阳县文物管理所

一对，以两圆形泡状金片合扣包镶而成，正面通体饰凸锥点纹构成的环形纹饰。

123 金铃

出土地点: 1980年十二台公社砖厂（王坟山M6）
时期: 十六国前燕
尺寸: 直径1.2cm，重7.9g
材质: 金
收藏地点: 朝阳县文物管理所

扣为圆形、空心，下端有铃形长条开口，内含一白色砂粒，上连一鼻。朝鲜半岛和日本列岛均有发现类似器物，是当时两地交流的实证。

124 透雕鎏金铜马具饰件（前桥）

出土地点: 1976年朝阳县十二台公社供销社（袁台子M4）
时期: 十六国前燕
尺寸: 长27.5cm×高13.5cm×厚0.1cm
材质: 鎏金铜具
收藏地点: 朝阳县文物管理所

共2片，近菱形，一左一右，恰好组成拱形，采用镂空、錾刻等工艺。錾刻龟背、龙、凤、鹿、云纹等图案，正面鎏金。竹节形线条组成不规则六角形龟背纹。

125 龙凤纹鎏金铜鞍桥饰（后桥）

出土地点: 1976年朝阳县十二台公社供销社（袁台子M4）
时期: 十六国前燕

尺寸: 宽57.0cm×高31.0cm×厚0.1cm
材质: 鎏金铜具
收藏地点: 朝阳县文物管理所

系马鞍桥后桥色片，乃十六国时期慕容鲜卑贵族的实用马具。其制法先将0.1厘米铜板剪成拱形鞍桥，再用镂空、錾、刻等工艺施以图案，最后正面鎏金。錾刻图案，内容主要由龟背纹和龙凤纹组成。龟背纹由竹节状双条直线组成。鞍桥饰背面刻写"郭丑"二字，当是汉族工匠的名字。

126 鎏金铜透雕翼形饰

出土地点: 1976年朝阳县十二台公社供销社（袁台子M4）
时期: 十六国前燕
尺寸: 长13.0cm×宽6.2cm×厚0.2cm
材质: 鎏金铜具
收藏地点: 朝阳县文物管理所

系马具饰件，以铸制铜板镂、錾、钻等工艺方法制成，近似鸟首形。表面鎏金，底边平直，前部镂形一展翅单凤。

127 鎏金铜刻凤纹山形箭箙饰

出土地点: 朝阳县柳城镇腰而营子红砖一厂
时期: 十六国前燕
尺寸: 高12.5cm×宽22.0cm×厚0.1cm
材质: 鎏金铜具
收藏地点: 朝阳县文物管理所

铜制、山型、正面中间为卷云纹图案，左右为对称展翅飞翔的一对双凤。

128 鎏金铜当卢

出土地点: 1980年朝阳县十二臺公社腰而营子大队砖厂（姚金沟M2）
时期: 十六国前燕
尺寸: 长38.56cm×上宽17.5cm×下宽6.0cm
材质: 鎏金铜具
收藏地点: 朝阳县文物管理所

以铜片经捶揲加工制成，呈长柄，上部状如桑叶，下部形为叶柄，表面均鎏金。

129 鎏金铜杏叶

出土地点: 1976年朝阳县十二台公社供销社
　　　（袁台子M4）
时期: 十六国前燕
尺寸: 宽5.8cm
材质: 鎏金铜具
收藏地点: 朝阳县文物管理所

铜片制成圭形，上端平直，穿一条形孔内穿带卡，表面鎏金。

130 鎏金铜马镫

出土地点: 1976年朝阳县十二台公社供销社（袁台子M4）

时期: 十六国前燕

尺寸: 通高29.0cm×柄长15.7cm×镫宽16.5cm×柄宽3.5cm×
　　　厚0.3cm×镫高13.5cm×厚0.31cm

材质: 鎏金铜具

收藏地点: 朝阳县文物管理所

以铜板捶制而成。镫体厚度一致，素面无雕饰，鎏金。是十六国时期建都于龙城（今辽宁朝阳）的鲜卑慕容氏前、后燕文化遗物。这是中国目前所见时代最早的金属马镫实物之一，对研究马具特别是马镫的发展演变和十六国时期的政治、军事、文化、民族关系都有重要价值。

131 莲花纹瓦当

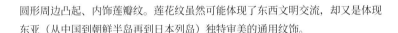

出土地点: 1984年朝阳市东街小学院内

时期: 十六国前燕

尺寸: 直径18.0cm×厚4.0cm

材质: 陶土

收藏地点: 朝阳县文物管理所

圆形周边凸起、内饰莲瓣纹。莲花纹虽然可能体现了东西文明交流，却又是体现东亚（从中国到朝鲜半岛再到日本列岛）独特审美的通用纹饰。

132 菱叶、戴胜、神兽纹画像砖

时期: 晋—南朝

尺寸: 长34.2cm×宽16.0cm×厚4.6cm

材质: 陶土

收藏地点: 清华大学艺术博物馆寄藏

此砖在两个端面和一个侧面有纹饰，分别为: 一端为一对象征西王母的戴胜纹，戴胜的中央圆形变成了方孔圆钱；相对的一端是龙纹；侧面，两旁分别是九尾狐青鸟组合（也是西王母的象征）和虎纹，中央是六出型菱叶纹，每组纹饰间隔以连续三角纹。菱叶是一年生水生草本，浮生叶聚生于茎顶，呈莲座状，叶柄中部膨胀海绵质小气囊，叶三角形，边缘上半部有粗锯齿。菱叶纹后来定型为六分或八分两种形式，这也是唐代菱花镜名称的由来。

133 长方形平面菱叶纹、莲花纹画像砖

出土地点: 襄阳羊祜山M24

时期: 南朝

尺寸: 长37.0cm×宽18.7cm×厚6.0cm

材质: 陶土

收藏地点: 襄阳博物馆

长方形砖面由两个近乎正方形的带边框纹饰区组成。边框均为一圈忍冬纹，中间分别是菱叶纹和莲花纹。莲花纹是汉代以来十分常见的纹饰，菱叶纹非常罕见。这是两种水生植物，用以象征水的存在。此类砖在襄阳多有发现，如城西南清水沟墓地M1出土同模砖。

134 莲花纹画像砖

时期: 南朝

尺寸: 长38.2cm×宽19.0cm×厚5.9cm

材质: 陶土

收藏地点: 襄阳博物馆

莲花纹常见八瓣或十二瓣，以象征符合天数。此砖饰两朵十二瓣莲，外圈饰忍冬纹。忍冬纹是古希腊常见纹饰，东汉末期开始在中国出现，南北朝时最流行，因它越冬而不死，所以后来被大量运用在佛教纹饰上，象征人的灵魂不灭、轮回永生。

135 长方形平面莲花、端面净瓶画像砖

出土地点: 襄阳城南柿庄墓地M15

时期: 南朝

尺寸: 长37.6cm×宽19.0cm×厚6.2cm

材质: 陶土

收藏地点: 襄阳博物馆

长方形的砖，一半饰有十二瓣莲花，外圈饰有简单的忍冬纹。砖的一个端面饰有净瓶，暗示其佛教元素。

136 长方形侧、端面莲花忍冬纹画像砖

出土地点: 襄阳城南柿庄墓地M15

时期: 南朝

尺寸: 长50.0cm×宽17.0cm×厚4.0cm

材质: 陶土

收藏地点: 襄阳博物馆

在砖的侧、端面饰有四组忍冬纹和两组十六瓣莲花纹。

137 长方形端面青龙画像砖

出土地点: 襄阳城南柿庄墓地M15

时期: 南朝

尺寸: 长37.0cm×宽19.0cm×厚6.0cm

材质: 陶土

收藏地点: 襄阳博物馆

长方形砖的一个端面，饰有游走的青龙。东方青龙、西方白虎、南方朱雀和北方玄武（龟蛇）的四神组合关系在西汉中后期定型，此后的流传过程中，这个组合关系就一直没有变化过。四神象征四个方位的四宫，加上天帝之所居的中宫，构成完整的"五宫"体系，"五宫"又是与"五行""五色"等概念对应，是中国古代天文信仰的核心元素，在神居（如寺观）、人居（如宫室）和鬼居（如墓葬）各个类型的建筑里皆有体现。本展选取了同出于襄阳城南柿庄墓地M15的四神画像砖（展品137－140）。

138 长方形端面白虎画像砖

出土地点: 襄阳城南柿庄墓地M15

时期: 南朝

尺寸: 长37.0cm×宽19.0cm×厚6.0cm

材质: 陶土

收藏地点: 襄阳博物馆

139　长方形平面朱雀（凤鸟）画像砖

出土地点: 襄阳城南柿庄墓地M15

时期: 南朝

尺寸: 长37.0cm×宽19.0cm×厚6.0cm

材质: 陶土

收藏地点: 襄阳博物馆

140　长方形平面玄武画像砖

出土地点: 襄阳城南柿庄墓地M15

时期: 南朝

尺寸: 长37.0cm×宽19.0cm×厚6.0cm

材质: 陶土

收藏地点: 襄阳博物馆

141　长方形平面"千秋"画像砖

出土地点: 襄阳城南柿庄墓地M15

时期: 南朝

尺寸: 长37.0cm×宽19.0cm×厚6.0cm

材质: 陶土

收藏地点: 襄阳博物馆

在魏晋南北朝的墓葬壁画、画像砖上，常见一种人首（男性和女性）鸟身和兽首鸟身的形象，有时伴有题记"千秋万岁"。根据河南邓州学庄出土的彩绘画像砖上"千秋"对应人首鸟、"万岁"对应兽首鸟可知，此砖上表现的是"千秋"。"千秋万岁"有不死之意，道家著作《抱朴子·内篇》中即有记载。佛经《婆须蜜经》中则曰："千秋，人面鸟身。生子还害其母。复学得罗汉果，畜生无有是智及有尊卑想，不受五逆罪。"在佛教中，人首鸟身的千秋万岁是超脱罪业的神祇。朝鲜半岛的高句丽古坟中也有出土"千岁万岁"的图像。

142　长方形平面供养人画像砖

出土地点: 襄城麒麟清水沟南朝画像砖墓

时期: 南朝

尺寸: 长37.7cm×宽19.0cm×厚6.0cm

材质: 陶土

收藏地点: 襄阳博物馆

此砖长方形平面，周框饰以忍冬纹，中央为莲花座博山炉，炉下有群山连绵，炉两侧分别立有手持莲花的供养人，供养人的身外，再饰有丛竹和竹笋。这是已知最早关于竹子的图像之一。竹子在早期中国有特殊的象征性含义，通常与祭祀密切相关。在日本的大小祭祀中，竹子通常也是不可缺少的法器。

143　长方形端面女供养人画像砖

出土地点: 樊城杜甫巷墓地M82

时期: 南朝

尺寸: 长38.0cm×宽18.0cm×厚6.0cm

材质: 陶土

收藏地点: 襄阳市博物馆

此砖端面，表现一女性供养人，秀骨清样貌，立于莲花之上，身体两侧亦饰有莲花纹。

144　长方形端面飞仙画像砖

出土地点: 樊城杜甫巷墓地M82

时期: 南朝

尺寸: 长38.0cm×宽18.0cm×厚6.0cm

材质: 陶土

收藏地点: 襄阳博物馆

此砖端面，饰有一飞仙单膝跪于莲花之上，双手捧莲花座博山炉，做供养状。

145　闻雷泣墓画像砖

出土地点: 襄阳城西南清水沟墓地M1

时期: 南朝

尺寸: 长37.0cm×宽18.0cm×厚5.0cm

材质: 陶土

收藏地点: 襄阳博物馆

"闻雷泣墓"，又称为"王裒泣墓"，乃《二十四孝》中的第十六则故事，讲述了魏晋时孝子王裒的孝行。其母在世时惧怕雷声，死后葬于山林，每遇风雨雷电，王裒即至母亲坟前跪拜安慰。左侧画面表现的即是雷神播鼓的场景，此即东汉王充《论衡·雷虚篇》中所记之景："图画之工，图雷之状，累累如连鼓之形。又图一人，若力士之容，谓之雷公，使之左手引连鼓，右手推椎，若击之状。其意以为雷声隆隆者，连鼓相扣击之意也。"此雷神形象广泛见于魏晋南北朝时期的图像中，并延续到唐代，直至传入日本。

146　陶钵

出土地点: 龙门禅宗七祖菏泽神会墓

时期: 唐

尺寸: 高11.0cm×口径22.3cm

材质: 陶

收藏地点: 洛阳博物馆

147　鎏金青铜柄香炉

出土地点: 河南省洛阳市龙门禅宗七祖菏泽神会墓

时期: 唐

尺寸: 长40.2cm×高9.0cm

材质: 青铜

收藏地点: 洛阳博物馆

神会，是禅宗六祖惠能的晚期弟子，菏泽宗的创始者，建立南宗的一个得力人物。俗姓高，湖北襄阳人。神会墓位于河南洛阳洛龙区龙门西山北麓，于1983

年发掘。墓壁石板上阴刻"身塔铭",尊神会为禅宗七祖,简述禅宗历史和神会生平。出土遗物有鎏金塔式罐、鎏金青铜柄香炉、铜净瓶、铜勺和黑陶钵等,本展展出其中的黑陶钵和鎏金青铜柄香炉。此香炉与日本正仓院所藏赤铜柄香炉(第3号)形制几乎一致。禅宗佛教在12世纪传入日本,禅宗在日本佛教史、日本思想史、日本文化史,以及整个日本的历史上却留下了深远的影响。

148　白石马头明王坐像

出土地点:陕西省西安市安国寺遗址

时期:唐

尺寸:高98.0cm×宽42.0cm

材质:石

收藏地点:西安碑林博物馆

大安国寺位于唐长安城东北部的长乐坊,本为睿宗皇帝(710—712年在位)在藩旧宅,"景云元年(710)九月十一日,敕舍龙潜旧宅为寺。便以本封安国为名"(《唐会要》卷四十八)。1959年7月,在西安市明代城墙东北隅外五百米处地下出土了11件残损的佛教石雕像,当为安国寺遗物,是研究唐代密宗造像的珍贵资料。本展展出了其中的两尊。日本弘法大师空海(774—835)在唐期间,正是密教大兴之时,将其亲眼所见撰成《秘藏记》。

149　白石文殊菩萨坐像

出土地点:陕西省西安市安国寺遗址

时期:唐

尺寸:高74.0cm×宽36.0cm

材质:石

收藏地点:西安碑林博物馆

150　高玄墓志拓片

时期:唐

尺寸:纵60.0cm×横60.0cm

原石收藏地点:洛阳千唐志斋博物馆

高玄,字贵主,辽东三韩人。随遣唐使到中原,后因平叛有功,被封为中郎将。天授元年(690)卒于洛阳。

151　井真成墓志拓片

时期:唐

尺寸:纵36.5cm×横36.5cm

原石收藏地点:西北大学博物馆

井真成(699—734),733年第十次日本遣唐使团中的准判官(使团中的中高级官员),734年病逝于长安,死后被追封为尚衣奉御。

152(1~4)　李训墓志(《大唐故鸿胪寺丞李君墓志铭并序》)原石、志盖及拓片

时期:唐·开元二十二年(734)

尺寸:志长35.0cm×宽36.0cm×厚8.9cm
　　　盖长34.0cm×宽35.5cm×厚7.9cm

收藏地点:深圳望野博物馆

吉备真备,原名下道真备,生于持统天皇九年(695),卒于宝龟六年(775)。灵龟二年(716),被选为遣唐交流生。养老元年(717),与阿倍仲麻吕(晁衡)等随多治比县守为首的第九次(即第二期二次)遣唐使团。《大日本史》卷之一百廿三"列传第五十"有传。此墓志被认为由吉备真备所书。

153　星云纹铜镜

时期:西汉

尺寸:直径11.0cm

材质:青铜

收藏地点:清华大学艺术博物馆寄藏

此镜纹饰区平均分布四乳和四组星象图,十分罕见。星云镜是西汉中后期特别流行的镜种,与汉武帝崇神仙好祭祀有密切关联,观星望气是历代皇家天文机构的重要日常工作。天武天皇时期,日本也设立了观星机构。

154　"君忘忘"铭四神博局纹镜

时期:西汉

尺寸:直径28.0cm

材质:青铜

收藏地点:清华大学艺术博物馆寄藏

四象或四神,是古代用以表示天空东西南北四个方向的星象,把天空分成四大区,对星辰进行观测。二十八宿体系形成后,与四象结合起来,把东方七宿叫青龙或苍龙,把南方七宿叫朱鸟或朱雀,把西方七宿叫白虎,把北方七宿叫玄武。

155　"尚方"铭四神博局纹镜

时期:新莽

尺寸:直径20.9cm

材质:青铜

收藏地点:清华大学艺术博物馆寄藏

"博局"实指六博棋盘,或与另一种象天法地的器物式盘有关。《周髀算经》曰:"方属地,圆属天,天圆地方。"《淮南子·天文训》曰:"天道曰圆,地道曰方。"很明显,"圆""方"是象天法地宇宙观的体现,而其中出现的"规""矩"之元素,又是实现"圆"和"方"的必要手段。博局镜流行于西汉晚期、新莽和东汉前期。此类镜正方形钮区构成九宫格之中央一格,主要特征是正方形钮区与边缘区之间饰有T、L、V等形状的装饰,西方学者则称之为TLV纹镜。事实上,T形纹饰表示方位,V形和L形分别是古代"规"和"矩"的象征,所以近代日本学者最早用"规矩(纹)镜"来定名。

156 "中国安宁"铭博局纹镜

时期：新莽—东汉
尺寸：直径22.0cm
材质：青铜
收藏地点：清华大学艺术博物馆寄藏

"中国"一词，目前最早见于西周初青铜器"何尊"。"中国"初义为天下之中的"中央之城"，即周天子所居京师，与"四方"对称。以"中国"为非正式的国名，与异域外邦相对称，首见于《史记·大宛列传》，又见于《后汉书·西域传》。可见"中国"之义，从象征中土的区域概念转向国家概念，当始于西汉时张骞"凿空西域"，沟通东西方文明的丝绸之路被打通之际。与文献相对应，西汉中后期的铜镜中，亦开始出现"中国宁""中国安宁"等铭文，寄托了时人对于国家远离战争、繁荣昌平的美好祝愿。

157 三角缘神人神兽镜

时期：东汉
尺寸：直径18.4cm
材质：青铜
收藏地点：清华大学艺术博物馆寄藏

日本古坟时代的墓葬中，常见边缘截面为三角形的铜镜，故称"三角缘铜镜"，这个镜种，在中国的考古发掘品中极少发现。有学者猜测这是中国工匠到日本后制作的。不过，传世的铜镜中，三角缘的铜镜并不少见，本展即选取了三面（展品157—159）。

158 袁氏铭神人龙虎画像镜

时期：东汉
尺寸：直径18.3cm
材质：青铜
收藏地点：清华大学艺术博物馆寄藏

东汉时出现的一种铜镜镜背上有近似雕刻的图像，称为画像镜。日本古坟时代墓葬曾出土类似镜种。

159 "三羊作竟"铭七乳龙虎画像镜

时期：东汉
尺寸：直径24.8cm
材质：青铜
收藏地点：清华大学艺术博物馆寄藏

160 神人神兽纹镜

时期：东汉
尺寸：直径23.5cm
材质：青铜
收藏地点：清华大学艺术博物馆寄藏

东汉时，流行一种多位神人和多种神兽（龙、虎和狮子演化来的辟邪类神兽）

组合在一起的铜镜，根据布局和样式的不同，可分为重列式、环列式、三段式和半圆方枚式，除少数神人的形象可以辨识具体身份外，大部分神人未知具体指向。东汉时期，佛教初传，以"浮屠"之名在中原流传，时人将黄、老和浮屠同祭，因此铜镜上出现的神人可能就是两种神仙术的结合。此镜是目前所见神人神兽纹镜中最大最精美者。该镜种在日本古坟时代可能最受欢迎，墓葬中亦有大量出土。

161 "角王巨虚"铭七乳神人神兽纹镜

时期：东汉
尺寸：直径21.0cm
材质：青铜
收藏地点：清华大学艺术博物馆寄藏

圆钮外有两圈铭文，分别是："子孙大吉昌，长宜官秩""角王巨虚日得憙，上有龙虎四时宜，长保二亲乐毋事，子孙顺息家大富"。主纹饰圈内有七乳，下有方花座，七乳间隔布置有各种神兽和羽人，有的操持乐器，舞之蹈之。日本出土有多面七乳神兽纹镜（如展品35），可参看。

162 八连弧云雷纹镜

时期：东汉
尺寸：直径27.5cm
材质：青铜
收藏地点：清华大学艺术博物馆寄藏

在日本出土铜镜中，品种以内行花纹镜（如展品31、32）居多，这是东汉时期十分常见的八连弧云雷纹镜的变种，通常工艺精湛、尺寸硕大，钮区常见四叶形的方花座。

163 "佛"字铭佛像镜

时期：三国吴
尺寸：直径18.8cm
材质：青铜
收藏地点：清华大学艺术博物馆寄藏

此镜虽残存半面，但极其珍贵。四组佛像分置在四叶形的方花纹饰内，现存完整的两组，主佛项光之上分别有"佛""王"二字，两侧分别有立像，应为菩萨或弟子。早期佛教相关文献中，常见"浮屠"或"浮图"字样，此镜是在现存器物上所能见到最早的"佛"字。

164 北斗纹铜镜

时期：六朝
尺寸：直径10.0cm
材质：青铜
收藏地点：清华大学艺术博物馆寄藏

此镜上的纹饰是十分罕见的北斗等星象纹饰，镜缘近似三角形。

165 "金神之灵，铜山之精" 铭四神纹铜镜

时期：隋
尺寸：直径29.2cm
材质：青铜
收藏地点：清华大学艺术博物馆寄藏

中国的铜镜铸造，经历了魏晋南北朝时期的低谷之后，在隋朝又迎来了高峰。此镜硕大，工艺精湛；布局借鉴了汉代博局纹镜，正方形纽区内，圆纽两侧有双龙相对；纽区外分布有四神，这是延续汉代以来的纹饰传统；其外环有一圈以"金神之灵，铜山之精"开始的铭文；再外圈为各种奔跑兽类和禽鸟类。日本曾经数次派遣隋使，来访的使节们想必也见过类似品种的铜镜。其后不久，四神信仰便出现在日本的墓葬壁画（展品66）中。

166 瑞兽葡萄纹镜

尺寸：直径17.1cm
材质：青铜
收藏地点：清华大学艺术博物馆寄藏

葡萄纹传自西方，象征天国。初唐时期，瑞兽和葡萄纹搭配，出现在铜镜上，在高宗朝（649－683）后期至武周时期（690－705）发展到高潮，是代表了唐代铜镜铸造工艺水平的镜种之一。此镜与西安近郊独孤思贞墓（698）与奈良高松冢古坟（展品65）所出瑞兽葡萄纹铜镜在尺寸、纹饰上近同，当为同一时期。十分巧合的是，与唐高宗与武则天两位夫妻帝王几乎同时，在日本则出现了天武天皇（673－686在位）和持统天皇（686－703在位）两位夫妻帝王，都对后世产生了重要的影响。

167 十六曲边八葵形瑞花瑞兽纹镜

时期：唐
尺寸：直径20.0cm
材质：青铜
收藏地点：清华大学艺术博物馆寄藏

在体现日本天皇核心信仰的"三神器"中，象征天皇祖先天照大神的八咫镜供奉在伊势神宫中，其形状最为神秘，历来极少有人能见到真正的实物。伊势神道的重要经典"神道五部书"中的《宝纪本记》《伊势二所皇太神宫御镇座传记》《倭姬命世纪》均指出，"八咫镜"的意思是"八头""花崎八叶镜"。平安后期，担任伊势神宫祭主的大中臣亲俊于1176年以前成书的《神宝图形神秘书》中，描画了"八咫镜"的图形，很多学者认为是想象的镜形，直到这面形状十分罕见的唐代铜镜的出现，让我们了解八咫镜的形制之谜有了可能。

168 菱叶纹镜

时期：唐
尺寸：直径20.5cm
材质：青铜
收藏地点：清华大学艺术博物馆寄藏

此镜上的纹饰为罕见的菱叶纹（参见展品132、133），浮生叶聚生于茎顶，形成放射莲座状，与展品132、133可参照对看。唐代盛行六分或八分的菱花镜，即

源于对菱叶形纹饰的抽象化表现。菱花镜上多饰有花鸟动物等纹样（展品169、170），在唐代传到日本后，成为平安时代最为流行的镜种。

169 菱花形双鸾鸳鸯纹镜

时期：唐
尺寸：直径22.0cm
材质：青铜
收藏地点：清华大学艺术博物馆寄藏

鸾鸟为传说中的神鸟，《山海经·西山经》云："（女床之山）有鸟焉，其状如翟而五采文，名曰鸾鸟，见则天下大宁。"部分铜镜鸾鸟口中衔绶，古人认为鸾鸟是祥瑞之物，而"绶"与"寿"同音，鸾鸟衔绶蕴含吉祥长寿之意。"鸟衔绶"图像来源悠久，在汉画像石中已有之，在中亚粟特波斯地区亦有出现。

170 菱花形透腿龙凤瑞兽花鸟纹镜

时期：唐
尺寸：直径22.2cm
材质：青铜
收藏地点：清华大学艺术博物馆寄藏

171 龙纹镜

时期：唐
尺寸：直径27.6cm
材质：青铜
收藏地点：清华大学艺术博物馆寄藏

龙作为铜镜图案，在战国时期已有之，主要为蟠龙纹和交龙纹，汉镜上常见的龙纹主要是"四灵"之一的青龙，东汉晚期铜镜上，有单龙蟠曲于镜纽周围。魏晋南北朝罕见龙纹镜，唐代龙纹镜蔚为壮观，主要为单龙与双龙两类。单体龙威武灵动，作飞跃盘旋之状，盘于纽的周围，故称"盘龙镜"。其外并有云纹作衬，故又称"云龙镜"。

172 "千秋" 铭龙纹镜

时期：唐
尺寸：直径22.0cm
材质：青铜
收藏地点：清华大学艺术博物馆寄藏

唐开元十七年（729），百官以八月初五为唐玄宗诞辰日，定此日为"千秋节"，当日所有的庆祝活动结束后，大臣们纷纷向皇帝敬献各种精美的铜镜，唐玄宗也向四品以上的大臣颁赐铜镜。此面盘龙镜铭上有"千秋"二字，为唐代千秋节御赐用镜，亦称"千秋镜"，有盘龙和对鸟两类。唐人张汇《千秋镜赋》云："或铸或镕。是磨是削。刻以为龙。镂以成鹊。"

173　双鹦鹉纹镜

时期: 唐
尺寸: 直径28.0cm
材质: 青铜
收藏地点: 清华大学艺术博物馆寄藏

主体纹饰为一对雌雄鹦鹉口衔绶带绕纽飞舞，鹦鹉造型栩栩如生，生动灵性。口中衔长绶带，绶带中间打成花结，两端有链珠，绶乃印之系，代表官秩爵禄。唐代鹦鹉与佛教有着密切关联，不仅因其进贡地点之一即为印度，《旧唐书·天竺列传》载："八年，南天竺遣使献五色能言鹦鹉。"也因其聪慧能学人言，唐人记载有不少鹦鹉诵读佛经的故事，唐人李繁渊《圣渠庐》载："东都有人养鹦鹉，以其慧甚，施于僧。僧教之，能诵经。往往架上不言不动。问其故。对曰：'身心俱不动，为求无上道。'及其死，焚之有舍利。"日本正仓院亦收藏有工艺精湛的双鹦鹉纹镜。

174　缠枝花卉纹镜

时期: 唐
尺寸: 直径30.0cm
材质: 青铜
收藏地点: 清华大学艺术博物馆寄藏

唐代盛行将自然界中的各种花卉，有真实的有想象的，进行艺术处理，变成一种极富装饰性的花卉纹样，且千变万化，富丽堂皇。这种纹饰在日本也同样盛行。

175　赵绪成（1942—）《鉴真东渡图》

年代: 1980年
形质: 纸本设色
尺寸: 纵95.0cm×横152.0cm

1 倭人の姿

1 土偶

遺跡名: 観音寺本馬遺跡 (御所市)
時代: 縄文時代晩期 (約3000年前)
法量: 高14.0cm×幅11.0cm×厚2.0cm
材質: 土製
所蔵: 奈良県立橿原考古学研究所

縄文時代に日本列島で独自で発達した土製人形を土偶〔どぐう〕と呼ぶ。土偶は、手・足などの一部を打ち欠くものが多いが、本品は完形品である。また、土偶は、乳房を表現するなど女性像が圧倒的に多いが、本品には、乳房の表現がなく、ふくらはぎが強調されて表現されているところから、男性を表現しているものである可能性が高い。目のように見える頭部の二つの孔は、耳飾りを表現したものである。目や鼻の表現はなく、大きく開いた丸い口が表現されている。

2 土偶

遺跡名: 竹内遺跡 (葛城市)
時代: 縄文時代晩期 (約3000年前)
法量: 高10.0cm×幅7.0cm×厚2.3cm
材質: 土製
所蔵: 奈良県立橿原考古学研究所

頭部と右手を欠く土偶である。胸部に線刻が施され、腹部にドーナッツ形状の隆起がみられる。妊婦を表現した土偶が各地にみられるが、本品の場合、腹部が陥没している。生命への祈りや、何らかの呪術的な行為に用いられたものであろう。

3 絵画土器 (鳥装の人物)

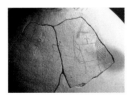

遺跡名: 清水風遺跡 (天理市)
時代: 弥生時代中期・紀元前1世紀
法量: 縦15.0cm×横25.0cm
材質: 土製
所蔵: 奈良県立橿原考古学研究所

弥生時代の集落でおこなわれた祭りの様子を描いた絵画土器である。鳥に扮装した司祭者と、それに従う二人の人物の姿が、壺の上半部に線刻で描かれている。向かって右側の司祭者は、頭に鳥の仮面を被り、天を仰ぎ、両手に鳥の翼を模したマントを腕に掛け、高々と両手をあげて、指先に三本の羽根を掲げている。また、胸元には鹿が描かれている。左側の二人の人物は小さく描かれており、頭部は三角形と円形に描き分けられている。おそらく、司祭者の前に跪いた男女であろう。

4 絵画土器 (建物と鹿)

遺跡名: 清水風遺跡 (天理市)
時代: 弥生時代中期・紀元前1世紀
法量: 残存高14.0cm×胴部最大径 18.0cm
材質: 土製
所蔵: 奈良県立橿原考古学研究所

絵画土器に描かれた動物のなかでは、鹿が最も多い。鹿は、身近な野生動物であり、食用、犠牲に供せられた。本品は、水差形土器の胴部に2頭の牝鹿と建物が描かれている。左向きに描かれた鹿と寄棟式建物の間には、左あがりの直線が何本も施されている。この直線が矢であるなら、建物から鹿に向かって矢が射られ、鹿が驚き逃げ惑う情景を描いたものと考えられる。

5 絵画土器 (舟)

遺跡名: 清水風遺跡 (天理市)
時代: 弥生時代中期・紀元前1世紀
法量: 縦12.0cm×横25.5cm
材質: 土製
所蔵: 奈良県立橿原考古学研究所

舳先が大きく反り返るゴンドラ形の舟と、櫂を船体の上下に描いた絵画土器。船体を真横からみた状態で描き、櫂を上方からみた状態で描いている。こぎ手は描かれていないが、多数のこぎ手がこの舟に乗っていたことがわかる。弥生時代に外洋にもこぎ出した大型の舟であったのだろう。

6 絵画土器 (楼閣状)

遺跡名: 唐古・鍵遺跡 (磯城郡田原本町)
時代: 原品は弥生時代中期・紀元前1世紀
法量: 高44.0cm×最大径約30.0cm
材質: 樹脂製
所蔵: 奈良県立橿原考古学研究所
　　　 (原品は田原本町教育委員会)
その他: 復元品, 原品は重要文化財

三階建ての高楼状の建物が、壺に描かれている。各層の屋根には、渦巻き状の軒先の装飾がある。また最上層には円形の棟飾りがあり、その下層の棟の上部には、3羽の鳥が止まっている。下端部には、高床構造の1階の床下に通じる長い梯子と柱が描かれている。集落全体を見渡す役割をもつものであり、『魏志』倭人伝の卑弥呼〔ひみこ〕が執政したという「楼観」をこのような建物にあてる考えもある。この土器が出土した唐古・鍵遺跡には、この絵を再現した復元建物が立てられているが、該当するような遺構はいまのところ検出されていない。

7 家屋文鏡

遺跡名: 佐味田宝塚古墳（北葛城郡河合町）
時代: 原品は古墳時代前期
法量: 面径22.9cm
材質: 青銅製
所蔵: 宮内庁

古墳時代のさまざまな形の家屋を表現した倭製の銅鏡。鈕を取り巻くように4棟の家屋が描かれている。上部に描かれているのは入母屋造の高床式建物である。その右側には梯子があり、左側にはバルコニーまたは、建物外側の柵が表現されていると考えられる。

さらに、建物の中央から斜め左上方にむかって、貴人にさす蓋 [きぬがさ] がさしかけられている。向かって左側に描かれているのは、切妻造 [きりづまづくり] の高床式 [たかゆかしき] 倉庫である。左側に梯子、棟の上には鳥が描かれている。また、両側には樹木が表現されている。向かって右側に描かれているのは、入母屋造 [いりもやづくり] の平屋式建物である。棟の上に鳥が表現されている。この建物にも両側に樹木が描かれている。下部に描かれているのは大型の入母屋造の竪穴住居である。建物の左側に入り口の表現があり、入り口の地上部から左上方にむかって蓋がさしかけられている。棟の上に鳥が描かれている。

古墳時代の王の居館を構成するさまざまな建物を描いたものであろう。彼らがこうした建物に居住し、祭祀をおこない、権力を行使し、生産物を蓄えたのであろう。

8 人物埴輪（椅子に坐る男性）

遺跡名: 石見遺跡（磯城郡三宅町）
時代: 古墳時代後期・6世紀
法量: 高76.0cm×長67.0cm×幅45.0cm
材質: 土製
所蔵: 奈良県立橿原考古学研究所

古墳時代の男性の髪形は、左右と後ろに束ねて結うもので、美頭良 [みずら] と呼ばれている。この人物は、首飾りをつけ、格子状の模様をもつ上着を着て、腰帯をしめている。膝元を紐で結んだ袴をはき、椅子に腰掛ける。椅子には直弧文 [ちょっこもん] と呼ばれる古墳時代に盛行した直線と円弧で構成される文様が施されている。冠などの表現はないが、立派な椅子に腰掛けるその姿から、首長クラスの人物であったと考えられる。

なお、左手、裳、足元の足玉の表現などは、すべて復元であり、椅子と上半身には接点がない。ちなみに、この埴輪をモデルに橿原考古学研究所のキャラクターである「イワミン」がデザインされた。

9 鳥形木製品

遺跡名: 四条9号墳（橿原市）
時代: 古墳時代後期・6世紀
法量: 縦98.5cm×横86.0cm
材質: 木製
所蔵: 奈良県立橿原考古学研究所

鳥が、翼を広げて大空を滑空する姿を表現した木製品である。翼と胴体がバラバラになっている場合が多いが、両者が組み合った状態で出土した珍しい事例である。器材などを象った木製品とともに、古墳の周囲に樹立された。鳥形木製品は、弥生時代から古墳時代にかけてみられるが、倉などの建物の上、集落や水田の入り口などに立てられ、境界を明示する役割を担っていた。

古墳時代には、首長が鷹狩りをおこなっていたが、その姿を表現したものとみる説と、天へ死者の霊魂を運ぶ姿を表現したものとする説とがある。

2　倭国と中国

①国際外交のはじまり

10 船形埴輪

遺跡名: 寺口和田1号墳（葛城市）
時代: 古墳時代中期・5世紀
法量: 長115.0cm×幅23.0cm×高54.0cm
材質: 土製
所蔵: 奈良県立橿原考古学研究所

丸木舟に舷側板をとりつけた準構造船を象ったものであるが、船底部分は省略され、上部が誇張、デフォルメされている。船首の両側に波除け板が取り付けられ、船体側面上部にはピボットが表現されているが、全部で4カ所と数は少ない。実際の船は、多数のこぎ手が乗って、外洋に乗り出したのだろう。

11 七支刀

原品の伝世地: 石上神宮（天理市）
時代: 2006年製作 原品は古墳時代・4世紀
法量: 長74.8cm
材質: 鉄製
所蔵: 奈良県立橿原考古学研究所
　　　（原品は石上神宮）
その他: 復元品（原品は国宝）

石上神宮 [いそのかみじんぐう] に伝わる神宝の「国宝七支刀 [しちしとう]」を復元製作したもの。鉄剣の左右に枝刃があり、剣身の両面に合計61文字の銘文が金象嵌される。製作実験によれば、原品は鋳造されたものと考えられる。『日本書紀』の神功皇后52年の条に「七枝刀 [ななさやのたち]」が百済から献上されたとあり、本品がそれにあたる。371年、高句麗の故国原王を破った、百済の近肖古王（余句）は、372年に東晋に朝貢し、鎮東将軍・領楽浪郡太守に除正される（『晋書』）。この七支刀は、東晋の太和二年（369）に、百済王とその世子から、倭王に対して、贈与されたものと考えられる。

12 帯状金具

遺跡名: 新山古墳（生駒郡斑鳩町）
時代: 古墳時代・4世紀、西晋製
法量: 帯先金具長6.7cm、鉸幅3.1cm〜3.2cm
材質: 金属製
所蔵: 奈良県立橿原考古学研究所（原品は宮内庁所蔵）
その他: 復元品

新山古墳 [しんやまこふん] から1885年に土地所有者が掘り出した西晋製の金銅製帯金具を復元製作したもの。原品は、日本列島出土の中国製帯金具としては、最古のものである。銅板を鍍金し、彫金のうえ、透かし彫りして、鉸具 [かこ] には左向きの、帯先金具には右向きの龍を表現する。素環の垂飾を付した鉸板 [かばん] には、彫金、三葉文が透かし彫りされている。泰始二年（266）に、建国まもない西晋の武帝に、倭人が方物を献じたという記録が残る（『晋書』）が、そのあとの倭国による中国への遣使は途切れてしまう。空白の4世紀と呼ばれる。古墳時代は、文字資料が乏しく、暦年代を決定することが難しいが、4世紀前半代の晋の製品が、倭国に舶載されていることがわかる貴重な資料である。

②倭国の形成―前方後円墳の成立と発展―

13 弧文円板

遺跡名: 纒向石塚古墳（桜井市）
時代: 弥生時代・3世紀
法量: 直径56.0cm×厚1.4cm
材質: 木製
所蔵: 奈良県立橿原考古学研究所
その他: 復元品

弥生時代から古墳時代にかけて、奈良県や岡山県を中心とした地域の墳墓に供献される器財や土器などに、弧帯文 [こたいもん] と呼ばれる複雑な文様が施され、葬祭に用いられた。原品は、厚さ1.4cmのクスノキ製の一枚板に文様を刻んだもので、大型前方後円墳成立以前に築造された墳墓である纒向石塚 [まきむくいしづか] 古墳の周濠 [しゅうごう] から出土した。本品は、1/3ほどの原品をもとに全体形を復元したものである。弧帯文の成立期に位置づけられる。墳墓の葬祭がどのように発展し、どのように前方後円墳の祭式が成立していったかを窺ううえでの重要資料である。

14 特殊器台

遺跡名: 葛本弁天塚古墳（橿原市）
時代: 古墳時代前期・3世紀
法量: 高113.0cm×直径48.0cm
材質: 土製
所蔵: 奈良県立橿原考古学研究所

15 特殊壺

遺跡名: 葛本弁天塚古墳（橿原市）
時代: 古墳時代前期・3世紀
法量: 高58.0cm×直径44.0cm
材質: 土製
所蔵: 奈良県立橿原考古学研究所

器台（14）は、壺（15）をのせるための台である。岡山県を中心とした地域の墳墓には、弧帯文を施した器台が供献された。これを特殊器台 [とくしゅきだい] と呼ぶ。特殊器台とセットとなるのが特殊壺 [とくしゅつぼ] である。特殊器台・特殊壺は、墳墓供献用の土器として発展する一方、弧帯文は退化し、最終的には、器台の脚部と弧帯文を失った円筒埴輪に変化する。
本品は、前方後円墳成立期の奈良盆地南部の墳墓である弁天塚 [べんてんづか] 古墳に供献された特殊器台と特殊壺で、退化した器台脚部と弧帯文を有する「宮山型 [みややまがた]」の特殊器台である。大型前方後円墳とその周囲に樹立される円筒埴輪が成立するのは奈良盆地東南部であり、円筒埴輪が成立する過程を窺ううえで貴重な資料である。

16 前方後円墳模型

遺跡名: 中山大塚古墳（天理市）
時代: 現代
法量: 幅120.0cm×高180.0cm×厚30.0cm
材質: 木製・樹脂製
所蔵: 奈良県立橿原考古学研究所

中山大塚 [なかやまおおつか] 古墳は、ごく初期（3世紀後半）に築造された前方後円墳である。奈良盆地東南部に大和 [おおやまと] 古墳群と呼ばれる大型古墳群があり、古い時期の前方後円墳が集中する。そのなかの一基で、墳丘長130mを測る中型の前方後円墳である。墳丘および埋葬施設の竪穴式石室 [たてあなしきせきしつ] が調査された。くびれ部には三角形の張り出し部をもつが、それを含めて墳丘全体におびただしい量の葺石 [ふきいし] が施されている。後円部頂部に竪穴式石室 [たてあなしきせきしつ]、周囲に円筒埴輪が樹立されていた。竪穴式石室の内部に、長大な舟形木棺 [ふながたもっかん] が安置されていたと考えられる。

17　石製鐓

遺跡名: 新沢千塚500号墳 (橿原市)
時代: 古墳時代前期・4世紀
法量: 1長6.2cm×直径3.5cm
　　　2長8.2cm×直径4.5cm
　　　3長6.0cm×直径3.5cm
　　　4長8.5cm×直径4.0cm
　　　5長6.5cm×直径3.5cm
材質: 石製
所蔵: 奈良県立橿原考古学研究所

鐓 [いしづき] は、戈 [か]、矛 [ほこ]、戟 [げき] などの柄の末端につける平底の金具の意味であるが、本品は、こうした武器に使用されたものではなく、「翳」 [さしば]、「玉杖」 [ぎょくじょう] などと呼ばれる王者を示す威儀具の柄の末端に取り付けたものだろう。
17~21は、いずれも北陸地方で産出する良質の緑色凝灰岩 [りょくしょくぎょうかいがん] (碧玉 [へきぎょく]) を加工したものである。

18 (1~4)　紡錘車・車輪石

遺跡名: 新沢千塚500号墳 (橿原市)
時代: 古墳時代前期・4世紀
法量: 1直径5.0cm×厚1.2cm
　　　2直径9.4cm×厚1.0cm
　　　3長径12.7cm×短径10.1cm×厚1.3cm
　　　4長径12.9cm×短径11.6cm×厚1.6cm
材質: 石製
所蔵: 奈良県立橿原考古学研究所

紡錘車 [ぼうすいしゃ] は、糸を紡ぐための道具で、中央に軸棒を通す孔がある。本品は、実用品ではなく、祭器として古墳に副葬されたものである。車輪石 [しゃりんせき] は、腕輪形石製品 [うでわがたせきせいひん] の一種で、南海産のオオツタノハの貝輪を石製品に置き換えたものである。ただし、腕輪として実用したものではなく、宝器として古墳に副葬された。車輪石の呼称は、江戸時代の学者が車輪を連想して命名したものであるが、現在もこの用語が用いられている。

19 (1~3)　石釧

遺跡名: 池ノ内1号墳 (桜井市)
時代: 古墳時代前期・4世紀
法量: 1底部径7.64cm×高1.94cm
　　　2底部径7.76cm×高1.69cm
　　　3底部径7.82cm×高1.92cm
材質: 石製
所蔵: 奈良県立橿原考古学研究所

石釧 [いしくしろ] は、腕輪形石製品の一種で、南海産のイモガイを横割りして製作した貝輪を、石製品に置き換えたものである。本品は、上面に放射状の装飾が施された古墳時代通有の石釧である。小型の円墳 (南北13m・東西10m) である池ノ内 [いけのうち] 1号墳の木棺内から出土したもので、被葬者の手元付近に配

置されていたものと推定される。

20　石製坩

遺跡名: 新沢千塚500号墳 (橿原市)
時代: 古墳時代前期・4世紀
法量: 総高4.7cm×径7.0cm
材質: 石製
所蔵: 奈良県立橿原考古学研究所

古墳時代の素焼きの土器は、土師器 [はじき] と呼ばれている。小型丸底土器 [こがたまるぞこどき] と小型器台 [こがたきだい] のセットは、古墳時代前期 (4世紀) の集落や祭祀遺跡などから出土し、祭りの道具に用いられた。そのうちの口縁部が大きく特徴的な形態をもつ小型丸底土器を、石に置きかえ、宝器にして、古墳に副葬したものである。

21　石製合子 (付蓋)

遺跡名: 寺口和田1号墳 (葛城市)
時代: 古墳時代中期・5世紀
法量: 総高10.0cm×長径9.0cm×短径6.0cm
材質: 石製
所蔵: 奈良県立橿原考古学研究所

合子 [ごうす] は、蓋付きの小型容器であり、古墳時代には碧玉や滑石製のものが古墳に副葬された。何らかの物品を納めたものだが、合子自体も宝器である。精巧なつくりの碧玉製合子は、古墳時代前期まで遡るものが多い。本品は、古墳時代中期の事例であり、石材の質はやや劣るが、蓋と身に櫛歯状、綾杉状の線刻による装飾が施されている。

22 (1~3)　勾玉 (瑪瑙製)

遺跡名: 新沢千塚500号墳 (橿原市)
時代: 古墳時代前期・4世紀
法量: 長4.8cm×厚1.2cm、重24.7g
材質: 瑪瑙製
所蔵: 奈良県立橿原考古学研究所

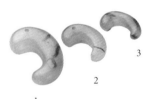

22 (4~6)　勾玉 (水晶製)

遺跡名: 新沢千塚500号墳 (橿原市)
時代: 古墳時代前期・4世紀
法量: 長3.1cm×厚0.9cm、重8.05g
材質: 水晶製
所蔵: 奈良県立橿原考古学研究所

22 (7~9)　勾玉 (翡翠製)

遺跡名: 新沢千塚500号墳 (橿原市)
時代: 古墳時代前期・4世紀
法量: 長3.4cm×厚1.1cm、重13.2g
材質: 翡翠製
所蔵: 奈良県立橿原考古学研究所

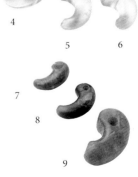

勾玉 [まがたま]は、首飾りなどの装身具において、その中心となるものである。縄文時代からみられるが、古墳時代のものには石製・土製・金属製・木製のものがある。

「魏志倭人伝」には、倭の女王卑弥呼のあとを受け継いだ台与（壱与）が、魏の皇帝に贈ったとされる品々のなかに「青大句珠二枚」の記載があり、倭国特産の翡翠 [ひすい] 製勾玉であると考えられている。

新沢千塚 [にいざわせんづか]500号墳からは、出展の瑪瑙 [めのう] 製・水晶 [すいしょう] 製・翡翠 [ひすい] 製の勾玉のほか、ガラス製の丸玉・小玉が出土している。勾玉の石材の原産地は、日本列島の各地であり、色とりどりの輝きを放つ宝石により、被葬者が飾られたのである。

23　二連勾玉 (翡翠製)

遺跡名: 澤の坊2号墳 (宇陀市)
時代: 古墳時代前期・4世紀
法量: 長 3.5cm×幅1.5cm×厚1.5cm
材質: 翡翠製
所蔵: 奈良県立橿原考古学研究所

24 (1~4)　勾玉 (翡翠製)

遺跡名: 澤の坊2号墳 (宇陀市)
時代: 古墳時代前期・4世紀
法量: 1 長3.0cm×厚1.0cm×幅1.0cm
　　　2 長2.8cm×厚1.0cm×幅1.0cm
　　　3 長2.8cm×厚1.0cm×幅1.0cm
　　　4長2.8cm×厚1.0cm×幅1.0cm
材質: 翡翠製
所蔵: 奈良県立橿原考古学研究所

翡翠の産出地は、新潟県・富山県の県境付近であり、新潟県の姫川 [ひめかわ] 河口部付近で加工された。縄文時代には大珠 [たいしゅ] と呼ばれるような大型の装身具が生産され、各地に搬入された。古墳時代には、勾玉・丸玉・棗玉 [なつめだま] などに加工された。奈良県の東部に位置する宇陀 [うだ] 市の澤の坊2号墳からは、多数の翡翠製勾玉・丸玉・棗玉が出土している。とりわけ、一つの石材から二つの勾玉形を削り出して、重ね合わせた勾玉を表現した二連勾玉 (23) は、類例の乏しいもので、翡翠特有の緑色の美しい光沢を放っている。

25　装身具 (ガラス玉、一連)

遺跡名: 新沢千塚115号墳 (橿原市)
時代: 古墳時代中期・5世紀
法量: 長60cm、ガラス玉99点・径0.6cm〜0.9cm
材質: ガラス製
所蔵: 奈良県立橿原考古学研究所

日本列島でガラス生産がはじまるのは、飛鳥時代後半（7世紀後半）であったが、古墳時代には、舶載されたガラス製品を再溶融し、玉として再加工していた。新沢千塚115号墳からは、ガラス丸玉が954点出土している。木棺内で、散乱した状態で出土しており、首飾りとして着装して埋葬したのではなく、もともとは連なっていたものを切り離して、遺体上にばらまいたものと推定されている。

26　装身具 (水晶製管玉・瑪瑙製勾玉、一連)

遺跡名: 新沢千塚323号墳 (橿原市)
時代: 古墳時代後期・6世紀
法量: 紐長50cm
　　　水晶製管玉 (13点) 長2.5cm×径0.8cm
　　　瑪瑙製勾玉 (14点) 長2.7cm×幅1.0cm
材質: 水晶製・瑪瑙製
所蔵: 奈良県立橿原考古学研究所

新沢千塚323号墳の木棺内で、水晶製管玉13点と瑪瑙製勾玉14点が環状に連なった状態で出土している。遺体は腐朽し失われていたが、その出土状態から首飾りとして着装していたものと考えられる。古墳時代の管玉は、碧玉製のものが一般的であるが、水晶製の管玉は極めて珍しい。

③技術を学ぶ─中国製の銅鏡と倭製の銅鏡─

27　画文帯神獣鏡

遺跡名: ホケノ山古墳 (桜井市)
時代: 原品は古墳時代前期・3世紀、後漢末〜三国
法量: 面径 19.1cm×鈕高1.5cm
材質: 樹脂製
所蔵: 奈良県立橿原考古学研究所
その他: 複製品 (原品は奈良県指定文化財)

日本列島の前期古墳からは、後漢代から三国時代にかけて中国で生産された銅鏡が出土する。画文帯神獣鏡 [がもんたいじんじゅうきょう]は、その代表的なものである。日本列島で最初に築造された大型前方後円墳は、奈良盆地東南部に所在する箸墓古墳 [はしはかこふん]であるが、その近傍にあるホケノ山古墳が発掘調査された。四周に石積みを伴う木槨内に木棺を安置するという何重にも被葬者を囲む構造の埋葬施設が確認された。被葬者の傍らに置かれていたと考えられるのが、この画文帯神獣鏡である。

神仙世界を描いたものであり、鈕の両側に西王母 [さいおうぼ]・東王父 [とうおうふ]、上下には伯牙 [はくが]や鐘子期 [しょうしき]・黄帝 [こうてい]などの神像を同方向に置き、4カ所に均等に配置された乳の廻りに蟠龍形 (獣像) が取り巻くという、同向式 [どうこうしき]の文様配置となっている。神獣の周囲にある、半円方形帯の方格部には、「吾作明鏡」を始まりとする56文字の銘文がある。外縁にいわゆる画文帯とよばれる平縁の文様帯があり、飛禽走獣、雲車、騎仙などが表されている。

28　三角縁龍虎鏡

遺跡名: 池ノ内5号墳 (桜井市)
時代: 古墳時代前期・4世紀
法量: 面径22.0cm×鈕高1.60cm
材質: 青銅製
所蔵: 奈良県立橿原考古学研究所

内区に神仙世界の神獣を描き、断面形が三角形の外縁部をもつ銅鏡が、三角縁神獣鏡 [さんかくぶち(えん)しんじゅうきょう] と呼ばれている。直径22~24cmほどを測る大型の鏡であることもその特徴のひとつに数えられる。日本列島内では500面以上の出土例が知られるのに対し、明確に出土地が判明している中国の事例はない。本品は、三角縁神獣鏡の内区の文様を、神獣に代わって、龍・虎形を表現したものである。4カ所に乳を配置し、3体の角をもつ龍形と、1体の虎形が描かれており、上下2個の乳にむかってそれぞれが向き合う表現となっている。三角縁神獣鏡の一種に数えられるが、三角縁盤龍鏡と呼ばれることもある。

29　三角縁神獣鏡

遺跡名: 黒塚古墳 (天理市)
時代: 原品は古墳時代前期・3世紀
法量: 面径22.0cm×鈕高1.4cm
材質: 樹脂製
所蔵: 奈良県立橿原考古学研究所 (原品は文化庁)
その他: 複製品 (原品は重要文化財)

奈良盆地東南部の大和 [おおやまと] 古墳群のなかの1基である黒塚古墳 [くろづかこふん] からは、34面の銅鏡が出土した。木棺内の被葬者の頭部付近に画文帯神獣鏡を配置し、棺蓋上の両側面に32面、木口側に1面、合計33面の三角縁神獣鏡が配置されていた。本品は、そのうちの東側面から出土した1面 (29号鏡) のレプリカである。内区には、鈕にむかうように、4体の神像と、4体の獣形が求心式 [きゅうしんしき] に描かれる。その外側に方格と獣形による文様帯があり、方格内に「天王」あるいは「日月」の銘文が刻まれている。
さらに、外区には、複線波文 [ふくせんはもん]、鋸歯文 [きょしもん] が描かれ、断面三角形の外縁部に至る。同じ型を用いた鏡 (同笵鏡) が、黒塚古墳のなかにもう1面 (30号鏡) あるほか、福岡県石塚山古墳・御陵古墳にもある。このように、三角縁神獣鏡は、全く同じ文様をもつ鏡が複製されるとともに、神像や獣像の配置、銘文の配置や中味などを少しずつ変えた鏡がいくつもあって、同時代に大量生産されている状況が鮮明である。

30　倣製三角縁神獣鏡

遺跡名: 新沢千家500号墳 (橿原市)
時代: 古墳時代前期・4世紀
法量: 面径24.4cm×鈕高1.8cm
材質: 青銅製
所蔵: 奈良県立橿原考古学研究所

三角縁神獣鏡については、これを倭の女王卑弥呼が、中国皇帝から下賜された「銅鏡百枚」にあて、倭国のために特鋳したものであるとする説がある。また、中国工人を招聘し、日本列島で生産したとする説もある。
本品は、そのようななかで、鋳あがりが悪く、内区の神獣の文様が退化し、漢

字の銘文をもたないといったことから、従来から「倣製三角縁神獣鏡」として扱われてきたものである。ただし、近年では三国時代~晋代にかけて中国での鏡生産が衰退するところから、このような鏡も、中国で生産されたものである可能性が指摘されている。

31　内行花文鏡

遺跡名: 新沢千家500号墳 (橿原市)
時代: 古墳時代前期・4世紀
法量: 面径17.9cm×鈕高1.6cm
材質: 青銅製
所蔵: 奈良県立橿原考古学研究所

内区の文様に8個の弧文を描く鏡を内行花文鏡 [ないこうかもんきょう] といい、中国では連弧文鏡と呼ばれる。漢代に盛行し、日本列島に弥生時代~古墳時代のあいだに舶載されるとともに、多くの倣製品がつくられた。本品は、漢鏡を倣製したものであり、鏡の大きさは保たれているが、中央の四葉座が退化し、葉状部分のくびれが失われている。

32　内行花文鏡

遺跡名: 下池山古墳 (天理市)
時代: 古墳時代前期・3世紀
法量: 面径37.6cm×鈕高2.7cm
材質: 青銅製
所蔵: 奈良県立橿原考古学研究所
指定: 奈良県指定文化財

後漢代の内行花文鏡をモデルにし、特大化した倣製鏡である。『魏志』倭人伝に記された伊都国の王墓と考えられる福岡県平原 [ひらばる] 1号墳では、直径46.5cmを測る日本列島最大の大型内行花文鏡が出土しているが、奈良県でも直径35cm以上を測る特大の内行花文鏡が桜井茶臼山 [さくらいちゃうすやま] 古墳・柳本大塚 [やなぎもとおおつか] 古墳・下池山 [しもいけやま] 古墳などで出土している。これらは、連弧文や四葉座の配置、形態などは後漢代の鏡の文様が忠実に写しとられている。
本品は、鋳あがりが良好な完形品であり、古墳出土の数ある銅鏡のなかにおいて、中国製品にも何ら劣ることのない優品である。付着した繊維から、縞模様の国産の錦 (麻・絹の混織)・紫色の平絹、真綿、毛織物を重ねた巾着形の鏡袋におさめられたことが判明している。本品は、竪穴式石室に隣接する専用の小石室内に鏡袋におさめられた状態で埋納されたものであり、副葬品のなかでも特別な扱いをうけていた。

33　五鈴鏡

遺跡名: 新沢千塚115号墳 (橿原市)
時代: 古墳時代中期・5世紀
法量: 面径8.7cm, 鈴径0.7cm
材質: 青銅製
所蔵: 奈良県立橿原考古学研究所

鏡の外縁部に5個の鈴がとりつけられた倭製の鏡である。鈕の周囲には5個の乳、そのまわりには4条の圏線と櫛歯文帯がめぐる。文様は、中国の銅鏡のも

のを簡略化したものであるが、鏡に鈴を取り付けるという発想は、中国にはなく、倭国独自で付加したものである。光を放ち、鈴の音を響かせて、祭儀に使用されたものであろう。巫女を表現した人物埴輪のなかに、腰に鈴鏡を提げたものがある。

④倭の五王の時代

34　金製垂飾付耳飾（一対）

遺跡名: 新沢千塚109号墳（橿原市）
時代: 古墳時代中期・5世紀
法量: 長11.4cm、環部径1.9cm
材質: 金製
所蔵: 奈良県立橿原考古学研究所

新沢千塚109号墳の木棺内で、耳元と推定される位置で出土したことから、被葬者に着装したうえで、埋葬したものと考えられる。耳環本体に空玉 [うつろだま]と鎖を繋いで、三翼形の垂飾を垂下する。その先端には円球がとりつけられている。
金製の垂飾付耳飾は朝鮮半島で盛行し、5～6世紀代の日本列島各地に舶載された。長い鎖をもつものは、新羅・伽耶地域でみられる。

35　肉彫獣帯鏡

遺跡名: 新沢千塚173号墳（橿原市）
時代: 古墳時代中期・5世紀
法量: 面径20.3cm×鈕高1.7cm
材質: 青銅製
所蔵: 奈良県立橿原考古学研究所

中国の南北朝時代の鏡生産がどのようにおこなわれていたか不明な点は多いが、後漢代に盛行する鏡を「踏み返し」て、リバイバル生産されたとされる。倭国の5世紀後半～6世紀後半の古墳では、獣帯鏡・画像鏡・画文帯神（仏）獣鏡など様々な鏡種の「同型鏡群」の出土が知られている。これらの銅鏡が、倭の五王の遣使に伴い、舶載されてきたものだとする説がある。本品には、鈕座周囲に9個の小乳と「宜子孫」銘と2条圏帯の周囲に四葉座をもつ7個の乳があり、銘文体には、「尚方作竟」に始まり「東王父西王母」で終わる38文字の銘文が刻まれている。

36　画文帯神獣鏡

遺跡名: 新沢千塚109号墳（橿原市）
時代: 古墳時代中期・5世紀
法量: 面径20.9cm×鈕高1.3cm
材質: 青銅製
所蔵: 奈良県立橿原考古学研究所

漢代の画文帯同向式神獣鏡の「踏み返し」鏡である。内区には、4個の乳とそれを取り巻く蟠龍形（獣形）と東王父・西王母、伯牙、黄帝などの神仙像を表わす。半円方形帯の方格部には「吾作明竟」にはじまる銘文が刻まれる。京都府久

津川車塚 [くつかわくるまづか] 古墳・熊本県江田船山 [えたふなやま] 古墳・三重県神前山 [かんざきやま] 1号墳・井田川茶臼山 [いだがわちゃうすやま] 古墳など26面の同型鏡が知られる。

37　大型家形埴輪

遺跡名: 宮山古墳（御所市）
時代: 古墳時代中期・5世紀
法量: 高80.0cm×長120.0cm×幅90.0cm
材質: 土製
所蔵: 奈良県立橿原考古学研究所

室宮山 [むろみややま] 古墳は、奈良盆地西南部（葛城 [かつらぎ]）で最大の墳丘長238mの前方後円墳である。5世紀前半代の築造である。埋葬施設の竪穴式石室の上部に、石室を取り囲むように方形に埴輪を配列していた。本品は、その方形区画の中央、すなわち、埋葬施設の上面に配置されていた家形埴輪である。直弧文の装飾を施した平板な柱の上に、入母屋造の屋根をのせ、棟の上に堅魚木 [かつおぎ] をのせている。柱と柱の間が開いており、内部がみえるようになっている。古墳の被葬者、すなわち葛城の王が、その支配地域を見渡し政治・祭祀をおこなった「高殿 [たかどの]」を、古墳上に再現したものであると考えられる。

38　冑・盾形埴輪

遺跡名: 宮山古墳（御所市）
時代: 古墳時代中期・5世紀
法量: 高100.0cm×長65.0cm×幅40.0cm
材質: 土製
所蔵: 奈良県立橿原考古学研究所

室宮山古墳の方形の埴輪配列のなかに樹立されていたものである。5世紀代には、副葬品に武器・武具が卓越し、被葬者の武人的な性格が強調される。本品には、顔の表現はなく、人物を表現したものであるとは考えがたい。リアルに表現された盾・冑という武具を合体させ、被葬者の眠る神聖な空間を警護したものである。

39　鶏形埴輪

遺跡名: 四条1号墳（橿原市）
時代: 古墳時代中期・5世紀
法量: 高85.0cm×長85.0cm×幅35.0cm
材質: 土製
所蔵: 奈良県立橿原考古学研究所

土製品としての鶏の造形は、弥生時代にも盛行した。埴輪としての造形も古墳時代前期から後期まで継続する。鶏は、夜明けを告げる鳥であり、さまざまな儀礼に際しても、重要な役割があり、土製品としての造形が継続したと考えられる。本品は、雄鳥を造形したものであり、尾羽や長い首が誇張されて表現されている。

40 馬形埴輪（飾り馬）

遺跡名: 四条1号墳（橿原市）
時代: 古墳時代中期・5世紀
法量: 高106.0cm×長120.0cm×幅35.0cm
材質: 土製
所蔵: 奈良県立橿原考古学研究所

馬に乗るための馬具を装備したいわゆる飾り馬を表現した馬形埴輪である。騎馬文化は、倭国在来のものではなく、5世紀になってはじめて朝鮮半島を通じて、導入されたものである。5世紀代の倭国の王や首長は、いちはやくこの渡来文化を受け入れ、古墳に煌びやかな馬具を副葬するとともに、飾り馬を表現した馬形埴輪を古墳に樹立して、その権勢を示した。
本品には、頭部にｆ字形鏡板 [かがみいた] 付の轡 [くつわ] と手綱 [たづな]、胸繋 [むながい]・尻繋 [しりがい] に花弁形杏葉 [かべんがたぎょうよう] と鈴、さらには鞍と障泥 [あおり]、輪鐙 [わあぶみ] などの馬装が丁寧に表現されていて、騎馬文化導入後、それが定着しはじめた頃の馬装を示している。

41 鹿形埴輪

遺跡名: 四条1号墳（橿原市）
時代: 古墳時代中期・5世紀
法量: 高62.0cm×長55.0cm×幅30.0cm
材質: 土製
所蔵: 奈良県立橿原考古学研究所

鹿は、早くから狩猟の対象であった。古墳時代にはいると、王や首長がその権勢を示すために鷹を使った鹿狩り・猪狩りなどがおこなわれるようになる。鷹を肩にのせた首長を表した埴輪や、猟犬を象った埴輪、狩猟の対象となった猪・鹿などを象った埴輪が5～6世紀に樹立される。
本品のように首を後ろにむけ、振り返る姿をあらわしている事例は、珍しい。首をやや上に向け、耳を立てて、非常に緊張した様子である。狩猟に怯える小鹿であろう。

42 （1～5）　魚形土製品

遺跡名: 瓦塚1号古墳（生駒郡斑鳩町）
時代: 古墳時代中期・5世紀
法量: 1 長11.1 cm×幅4.8 cm×厚1.0 cm
　　　 2 長9.5 cm×幅4.2 cm×厚1.5 cm
　　　 3 長10.5 cm×幅4.0 cm×厚1.8 cm
　　　 4 長7.8cm×幅3.3cm×厚1.5cm
　　　 5 長9.7cm×幅3.9cm×厚1.6cm
材質: 土製
所蔵: 奈良県立橿原考古学研究所

古墳時代の魚の造形は数少ないが、川を遡る鮭や、首長が主宰した鵜飼いの鵜が加えた魚（鮎）が、東日本では埴輪として造形されている。ただし、近畿地方では魚の埴輪の事例はない。
一方、倭国第二位の規模を誇る大型前方後円墳である誉田御廟山 [こんだごびょうやま] 古墳の周濠からは魚・蛸・烏賊・鮫・海豚などの土製品が出土している。これらの土製品は、古墳に樹立される埴輪とは異なり、周濠を海にみたて、何ら

かの祭祀の用に供されたものである。本品は、それとならぶ魚形土製品の希有な事例である。ただし、本品は、丘陵上に立地する前方後円墳の墳丘上から出土したものである。食物供献と関連するものだろう。

⑤ユーラシア東西交流

43 鞍金具（前輪）

遺跡名: 藤ノ木古墳（生駒郡斑鳩町）
時代: 原品は古墳時代後期・6世紀
法量: 高41.7cm×幅51.7cm
材質: 樹脂製
所蔵: 奈良県立橿原考古学研究所（原品は文化庁）
その他: 複製品（原品は国宝）

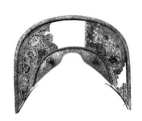

鞍の前面にあたる前輪 [まえわ] を複製したもの。覆輪 [ふくりん]、海金具 [うみかなぐ]、磯金具 [いそかなぐ] からなり、どれも金銅製である。外側の覆輪には薄肉彫で鳳凰文、龍文、パルメット文を施し、その内側の海金具には亀甲繋文の中に、龍、鳳凰、獅子などをパルメット文などとともに透かし彫りする。最も内側の磯金具には、向かい合う一対の龍を配置している。覆輪と磯金具は、鋳造されたものに彫金を施したものであり、倭で例をみない高い水準の技術が用いられている。このほか、亀甲繋文の交差部分にダークブルーのガラス玉が嵌め込まれるなど、洗練された金工技術だけでなく優れたガラス玉象嵌の技術もうかがえる。藤ノ木 [ふじのき] 古墳では計3セットの馬具が出土しているが、この前輪を含む金銅製馬具のセットについては、その製作技術から当時の朝鮮半島や中国との関係のほか、西アジアの金工品との共通性も部分的に指摘されている。

44 鞍金具（後輪）

遺跡名: 藤ノ木古墳（生駒郡斑鳩町）
時代: 古墳時代後期・6世紀
法量: 高43.2cm×幅58.0cm
材質: 樹脂製
所蔵: 奈良県立橿原考古学研究所（原品は文化庁）
その他: 複製品（原品は国宝）

鞍の後面にあたる後輪 [しずわ] を複製したもの。騎手の座る居木 [いぎ] を挟んで前輪と一対をなす。前輪と同様に、覆輪、海金具、磯金具で構成され、それぞれに文様を配置する。ただし、鬼面や象、兎など前輪に認められない文様が後輪に施されるように、文様や意匠には少なからず違いがみられる。また、後輪の左右海金具の間には、鬼神 [きしん] が表された把手 [とって] 付金具がとり付き、把手の両端は技巧を凝らしたガラスと細粒金細工で装飾されている。そのほか注目すべき点としては、把手の根本部分に仏教的モチーフといえる蓮華文 [れんげもん] 座がみられることや、把手下の海金具が、鋳造と彫金を併用することで倭の金工品には珍しい立体的な表現を達成していることなどがあげられる。前輪・後輪ともに、東アジアの中では例をみないほどの技巧と装飾を凝らした優品である。

45　龍文飾り金具

遺跡名: 藤ノ木古墳（生駒郡斑鳩町）
時代: 原品は古墳時代後期・6世紀
法量: 全長15.6cm×最大幅8.6cm
材質: 金銅製
所蔵: 奈良県立橿原考古学研究所（原品は文化庁）
その他: 復元品（原品は国宝）

靴底形の一方を尖らせた形を呈した飾金具の復元品である。厚さ1mm程の鉄板に金銅板を重ねて地板とし、その上に龍とパルメット文を透彫りした金銅板を重ねて、周囲を鋲で固定している。同様のものは計8枚出土しており、いずれも同一のモチーフである。透彫りの龍は、右向きで口を大きくあけ、気をはく表情をとる。角、鉤爪、体毛、鱗等細部まで薄肉彫りで精緻に表現されており、目にはダークブルーのガラス玉が嵌められている。金具の周縁を飾る文様が、朝鮮半島系の大刀に特有のものであることから、それらの大刀工人が龍文飾り金具の製作に携わったと考えられている。この飾金具の用途については、鋲で布に綴じ付けられていることから、胸繋あるいは障泥に取り付けられた可能性が考えられる。

46　金銅製冠

遺跡名: 藤ノ木古墳（生駒郡斑鳩町）
時代: 原品は古墳時代後期・6世紀
法量: 高35cm
材質: 金銅製
所蔵: 奈良県立橿原考古学研究所（原品は文化庁）
その他: 復元品（原品は国宝）

石棺内から出土した冠の復元品である。冠本体は、二箇所の高まりをもった「広帯二山 [ひろおびふたやま] 」式と呼ばれるもので中央には蝶形の飾りが付く。本体に取り付く樹木形の立飾りには、蕨手形、ゴンドラ形、剣菱形、鳥形の装飾がある。本体と立飾りのどちらも、地板には列点文や直線文などの彫金が施され、心葉形歩揺 [しんようがたほよう] と鳥形歩揺が針金で綴じ付けられる。
「広帯二山式」は、倭国独自型式であり、立飾りの装飾に倭国特有の意匠がある一方で、樹木形の立飾りの意匠は、朝鮮半島の新羅をはじめ、アフガニスタンのティリヤ・テペ出土品との関連も指摘されている。

47　金銅製筒形品

遺跡名: 藤ノ木古墳（生駒郡斑鳩町）
時代: 古墳時代後期・6世紀
法量: 長39.0cm×小口径6.0cm
材質: 金銅製
所蔵: 奈良県立橿原考古学研究所（原品は文化庁）
その他: 復元品（原品は国宝）

杵状の外観を呈する金銅製品の復元品である。計二名が埋葬された石棺内のうち、南側被葬者の頭頂部付近で出土した。金銅板を丸めた筒をふたつ連結したような構造をとっており、中央のくびれ部分には帯金が巻かれる。金銅製履や冠などの装身具と共通した技術をもって製作されており、出土位置からも装身具として使用されたのであろう。

48　金銅製大帯

遺跡名: 藤ノ木古墳（生駒郡斑鳩町）
時代: 原品は古墳時代後期・6世紀
法量: 全長106.8cm×幅12.6cm
材質: 金銅製
所蔵: 奈良県立橿原考古学研究所（原品は文化庁）
その他: 復元品（原品は国宝）

棺内で出土した金銅製大帯 [おおおび] の復元品。文様などの装飾はみられない。原品には、長・短辺ともに周縁に沿って2cm前後の間隔で2穴1対の小孔が巡っており、内側には厚い裏地の布の痕跡がみられる。この布は、別の細長い布と金銅板の周縁を巡る小孔をもって縁取りされていた。このほか、長辺の中央付近にはやや大きめの円孔があけられている。大帯の中に巻き込まれるように納められていた銀装刀子などがこの孔に結びつけられていた可能性がある。金属製の帯から刀子を提げる事例は、朝鮮半島の新羅にもある。ただし、大帯本体の形態は倭国独自の形態である。

49　金銅製飾履

遺跡名: 藤ノ木古墳（生駒郡斑鳩町）
時代: 原品は古墳時代後期・6世紀
法量: 全長41.7cm×幅15.2cm
材質: 金銅製
所蔵: 奈良県立橿原考古学研究所（原品は文化庁）
その他: 復元品（原品は国宝）

2双出土したうちの1双の復元品。それぞれ2枚の側板と1枚の底板が主なパーツとなる。両側板は、つま先と踵で重なった部分を針金で結合され、底板と側板は、側板の下端を内側に折り曲げることによって重なりをつくり、歩揺の針金で留めている。いずれの外面にも、列点と線刻による亀甲文が施され、左右の履が擦れ合う部分を除く外面全てが円形または魚形の歩揺で飾られる。原品の履の内面と履口には、多く織物が付着しており、内面に粗い布を貼り、履口を錦によって縁取りしていたと推測されている。
日本列島の初期の金銅製飾履は、朝鮮半島から舶載されたものである。そののち大型化していくことが知られており、藤ノ木古墳の例は、その過程に位置付けられる。

50　装身具

遺跡名: 藤ノ木古墳（生駒郡斑鳩町）
時代: 原品は古墳時代後期・6世紀
法量: 人形の高80.0cm・髪飾り29.0cm
　　　垂飾、首飾長20cm
材質: 金属・合成樹脂・布・その他
所蔵: 奈良県立橿原考古学研究所（原品は文化庁）
その他: 復元品（原品は国宝）

藤ノ木古墳では出土遺物が埋葬当時の位置をある程度保った状態で出土したため、被葬者が身に着けていた装身具の様子についても多くの手がかりが得られた。被葬者2人のうち北側の被葬者は、膨大な量のガラス製・金属製玉類からなる装身具で飾りたてられていたことが判明している。本品はそのうち、首

飾り、美豆良 [みずら] 飾り、垂飾 [たれかざり] りの復元品である。首飾りは、形状の異なる銀製金鍍金空玉 [うつろだま] で構成され、美豆良飾りは複数の連のガラス小玉からなる。そして垂飾りはガラス小玉の連とその先端の剣菱形飾りからなり、美豆良飾りより垂れ下がる。このほか、三翼形の飾りを兵庫鎖 [ひょうごぐさり] の先端に取り付けた銀製垂飾りも、頭部より垂下していた。このように複雑な装着状況が、出土状況の分析により復元可能であった点も、未盗掘古墳であった藤ノ木古墳の特徴といえる。

51（1~4）　銀製空玉・金製耳環

遺跡名: 慈恩寺1号墳（桜井市）
時代: 古墳時代後期（紀元6世紀）
法量: 1~2 空玉　直径0.8cm（2点）
　　　3~4 指輪　直径1.9cm×厚1.0cm（1対）
材質: 銀製・金製
所蔵: 奈良県立橿原考古学研究所

倭国では、6世紀になると金属製の玉類が、それまで用いられてきた伝統的な石製の玉類にとって代わるようになる。金属製玉類は、はじめ朝鮮半島との関わり深い古墳において副葬が認められる傾向にあり、6世紀前半に位置付けられる本例も、その製作技術導入の延長線上に位置づけられる。空玉 [うつろだま] の製作には当時先端技術であった金属蝋が用いられる。
また、刻み目の入った金製指輪は類例の限られるものである。金製耳環もまた朝鮮半島系の渡来系集団との関連が認められる。

52　単鳳頭環頭大刀柄頭

遺跡名: 龍王山C-3号墳（天理市）
時代: 古墳時代後期・6世紀
法量: 高7.2cm×幅6.2cm×厚1.2cm
材質: 金銅製
所蔵: 奈良県立橿原考古学研究所

銅の芯に、金装を施した柄頭 [つかがしら]。環内には横を向いた1羽の鳳凰が透かし彫りにされ、玉を噛んでいる。環の外側には龍が表現されているが、デザイン化が進んでいてはっきりとはしない。鳳凰・龍とも身体にはU字形の工具によって羽毛・鱗が表現されている。単鳳、あるいは単龍の環頭大刀はこれまでに国内を中心に比較的多く見つかっていて、朝鮮半島の百済からの影響があると考えられている。

53　f字形鏡板付轡（一対）

遺跡名: 芝塚2号墳（葛城市）
時代: 古墳時代後期・6世紀
法量: 1 長22.4 cm×幅11.9cm×厚4.0cm
　　　2 長22.7cm×宽11.5cm×奥行き（金具長）10.0cm
材質: 金銅製
所蔵: 奈良県立橿原考古学研究所

馬の動きを制御する轡 [くつわ] に、金銅で装飾された鏡板 [かがみいた] の取り付いた一品。鏡板は、その形が「f」に似ていることからf字形鏡板と呼ばれる。このタイプの鏡板は朝鮮半島南部から導入されたものであるが、日本列島内では導入

後大型化していく。構造としては、鉄製の地板に縁金を重ね、その上から金メッキされた銅板を張り、銀張鋲で固定したものである。このf字形鏡板付轡は、剣菱形杏葉（54）がセットであり、各地の有力者はこれら装飾的な馬具を倭国中枢の勢力から入手していたと考えられている。

54　剣菱形杏葉

遺跡名: 芝塚2号墳（葛城市）
時代: 古墳時代後期・6世紀
法量: 長23.3cm×幅12.0cm×奥行き（金具長）5.2 cm
材質: 金銅製
所蔵: 奈良県立橿原考古学研究所

杏葉 [ぎょうよう] とは、革帯の先にペンダントのように取り付いて馬の尻を飾る金具である。鏡板と同じく、倭国に導入されたのちは大型化し、独自の発展を遂げる。本品も、大型化が達成された段階のものであり倭国産と考えられる。構造も鏡板（53）と基本的に同様であり、鉄製の地板と縁金に金銅板をのせ、銀張鋲で固定したもので、金と銀のコントラストを馬具や大刀に多用するという当時の倭国内での流行を反映している。

55（1~3）　鐘形杏葉

遺跡名: 三里古墳（生駒郡平群町）
時代: 古墳時代後期・6世紀
法量: 1 長14.5cm×幅9.5cm×厚3.0cm
　　　2 長14.5cm×幅9.5cm×厚2.0cm
　　　3 長11.5cm×幅10.0cm×厚1.0cm
材質: 金銅製
所蔵: 奈良県立橿原考古学研究所

三里 [みさと] 古墳では、凝灰岩製の組合せ家形石棺の周囲から、金銅装鐘形杏葉 [かねがたぎょうよう]、鐘形鏡板 [かねがたかがみいた] 付轡を用いた豪華な馬具や、金銅装ハート形鏡板のついたやや実用的な馬具、土器類、武器類、ガラス玉等が出土している。
鐘形杏葉は9枚がまとまって出土しており、古墳時代後期の馬具として優品である。三里古墳の被葬者は2セットの馬具を使い分けていたと推定される。

56（1~3）　心葉形杏葉

遺跡名: 牧野古墳（北葛城郡広陵町）
時代: 古墳時代後期・6世紀
法量: 1 長12.5cm×幅11.5cm×厚2.0cm
　　　2 長12.0cm×幅11.5cm×厚3.5cm
　　　3 長13.0cm×幅11.5cm×厚3.5cm
材質: 金銅製
所蔵: 奈良県立橿原考古学研究所

『延喜式』には、押坂彦人大兄皇子 [おしさかひこひとおおえのおうじ] の成相 [ならいの] 墓が広瀬郡 [ひろせぐん] に所在すると記されており、牧野古墳がこれにあたると考えられる。押坂彦人大兄皇子は、敏達天皇の皇子であり、舒明天皇の父であるが大王の位に就くことがなかった人物である。倭国の古墳の場合、墓誌が出土することはなく、被葬者が確定している事例はない。牧野古墳は、被葬者の身分やそ

のおかれた環境と、古墳の墳形、埋葬施設である横穴式石室の構造および出土遺物などの考古学的知見がどのように関連しているかを解明する上で、重要な存在である。

3 「日本国」の成立

①遣隋使・遣唐使の派遣と「日本」の国号

57 宮殿建物模型（飛鳥宮跡エビノコ郭正殿）

遺跡名: 飛鳥宮跡（高市郡明日香村）
法量: 台長100.0cm×幅70.0cm
材質: 木製
所蔵: 奈良県立橿原考古学研究所

飛鳥宮跡では、舒明天皇の飛鳥岡本宮から天武・持統天皇の飛鳥浄御原 [きよみはら] 宮にいたる宮跡が重なって確認されている。672年の壬申の乱に勝利した大海人 [おおあまの] 皇子は天武天皇として飛鳥浄御原宮で即位した。飛鳥浄御原宮では、斉明天皇の後飛鳥岡本 [のちのあすかおかもとの] 宮の建物がほぼ踏襲されるが、内郭の東南に新たに「東南郭」を造営している。この模型は、その東南郭の正殿、飛鳥宮跡最大の建物を復原したものである。
天武天皇十年（681）の飛鳥浄御原宮の「大極殿 [だいごくでん]」において、律令の編纂や「帝紀 [ていき]」および「上古 [じょうこ]」の諸事の記録・校定を命じたとある（『日本書紀』）。飛鳥浄御原令および『日本書紀』の編纂にかかわる記事である。東南郭の正殿はこの「大極殿」にあたる可能性が高い。

58 無文銀銭

遺跡名: 飛鳥宮跡（高市郡明日香村）
時代: 飛鳥時代・7世紀
法量: 径約2.4cm
材質: 銀製
所蔵: 奈良県立橿原考古学研究所

天武天皇は中国式の都城である藤原京の建設計画を進めた。また、唐の貨幣経済の導入を目指す。『日本書紀』の天武天皇十二年（683）四月十五日条に、「今より以後、必ず銅銭を用いよ。銀銭を用いることなかれ。」という一文があり、この時に禁止された銀銭が無文銀銭、使用を命じられた銅銭が富本銭 [ふほんせん] と考えられている。無文銀銭は文様を持たない円板で、中心に小孔があり、重量が10g程度である。富本銭や和銅銭に先行して使用された最古の貨幣である。

59 和同開珎（銀銭）

遺跡名: 藤原京跡（橿原市）
時代: 奈良時代・8世紀
法量: 径2.4cm、重5.58g
材質: 銀製
所蔵: 奈良県立橿原考古学研究所

日本におけるはじめての鋳造貨幣である富本銭は発行量が少なく、藤原京を中心とした限られた範囲での流通であったとされる。和銅元年（708）正月、武蔵国秩父 [むさしのくにちちぶ] 郡から「和銅」（自然銅）が献上されたのを記念して、年号を慶雲から和銅へと改元し、五月に銀銭、八月に銅銭を発行した。これが和同開珎 [わどうかいちん] である。銀銭は流通量が少なく、貴重な存在である。

60（1~12） 皇朝十二銭

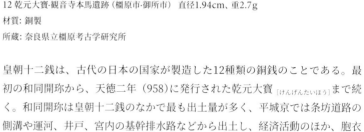

時代: 奈良～平安時代（紀元8～10世紀）
遺跡名・法量:
1 和同開珎・八条北遺跡（大和郡山市）　直径2.48cm、重2.9g
2 萬年通寶・飛鳥京跡（高市郡明日香村）　直径2.53cm、重3.6g
3 神功開寶・平城京跡（奈良市）　直径2.45cm、重2.2g
4 隆平永寶・一町西遺跡（橿原市）　直径2.58cm、重3g
5 富壽神寶・一町西遺跡（橿原市）　直径2.31cm、重2.6g
6 承和昌寶・一町西遺跡（橿原市）　直径2.07cm、重1.8g
7 長年大寶・四条遺跡（橿原市）　直径1.99cm、重2.2g
8 饒益神寶・若槻遺跡（大和郡山市）　直径1.94cm、重2.4g
9 貞観永寶・平城京跡（奈良市）　直径2.00cm、重2.4g
10 寛平大寶・日笠花刈遺跡（奈良）　直径1.92cm、重1.4g
11 延喜通寶・一町西遺跡（橿原市）　直径1.89cm、重1.6g
12 乾元大寶・観音寺本馬遺跡（橿原市・御所市）　直径1.94cm、重2.7g
材質: 銅製
所蔵: 奈良県立橿原考古学研究所

皇朝十二銭は、古代の日本の国家が製造した12種類の銅銭のことである。最初の和同開珎から、天徳二年（958）に発行された乾元大寶 [けんげんたいほう] まで続く。和同開珎は皇朝十二銭のなかで最も出土量が多く、平城京では条坊道路の側溝や運河、井戸、宮内の基幹排水路などから出土し、経済活動のほか、胞衣壺 [えなつぼ] や地鎮などの祭祀に使用された例もある。
平安時代前期以降、銅銭の大きさは徐々に小さくなり、質も低下していく。平安中期以降は日本国内で銭貨が発行されなくなり、平安時代末期から中世にかけて、中国からの渡来銭を使用するようになった。

②墳墓と器物にみられる中国文化

61（1~3） 七宝飾金具

遺跡名: 牽牛子塚古墳（高市郡明日香村）
時代: 飛鳥時代・7世紀
法量: 高9.0cm×幅7.0cm×厚0.3cm
材質: 金属製
所蔵: 奈良県立橿原考古学研究所
その他: 復元品（原品は重要文化財）

牽牛子塚古墳から出土した七宝 [しっぽう] 製亀甲形飾金具である。棺（夾紵棺 [きょうちょかん]）を装飾する金具と考えられている。縁取りした六角形の金属板上に金属線で六花弁形に仕切りをし、その内外を色の異なるガラス質の釉を焼きつけた繊細な造形が特徴である。中央に小さな釘穴がある。夾紵棺は布を漆で固めながら何重にも布を重ねて作られた棺で、最上級の棺とされている。当時の装飾的で美しい棺の外観を想像することができる。

62 (1~2)　銀製飾金具

遺跡名: 高松塚古墳 (高市郡明日香村)
時代: 飛鳥時代・7世紀末〜8世紀初頭
法量: 1 長径1.0cm×短径0.8cm×厚0.4cm
　　　 2 長1.4cm×径0.9cm
材質: 銀製
所蔵: 奈良県立橿原考古学研究所

1
2

柄頭 [つかがしら]、鞘尻 [さやじり]、山形足金具をもつ銀製大刀の金属装具の一つである。正倉院の類例では、金装大刀の柄に鮫皮を巻き、柄の羽側に握りの窪みをつけて、その間に4点ほどの俵鋲が打つ類品があり、金装と銀装の違いはあるが、つくりは類似している。

63 (1~35)　ガラス小玉・琥珀玉・ガラス丸玉

遺跡名: 高松塚古墳 (高市郡明日香村)
時代: 飛鳥時代・7世紀末〜8世紀初頭
法量: 1~21 径0.4cm
　　　 22~33 長径1.5cm
　　　 34~35 径1.5cm
材質: ガラス製・琥珀製
所蔵: 奈良県立橿原考古学研究所

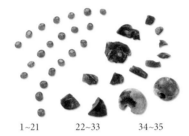

1~21　　22~33　　34~35

高松塚古墳は盗掘を受けているため副葬品は少ないが、銀製刀装具、玉類、海獣葡萄鏡が出土しており、大多数が重要文化財に指定されている。国に引き渡されなかった一部の出土品が、奈良県立橿原考古学研究所附属博物館に保管されており、2009年~2010年にかけて再整理を行った。
玉類は横口式石槨 [よこぐちしきせっかく] 内全面に散乱した状況で検出され、ガラス小玉は936点出土したとされる。今回展示するガラス製小玉・丸玉、琥珀製丸玉は、再整理された資料である。ガラス小玉の色調と法量に一定の関わりがあるようであり、ティールグリーンのものが多い。ガラス丸玉は、全6点で色調は紺色を呈する。琥珀玉は暗赤色を呈する。

64　金銅製透飾金具

遺跡名: 高松塚古墳 (高市郡明日香村)
時代: 原品は飛鳥時代・7世紀末〜8世紀初頭
法量: 径10.8cm×厚0.1cm
材質: 樹脂製
所蔵: 奈良県立橿原考古学研究所
　　　 (原品は奈良文化財研究所飛鳥資料館所蔵)
その他: 複製品 (原品は重要文化財)

棺飾金具の中心になるもので蔓と葉の文様で構成されている。中心の花文の周囲には心葉形蔓文を8個めぐらせる。そして、それらの2個の接合点に花弁状に蔓及び葉を組み合わせた部分が接合して8個の花弁状蔓草文が配列され、その花弁状間に忍冬唐草子葉状のものが配置された構成をもつ。細工は鋳造である。

65　海獣葡萄鏡

遺跡名: 高松塚古墳 (高市郡明日香村)
時代: 原品は飛鳥時代・7世紀末〜8世紀初頭
法量: 面径16.8cm×縁高1.5cm
材質: 樹脂製
所蔵: 奈良県立橿原考古学研究所 (原品は奈良文化財研究所飛鳥資料館所蔵)
その他: 複製品 (原品は重要文化財)

丸い形をした青銅製の鋳造品で、表は磨き上げてあり、裏の中央には伏臥した獣形の鈕を中心に、内区には大きくうねる葡萄唐草文 [ぶどうからくさもん] の間に獅子などの禽獣を配する。外区にも葡萄唐草文の間に小動物を配する。西安近郊の独狐思貞 [どっこしてい] 墓出土の海獣葡萄鏡と同笵鏡である。独狐思貞墓からは698年の紀年を持つ墓誌とともに海獣葡萄鏡が出土しており、その時代を知ることができると同時に、高松塚古墳の築造年代を推定する根拠のひとつとなっている。

66-1　西壁女子群像

遺跡名: 高松塚古墳 (高市郡明日香村)
時代: 原品は飛鳥時代・7世紀末〜8世紀初頭
法量: 縦60cm×横60cm
材質: 土製
所蔵: 奈良県立橿原考古学研究所
その他: 複製陶板 (原品は国宝)

西壁には、中央に白虎を描き、その上に月像を配し、南側に男子4人の群像、北側に女子4人の群像を配している。
西壁女子群像は、遺存状態が良好で彩色も鮮やかである。女子群像は長い上衣にスカート状の裳を着けており、全体の構図として東壁面北側の女子像と同一である。ただし持物や細部の表現にも異なる点がある。西壁に描かれた女性たちが持つ団扇 [だんせん] や如意 [にょい] などによく似た持物は、唐の永泰公主 [えいたいこうしゅ] 墓 (706年) にも描かれている。永泰公主は則天武后の怒りを買って701年に死を賜ったが、のち706年に永泰公主を追贈され、乾 [けん] 陵に陪葬 [ばいそう] されている。
壁画の複製陶板は、確認された当初の姿に限りなく近い状態で蘇らせたものである。焼き物であるため経年劣化が少なく、触ることもできる。文化財の保存・活用の手段として注目される技術である。

66-2　西壁男子群像

遺跡名: 高松塚古墳 (高市郡明日香村)
時代: 原品は飛鳥時代・7世紀末 〜8世紀初頭
法量: 縦60.0cm×横60.0cm
材質: 土製
所蔵: 文化庁所蔵 (奈良県立橿原考古学研究所保管)
その他: 複製陶板 (原品は国宝)

高松塚古墳壁画は、7世紀後半~8世紀初頭の服飾をうかがうことができる貴重な資料である。男子群像は冠をいただき、長い上衣を着け、下に袴をはき、靴をはいている。天武天皇は、唐風の服飾を導入するに当たって、立て続けに風俗一新の詔を出した。682年4月には、すべての男女に結髪令、同年6月に

は、成人男子は頭上に髻を結い、漆紗冠 [しっしゃかん] を被るようになった。西壁4人と東壁4人の男性は、いずれも頭上結髪に黒い頭巾状のもの（おそらく漆紗冠）を被っていることから、682年の位冠廃止・結髪令以降の姿であることがわかる。上衣は丈が長く、裾に襴 [すそつき] を思わせる線が描かれているが、襟は垂領 [たりくび] であり、奈良時代以降に日本の貴人男性の中心的衣服となる袍 [ほう] ではない。

66-3　東壁女子群像

遺跡名: 高松塚古墳（高市郡明日香村）
時代: 原品は飛鳥時代・7世紀末〜8世紀初頭
法量: 縦60.0cm×横60.0cm
材質: 陶製
所蔵: 文化庁所蔵（奈良県立橿原考古学研究所保管）
その他: 複製陶板（原品は国宝）

東壁では中央に青龍を描き、その上に日像を配し、南側に男子4人の群像、北側に女子4人の群像を配している。

東壁4人と西壁4人の女性は、ほぼ同じ装いである。前髪を上げてふくらみを持たせてはいるが、垂らした髪は下を輪にして毛先を上にあげ、首の後ろあたりで紐を使って、巻き上げるという髪型で、奈良時代の唐風の頭上結髪とは異なる。政治の中枢部にいる男性は、結髪の勅旨に則ってすぐに頭上結髪したが、女性は結髪令に対して抵抗を示したようである。686年には女性の結髪令を完全撤回した。女性が唐風の結髪になるのは、再度結髪令が出される705年以降のことと考えられる。また、襴のついた膝丈の上衣に、襞をたたんだ長い裳という服装は、唐風の服飾ではなく、前代からの胡服系のものである。高松塚古墳壁画にみられる服装は、往時の日本の宮中の風俗が反映された可能性が高い。

66-4　東壁男子群像

遺跡名: 高松塚古墳（高市郡明日香村）
時代: 原品は飛鳥時代・7世紀末〜8世紀初頭
法量: 縦60.0cm×横60.0cm
材質: 陶製
所蔵: 文化庁所蔵（奈良県立橿原考古学研究所保管）
その他: 複製陶板（原品は国宝）

東壁男子群像は、4人の男子像のうち、南側の2人の描かれた場所は天井と側石との継ぎ目より、鉄分を含む漏水のため、全体の姿相は明確でない。北側の2人は比較的よく残存するが、4人のうち南側の3人は腰あたりから下が盗掘による流入土で埋まっていたため、漆喰の残存状態は不良で、細部については詳らかでない。

東壁南側に描かれた4人の男子像のうち、南から2人目の人物の持物に蓋 [きぬがさ] が描かれている。蓋は貴人にさしかける威儀具または祭具として重要であった。蓋は方形で、蓋布は深緑色、四隅からは緑色の総（紐飾り）を垂らす。蓋の四隅や頂に描かれた連珠文 [れんじゅもん] は錦の絵画表現とされる。『令義解』 [りょうのぎげ] の規定によれば、深緑色は一位の蓋に相当する。被葬者が高い身分であったことが想定される。

66-5　西壁白虎・月像

遺跡名: 高松塚古墳（高市郡明日香村）
時代: 原品は飛鳥時代・7世紀末〜8世紀初頭
法量: 縦90.0cm×横60.0cm
材質: 陶製
所蔵: 文化庁所蔵（奈良県立橿原考古学研究所保管）
その他: 複製陶板（原品は国宝）

西壁の中央、天井近くには雲上の月像が、東壁の相対する位置には雲上の日像が描かれる。

四神図の配置は、西壁のほぼ中央に白虎、東壁のほぼ中央に青龍、北壁のほぼ中央に玄武の姿がおかれた。南壁には朱雀が描かれた可能性が高いが、鎌倉時代の盗掘坑から流入した土砂等により失われていた。

四神は古代中国で信じられた4種の空想的動物であり、東を青龍、南を朱雀、西を白虎、北を玄武で表す。高松塚古墳壁画の画題は、7世紀代を中心とした中国の隋唐代の墓や朝鮮の高句麗古墳の壁画に通じる点が数多くある。

西壁に描かれた月は銀を用いて描かれる。白虎は、頭を南に向け、大部分が白色で表現される。尾は胴の端から垂れ下がり、左脚に絡ませて上に跳ね上げる。先端で跳ねる特徴は、唐の壁画墓にもみられ、蘇君墓（蘇定方 [そていほう] 墓）の墓道西壁の白虎が、その典型例である。

66-6　東壁青龍・日像

遺跡名: 高松塚古墳（高市郡明日香村）
時代: 原品は飛鳥時代・7世紀末〜8世紀初頭
法量: 縦90.0cm×横60.0cm
材質: 陶製
所蔵: 文化庁所蔵（奈良県立橿原考古学研究所保管）
その他: 複製陶板（原品は国宝）

東壁中央に青龍が描かれ、その上に金箔を用いた日像が配されている。青龍は頭を南に向け、頭から頸をS字状に描き、胴部に続く。頸部から胴部にかけては赤色の背鰭をあらわす。四肢の先端に赤色で着色した鋭い三爪を描き、大きな口を開けて赤く長い舌を出して威嚇する。頭頂からは2本の角が生えている。青龍の尾の部分は浸透した水分によって汚れて見えない。

66-7　北壁玄武

遺跡名: 高松塚古墳（高市郡明日香村）
時代: 原品は飛鳥時代・7世紀末〜8世紀初頭
法量: 縦60.0cm×横60.0cm
材質: 陶製
所蔵: 文化庁所蔵（奈良県立橿原考古学研究所保管）
その他: 複製陶板（原品は国宝）

北壁中央には玄武が描かれる。玄武は亀に蛇が絡む図柄であるが、高松塚古墳では亀の甲羅から首・獣面にあたるところ、蛇の獣面にあたるところを欠く。亀と蛇が絡む状態は、亀と蛇が向かい合い、蛇は亀の下を通り後ろ脚から抜けて亀の上部で尾が円を描いて頭と絡む。

66-8 天井星宿

遺跡名: 高松塚古墳 (高市郡明日香村)
時代: 原品は飛鳥時代・7世紀末 ～8世紀初頭
法量: 縦90.0cm×横90.0cm
材質: 陶製
所蔵: 文化庁所蔵 (奈良県立橿原考古学研究所保管)
その他: 複製陶板 (原品は国宝)

天井には太極星を中心として、東南西北に7つずつ、計28の星宿が矩形に意匠化され配されている。高松塚古墳の天井壁画では、各星座は天球における正しい位置関係には置かれず、選択された星座のみがデザイン化されて描かれていることから、「天文図」ではなく「星宿図」と呼ぶべきものといえる。

67 漆塗り革袋

遺跡名: 三ツ塚古墳群 (葛城市)
時代: 飛鳥時代・7世紀末
法量: 高17.5cm×幅16.8cm×厚10.0cm
材質: 革製
所蔵: 奈良県立橿原考古学研究所

三ツ塚古墳群は奈良県葛城[かつらぎ]市に所在し、奈良盆地南西の山中に立地する。奈良と大阪を結ぶ主要な街道に面し、斜面地に立地する横穴式石室や小石室を内部に持つ29基の古墳と19基の火葬墓などが調査された。古墳の時期は7世紀、火葬墓の時期は8、9世紀である。漆塗り革袋は、古墳の堀が埋まった後、その上に造られた木櫃[きびつ]を使用した改葬墓から出土し、古墳造営時期の最終段階である7世紀末の年代が考えられている。
漆塗り革袋は鹿革と考えられる素材に漆が塗布された袋である。平面形は上辺が中央で窪む隅丸方形で、全体に丸みがある袋状容器・鞄である。前面は丸くふくらみ、背面は平らである。蓋と身が別造りで、上から被せる開閉方法を取り、中央の帯紐で閉じる。帯紐自体は残らないが、袋には帯通し金具やバックルなどが鋲留めされる。この革袋は、唐の第3代皇帝である高宗と則天武后の合葬陵である乾陵に並ぶ蕃酋像石刻の佩用[はいよう]品に類似し、『旧唐書輿服[よふく]志』に記される「鞶嚢[はんのう]」の可能性が考えられている。

68 唐三彩獣脚

遺跡名: 安倍寺跡 (桜井市)
時代: 奈良時代・8世紀
法量: 直径3.0cm×高3.0cm
材質: 陶製
所蔵: 奈良県立橿原考古学研究所

安倍寺跡は奈良県桜井市に所在し、7世紀中頃に建立された安倍氏の氏寺跡である。この地域一帯は、安倍氏一族の本拠地であったといわれ、遣唐留学生として入唐した安倍仲麻呂[あべのなかまろ]を輩出した。仲麻呂は入唐後、科挙[かきょ]に合格し、玄宗皇帝に仕えた人物として著名である。
本品は安倍寺の回廊基壇上から出土した。日本でも数例しか知られていない唐三彩の獣脚であり、短頸壺 (鍑[ふく]) に附されていたものと推測されている。胎土は白色で、白色、黄褐色、緑色の釉薬が施される。

69 奈良三彩小壺

遺跡名: 平城京左京六条二坊十四坪 (奈良市)
時代: 奈良時代・8世紀
法量: 直径 (胴部最大径) 6.0cm×高4.1cm
材質: 陶製
所蔵: 奈良県立橿原考古学研究所

本品は平城京左京六条二坊十四坪の土坑から出土し、宅地全体の地鎮のための埋納と考えられている。奈良時代後半から平安時代初めにかけて、小壺は奈良三彩の中で最も出土個体数の多い器形であり、つまみのある蓋を伴う例が多い。日本全国各地で出土しており、祭儀などに用いられた。

70 奈良三彩托

遺跡名: 平城京左京四条三坊六坪 (奈良市)
時代: 奈良時代・8世紀
法量: 直径7.0cm×高4.0cm
材質: 陶製
所蔵: 奈良県立橿原考古学研究所

奈良三彩托[たく]は、平城京左京四条三坊六坪の宅地内区画溝である南北溝から奈良時代後半の土師器・黒色土器・須恵器とともに出土した。口縁部を欠くが、高台付の浅い皿状の台に高くハの字形に開く口縁部をのせた形態である。胎土は乳白色を呈し、白色、褐色、緑色の釉薬をかける。托はその上に鉢を置いて用いた仏具とされる。奈良三彩托の出土は全国的にみても珍しく、本品も貴重な例といえる。

71 三彩瓦

遺跡名: 唐招提寺 (奈良市)
時代: 奈良時代・8世紀
法量: (最大) 長24.0cm×幅20.0cm×高10.0cm
材質: 陶製
所蔵: 唐招提寺

唐招提寺は、天平宝字3年 (759) に鑑真[がんじん]和上により建立された寺院である。鑑真和上は、唐の揚州に生まれ、14歳で出家し、洛陽・長安で修行を積み、713年に故郷の大雲寺に戻り、江南第一の大師と称されていた。天宝元年 (742)、第9次遣唐使船で唐を訪れた留学僧・栄叡[ようえい]、普照[ふしょう]から、朝廷の「伝戒の師」としての招請を受け、渡日を決意し、その後12年間に5回の渡航を試みて失敗、次第に視力を失うこととなったが、天平勝宝五年 (753)、6回目にして遂に来日を果たした。
三彩瓦は西室と講堂の間の調査で大量に出土したことから、三彩瓦を使用した施設が西室付近に存在した可能性が高い。三彩瓦は波状文様で施釉された唐招提寺独自の文様で。一般的な瓦と比較して2割ほど小ぶりで、摩耗も少ないことから、伽藍内の特別な施設の屋根に三彩瓦だけで葺かれたと考えられる。

72　「皇甫東朝」銘須恵器坏

遺跡名: 西大寺旧境内（奈良市）
時代: 原品は奈良時代・8世紀
法量: 口径15.6cm×高3.1cm
材質: 土製
所蔵: 奈良市教育委員会

西大寺の寺域南西部に掘られた東西溝から出土したもので、神護景雲二年(768)から宝亀二年(771)頃の木簡とともに出土した。一部欠失しているが須恵器杯の底部外面には「東朝／皇浦(甫)」と墨書される。
唐人の皇甫東朝 [こうほとうちょう] は天平八年(736)に遺唐使の帰国船に乗って波斯 [はし] （ペルシア）人の李密翳 [みつえい] らとともに来日した。『続日本紀』によれば、天平神護二年（766）十月二十一日、法華寺での舎利会で唐楽を奏したことにより皇甫昇女とともに従五位下に叙せられ、神護景雲元年（767)3月20日に雅楽員外助 [ががくいんがいのすけ] 兼花苑司正 [かえんしのかみ] に任じられた。神護景雲三年（769）八月九日には従五位上に序せられ、宝亀元年（770）十二月二十八日には越中介 [すけ] に任じられている。

73　威奈大村骨蔵器

遺跡名: 威奈大村墓（香芝市）
時代: 奈良時代・8世紀
法量: 直径24.2cm×高24.3cm
材質: 樹脂製
所蔵: 奈良県立橿原考古学研究所（原品は四天王寺）
その他: 複製品（原品は国宝）

火葬骨を納める蔵骨器であり、奈良県香芝市穴虫の丘陵より出土したとされる。鋳造鍍金の容器で、蓋と身が半球形に分かれ、合わせ目は蓋身共合欠きとする印籠蓋式になっている。
蓋には基本的に一行十字で計391文字の銘文が放射状に刻まれ、中国風に整えられた日本で最も優れた墓誌銘と評価されている。銘文には、威奈大村 [いなのおおむら] が持統天皇や文武天皇に仕え、慶雲二年（705）に正五位下で越後城司 [えちごきのつかさ] となり、慶雲四年（707）に任地にて46歳で死亡し、遺骨は大倭国 [やまとのくに] 葛木下郡 [かつらぎしものこおり] 山君里 [やまきみのさと] 狛井山岡 [こまいやまのおか]（現香芝市穴虫）に帰葬されたことが記される。

74　函石（明治32年模造碑）拓本

遺跡名: 元明天皇奈保山東陵（奈良市）
時代: 明治32年（1899）
法量: 長65.0cm×幅34.0cm
材質: 紙製
所蔵: 宮内庁（奈良県立橿原考古学研究所保管）

『続日本紀』 [しょくにほんぎ] によれば、元明天皇は養老五年（721）に崩御した。崩御に先立ち、太上天皇は次の遺詔を残している。「朕崩 [かむあが] る後は、大和国添上郡 [そえかみぐん] 蔵宝 [さほ] 山の雍良岑 [よらのみね] に竈 [かまど] を造りて火葬すべし。他しき処に改むること莫れ。諡号 [おくりな] は、その国その郡の朝廷に馭宇 [しろしめ] しし天皇と称して後の世に流伝ふべし。」「仍て丘の体 [かたち] 鑿 [うが] つこと無く、山に就きて竈を作り、棘 [むばら] を芟 [か] りて場 [には] を開き、即ち喪処 [も

のところ] とせよ。また、その地 [ところ] には皆、常葉の樹を殖ゑ、即ち刻字 [こくじ] の碑 [いしぶみ] を立てよ。」中世には陵所が不明となったが、碑文が江戸時代に現陵付近（奈良市奈良阪町 [ならざかちょう]）の土中から発見され、これが遺詔に「刻字之碑」と記すものに該当するとされ、俗に函石 [はこいし] といわれた。函石は高さ約94cm、幅約65cm、厚さ約45cmの方形で、花崗岩製である。「大倭國添上郡平城之宮馭宇八洲太上天皇之陵是其所也。養老五年歳次辛酉冬十二月癸酉朔十三日乙酉葬。」と刻まれている。藤定幹 [とうていかん] が元明天皇の陵碑であることを考証し、幕末期には現陵が元明天皇奈保山東陵 [なほやまのひがしのみささぎ] とされるようになった。この函石拓本は、明治32年（1899）の模造碑の拓本である。
元明天皇は、文武天皇・元正天皇の母である。在位中に和同開珎の鋳造、平城京遷都や『古事記 [こじき]』『風土記 [ふどき]』の編纂が行われた。

③都と祭祀

75　土馬

遺跡名: 藤原宮跡（橿原市）
時代: 飛鳥時代・7世紀
法量: 高12.3cm×長21.5cm×脚幅6.5cm
材質: 土製
所蔵: 奈良県立橿原考古学研究所

馬の形をした土製品で、都で用いられた祭祀遺物の一つである。藤原京や平城京などの都やその周辺で、河川跡や道路側溝など水に関わる遺構から、墨書人面土器、土製ミニチュア炊飯具、斎串 [いぐし]、人形 [ひとがた]、絵馬など、他の祭祀遺物とともに出土する事例が多い。雨乞い、または疫病などの流行を防ぐための祭祀に使用されたと考えられている。7世紀後半から8世紀初頭のものは体が太く、尾が垂れ下がり、鞍を丁寧に表現する。

76-1　土馬

遺跡名: 稗田遺跡（大和郡山市）
時代: 奈良時代・8世紀
法量: 高14.2cm×長24.0cm×足間距7.5cm
材質: 土製
所蔵: 奈良県立橿原考古学研究所

稗田 [ひえだ] 遺跡は平城京羅城門の真南約1.5㎞に位置し、下ツ道と平城京から繋がる運河の交差地点で橋が確認された。土馬 [どば] をはじめとする大量の祭祀遺物が出土した。
8世紀の土馬は製作方法が定型化し、都を中心に量産されたと考えられる。頸部から尾部までを粘土紐で一体とし、たてがみは摘まみ出して成形する。これに別作りの脚部を貼り付けて肢体を形成する。四脚はハの字形あるいは∩形に踏ん張るものが多い。竹管を押し付けて目鼻を表現する。

76-2　土馬

遺跡名: 平城京左京九条一坊五・十二坪（奈良市）
時代: 奈良時代・8世紀
法量: 高10.5cm×長12.5cm×脚幅6.5cm
材質: 土製

所蔵: 奈良県立橿原考古学研究所

8世紀後半になると、土馬の体部が細くなり、尾がはね上がり、鞍の表現がなくなる。時代が下るにつれ、小型化、簡略化がさらに進むが、長岡京期までは土馬が大量出土する事例が知られる。平安京では土馬が大量に出土する事例が少なくなっていく。

77 (1~2)　絵馬

遺跡名: 日笠フシンダ遺跡 (奈良市)
時代: 奈良時代・8世紀
法量: 縦19.6cm×横27.8cm×厚0.8cm
材質: 木製
所蔵: 奈良県立橿原考古学研究所
その他: 1複製品・2復元品

1

2

日笠 [ひがさ] フシンダ遺跡は、奈良市の東部山間地域にあり、西の奈良盆地と東の木津川流域 (伊賀・近江・東国) を結ぶルート上に位置する。流路から奈良時代の絵馬が出土しており、疫病や旱魃を鎮めるための祭祀が行われたと考えられる。
絵馬は、長方形の板材を横長に用い、馬の側面全体像を1頭だけ描いた板絵である。絵馬は全国で100点以上出土しており、都城、官衙、城柵に関連する遺跡から出土する場合が多い。本品の馬は向かって右側を向いた飾馬を墨によって描く。顔をやや下方に向かせ、尻尾を立ち上げた表現はやや力んだ表情にもみえる。前後肢は左 (奥) 側の肢を上げる「側対歩」 [そくたいほ] の歩様を表す。中国では、「側対歩」表現の馬の図像は漢代から散見されるが、西安を中心とする中原地域にみられるようになるのは隋唐期と考えられ、長安周辺の皇帝陵の陪葬墓区内において、「側対歩」歩様の馬を描いた墓室壁画がみられるようになる。日本の絵馬に描かれる馬の描写方法も、唐の影響を受けたものと考えられる。

78　墨書人面土器

遺跡名: 平城京跡・東堀河 (奈良市)
時代: 奈良時代・8世紀
法量: 高9.0cm×口径15.0cm
材質: 土製
所蔵: 奈良県立橿原考古学研究所

墨書人面土器は、人あるいは鬼の顔を墨で描いた土器で、8世紀前半から9世紀に盛行する呪術的な習俗にかかわりがある。この習俗に用いるために作られており、粘土紐の接合組の接合痕を残す粗製品である。両面に、口髭・顎髭をたくわえ、眉尻を下げた人面が描かれている。
土馬と同じく、都の中や周辺における祭りに使われた土器で、道路側溝や河川など水に関わる場所から出土することが多い。使用方法としては、土器の中に息を吹き込み、人間の罪や汚れを封じ込めて、水に流すことによって、長命や健康を祈ったと考えられている。
東堀河は平城京の左京三坊の中央付近を南北に流れる人工的な運河であり、東市推定地を南北に縦断しており、東市への物資運搬を担っていたと考えられる。

79　鬼面文軒丸瓦

遺跡名: 地光寺跡 (葛城市)
時代: 奈良時代・8世紀
法量: 直径17.6cm×厚3.5cm
材質: 土製
所蔵: 奈良県立橿原考古学研究所

軒丸瓦の瓦当面に鬼面文を立体的に表現する。鬼面の特徴は、新羅の影響を受けたものと考えられる。額に火焔宝珠 [かえんほうじゅ] 文、目は丸く眉と巻毛は大きく跳ね上がり、先端は巻き込む。口は大きく開き4本の歯と牙をむき出す。外縁はやや鋭い2重圏線とその外側は素文の斜縁としている。内区文様が同じで外縁が3重圏文のものが飛鳥の中心的な官寺である大官大寺などから出土している。

80　鬼瓦

遺跡名: 平城宮跡 (奈良市)
時代: 奈良時代・8世紀
法量: 高40.0cm×幅40.0cm
材質: 土製
所蔵: 奈良県立橿原考古学研究所

鬼瓦には、「鬼神」として風雨を避ける役目とともに、邪を祓いさまざまな災厄から建物を護るという意味があったとされる。本例は、下顎と下歯を表現せず、歯牙が拝みの瓦を噛む。木葉形の耳が特徴である。瞳を球状に高く突出させ、上瞼を波状に曲折させる。鼻は大きく、鼻孔をあけない。髭はなく、周囲に蕨手状の巻き毛をめぐらす。8世紀前半の平城宮所用の鬼面文鬼瓦である。鬼瓦は飛鳥時代から既にあり、大棟や降り棟の末端に雨仕舞いの役割を兼ねて取り付ける装飾瓦である。飛鳥時代には范型を用いて作られ、蓮華文や重弧文を用いていた。奈良時代になると鬼面文が主流になり、後世に続く鬼瓦の基礎が築かれた。

4　祈りのかたち

81-1　大型多尊塼仏

遺跡名: 二光寺廃寺 (御所市)
時代: 飛鳥時代・7世紀・694年
法量: 高56.0cm×幅51.0cm×厚3.0cm
材質: 土製
所蔵: 奈良県立橿原考古学研究所

81-2　大型多尊塼仏

遺跡名: 二光寺廃寺 (御所市)
時代: 原品は飛鳥時代・7世紀
法量: 高56.0cm×幅51.0cm×厚3.0cm
材質: 陶板製
所蔵: 文化庁 (奈良県立橿原考古学研究所保管)
その他: 陶板復元品

通常の塼仏よりも大型の板面に、説法印を結ぶ如来像を中心に多くの尊像・意匠が配置されている。

中央の如来は、通肩[つうけん]に衣をまとって結跏趺坐[けっかふざ]し、その左右に老若の二比丘[びく]、腰を捻って立つ二菩薩が侍[はべ]る。両外側には、顎鬚[あごひげ]をたくわえた神将形の二天王、背後からは瞋怒[しんぬ]の表情を浮かべた半裸の眷属[けんぞく]衆が覗いており、このうち1体に鳥頭の迦楼羅[かるら]を含む。背景には双樹が表され、大きな天蓋とともに鳥や樹葉の意匠があしらわれ、上空で飛天が舞う。菩薩の抑揚あるプロポーションや眷属にみる異国風の面貌などに、顕著な初唐様式の影響が認められる。

下縁の仕切られた区画には奏楽する天人や供養者、獅子などが表される。両端に銘文が刻まれ、向かって右端の「甲午□五月中」銘により、西暦694年に造られたと考えられる。左端の銘は不鮮明であるが、「召□□□□作」ないし「百済□明哲作」と判読されている。

文化庁事業に基づき、奈良県では、2022年3月に同塼仏の陶板製復元品（出品番号80-2）の製作を試みた。製作にあたり、類例中に認められない欠損部分（向かって左の天王、向かって左の諸眷属および迦楼羅の上半身など）の図像を再検討した。同笵の大型多尊塼仏において、漆箔の痕跡が見出せることから、本復元品では金箔仕上げを再現した。

82　方形三尊塼仏

遺跡名: 二光寺廃寺（御所市）
時代: 飛鳥時代・7世紀
法量: 高44.0cm×幅27.0cm×厚1.0cm
材質: 土製
所蔵: 奈良県立橿原考古学研究所

二光寺廃寺で出土した塼仏の一例。全体の形はやや縦長の方形を呈し、禅定印[ぜんじょういん]を結ぶ如来を中尊とする三尊塼仏の一例である。如来は、薄手の衣を偏袒右肩[へんたんうけん]に着し、宣字座[せんじざ]に両足を踏み下げて坐す。その両脇に菩薩が合掌して蓮華座に直立し、上方には飛天が舞う。如来の光背が、圏帯部に植物文をめぐらせた頭光と火焔を表した身光を組み合わせている点に特徴がある。

表面に金箔が残る断片も出土しており、当初は全体を漆箔で仕上げていたと推測される。

83　方形六尊連立塼仏

遺跡名: 二光寺廃寺（御所市）
時代: 飛鳥時代・7世紀
法量: 高32.0cm×幅21.0cm×厚1.0cm
材質: 陶板製
所蔵: 奈良県立橿原考古学研究所

細い柱状の装飾とそこから伸びる蓮華形の天蓋と台座によって画面を縦2段、横3列に区画し、如来立像6体を配列する。如来はすべて同じ大きさ、同じかたちで、通肩に衣を着し、胸前で宝珠を捧げ持ち、無文の頭光と身光を背負い、直立する。仏堂内部の壁面などに複数体敷き詰めて、千体仏の出現を表現したものと推測される。宝珠を捧げ持つ姿の如来像は珍しく、この種の塼仏や押出仏中に認められるのみで、飛鳥時代の菩薩像のように単独像として造られた例は見当たらない。

表面には漆の痕跡が認められ、本来は漆箔により金色で表されていたと推測される。

84　六尊連座塼仏

遺跡名: 二光寺廃寺（御所市）
時代: 飛鳥時代・7世紀
法量: 高25.0cm×幅23.0cm×厚1.0cm
材質: 土製
所蔵: 奈良県立橿原考古学研究所

六尊連立塼仏（出品番号82）と同様、植物の意匠で縦2段、横3列に区画し、同寸の如来坐像を並べる。如来は、ともに偏袒右肩に衣を着け、環状の頭光・身光を表し、蓮華座上に坐す姿である。このうち4体は、腹前で合わせた両手を衣で隠しており、いわゆる化仏に通有の印を表すのに対し、上段中央と下段向かって右の像は、腹前で両掌を重ねて宝珠を載せる姿で、全体で変化をつけている。

表面の漆の痕跡から、当初は漆箔仕上げと考えられる。その他の出土塼仏（出品番号80-82）と組み合わせ、堂内を光り輝く仏教世界として荘厳していたのであろう。

85　火頭形三尊塼仏

遺跡名: 阿弥陀谷廃寺（奈良市）
時代: 飛鳥時代・7世紀
法量: 高16.0cm×幅10.8cm×厚4.2cm
材質: 土製
所蔵: 奈良県立橿原考古学研究所

上部中央を尖らせた外形をもつ、いわゆる火頭[かとう]形塼仏の一例である。底部の奥行きが4.2cmあって自立できるため、壁面装飾というよりは、安置して礼拝することを目的として造られた可能性がある。

本塼仏の図様は、中国の西安市内で多数出土する「善業泥[ぜんぎょうでい]」と呼称される塼仏の一系統と、光背・台座・天蓋の形状に至るまで合致する。「善業泥」とは、玄奘がもたらしたインド式の塼仏供養[くよう]に則り、7世紀後半の長安で盛んに制作された塼仏群を指す。「善業泥」にはインドからの新しい図像が採用されたが、とくに定印如来倚坐像の図像は、玄奘の唯識[ゆいしき]教学を視覚化したものであることが指摘されている。長安を訪れた遣唐使がこの「善業泥」を持ち帰ったとすれば、玄奘に師事した日本僧・道昭[どうしょう]の存在が注目される。塼仏を介して、インドにルーツを求めた初唐期の美術様式と玄奘の仏教思想が、ほぼリアルタイムで日本にも共有されたのである。

86-1　方形三尊塼仏

遺跡名: 川原寺裏山遺跡（明日香村）
時代: 飛鳥時代・7世紀
法量: 高23.0cm×幅18.5cm×厚4.2cm
材質: 土製
所蔵: 明日香村教育委員会

川原寺裏山遺跡は、平安時代に川原寺が火災に遭った際、焼損した安置仏などを一括して埋納したと推定される遺構である。発見された塼仏片は千数百点にのぼり、すべて同範の方形三尊塼仏であったことが判明している。それらの中に

は表面に釘留めをしていた痕跡を残すものも見つかっている。遣唐使が持ち帰った唐の塼仏をもとに日本で量産され、仏堂の壁面を荘厳していたと推測される。

なお、裏面に刻銘をもつものがあり、それぞれ「釈迦」「弥勒」「阿弥陀」を指すと理解される。表側の中尊の性格付けや堂内の荘厳プランに関連する可能性が考えられよう。

86-2　方形三尊塼仏

遺跡名: 川原寺裏山遺跡 (明日香村)
時代: 原品は飛鳥時代・7世紀
法量: 高23.0cm×幅18.5cm×厚4.2cm
材質: 土製
所蔵: 文化庁 (奈良県立橿原考古学研究所保管)
その他: 製複陶板 (金彩仕上げ)

87　鴟尾

遺跡名: 今井天神山瓦窯 (五條市)
時代: 飛鳥時代・7世紀
法量: 高144.0cm×長100.0cm×幅76.0cm
材質: 土製
所蔵: 個人 (奈良県立橿原考古学研究所保管)

鴟尾 [しび] は、中国及び周辺諸国の古代建築において、屋根頂部の大棟 [おおむね] の両端に据えられた棟飾りである。鴟尾の起源については諸説あるが、その原型は漢代にさかのぼり、大棟両端を反り上がらせた形状に、瑞祥・辟邪の象徴とされた鳳凰の羽根のかたちが結びついて意匠化されたとする説が有力である。日本には仏教とともに朝鮮半島・百済を経由して伝わり、寺院の主要堂宇に用いられ、やがて宮殿建築に及んだ。

今井天神山瓦窯を含む宇智の地域 (現在の五條市域) は、飛鳥の古代寺院に瓦を供給する一大生産地だった。本品は、同窯跡から出土した断片を手がかりに全体像を復元したものである。初唐様式の影響を受けた7世紀後半の製作と目される。

88　法隆寺金堂壁画第1号壁 (焼損前復元)

時代: 2022年製作、原品は飛鳥時代・7世紀末~8世紀初め
法量: 高318.4cm×横262.2cm
材質形状: 陶板製
所蔵: 文化庁 (奈良県立橿原考古学研究所保管)
その他: 複製陶板 (原品は重要文化財)

法隆寺金堂内の外陣 [げじん] には柱間に応じて大小十二面の壁面があり、大壁の四面 (第一、六、九、十号壁) には如来を中心とする群像が、小壁の八面には菩薩の独尊像が描かれ、堂内を荘厳している。東洋仏教絵画の白眉 [はくび] と称されたこれらの壁画の原本は、1949年の失火により著しい損傷を受け、現在は別置保存とされている。

本展では、2022年3月に文化庁事業として奈良県が製作した、東面・第一号壁釈迦浄土図の原寸大レプリカを初公開する。最新の陶板複製技術を用い、火災前の1935年に撮影されたガラス原板 (４色分解) のスキャニングデータを接合

350

し、焼損前の色彩や質感を再現したものである。

金堂壁画では、仏・菩薩の輪郭は鉄線描 [てっせんびょう] と呼ばれる肥痩 [ひそう] のない力強い線で書き起こされ、肉身や着衣には彩色による陰影をつけ、凹凸の質感が表されている。これらの表現は、初唐期に活躍した西域出身の画家・尉遅乙僧 [うっちおっそう] の画風を彷彿させるものである。本複製を通じて、国際色豊かな初唐様式の香りを体感していただきたい。

89-1　「法隆寺金堂壁画第6号壁模写」 (阿弥陀幅)

時代: 原品は飛鳥時代・7世紀末~8世紀初め
法量: 縦160.0cm×横80.0cm
材質形状: 紙本彩色 軸装
所蔵: 奈良県立万葉文化館
その他: 真野満模写・1944年頃

89-2　「法隆寺金堂壁画第6号壁模写」 (観音菩薩幅)

時代: 原品は飛鳥時代・7世紀末~8世紀初め
法量: 縦305.0cm×横98.0cm
材質形状: 紙本彩色 軸装
所蔵: 奈良県立万葉文化館
その他: 真野満模写・1944年頃

法隆寺金堂壁画のうちもっとも著名な西面・第六号壁は、説法印 [せっぽういん] を結ぶ阿弥陀如来と観音・勢至菩薩の三尊を中心に、周囲に化生 [けしょう] 菩薩・化生童子合わせて25体が配され、背景には岩肌を露わにした山岳景が表される。この構図は、唐・道宣撰『集神州三宝感通録』所収の説話に取材したもので、敦煌莫高窟 [ばっこうくつ] 第332窟東壁に共通する。

真野満 (1901~2001) は、安田靫彦の歴史画の正統を受け継いだ日本画家である。河鍋暁斎門下の日本画家真野暁亭 (1874~1933) の次男として東京に生まれ、1937年に生涯の師安田靫彦と出会う。1940年からは戦前・戦後の気鋭の日本画家を結集した国家事業である法隆寺金堂壁画模写事業に従事した。99歳で逝去するまで歴史画の傑作の数々を世に送り出した。

本図は1944年頃に、中尊の阿弥陀如来と左脇侍の観音菩薩をそれぞれ写し取ったもので、真野作品の特徴である柔らかい筆づかいで描かれており、厳かななかにも穏やかさのある作品となっている。

90　「法隆寺金堂壁画模写」 (菩薩)

時代: 原品は飛鳥時代・7世紀末~8世紀初め
法量: 縦28.2cm×横20.8cm
材質形状: 紙本着色 額装
所蔵: 奈良県立万葉文化館
その他: 中庭媛華模写

本図は、法隆寺金堂壁画の北面東側の第十号壁中、右脇侍菩薩 (月光菩薩) の後方外側に立つ菩薩像の頭部を模写したものとみられる。同壁は、如来倚坐像を中心とする群像で、中尊を薬師如来とみなす説が有力である。

作者である中庭媛華 [なかにわだんか] (1901~1978) は、安田靫彦等に師事した日本画家である。1942年から法隆寺金堂の解体修理に伴う壁画模写事業に参加し、

荒井寛方 [あらいかんぽう] 班の一員として第十号壁模写に携わっており、本図は制作年が不詳ながらその経緯によるものだろう。

91 中庭煖華作「蛍光灯」

時代：昭和21年（1946年）
法量：縦91.5cm×横127.0cm
材質形状：紙本着色 額装
所蔵：奈良県立万葉文化館

1940年から開始され、戦後まもなく再開された昭和の模写事業に参加していた中庭煖華が、1946年に戦後初の院展に出品した作品である。模写現場では、当時最新の技術であった蛍光ランプによる照明が導入され、その様子を伝える貴重な資料である。本図の画面右側に、第六号壁に向かって設置された蛍光灯装置が描かれており、薄暗い堂内において阿弥陀如来の姿を浮かび上がらせている。

92 (1~2) 平山郁夫「大和路を描く法隆寺」「大和路を描く法隆寺」

時代：1986年、1987年
法量：1 縦45.5cm×横60.5cm
　　　2 縦60.6cm×横45.5cm
材質形状：紙本着色 額装
所蔵：奈良県立美術館

日本画家・平山郁夫 [ひらやまいくお]（1930～2009）は、前田青邨 [まえだせいそん] に師事し、その生涯で仏教やシルクロードを題材とした幻想的な作品を生み出した。焼損した法隆寺金堂壁画の再現模写や高松塚古墳壁画の現状模写に携わり、敦煌莫高窟をはじめ世界の文化財保護に尽力したことで知られる。
本図は、奈良の古寺や古仏を四季とともに描いた連作のうち、法隆寺の五重塔と、同じく斑鳩の古刹である法輪寺 [ほうりんじ] の三重塔の風景を切り取ったものである。

93 銭弘俶塔（方立・身）

遺跡名：大峯山頂遺跡（吉野郡天川村）
時代：平安時代・10世紀
法量：方立高4.75cm×幅2.38cm×厚1.45cm
　　　身高9.1cm×幅7.6cm×厚1.1cm
材質：銅製
所蔵：大峯山寺（奈良県立橿原考古学研究所保管）

銭弘俶塔とは、古代インド・マウリヤ朝のアショーカ王（阿育王）が八万四千基もの仏舎利塔を建てたという阿育王塔伝説にならい、呉越国王・銭弘俶が顕徳二年（955）に造塔を発願した金属製小塔の通称である。平面を正方形とする基壇・塔身・屋蓋を重ねた形状をもち、塔身の四側面に釈迦の前生譚を主題とする本生図 [ほんじょうず]（ジャータカ）が表される。本品は、基壇から塔身にかけての鋳銅製側板１面で、「月光王施頭変 [がっこうおうせとうへん]」が表されており、屋蓋の四隅を飾る方立 [ほうだて] の1点とともに、銭弘俶塔が日本に伝来した一例とみなされる。
古来、金峯山（現在の吉野山と大峯山山上ヶ岳 [おおみねさんさんじょうがたけ]）にかけての

山々）は、役行者 [えんのぎょうじゃ] が蔵王権現 [ざおうごんげん] を感得した霊地として、その名声は遠く中国まで聞こえた（『釈氏六帖 [しゃくしりくじょう]』（義楚六帖）954年成立）。本品の出土場所は、寛弘四年（1007）に藤原道長 [ふじわらみちなが] が埋経儀礼の嚆矢となる経塚 [きょうづか] を経営したその付近と目されている。銭弘俶塔の埋納は和歌山県那智経塚でも確認されており、平安時代の日本における山岳霊場の形成に、同時代の中国の仏教文物とその理念の受容があったことがうかがえる。

94 天台大師像

時代：鎌倉時代・14世紀
法量：縦85.4cm×横37.9cm
材質形状：絹本著色 軸装
所蔵：奈良県立美術館（吉川観方コレクション）

中国の天台宗祖師を三尊形式で描いた作例。画面中央の天台大師智顗 [ちぎ] は、頭巾を着けて頭頂に禅鎮 [ぜんちん] を載せ、定印を結んで瞑想する通例の姿で表されている。下段には、向かって右に経巻を捧げ持つ僧、左には合掌する僧が配されており、類例より、天台九祖の妙楽大師湛然 [たんねん] と天台五祖の章安大師灌頂 [かんじょう] に比定される。
延暦二十三年（804）に還学生として入唐し、翌年帰国した伝教大師 [でんぎょうだいし] 最澄 [さいちょう] 以来、入唐僧等によって多数の天台祖師像が請来された。とくに天台四祖で実質的な開祖にあたる智顗の肖像は重視され、忌日に行う天台大師講で用いられたため多くの作例が残る。ただし本図のような三尊形式は比較的珍しい。
日本画家であり、風俗史研究家として知られる吉川観方 [よしかわかんぽう]（1894～1979）の収集資料の一つに数えられる。

95 天台大師像

時代：室町時代・15世紀
法量：縦87.2cm×横61.8cm
材質形状：絹本著色 軸装
所蔵：奈良県立美術館
　　　（吉川観方コレクション））

作品番号93と同じく、三尊形式の天台祖師像である。金泥彩や濃彩は用いず、肥痩のある墨線と淡い彩色で3人の祖師を描いている。
中央で正面向きに定印を結ぶ智顗の姿は同じだが、背もたれのない牀座 [しょうざ] に坐すなど図様が簡略化されている。また、下段の両僧は、経巻を持つ湛然と合掌する灌頂の左右の位置が入れ替わり、その面貌は老相に表されている。

96 弘法大師像

時代: 鎌倉時代・14世紀

法量: 縦80.8cm×横37.1cm

材質形状: 絹本著色 軸装

所蔵: 奈良県立美術館 (吉川観方コレクション)

最澄と同じく第十八次遣唐使として唐に渡り、長安で恵果 [けいか] に学び、日本に本格的な密教体系をもたらした、真言宗開祖・弘法大師 [こうぼうだいし] 空海 [くうかい] を描いた画像。右手は胸前で五鈷杵 [ごこしょ] を、左手は腹前で念珠を執り、顔をやや右に向けて背もたれのある牀座に坐す通形の姿で表される。この姿は、真如親王様 [しんにょしんのうよう] と呼ばれ、空海が入定 [にゅうじょう] する直前に、高弟である実慧 [じちえ] の依頼により、真如親王真寂 [しんじゃく] が描いたとする伝承に由来する。

本図軸裏に貼付された旧軸裏には「弘法大師御影古筆享保廿年乙卯冬洛西太秦広隆寺求得宅間法眼筆元文元年丙辰冬修補表具大僧都邑証」とあり、18世紀には京都太秦 [うずまさ] の広隆寺に所在したとみられる。

97 多武峰曼荼羅

時代: 室町時代・15世紀

法量: 縦94.5cm×横38.3cm

材質形状: 絹本著色 軸装

所蔵: 奈良県立美術館 (吉川観方コレクション)

藤原氏の祖・鎌足 [かまたり] とその二人の子息である定恵 [じょうえ] と不比等 [ふひと] が従う。談山 [たんざん] 神社の祭神として祀られる鎌足を描いた肖像の一形式で、「多武峰曼荼羅 [とうのみねまんだら]」と通称される。上段に三面の神鏡が掲げられ、巻き上げられた御簾 [みす] と朱地の戸張 [とばり]、藤が巻き付いた松が描かれた衝立で荘厳する。

定恵は学問僧として道昭らとともに、653年に第二次遣唐使に従って入唐を遂げた。その弟の不比等は平城京遷都の立役者であり、国際色豊かな天平文化が花開くその礎を築いた。

98 渡唐天神像

時代: 室町時代・15世紀

法量: 縦89.0cm×横37.5cm

材質形状: 絹本著色 軸装

所蔵: 奈良県立美術館

渡唐天神 [ととうてんじん] とは、天神こと菅原道真 [すがわらみちざね] (845〜903)が神通力で中国に渡り、高名な禅僧・無準師範 [ぶじゅんしばん] (1178〜1249)に参禅したという伝承である。天神信仰の多様な展開の中で、室町時代の禅僧達の間で広まり、これを題材にした渡唐天神像が制作された。

本図はその典型を示しており、頭巾を被って道服を身に着け、両手を袖の中で合わせて梅の小枝を携え、正面向きに立つという姿で描かれる。左肩には、伝法の証として無準師範から授かった法衣を入れた袋を掛けている。

5 やまとの地宝

99 縄文土器 深鉢

遺跡名: 広瀬遺跡 (山辺郡山添村)

時代: 縄文時代後期 (約4000年前)

法量: 器高20.0cm×胴部最大径25.0cm

材質: 土製

所蔵: 奈良県立橿原考古学研究所

世界最古の土器の一つに数えられる縄文土器が使用された時代が、縄文時代である。縄文土器の名称は、土器の表面に縄目の文様がついていることによるものだが、縄文を施さないものもある。

草創期や早期の縄文土器は、尖底・丸底で装飾性は乏しいものであるが、前期になると平底化し、器形を増やした。中期には、東日本を中心に、口縁部を発達させ、文様を複雑にして華美な装飾をもつものがみられるようになる。

本品は、後期初頭の「中津 [なかつ] 式」にあたり、沈線による幅の広い区画内に限って縄文を施すという「磨消 [すりけし] 縄文」に特徴をもつ。口縁部に帯状の文様、胴部に特徴的な渦巻状の文様がダイナミックに描かれている。外面には赤彩が施されており、特殊な用途に使用された土器と考えられる。

100 縄文土器 注口土器

遺跡名: 本郷大田下遺跡 (宇陀市)

時代: 縄文時代後期 (約3000年前)

法量: 高20.7cm×径25.0cm

材質: 土製

所蔵: 奈良県立橿原考古学研究所

巻き貝の一種であるカワニナの殻頂部や殻側面を使って、凹線や貝殻文様を施すことに特徴をもつ、後期後半の「宮滝 [みやたき] 式」縄文土器である。口縁部と胴部に3条、肩部に2条の凹線が施され、凹線のあいだの注口部付近の4カ所に貝殻文様が施されている。実用品として使用されたものだが、シンプルな文様構成のなかに貝殻文様がアクセントとなっていて、味わい深いものとなっている。

101 弥生土器細頸壺

遺跡名: 宮滝遺跡 (吉野郡吉野町)

時代: 弥生時代中期・紀元前1世紀

法量: 高59.4cm×径42.6cm

材質: 土製

所蔵: 奈良県立橿原考古学研究所

弥生土器は、貯蔵用具、煮沸用具、食器などに使用された壺・甕・鉢・高坏などの器種で構成される。土器を基準に前期・中期・後期に三分される。近畿地方において、中期の特徴は、土器の外面に板状工具を用いて、その節理を利用して描いた多彩な櫛描文が描かれることに特徴がある。

本品は、方形周溝墓 [ほうけいしゅうこうぼ] と呼ばれる周囲に溝をめぐらした弥生時代の一般的な家族墓に供献されていた細頸壺である。口縁端部には円形浮文 [えんけいふもん] が貼り付けられ、口縁部、頸部および体部上半上段に、何段にもわた

り櫛描文 [くしがきもん] が施されている。また、体部の中央寄りには、ヘラ描きで斜格子文が描かれている。

102　須恵器子持器台

遺跡名: 浅古 (桜井市)
時代: 古墳時代後期・6世紀
法量: 高20.6cm×鉢部口径27.4cm
材質: 土製
所蔵: 奈良県立橿原考古学研究所

野焼きなどによる酸化焔 [さんかえん] による焼成をおこなうと、土器の焼き上がりは、軟質で、褐色系の色調を呈するものとなる。こうした土器の焼成技術は、日本列島の場合、縄文土器にはじまり、現代にまで継承されている。そうしたなか、5世紀に朝鮮半島から窖窯 [あながま] での高温の還元焔 [かんげんえん] 焼成による焼成技術が新たに導入され、硬質で、青灰色を呈する土器の生産がはじまった。須恵器 [すえき] である。須恵器は、日常の食器・貯蔵用具などにも使用されたが、古墳時代には古墳供献用の土器として発展した。
本品は、古墳供献用につくられた装飾付須恵器の一種で、器台の口縁部に、7個の蓋坏を取り付けた子持器台である。脚部には、2段の方形透かしを3方向から穿つ。口縁部から脚部にかけて、丁寧に櫛描波状文 [くしがきはじょうもん] が施されている。類例の乏しいものであり、その形態も美しい優品である。

103　ミニチュア炊飯具 (竈・鍋・甑)

遺跡名: オイダ山古墳 (御所市)
時代: 古墳時代後期・6世紀
法量: 竈長20.8cm×幅16.0cm×高17.6cm
　　　鍋長13.6cm×幅11.2cm×高13.6cm
　　　甑長15.2cm×幅8.0cm×高9.6cm
材質: 土製
所蔵: 奈良県立橿原考古学研究所

土師器 [はじき] は、弥生土器の系譜をひく軟質土器である。集落で日常生活に用いられたり、様々な祭祀に用いられたりしたが、古墳供献用の土器としても発展した。
土師器のミニチュア炊飯具のセットは、横穴式石室など古墳の墓室に配置するために特別に製作された明器である。黄泉の国での竈 [かまど]・甑 [こしき]・鍋 [なべ] での炊飯と、その食事を象徴する器物である。古墳時代に、朝鮮半島から竪穴住居内に造りつけの竈が導入されるが、土師器で移動式の竈がつくられ、甑・鍋をそのうえにのせて、炊飯具として使われた。中国・朝鮮半島の習俗や思想を受け入れて、実用の土師器をミニチュア化したものであり、渡来系集団に関連する遺物と捉えられている。
本品は、奈良盆地西南部で、戦前に出土したものであるが、焼き上がりの良好な完形品である。当該地では5~6世紀代の渡来系集団の活発な活動があったことが知られており、本品もそのことを証明するものである。

104　灰釉陶器短頸壺

遺跡名: 高安火葬墓群12号墓 (生駒郡三郷町)
時代: 平安時代・9世紀
法量: 器高30.0cm×胴最大径33.5cm
材質: 陶製
所蔵: 奈良県立橿原考古学研究所

灰釉陶器 [かいゆうとうき] は、植物灰を使って施釉した陶器である。9世紀前半代に猿投 [さなげ] 窯 (愛知県西部~中央部) で生産が開始された。それ以前の須恵器においても、焼成時に灰が偶然に落下した自然釉がみられるが、意図的にそれを釉薬として用いたものである。
本品は、短い口縁部をもち、上半部を最大径とする丸い体部と、底部に高台をもつ壺を、蔵骨器として転用したものである。体部上半全体に施釉し、底部にむかって釉薬を意図的に垂れ流し、興趣をなしている。

105　緑釉陶器輪花椀

遺跡名: 高安火葬墓群12号墓 (生駒郡三郷町)
時代: 平安時代・9世紀
法量: 器高7.5cm×口径21.0cm
材質: 陶製
所蔵: 奈良県立橿原考古学研究所

緑釉陶器 [りょくゆうとうき] は、鉛を主成分とした釉薬を施した陶器であり、9世紀初頭に生産が開始された。本品は、9世紀末~10世紀初頭に東海地方で生産された輪花碗 [りんかわん] で、口縁端部の僅かな外反と口縁部と底部の境に低い高台をもつ全体の形状や見込みの五輪花文は、越州窯 [えっしゅうよう] の青磁碗のフォルムと文様を写し取ったものである。103の蔵骨器として使用された壺の蓋として使用されていた。

106　越窯青磁　盤

遺跡名: 高安火葬墓群12号墓 (生駒郡三郷町)
時代: 平安時代・9世紀
法量: 器高2.8cm×口径15.1cm
材質: 陶製
所蔵: 奈良県立橿原考古学研究所

越州窯は、漢代から宋代にかけて盛行した浙江省の一大磁器生産地である。11世紀中葉には龍泉窯 [りゅうせんよう] が青磁生産の中心となったが、唐末から北宋代にかけて、日本に向けても盛んに輸出されていた。日本において磁器生産が開始されるのは、17世紀以降である。
本品は、103の骨蔵器の壺に104とともに蓋として使用されていたものである。

107　灰釉陶器　四耳壺

遺跡名: 谷畑遺跡 (宇陀市)
時代: 鎌倉時代・紀元12世紀
法量: 胴部高30.0cm×最大径20.0cm
材質: 陶製
所蔵: 奈良県立橿原考古学研究所

中世において、日本各地にあった陶器の生産地のなかでも、美濃[みの]焼・瀬戸[せと]焼などは、広域に流通したが、京都や南都と呼ばれた奈良においても盛んに使用された。その後、瀬戸は近世から現代にかけて、陶磁器生産の中心地となった。陶磁器全般を称して、「瀬戸物」と呼ばれる所以である。

古瀬戸と呼ばれる中世陶器においては、碗などの日常雑器のほか、宋代に輸入された白磁の器形をそのまま写したものも生産された。やや肩のはった体部肩部に四カ所の耳部をもつことを特徴とする四耳壺[しじこ]であり、底部は平底で、口縁部は外反し、玉縁である。

本品は、蔵骨器として転用されたものであり、摩滅が著しく、釉薬が斑状になっている。高台様となっている底部とあわせ、その全体は優美である。

108 常滑焼壺

遺跡名: キトラ遺跡（宇陀市）
時代: 鎌倉時代・紀元12世紀
法量: 胴部高23.0cm×最大径20.0cm
材質: 陶製
所蔵: 奈良県立橿原考古学研究所

中世陶器の代表例として、愛知県常滑[とこなめ]市を中心とした知多[ちた]半島周辺で焼かれた常滑焼や、渥美[あつみ]半島を中心に焼かれた渥美焼がある。近世になると渥美焼は衰退するが、常滑焼は、近世以降も大型の甕を中心にさかんな陶器生産がおこなわれた。そして、それは近・現代の陶製土管の生産につながっていく。

本品の形状は、口縁部を外反させ、端部は肥厚するが、垂下はみられない。なだらかな肩部と、平底の底部をもつものであり、常滑の製品としては類例の乏しいものである。

6 中国から見る日本

109 74号楔形墓磚（倭人磚）

遺跡名: 安徽省亳州元宝坑一号墳（曹操宗族墓群）
時代: 後漢末
法量: 殘長19.0cm×上幅16.0cm×下幅12.0cm×厚7.5cm
材質: 土製
所蔵: 亳州博物館

安徽省亳州にある後漢末期の曹操宗族墓群で楔形の墓磚が発見され、「……有倭人以時盟不（否）」という7文字が刻まれていた。倭人との交流が示唆され、日本列島との関係を示す銘文が刻まれた最も早い時期の資料である。

110 家屋文磚残片

時代: 後漢
法量: 約長16.0cm×幅12.0cm、長19.0cm×幅7.7cm
材質: 土製
所蔵: 清華大学芸術博物館（寄託）

この二つの後漢画像磚の残片は、様式的に、河南省南部の出土品とみられる。屋宇の模様は、奈良県で出土した古墳時代前期（3—4世紀）の家屋文銅鏡（展示品7）に表された入母屋造（歇山頂のことを指す）の家屋の様式と比べてみる価値がある。

111 建築及び魚銭文磚残片

時代: 南朝
法量: 長22.0cm×幅4.8cm
材質: 土製
所蔵: 清華大学芸術博物館（寄託）

日本の三重県伊勢市にある伊勢神宮には、天皇の祖先とみなされた天照大神が祀られている。この祭祀制度は、天武天皇によって創立され、その後継者である持統天皇が遅くとも持統天皇四年（690年）には実施したとされている。伊勢神宮は主に内宮（皇大神宮）と外宮（豊受大神宮）によって構成されるが、そのどちらも干欄式建築である。中国の干欄式建築は極めて早い時期に起源を持っている。例えば浙江省の河姆渡文化（約紀元前5000から紀元前3300年）、中国の西北部にある斉家文化（約紀元前2000-前1900年）からも干欄式建築の祭祀遺跡が発見されたことが挙げられる。四川省の漢朝画像石棺には天門（双闕）と同じ画像を持つ干欄式「大（太）倉」がある。この六朝時期（222-589）の墓磚には天地を象徴する銅銭と水を象徴する魚の紋様があり、さらには干欄式建築（あるいは太倉）のような模様がある。これらは、伊勢神宮の建築様式と驚くほど似ている。倭国と漢・魏・六朝とは頻繁な交流を持っていたため、干欄式建築は倭製の須恵器や銅鏡にも描かれている。これは、7世紀末期に形成される日本の祭祀制度と神社建築様式を理解する上で、何らかのの意味を持つかもしれない。

112 北斗文楔形墓磚

時代: 三国—晋
法量: 長16.0cm×上幅11.5cm×下幅14.0cm×厚5.5cm
材質: 土製
所蔵: 清華大学芸術博物館（寄託）

先史時代、中国では「観象授时（星を観察し時節を定める）」中で、星の移り変わりに従い、自然と天文を中心とした成熟した秩序を確立してきた。天文の観念は中国の政治と文化の歴史の中で支配的地位を有し、王朝の興亡と直接かかわっている。「天」を中心とした宇宙の思想が形成されてから、「天文学」は後の中国文化伝統の源となった。また、太一・北斗信仰は中国の天文信仰の中核であり、『史記・天官書』には北斗を天帝（太一）が四方を巡回する車とみなす（"斗为帝车，临制四乡"）記録がある。日本では天武天皇の時代（（673-686年に在位）に伊勢神宮の祭祀も開始された。「太一」への信仰は現在伊勢神宮の祭祀にも見られる。

113　仏像文磚

時代: 三国呉
法量: 長34.0cm×幅17.0cm×厚5.2cm
材質: 土製
所蔵: 清華大学芸術博物館（寄託）

後漢末期、仏教が中国に伝来した当時、「医方異術」「天文書算、医方呪術」などの仙人の術と同一視され、仏像も古墳（壁画？、揺銭樹など）に現れるようになった。三国時代に、仏教は孫呉で盛んになり、仏像が魂瓶や銅鏡、画像磚に描かれることが多くなった。この磚に残された仏像は、本館所蔵の仏字銘文仏像鏡（展示品165）に類する。

114　仏像文磚

時代: 三国呉—西晋初期
法量: 長39.5cm×幅18.5cm×厚6.5cm
材質: 土製
所蔵: 清華大学芸術博物館（寄託）

これまで見た早期の仏像には、表現が未熟なものが多いが、この磚の両側面にはそれぞれ横向きに立つ仏像が表されており、非常にまれである。

115　仏像文磚残片

時代: 西晋太康七年（286）
法量: 長17.0cm×厚7.0cm
材質: 土製
所蔵: 清華大学芸術博物館（寄託）

この磚の残片に表された仏坐像には未熟な美がある。西晋時代の出土遺物は比較的少ないが、この仏像の上部の方形の区画には、銭文がある。その外縁は歯車状を呈し、四隅に「太康七年（286）」の文字があって、西晋（265-317）時代に造られたものだとわかる。

116　連珠文金珠（嵌トルコ石）

遺跡名: 朝陽県西営子郷仇家店村甜草溝晋M1989.3.14
時代: 五胡十六国時代（前燕）
法量: 長3.0cm×径1.1cm、重6.5g
材質: 金製、トルコ石
所蔵: 朝陽県文物管理所

丸いパイプ状の金の珠で、表面には二条の線の間に米粒状の文様で飾られている。それぞれの間には菱形のトルコ石が嵌められて、かなり精緻な細工が施されている。

117　金製歩揺冠

時代: 五胡十六国時代（前燕）
法量: 総高20.5cm×花蔓径19.0cm×1.1cm、重55.5g
材質: 金製
所蔵: 朝陽県文物管理所

歩揺冠は、十六国時代に鮮卑族慕容部貴族が頭部につけた冠飾である。『釈名・釈首飾』には「歩揺，上有垂珠，歩則動揺也。」という記述がある。ここまで完全に保存された金製冠状飾りは実に珍しい。歩揺冠は東西の交流を実証するものであり、日本・朝鮮半島・中国北部・草原。中アジア・西アジアなどに類似品がある。そのうち西アジアで現れる時期が最も早く、日本列島で現れた時期がもっとも遅い（展示品46のように）。

118　金製歩揺

遺跡名: 朝陽県西営子郷仇家店村甜草溝晋M1989.3.14
時代: 五胡十六国時代（前燕）
法量: 残片高20.0cm×底幅4.5cm×厚0.1cm、重39.5g
材質: 金製
所蔵: 朝陽県文物管理所

この歩揺は金片一体から作られており、二つの部分に分けられている。基部となる本体は盾のような形をし、三葉形の文様が施されている。枝をなす装飾は一部しか残らないが、丸い金の破片が吊り下げられている。

119　金璫

遺跡名: 朝陽県西営子郷仇家店村甜草溝晋M1989.3.14
時代: 五胡十六国時代（前燕）
法量: 底幅12.5cm×高8.8cm×厚0.11cm
材質: 金製
所蔵: 朝陽県文物管理所

半弧形の金二片を重ねて作られており、正面には鎚鍱（押出、打出）、象嵌、透彫などの工芸技法で作られた龍と鳳凰の文様があり、中央の丸い孔には元々宝石が埋め込まれていたかもしれない。

120　透彫連珠文方形金璫

遺跡名: 朝陽県西営子郷仇家店村甜草溝晋M1989.3.14
時代: 五胡十六国時代（前燕）
法量: 縦9.0cm×横8.8cm×厚0.009cm、重12.5g
材質: 金製
所蔵: 朝陽県文物管理所

菱形龍鳳紋の装身金具。極めて薄い金片で透かし彫り、錐点などの工芸技法によって作られている。外形を正方形とし、錐点によって四つの文様帯に区分されている。

121　山形金璫

遺跡名: 1980年十二臺公社腰而営子大隊磚厂（姚金溝M2）
時代: 五胡十六国時代（前燕）
法量: 高5.6cm×上幅4.2cm×下幅3.7cm×高5.3cm×厚0.02cm、重3.3g
材質: 金製
所蔵: 朝陽県文物管理所

金製の璫は「山」の形をし、上部が広く下部が狭くなっている。外縁に沿って点状の装飾が二重にめぐる。均一に錘鍱が施され、金色を呈している。

122　連珠文泡形金製飾り

遺跡名: 朝陽県西営子郷仇家店村甜草溝晋M1989.3.14
時代: 五胡十六国時代（前燕）
法量: 直径23.0cm×厚1.0cm、重23.0g
材質: 金製
所蔵: 朝陽県文物管理所

二つの丸みのある泡状の金片を取り付けた、一対のもの。全体に突起する錐点による円状の文様が施されている。

123　金鈴

遺跡名: 1980年十二臺公社磚厂（王墳山M6）
時代: 五胡十六国時代（前燕）
法量: 直径1.2cm、重7.9g
材質: 金製
所蔵: 朝陽県文物管理所

丸く、中が空洞で、下には鈴状の長い開口部がある。その中に白い砂が含まれていて、上には結び目がある。朝鮮半島にも日本列島も出土品があり、当時における両国の交流の証拠である。

124　透彫金銅製鞍金具（前輪）

遺跡名: 1976年朝陽県十二臺公社供銷社（袁臺子M4）
時代: 五胡十六国時代（前燕）
法量: 長27.5cm×高13.5cm×厚0.1cm
材質: 金銅製
所蔵: 朝陽県文物管理所

菱形に近い形をした二片からなり、左右合わせてちょうどアーチ形をなしている。竹節のような線で描かれた、不規則な六角形の亀甲繋文のなかに、龍、鳳、鹿、雲などの文様が透かし彫りされている。正面には鍍金の工芸が施されている。

125　龍鳳文金銅製鞍金具（後輪）

遺跡名: 1976年朝陽県十二臺公社供銷社（袁臺子M4）
時代: 五胡十六国時代（前燕）
法量: 横57.0cm×高31.0cm×厚0.1cm

材質: 金銅製
所蔵: 朝陽県文物管理所

鞍金具の後輪の破片で、十六国時代の鮮卑族慕容部貴族の実用馬具である。その製造方法としては、まず0.1cmの銅板をアーチ形の鞍橋にし、透かし彫り・彫刻などの工芸技法で文様を刻み、最後は表面に鍍金を施す。刻まれた文様は主に亀甲文と龍・鳳凰文。そのうち亀甲文は竹節のようなダブルラインによって構成される。背面に「郭醜」という漢族の工人とみられる名前が刻まれている。

126　金銅製透彫翼形飾り

遺跡名: 1976年朝陽県十二臺公社供銷社（袁臺子M4）
時代: 五胡十六国時代（前燕）
法量: 長13.0cm×幅6.2cm×厚0.2cm
材質: 金銅製
所蔵: 朝陽県文物管理所

馬具の飾りで、銅板を透かし彫りや鑿で切り抜くなどの工芸技法で作られている。外形は鳥首に近い形に象られる。表面に鍍金をし、底辺がまっすぐで、前部に翼を広げる姿をした鳳凰が透かし彫りされている。

127　金銅製彫刻鳳文山形盛矢具装飾

遺跡名: 朝陽県柳城鎮腰而営子红磚一厂
時代: 五胡十六国時代（前燕）
法量: 高12.5cm×幅22.0cm×厚0.1cm
材質: 金銅製
所蔵: 朝陽県文物管理所

銅製で山形をなし、正面の中央部には雲の文様を表す。左右相称に、翼を広げて飛翔する一対の鳳凰が彫られる。

128　金銅製馬面（当盧）

遺跡名: 1980年朝陽県十二台公社腰而営子大隊煉瓦工場（姚金溝M2）
時代: 五胡十六国時代（前燕）
法量: 長38.56cm×上幅17.5cm×下幅6.0cm
材質: 金銅製
所蔵: 朝陽県文物管理所

銅製で錘鍱の技法で作られ、長い柄を持ち、上部は桑の葉の形状に似て、下部は葉柄の形である。表面に鍍金を施す。

129　金銅製杏葉

遺跡名: 1976年朝陽県十二臺公社供銷社（袁臺子M4）
時代: 五胡十六国時代（前燕）
法量: 幅5.8cm
材質: 金銅製
所蔵: 朝陽県文物管理所

銅製で、上端が平らな圭の形をなし、線状に切れ込みを穿ち帯状の金具を通す。表面に鍍金がある

130　金銅製鐙

遺跡名: 1976年朝陽県十二臺公社供銷社
　　　　（袁臺子M4）
時代: 五胡十六国時代（前燕）
法量: 総高29.0cm×柄長15.7cm×鐙幅16.5cm×柄幅3.5cm
　　　×厚0.3cm×鐙高13.5cm×厚0.31cm
材質: 金銅製
所蔵: 朝陽県文物管理所

銅板を鎚で成形する。鐙の厚みは均一で、文様を表さず、表面に鍍金が施されている。十六国時期代龍城（現在遼寧朝陽）を都とした鮮卑慕容氏の前・後燕時代の遺物である。これは今まで中国で発見された最も早い時期の金属製の鐙の実物で、馬具とくに鐙の発展と十六国時代の政治・軍事・文化・民族関係を評価する上で重要である。

131　蓮花文瓦当

遺跡名: 1984年朝陽市東街小学校の校庭
時代: 五胡十六国時代（前燕）
法量: 径18.0cm×厚4.0cm
材質: 土製
所蔵: 朝陽県文物管理所

円形で周囲を突き出し、中に蓮花文を表す。蓮花文は、東西文明の交流の所産と言えるが、特に東アジア（中国から朝鮮半島、また日本列島へ）の美意識を反映した普遍的な意匠でもある。

132　菱葉、戴勝、神獣文画像磚

時代: 晋―南朝
法量: 長34.2cm×幅16.0cm×厚4.6cm
材質: 土製
所蔵: 清華大学芸術博物館（寄託）

この画像磚の両端と別の側面にそれぞれ文様が飾られている。一端には対をなす西王母を象徴する戴勝文配し、戴勝文中央の円形は方穴円銭に表す。反対側の文様は龍文である。側面には九尾狐と蒼鳥の組み合わせ（西王母の象徴でもある）と虎文、中央に六方に広がる菱葉文を配し、それぞれが連続する三角形の文様帯によって区画されている。菱葉は一年生の水生草本植物である。その葉が蓮華座状に集合し、柄の中部に膨らむ気嚢を表し、三角形の葉の上半部に荒い鋸歯形を表す。菱葉文は、後に六角形と八角形の二つの形に定型化され、唐の時代に菱花鏡と呼ばれる由来となった。

133　長方形平面菱形葉文、蓮花文画像磚

遺跡名: 襄陽羊祜山古墳M24
時代: 南朝
法量: 長37.0cm×幅18.7cm×厚6.0cm

材質: 土製
所蔵: 襄陽博物館

長方形の磚面は、ほぼ正方形に縁取りされた二つの文様区画によって構成される。どちらの周縁部も忍冬紋をめぐらせ、中はそれぞれ菱葉文と蓮花文である。蓮花文は漢代以来よく見られる文様であるが、菱葉紋は希に見るものである。この二つの水生植物は水を象徴している。このような画像磚は湖北省襄陽で多く発見されている。たとえば城西南清水溝古墳M1で出土した同模磚がある。

134　蓮華文画像磚

時代: 南朝
法量: 長38.2cm×幅19.0cm×厚5.9cm
材質: 土製
所蔵: 襄陽博物館

蓮華文は、天数と一致することを象徴するため、花びらを八弁または十二弁でつくることが一般的である。この画像磚には十二弁の蓮華が二つ表され、外縁には忍冬文をめぐらす。忍冬文は古代ギリシアでよく見られる文様で、後漢末期から中国で現れるようになり、南北朝の時期に盛んになっていた。冬がすぎてもなお生き残る忍冬は、その後仏教の文様に広く使われ、魂の不滅と輪廻・不老長寿を象徴するようになった。

135　長方形平面蓮華、端面淨瓶画像磚

遺跡名: 襄陽城南柿庄古墳M15
時代: 南朝
法量: 長37.6cm×幅19.0cm×厚6.2cm
材質: 土製
所蔵: 襄陽博物館

長方形の画像磚で、半分は十二弁の蓮華が表され、外縁には簡単な忍冬文がある。その一端には淨瓶の意匠があり、仏教の要素が含まれていることがうかがえる。

136　長方形側、端面蓮華忍冬文画像磚

遺跡名: 襄陽城南柿庄古墳M15
時代: 南朝
法量: 長50.0cm×幅17.0cm×厚4.0cm
材質: 土製
所蔵: 襄陽博物館

画像磚の四側面には、各四組の忍冬文と十六弁の蓮華文二組がある。

137　長方形端面青龍文画像磚

遺跡名: 襄陽城南柿庄古墳M15
時代: 南朝
法量: 長37.0cm×幅19.0cm×厚6.0cm
材質: 土製
所蔵: 襄陽博物館

長方形磚の両端の片面には、動きのある青龍の姿が描かれる。東の青龍、西の白虎、南の朱雀と北の玄武（亀と蛇）という四神の組み合わせは、前漢中・後期に定着した。四神は四つの方角にある四宮を象徴し、天帝の住む中宮と合わせて、「五宮」として体系化された。また「五宮」は、古代中国の天文信仰の核心である「五行」「五色」などの概念と対応した。神居（寺観など）や人居（宮室など）、鬼居（古墳など）といった各建築の様式に反映された。本展では襄陽城南柿庄古墳M15からともに出土した四神画像磚が出品する(展示品137—140)。

138　長方形端面白虎画像磚

遺跡名: 襄陽城南柿庄古墳M15
時代: 南朝
法量: 長37.0cm×幅19.0cm×厚6.0cm
材質: 土製
所蔵: 襄陽博物館

139　長方形平面朱雀（鳳凰）画像磚

遺跡名: 襄陽城南柿庄古墳M15
時代: 南朝
法量: 長37.0cm×幅19.0cm×厚6.0cm
材質: 土製
所蔵: 襄陽博物館

140　長方形平面玄武画像磚

遺跡名: 襄陽城南柿庄古墳M15
時代: 南朝
法量: 長37.0cm×幅19.0cm×厚6.0cm
材質: 土製
所蔵: 襄陽博物館

141　長方形平面「千秋」画像磚

遺跡名: 襄陽城南柿庄古墳M15
時代: 南朝
法量: 長37.0cm×幅19.0cm×厚6.0cm
材質: 土製
所蔵: 襄陽博物館

魏晋南北朝における墳墓の壁画や画像磚には、人頭（男性と女性）鳥や獣頭鳥の姿がよく見られる。しばしば「千秋万歳」の題記も見える。河南省鄧県学庄で出土した画像磚に描かれた人頭鳥が「千秋」に対応し、獣頭鳥が「万歳」に対応することから、この画像磚は「千秋」を表現していることがわかる。「千秋万歳」は「不死」の意味があり、道家の著作『抱朴子・内篇』にすでにその記録があった。仏典『婆須蜜経』には、「千秋，人面鳥身。生子还害其母。复学得罗汉果，畜生无有是智及有尊卑想，不受五逆罪。」との一節がある。仏教では、人頭鳥の千秋万歳は罪障を超越した神とされる。朝鮮半島の高句麗古墳からも「千歳万歳」の画像が出土している。

142　長方形平面供養人物画像磚

遺跡名: 襄陽麒麟清水溝南朝画像磚古墳
時代: 南朝
法量: 長37.7cm×幅19.0cm×厚6.0cm
材質: 土製
所蔵: 襄陽博物館

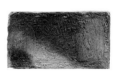

長方形の平面には、周囲に忍冬文が表される。中央部の文様は蓮華座の博山炉で、炉の下には連なる山、両側に蓮華を持つ供養者が立っている。供養人の背後には竹とたけのこが描かれており、これが知られるうちで最も早い時期の竹の画像の一つである。竹は中国の早期に特別な象徴的意味を持ち、一般的に祭祀と緊密な関わりを持っている。日本の諸祭祀でも、竹が使用されることがある。

143　長方形端面女性供養人物画像磚

遺跡名: 樊城杜甫巷古墳M82
時代: 南朝
法量: 縦38.0cm×横18.0cm×厚6.0cm
材質: 土製
所蔵: 襄陽市博物館

この画像磚の端には、美しい女性の供養者が蓮華に立つ姿が描かれており、この供養者の左右に蓮花文の装飾がある。

144　長方形端面仙人画像磚

遺跡名: 樊城杜甫巷古墳M82
時代: 南朝
法量: 長38.0cm×幅18.0cm×厚6.0cm
材質: 土製
所蔵: 襄陽博物館

この画像磚の端には、仙人が蓮華の上に片膝をつき、両手で蓮華座の博山炉を捧げ持ち、供養する姿が描かれている。

145　聞雷泣墓画像磚

遺跡名: 襄陽城西南清水溝古墳M1
時代: 南朝
法量: 長37.0cm×幅18.0cm×厚5.0cm
材質: 土製
所蔵: 襄陽博物館

「聞雷泣墓」または「王裒泣墓」は、『二十四孝』所収の16番目の故事で、魏晋時代の孝行息子王裒の物語である。彼の母が生前雷の音を恐れていたため、亡くなって山林に葬られた後、雷雨のあるたびに、王裒は母の墓に慰めに行ったという。画面の左側に描き出されているのは、雷神が太鼓を打つ場面である。後漢の王充は『論衡・雷虚篇』において「图画之工，图雷之状，累累如连鼓之形。又图一人，若力士之容，谓之雷公，使之左手引连鼓，右手推椎，若击之状。其

意以为雷声隆隆者，连鼓相扣击之意也。」と記している。この雷神の図像は、魏晋南北朝時代の画像に広く見出され、唐代に至り、日本へと伝来した。

146 陶製鉢

遺跡名: 龍門市禅宗七祖荷沢神會古墳
時代: 唐朝
法量: 高11.0cm×口径22.3cm
材質: 陶製
所蔵: 洛陽博物館

147 金銅製柄香炉

遺跡名: 河南省洛陽市龍門禅宗七祖
　　　　荷沢神會古墳
時代: 唐
法量: 長40.2cm×高9.0cm
材質: 青銅製
所蔵: 洛陽博物館

神会は、禅宗六祖の惠能の晩期の弟子で、荷沢宗の創立者であり、南宗を創立した有力な人物である。俗姓は高、湖北省襄陽人。神会の墓は河南省洛陽洛龍区竜門西山の北麓に位置し、1983年に発掘された。墓壁の石板に「身塔銘」が刻まれ、神会を禅宗七祖と尊び、禅宗の歴史と神会の生涯が簡潔に語られている。出土した文物には鍍金塔型容器や鍍金青銅柄香炉、銅製淨瓶、銅製杓子、黒陶製鉢などがあり、本展では陶鉢と柄香炉が出品されている。この香炉は日本正倉院で所蔵された赤銅柄香炉（第3号）の形式と類似している。禅宗仏教は12世紀に日本に伝来し、日本の仏教史・思想史・文化史など、日本の歴史全体に深く影響を及ぼした。

148 白石馬頭観音菩薩坐像

遺跡名: 陝西省西安市安国寺遺跡
時代: 唐
法量: 高98.0cm×幅42.0cm
材質: 石製
所蔵: 西安碑林博物館

大安国寺は、唐長安城東北部にある長楽坊にあり、元々は睿宗皇帝（710—712年在位）の旧居だったが、『唐会要』巻四十八によれば、「景云元年（710）九月十一日，勅舎龍潜旧宅为寺。便以本封安国为名」と記される。1959年7月、西安市の明朝城壁の東北隅、500メートル離れた場所の地下から石仏の断片11件が出土した。これらは安国寺の遺物であると推定され、唐代の密教造形を研究する上で貴重な資料である。本展ではそのうちの二体が展示されている。日本の弘法大師空海（774-835）が唐にいた時期は、まさに密教が盛んになる時期で、彼はその見聞をもとに『秘蔵記』を編纂した。

149 白石文殊菩薩坐像

遺跡名: 陝西省西安市安国寺遺跡
時代: 唐
法量: 高74.0cm×幅36.0cm
材質: 石製
所蔵: 西安碑林博物館

150 高玄墓誌拓本

遺跡名: 陝西省西安市安国寺遺跡
時代: 唐
法量: 縦60.0cm×横60.0cm
原石所蔵: 洛陽千唐志斎博物館

高玄、あざなは貴主。遼東省三韓の出身である。遣唐使に同行して中原を訪問し、後に反乱を鎮圧した功績で中郎將に任じられている。天授元年（690）、洛陽で没した。

151 井真成墓誌拓本

遺跡名: 陝西省西安市安国寺遺跡
時代: 唐
法量: 縦36.5cm×横36.5cm
原石所蔵: 西北大学博物館

フォント黒年の第10次遣唐使の準判官（使節団の中高級官吏）である井真成（699-734）は、734年に長安で病気の末に亡くなり、死後、尚衣奉御に任命された。

152（1~4）　李訓墓誌（大唐故鴻臚寺丞李君墓誌并序）
　　　　　　　原石、蓋及び拓本

時代: 唐・開元二十二年（734）
法量: 志長35.0cm×幅36.0cm×厚8.9cm
　　　蓋長34.0cm×幅35.5cm×厚7.9cm
所蔵: 深圳望野博物館

吉備真備（出自は下道氏）は、持統九年（695）に生まれ、宝亀六年（775）に没した。霊亀二年（716）に遣唐使の留学生に選ばれ、養老元年（717）に阿倍仲麻呂（唐名は晁衡）とともに、多治比縣守が率いる第9次（または第2期2次）遣唐使として入唐した。この墓誌は、吉備真備が書いたと考えられる。

153 星雲文鏡

時代: 前漢（西漢）
法量: 径11.0cm
材質: 青銅製
所蔵: 清華大学芸術博物館（寄蔵品）

本鏡は、その文様部分が、4つの乳と星宿図で均等に4分割されている珍しい例である。星雲鏡は、前漢時代の中期から後期にかけて特に流行した鏡である。

漢武帝の神仙への祭祀と密接な関係があり、王朝の天文機関において日常的に星を観察することが重要視された。日本でも天武天皇の時代には、天体を観測する機関が設置された。

154 「君忘忘」銘四神博局文鏡

時代: 前漢 (西漢)
法量: 径28.0cm
材質: 青銅製
所蔵: 清華大学芸術博物館 (寄贈))

「四象」または「四神」は、古くは天空の東西南北の方角を表し、星空を大きく四区に分けて観測するために用いられた。二十八星宿が体系化された後、四象と組み合わせて、東の七星宿を青龍または蒼龍、南の七星宿を朱鳥または朱雀、西の七星宿を白虎、北の七星宿を玄武と呼ぶことになった。

155 「尚方」銘四神博局文鏡

時代: 新朝
法量: 径20.9cm
材質: 青銅製
所蔵: 清華大学芸術博物館 (寄贈)

「博局」は六博棋盤、または天と地を模した器物型盤に関連する。『周髀算經』には、「方属地，円属天，天円地方。」という記述がある。『淮南子・天文訓』には、「天道日円，地道日方。」という記述がある。明らかに、「円」と「方」は「天と地を模する」という宇宙観の体現であり、そこに現れる「規」と「則」は「円」と「方」を実現するための必要手段である。博局鏡は、前漢末期から新莽、後漢初期にかけて流行した鏡である。この種の鏡の主な特徴は、四角い鈕部分が九部の中心となり、四角い鈕部分と周縁部分の間にT型、L型、V型などの装飾が施されて、西洋の学者にはTLV文鏡と呼ばれている。実際、T型文様は方位を示し、V型とL型はそれぞれ古代の「規」と「矩」の象徴であることから、現代の日本の学者が初めて「規矩（文）鏡」という言葉を使って命名していた。

156 「中国安寧」銘博局文鏡

時代: 新朝一後漢
法量: 径22.0cm
材質: 青銅製
所蔵: 清華大学芸術博物館 (寄贈)

「中国」という言葉は、西周初期の青銅器『何尊』に初めて見られる。「中国」とは、もともと世界の「中央の城」、いわゆる周天子が住む都を「四方」と対称的に指す言葉である。「中国」は外国に対する非公式な国号として用いられ、『史記・大宛列傳』に初出し、その後『後漢書・西域傳』にも登場する。前漢の張騫が西域に遠征し、東西の文明を結ぶシルクロードを開いたことで、「中国」の意味が中原を象徴する地域概念から国家概念に移行したことがわかる。史料に対応して、前漢時代の中期から後期にかけての銅鏡には、「中国寧」「中国安寧」銘も見られ、戦争のない豊かで平和な国を願う人々の思いが込められている。

157 三角縁神人神獣鏡

時代: 後漢
法量: 径18.4cm
材質: 青銅製
所蔵: 清華大学芸術博物館 (寄贈)

「三角縁神獣鏡」と呼ばれる三角形の縁を持つ銅鏡は、日本の古墳時代の遺物としてよく出土しているが、中国では発掘調査による出土例はない。中国の工人が日本列島に渡って生産したと推測する学者もいる。中国に現存する銅鏡の中には、三角縁を持つ鏡があり、今回は3点を選んで展示している(展示品157~159)。

158 袁氏銘神人龍虎画像鏡

時代: 後漢
法量: 径18.3cm
材質: 青銅製
所蔵: 清華大学芸術博物館 (寄贈)

画像石に彫り込まれた文様と同種の文様を描いた銅鏡が前漢時代に登場し、画像鏡と呼ばれるようになった。日本でも古墳時代から類似の銅鏡が出土している。

159 「三羊作竟」銘七乳龍虎画像鏡

時代: 後漢
法量: 径24.8cm
材質: 青銅製
所蔵: 清華大学芸術博物館 (寄贈)

160 神人神獣文鏡

時代: 後漢
法量: 径23.5cm
材質: 青銅製
所蔵: 清華大学芸術博物館 (寄贈)

前漢時代には、多数の神像と多種の獣像 (邪気を払うために進化した龍、虎、獅子)が銅鏡に組み合わされ、その配置や様式によって、重列式、環列式、三段式和半円方枚式に分けられる。具体的な身元が特定できる一部の神像を除き、大半の神仏は具体的な示し方が不明である。前漢時代には、仏教が「浮屠」の名で中原に初めて広まるが、当時の人は黄、老、浮屠を同祭し、銅鏡に現れた神は複合的な性格であったとと考えられる。この鏡は、これまで見られた神人神獣文鏡の中で最も大きく、美しいものである。日本列島の古墳からは、神獣鏡が大量に出土している。

161　「角王巨虚」銘七乳神人神獣文鏡

時代: 後漢
法量: 径21.0cm
材質: 青銅製
所蔵: 清華大学芸術博物館 (寄託)

丸い鈕の外側には、「子々孫々、大運隆盛、官位長久」、「角王巨虚曰得意，上有龍虎四時宜，長保二親樂毋事，子孫順息家大富」という銘文が刻まれている。主な文様の内側には、7個の乳があり、下に方花座を配され、7乳の間にさまざまな神獣や羽人が配され、楽器を持ち踊る者もいる。日本列島の古墳からも出土し、獣帯鏡と呼ばれている(展示品35参照)。

162　八連弧雲雷文鏡

時代: 後漢
法量: 径27.5cm
材質: 青銅製
所蔵: 清華大学芸術博物館 (寄託)

前漢時代によく見られた八連弧雲雷文鏡は、日本列島でもよく出土するが、それをまねた和製の内行花文鏡 (展示品31、32参照) の中にはサイズが大いものもある。鈕に四葉形の方花座が施されている。

163　「仏」銘仏像鏡

時代: 三国呉
法量: 径18.8cm
材質: 青銅製
所蔵: 清華大学芸術博物館 (寄託)

本鏡は、鏡面の半分残存しているが、非常に貴重な遺物である。四葉の文様の中に四組の仏像が配置されていたとみられ、そのうちの二組が完全な形で残っている。本尊の項光部の上に「佛」と「王」の文字があり、両脇には菩薩か弟子と考えられる立像が配されている。初期の仏典には「浮屠」または「浮図」という銘がよく見られている。この鏡に「佛」銘が使われたのは、現存する器物の中で最も古い例である。

164　北斗文銅鏡

時代: 六朝
法量: 径10.0cm
材質: 青銅製
所蔵: 清華大学芸術博物館 (寄託)

この鏡には、北斗など非常に珍しい星象文が施され、縁はほぼ三角形につくられている

165　「金神之霊，銅山之精」銘四神文銅鏡

時代: 隋
法量: 径29.2cm
材質: 青銅製
所蔵: 清華大学芸術博物館 (寄託)

中国の銅鏡鋳造は、魏晋、南北朝時代の沈滞期を経て、隋代にまた盛期を迎えている。この鏡は大きく、細工も見事である。文様構成は漢代の博局文鏡を参考し、四角い鈕の両側に双龍が施されている。鈕の外側には漢代からの伝統を引き継いだ四神を配し、外輪には「金神之霊，銅山之精」で始まる銘が鈕、更に外輪には様々な走る鳥獣が描かれている。日本は遣隋使を数回派遣し、訪問した使者も同類の銅鏡を見た可能性がある。その後間もなく、日本の古墳壁画に四神が登場する(展示品66)。

166　海獣葡萄鏡

時代: 唐
法量: 径17.1cm
材質: 青銅製
所蔵: 清華大学芸術博物館 (寄託)

葡萄文は、天の世界を象徴するものとして西洋からもたらされたものである。唐代初期に瑞獣と葡萄を組み合わせた文が様銅鏡に表された。高宗時代後期(649-683)、武周時代 (690-705) を頂点とする、唐代における銅鏡鋳造の技術水準を示す鏡の一つである。この鏡は、西安近郊の獨孤思貞墓 (698年) や奈良の高松塚古墳 (展示品65) から出土した瑞獣葡萄鏡とサイズや文飾が同じであり、同時代のものと考えられる。奇しくも唐高宗・武則天とほぼ同時期に、日本には天武天皇 (在位673〜686) とその妻・持統天皇 (在位686〜703) がいて、、後世に大きな影響を与えた。

167　十六曲辺八葵形花鳥瑞獣文鏡

時代: 唐
法量: 径20.0cm
材質: 青銅製
所蔵: 清華大学芸術博物館 (寄託)

日本の天皇の信仰の根幹をなす「三種の神器」のうち、伊勢神宮に祀られている天照大神の祖先の象徴である「八咫鏡」は、その形状が最も神秘的で、実物を見たことがある人はほとんどいないという。伊勢神宮の重要な古典である『神道五部書』の『寶紀本記』、『伊勢二所皇太神宮御鎮座傳記』、『倭姫命世紀』には、「八咫鏡」とは「八頭」「花崎八葉鏡」のことであると記されている。平安時代末期には、伊勢神宮の祭主であった大中臣親俊は、1176年前に完成した『神寶図形神秘書』の記述に「八咫鏡」の形が描かれており、多くの学者が想像をめぐらせてきた。この非常に珍しい唐代の青銅鏡の出現が、新たに八咫鏡の形の謎を解く鍵となるかもしれない。

168 菱葉文鏡

時代: 唐
法量: 径20.5cm
材質: 青銅製
所蔵: 清華大学芸術博物館 (寄託)

この鏡には、珍しい菱形文が施されている(展示品132、133参照)。茎の上部に浮生葉が放射状に集合して蓮華形をなす。(展示品132、133参照)唐代に六角形や八角形の菱華鏡が普及したのは、菱葉文が抽象化された結果である。花鳥や動物を文様にした装飾が多く(展示品172、173参照)、平安時代に唐物の銅鏡として伝来した後、日本でこの種の鏡が多数生産された。

169 菱花形双鸞鴛鴦文鏡

時代: 唐
法量: 径22.0cm
材質: 青銅製
所蔵: 清華大学芸術博物館 (寄託)

鸞は伝説上の神鳥で、『山海経』の「西山経」には、「(女床之山) 有鳥焉, 其状如翟而五釆文, 名曰鸞鳥, 見則天下大寧。」という記述がある。一部の銅鏡にはリボン(綬)をくわえた鸞が描かれているが、これは古人が吉祥と考えたものである。また、「綬」は「寿」と同音であるため、このような文様は幸運と長寿を意味するものであるとされている。「鸞銜綬」という文様は、漢の画像石に描かれたり、中央アジアのペルシア地方にもある伝統的な図様である。

170 菱花形透腿龙鳳瑞獣花鳥文鏡

時代: 唐
法量: 径22.2cm
材質: 青銅製
所蔵: 清華大学芸術博物館 (寄託)

171 龍文鏡

時代: 唐
法量: 径27.6cm
材質: 青銅製
所蔵: 清華大学芸術博物館 (寄託)

龍は、戦国時代にはすでに銅鏡の文様として製作されており、主に蟠龍文と交龍文の二種類がある。漢代の鏡では、「四霊」の一つである青龍が主な龍文となっている。前漢末期の銅鏡には、鈕の周囲に一匹の龍が巻きついている。龍文鏡は魏晋南北朝時代には貴重だが、唐代には非常に華麗な龍文鏡で現れ主に単龍と双龍の2種類がある。鈕を取り巻くような単龍は力強く、俊敏に跳躍するため、「蟠龍鏡」と呼ばれている。雲文が並んでいるため、「雲龍鏡」とも呼ばれている。

172 「千秋」銘文龍文鏡

時代: 唐
法量: 径22.0cm
材質: 青銅製
所蔵: 清華大学芸術博物館 (寄託)

唐開元十七年 (729)、八月五日を玄宗皇帝の誕生日として、この日を「千秋節」と定め、その日のすべての祝賀の終わりに、大臣たちは皇帝にさまざまな美しい銅鏡を贈り、玄宗皇帝も四品以上の大臣に銅鏡を贈った。この龍文鏡には「千秋」の二字が刻まれており、唐代の千秋節に用いる鏡で、「千秋鏡」とも呼ばれた。「盤龍」と「対禽」の2種類がある。唐の張汇が『千秋鏡賦』に「或鋳或镕。是磨是削。刻以為龍。鏤以成鵲。」と記している。

173 双鸚鵡文鏡

時代: 唐
法量: 径28.0cm
材質: 青銅製
所蔵: 清華大学芸術博物館 (寄託))

この鏡には、リボンを咥えて鈕の周りを飛ぶ雌雄一対の鸚鵡が描かれ、鸚鵡の姿は実に生き生きとしている。リボンは口中で結び、両端には連珠が付き、綬乃印を結び、公的な地位や称号を表している。唐代に鸚鵡が仏教と密接な関係にあったのは、その貢ぎ先のひとつがインドであるだけではなく、『旧唐書』「天竺列傳」には「八年, 南天竺遣使献五色能言鸚鵡。」という記述がある。鸚鵡は知能が高く、人間の言葉を覚えることができるため、唐代には鸚鵡が仏典を朗読する話が多く記録された。唐の李繄淵の『聖渠廬』には「東都有人養鸚鵡, 以其慧甚, 施於僧。僧教之, 能誦經。往往架上不言不動。問其故。對曰: 身心俱不動, 為求無上道。及其死, 焚之有舍利。」と記されている。日本の正倉院には、見事な細工の双鸚鵡文鏡が収蔵されている。

174 纏枝花卉文鏡

時代: 唐
法量: 径30.0cm
材質: 青銅製
所蔵: 清華大学芸術博物館 (寄託)

唐代には、現実の花や空想上の花など、自然界に存在するさまざまな花を、装飾性の高い文様に変換することが盛んになり、その種類も豊富で壮大なものとなった。このような文様は、日本でも盛んに製作されていた。

175 趙緒成 (1942—)「鑑真東渡図」

時代: 1980年
材質: 紙本着色
法量: 縦95.0cm×横152.0cm

致　谢

　　荒井正吾知事热爱中国，在中日交流上做出了积极的贡献，对此我们深表钦佩。在新型冠状疫情肆虐的艰难困境下，奈良方面的同仁们为了准备展览而做出的努力，令人肃然起敬，我们诚挚感谢所有参与组织本次展览的工作人员，感谢你们为重启停滞的国际交流所做的一切努力。

　　向本次展览提供大力支持的清华大学日本研究中心、西安碑林博物馆、襄阳市博物馆、辽宁省朝阳县文物管理所、洛阳博物馆、亳州博物馆、深圳望野博物馆等机构和提供部分展品的个人表示诚挚的谢意；同时，亦向日本方面提供大力协助的文化厅、宫内厅、奈良市教育委员会、明日香村教育委员会、法隆寺、唐招提寺、大峰山寺等收藏单位和研究机构表示由衷的感谢；感谢日本国驻华大使馆的支持；感谢上海书画出版社在出版图录时的及时、高效。

　　我们期待前来观展的诸位能够重新发现连接中日两国的美与精神，也希望本次展览能够成为两国进一步友好交流的契机。由于水平的限制，展览中难免有错误之处，敬请指正。

謝　辞

　まずは中国を愛し、中日交流を積極的に推進して頂いた荒井正吾知事に深く敬意を表します。新型コロナウイルスの影響で大変困難な時期において、奈良県側の関係者の皆さまが本展覧会のためにご尽力くださいましたことに尊敬いたします。皆さま方が停滞していた国際交流を再開するために払われた努力に心より感謝申し上げます。

　今回の展覧会に力強い支援を提供して頂いた清華大学日本研究センター、西安碑林博物館、襄陽市博物館、遼寧省朝陽県文物管理所、洛陽博物館、亳州博物館、深圳望野博物館などの機関と一部の展示品を提供してくださった個人の方々、誠にありがとうございました。同時に、日本から惜しみない協力を頂きました文化庁、宮内庁、奈良市教育委員会、明日香村教育委員会、法隆寺、唐招提寺、大峰山寺などの所蔵機関と研究機関に心より感謝いたします。在中国日本国大使館が支援してくださり、上海書画出版社が即時で効率的に図録を出版してくださいました。ここに感謝申し上げます。

　展覧会に来て頂いたた皆様方が、中国と日本をつなぐ美や精神を改めて見出すことができることを期待しております。同時に、この展覧会が両国の友好発展への契機となることを祈念いたします。力不足のため、間違ったところがあるかもしれません。ご容赦くださいますようお願い申し上げ、皆様方のご叱正をお願い申し上げます。

中国汉唐时期与日本文化交流大事年表（公元 1 世纪—10 世纪）

57年（汉建武中元二年）	倭奴国奉贡朝贺，使人自称大夫，倭国之极南界也。光武赐以印绶。（《后汉书·东夷传·倭》）
107年（汉安帝永初元年）	倭国王帅升等献生口百六十人。（《后汉书·东夷传·倭》）
238年（魏明帝景初二年）	六月，倭女王遣大夫难升米等诣郡，求诣天子朝献，太守刘夏遣吏将送诣京都。其年十二月，诏书报倭女王，曰："制诏亲魏倭王卑弥呼。"（《三国志·魏书·东夷传·倭人》）
239年（魏明帝景初三年）	公孙渊诛后，卑弥呼始遣使朝贡，魏以为亲魏王，假金印紫绶。（《梁书·诸夷传·倭》）
240年（魏齐王正始元年）	太守弓遵遣建忠校尉梯儁等，奉诏书、印绶，诣倭国，拜假倭王，并赍诏，赐金帛、锦罽、刀、镜、采物。（《三国志·魏书·东夷传·倭人》）
243年（魏齐王正始四年）	倭王复遣使大夫伊声耆、掖邪狗等八人，上献生口、倭锦、绛青缣、绵衣、帛布、丹木、犹短弓矢。（《三国志·魏书·东夷传·倭人》）
245年（魏齐王正始六年）	诏赐倭难升米黄幢，付郡假授。（《三国志·魏书·东夷传·倭人》）
247年（魏齐王正始八年）	倭女王卑弥呼与狗奴国男王卑弥弓呼素不和，遣倭载斯乌越等诣郡，说相攻击状。（《三国志·魏书·东夷传·倭人》）
265年（晋武帝泰始元年）	倭人国女王遣使重译朝献。（《册府元龟》）
266年（晋武帝泰始二年）	十一月己卯，倭人来献方物。（《晋书》）
413年（晋安帝义熙九年）	高句丽、倭国及西南夷铜头大师并献方物。（《晋书》）
421年（宋武帝永初二年）	诏曰："倭赞远诚宜甄，可赐除绶。"（《南史·夷貊传·倭国》）
425年（宋文帝元嘉二年）	赞又遣司马曹达奉表献方物。赞死，弟珍立，遣使贡献。（《南史·夷貊传·倭国》）
430年（宋文帝元嘉七年）	倭国王遣使献方物。（《宋书》）
443年（宋文帝元嘉二十年）	倭国王济遣使奉献，复以为安东将军、倭国王。（《南史·夷貊传·倭国》）
451年（宋文帝元嘉二十八年）	加使持节、都督倭、新罗、任那、加罗、秦韩、慕韩六国诸军事、安东将军如故。（《南史·夷貊传·倭国》）
462年（宋孝武帝大明六年）	诏授兴安东将军、倭国王。兴死，弟武立，自称使持节。（《南史·夷貊传·倭国》）
478年（宋顺帝升明二年）	遣使上表，言："自昔祖祢，躬擐甲胄，跋涉山川，不遑宁处。"（《南史·夷貊传·倭国》）
479年（齐高帝建元元年）	进新除使持节、都督倭、新罗、任那、加罗、秦韩六国诸军事、安东大将军、倭王武，号为镇东大将军。（《南齐书·东南夷传·倭国》）
502年（梁武帝天监元年）	镇东大将军倭王武，进号征东将军。（《梁书》）
561年（陈文帝天嘉二年）	高丽倭国及百济并遣使贡方物。（《建康实录》）

600年（隋文帝开皇二十年）	倭王姓阿每，字多利思比孤，号阿辈鸡弥，遣使诣阙。上令所司访其风俗。（《北史·倭国传》）
607年（隋炀帝大业三年，推古天皇十五年）	炀帝令羽骑尉朱宽入海求访异俗，何蛮言之，遂与蛮俱往，因到流求国，言不相通，掠一人而返。其王多利思比孤遣朝贡。（《隋书·帝纪》《北史·倭国传》）秋七月，三日庚戌，遣大礼小野妹子于隋，鞍作福利为通事。（《大日本史》）
608年（隋炀帝大业四年，推古天皇十六年）	三月壬戌，百济、倭、赤土、迦罗舍国并遣使贡方物（《隋书·帝纪》）。夏四月，小野妹子还自隋（《大日本史》）。上遣文林郎裴世清使倭国（《北史·倭国传》）。
610年（隋炀帝大业六年）	己丑，倭国遣使贡方物。（《隋书·帝纪》）
630年（唐太宗贞观四年，舒明天皇二年）	秋八月，癸巳朔。丁酉，以大仁犬上君三田耜、大仁药师惠日遣于大唐。（《日本书纪》）
631年（唐太宗贞观五年）	遣使献方物，太宗矜其道远，敕所司无令岁贡。（《旧唐书·倭国传》）
632年（唐太宗贞观六年，舒明天皇四年）	秋八月，大唐遣高表仁送三田耜，共泊于对马。（《日本书纪》）
633年（唐太宗贞观七年，舒明天皇五年）	春正月，己卯朔。甲辰，大唐客高表仁等归国，送使吉士雄摩吕、黑摩吕等，到对马而还之。（《日本书纪》）
639年（唐太宗贞观十三年，舒明天皇十一年）	秋九月，大唐学问僧惠隐、惠云从新罗送使入京。（《日本书纪》）
640年（唐太宗贞观十四年，舒明天皇十二年）	冬十月，乙丑朔。乙亥，大唐学问僧清安、学生高向汉人玄理，传新罗而至之。（《日本书纪》）
648年（唐太宗贞观二十二年）	又附新罗奉表，以通起居。（《旧唐书·日本国传》）
654年（唐高宗永徽五年，白雉五年）	永徽初，其王孝德即位，改元曰白雉，献虎魄大如斗，马瑙若五升器。（《新唐书·日本传》）遣大唐押使大锦上高向史玄理、或本云，夏五月遣大唐押使大华下高向玄理。（《日本书纪》）
655年（唐高宗永徽六年，齐明天皇元年）	八月，戊戌朔。河边臣麻吕等自大唐还。（《日本书纪》）
658年（唐高宗显庆三年，齐明天皇四年）	沙门智通、智达奉敕乘新罗船往大唐国，受无性众生义于玄奘师所。（《日本书纪》）
660年（唐高宗显庆五年，齐明天皇六年）	冬十月，百济佐平鬼室福信遣佐平贵智等，来献唐俘一百余人。（《日本书纪》）
665年（唐高宗麟德二年，天智天皇四年）	九月，庚午朔。壬辰，唐国遣朝散大夫、沂州司马、上柱国刘德高等（《日本书纪》）。使者与虾蛦人偕朝。（《新唐书·日本传》）
669年（唐高宗总章二年，天智天皇八年）	遣小锦中河内直鲸等使于大唐……又大唐遣郭务悰等二千余人[来]。（《日本书纪》）
672年（唐高宗咸亨三年，弘文天皇元年，壬申，春三月十八日己酉）	遣内小七位阿昙稻敷于筑紫，告先帝丧于唐使郭务悰。郭务悰等丧服举哀，东向稽首。（《大日本史》）
690年（唐睿宗载初元年，持统天皇四年）	癸丑，大唐学问僧智宗等至于京师。（《日本书纪》）

692年（武周长寿元年，持统天皇六年）	诏筑紫大宰率河内王等曰，宜遣沙门于大隅与阿多，可传佛教。复上送大唐大使郭务悰为御近江大津宫天皇所造阿弥陀像。（《日本书纪》）
701年（武周长安元年）	其王文武立，改元曰大宝，遣朝臣真人粟田贡方物。（《新唐书·日本传》）
703年（武周长安三年）	其大臣朝臣真人来贡方物。（《旧唐书·日本传》）
704年（武周长安四年，文武天皇四年）	道照和尚物化，天皇甚悼惜之，遣使吊赙之。（《续日纪》）
717年（唐玄宗开元五年）	开元初，又遣使来朝。因请儒士授经。（《旧唐书·日本国传》）
753年（唐玄宗天宝十二年）	又遣使贡。（《旧唐书·日本国传》）
761年（唐玄宗上元二年，淳仁天皇天平宝字五年辛丑）	冬十月二十二日癸酉，以右虎贲卫督仲石伴为遣唐大使，上总守石上宅嗣为副使。（《大日本史》）
780年（唐德宗建中元年）	使者真人兴能献方物。（《新唐书·日本传》）
801年（唐德宗贞元十七年，桓武天皇延历廿年八月）	从四位下藤原葛野麿为遣唐大使。从五位下石川道益为副。判官、录事各四人。（《日本纪略》）
804年（唐德宗贞元二十年）	遣使来朝，留学生橘免[逸]势、学问僧空海。（《旧唐书·日本国传》）
806年（唐宪宗元和元年）	日本国使判官高阶真人上言："前件学生，艺业稍成，愿归本国，便请与臣同归。"从之。（《旧唐书·日本国传》）
834年（唐文宗太和八年，仁明天皇承和元年）	以参议从四位上右大弁兼行相摸[模]守藤原朝臣常嗣为持节大使，从五位下弹正少弼兼行美作介小野朝臣篁为副使。（《续日本后纪》）
839年（唐文宗开成四年）	又遣使朝贡。（《旧唐书·日本国传》）
848年（唐宣宗大中二年）	日本国王子入朝，贡方物。（《旧唐书·日本国传》）
925年（辽太祖天赞四年）	日本国来贡。（《辽史·本纪》）
984年（宋太宗雍熙元年）	日本国僧奝然，与其徒五六人，浮海而至，献铜器十余事，并本国职页。（《宋史新编》）

（高登科编）

图片提供 [日方] ——

奈良县立橿原考古学研究所	出品号1—5、8—70、73、75—85、86-2、87、99—108 图3、9、10—22、25—27，坂论文：图1、2、5、6 根立论文：图8
奈良县立橿原考古学研究所/清华大学艺术博物馆	出品号25、26、37、57
田原本町教育委员会/奈良县立橿原考古学研究所	出品号6
唐招提寺/奈良县立橿原考古学研究所	出品号71
明日香村教育委员会/奈良县立橿原考古学研究所	出品号86-1
大峰山寺/奈良县立橿原考古学研究所	出品号93
奈良县文化资源活用课	出品号88
奈良县立万叶文化馆	出品号89—91
奈良县立美术馆	出品号92、94—98
宫内厅书陵部	出品号7、12，坂论文：图3
宫内厅书陵部/奈良县立橿原考古学研究所	出品号94、冈林论文：图4—6，9—10
奈良市教育委员会	出品号72
东京文化财产研究所·奈良文化财产研究所	图24
奈良县立橿原考古学研究所/多摩美术大学作成	图23
石上神宫	图8，坂论文：图4
ColBase (https://colbase.nich.go.jp)	根立论文：图1
飞鸟园	根立论文：图2、4、6、9、11—13、21、22
转载丰冈卓之《清水风遗迹的土器绘画小考》 《橿原考古学研究所纪要 考古学论考》第26册	图2、4、5、6
转载《世界美术全集》东洋编第3卷（小学馆）	根立论文：图3
转载《世界美术全集》东洋编第4卷（小学馆）	根立论文：图7、15
转载《敦煌石窟全集8 塑像卷》（商务印书馆）	根立论文：图10
转载《日本美术全集》第5卷（讲谈社）	根立论文：图14
转载《日本美术全集》第6卷（讲谈社）	
转载文化厅文化财产部美术学艺课编	根立论文：图18
《平等院国宝阿弥陀如来坐像国宝木造天盖修理报告书》	根立论文：图16
转载《圣地宁波 日本佛教1300年的源流》（奈良国立博物馆）	根立论文：图22

图录执笔分担 [日方] ——

章解说 · 作品解说

坂　　靖	第1章～第2章①～④、第5章
平井洸史	第2章⑤
木村理惠	第3章
海野启之	第4章

日本语编辑 · 校正

坂　　靖　海野启之

图录执笔分担 [中方] ——

谈晟广

写真・図面提供

図録執筆分担一覧

図録執筆分担一覧

跨越两国的审美：
日本与中国汉唐时期文化交流

展览时间　2022年9月24日至2022年12月4日
展览地点　清华大学艺术博物馆四层12-13号展厅

总策划	邱　勇　荒井正吾
学术指导	青柳正规　根立研介
执行总策划	杜鹏飞　冈林孝作
策展人	谈晟广　坂　靖
顾问	滨田健一郎　李廷江

中方工作团队 ——

展览统筹	谈晟广　王晨雅
策展助理	高登科　李樱妮　谢安洁　高　宁
展品协调	陈兴鲁　兰　钰　袁　旭
视觉统筹	王　鹏
视觉设计	王　鹏　王美懿
展陈设计	刘徽建
展览执行	刘徽建　陈兴鲁　兰　钰　袁　旭　左译友　曹　珂　张涵旭　杨　洁
	张　彦　傅清音　刘志勇　李　莉　杜晓红　范文强　杨　一　石艳艳
	黄　超　吴　磊　杨玲芝　魏　丹　江河洁　金方旭　吴咏梅　付　勇　刘余娟
行政事务	张　珺　马艳艳
国际事务	李　佩　王　瑛　袁登博　黄寅璁　西田安弥纱
宣传推广	李　哲　刘垚梦　周辛欣　肖　非
公共教育	张　明　周　莹　王玟惠
日英翻译	李樱妮　王秋雨　李眯眯　尹彤云　孙梦妍　刘　朔

日方工作团队 ——

展览统筹	坂　靖　　海野启之
策展助理	木村理惠　平井洸史
文物点交	吉村和昭　青柳泰介　北井利幸　铃木朋美　平井洸史　伊东菜菜子
	木村理惠　鹤见泰寿　奥山诚义　河崎衣美　小仓颂子　中尾真梨子
	二浦敬仟　染田英美子
行政事务	中川智巨　通山智子
国际事务	辻　祥子　伊豆藏美荣子　张　敏
宣传推广	山本一昌　川畑步美

主办单位	清华大学　日本奈良县政府
承办单位	清华大学艺术博物馆　奈良县立橿原考古学研究所
协办单位	清华大学日本研究中心
	西安碑林博物馆　朝阳县文物管理所　襄阳市博物馆
	洛阳博物馆　亳州博物馆　深圳望野博物馆
	奈良县立美术馆　奈良县立万叶文化馆
	日本文化厅　日本宫内厅　奈良市教育委员会
	明日香村教育委员会　唐招提寺　大峰山寺
支持单位	日本国驻华大使馆　中华人民共和国驻大阪总领事馆
特别鸣谢	上海书画出版社　西北大学博物馆　黄山美术社　大冢OMI陶业株式会社
	赵绪成　战晓梅　刘琳琳　姜　生　费建民　李井冈　杨子枫　赵根喜
	王纲怀　田国强　侯　予　（排名不分先后）

アジアをつなぐ美と精神—
日中交流二千年

開催時間　2022年9月24日から2022年12月4日まで
場　　所　清華大学芸術博物館4階12-13号展示室

責任者	邱　勇　荒井正吾
監修者	青柳正規　根立研介
企画責任者	杜鵬飛　岡林孝作
学芸員	談晟広　坂　靖
顧問	濱田健一郎　李廷江

中国側のスタッフリスト ———

展示統括	談晟広　王晨雅
学芸員補	高登科　李櫻妮　謝安潔　高　寧
文物調整	陳興魯　蘭　鈺　袁　旭
ビジュアルデザイン統括	王　鵬
ビジュアルデザイン	王　鵬　王美懿
展示デザイン	劉徹建
展示執行	劉徹建　陳興魯　蘭　鈺　袁　旭　左譯友　曹　珂　張涵旭　楊　潔 張　彦　傅清音　劉志勇　李　莉　杜暁紅　範文強　楊　一　石艶艶 黄　超　呉　磊　楊玲芝　魏　丹　江河潔　金方旭　呉詠梅　付　勇　劉余娟
行政事務	張　珺　馬艶艶
国際事務	李　佩　王　瑛　袁登博　黄寅聰　西田安弥紗
宣伝広報	李　哲　劉垚夢　周辛欣　肖　非
公共教育	張　明　周　瑩　王玟恵
日英翻訳	李櫻妮　王秋雨　李眯眯　尹彤雲　孫夢妍　劉　朔

日本側のスタッフリスト ———

展示統括	坂　靖　海野啓之
学芸員補	木村理恵　平井洸史
文物点検	吉村和昭　青柳泰介　北井利幸　鈴木朋美　平井洸史　伊東菜々子 木村理恵　鶴見泰寿　奥山誠義　河﨑衣美　小倉頌子　中尾真梨子 三浦敬任　染田英美子
行政事務	中川智巨　通山智子
国際事務	辻　祥子　伊豆藏美栄子　張　敏
宣伝広報	山本一昌　川畑歩美
主催	清華大学　日本国奈良県
運営	清華大学芸術博物館　奈良県立橿原考古学研究所
協力機関	清華大学日本研究センター 西安碑林博物館　朝陽県文物管理所　襄陽市博物館 洛陽博物館　亳州博物館　深圳望野博物館 奈良県立美術館　奈良県立万葉文化館 文化庁　宮内庁　奈良市教育委員会 明日香村教育委員会　唐招提寺　大峰山寺
後援	在中国日本国大使館　中華人民共和国駐大阪総領事館
特別協力	上海書画出版社　西北大学博物館　黄山美術社　大塚オーミ陶業株式会社 趙緒成　戦暁梅　劉琳琳　姜　生　費建民　李井岡　楊子楓　趙根喜 王綱懐　田国強　侯　予　（順不同）

图书在版编目(CIP)数据

跨越两国的审美:日本与中国汉唐时期文化交流/
清华大学艺术博物馆，日本奈良县立橿原考古学研究所编.
——上海:上海书画出版社，2022.12
ISBN 978-7-5479-2947-6

Ⅰ.①跨… Ⅱ.①清… ②日… Ⅲ.①文化交流－文化
史－研究－中国、日本－汉代、唐代 Ⅳ.①K203 ②K313.03

中国版本图书馆CIP数据核字(2022)第207940号

跨越两国的审美：日本与中国汉唐时期文化交流

清华大学艺术博物馆　奈良县立橿原考古学研究所　编

谈晟广　坂　靖　主编

责任编辑	王聪荟
审　读	王　剑
校　对	田程雨
封面设计	陈绿竞
技术编辑	顾　杰

出版发行	上海世纪出版集团 上海书画出版社
地址	上海市闵行区号景路159弄A座4楼　201101
网址	www.ewen.co www.shshuhua.com
E-mail	shcpph@163.com
制版	上海雅昌艺术印刷有限公司
印刷	上海雅昌艺术印刷有限公司
经销	各地新华书店
开本	889×1194　1/12
印张	32.5
版次	2023年1月第1版　2023年1月第1次印刷
书号	ISBN 978-7-5479-2947-6
定价	496.00元

若有印刷、装订质量问题、请与承印厂联系